KB245175

黃帝,
그리고
중국의 민족주의

내일을여는지식 역사 3

黃帝, 그리고 중국의 민족주의

조우연 옮김

KSI 한국학술정보(주)

20세기 냉전(冷戰)시대의 종식과 함께 세계는 이른바 글로벌 (global)시대에 진입하게 되었다. 이러한 상호 의존적인 단일화(單一化)된 세계체제 속에서 민족주의가 장차 소멸될 것이라고 점쳐지기도 한다. 하지만 아직까지는 민족갈등으로 표출되는 집단 사이의 대립이 여전히 존재하고 있으며, 동아시아 지역사회도 예외가 아니다. 한(韓)·중(中)·일(日) 동아시아 3국은 역사문제와 관련해서, 이성적(理性的)인 접근보다는 민족주의라는 감성적(感性的)인 목소리를 앞세우는 경우가 많다. 하지만 최근 이론에 따르면, 이러한 민족주의라는 관념은 근대에로의 이행과 함께 민족국가를 형성하는 과정에서 나타난 일종의 '이데올로기'와도 같은 개념범주로 간주된다. 다시 말해, 동아시아의 민족주의는 외세의 침탈과 내부의 갈등이라는 진통을 겪으면서 발전해 왔기 때문에, 구성원들의 인식 속에 깊숙이 뿌리내리고 있어, 현재에 이르러서도 현실 정치와 연결되어, 여전히 강력한 영향력을 행사하고 있다는 것이다.

중국 민족주의의 심볼(Symbol) 내지는 구심점은 '민족의 시조(始祖)'이자, 원고시대 신화(神話) 속 삼황오제(三皇五帝)의 한 명인 '황제(黃帝)'이다. 물론 현재에 이르러서도 대부분 중국인들은 중화민족(中華民族)의 시조(始祖)가 황제라는 '사실'에 대해 믿어 의심치 않는다. 하지만 '민족'에 대한 서양 학계의 새로운 이론을[*] 적용한 최근 연구들에 의하면, 이는 단지 근대의 창조물이자, 공동체 구성원들의 '상상(想像)'에 불과하다. 민족에 대한 '상상'을 하는 행위자들은 항상 그 시선을 아득히 먼 과거에로 돌려, 민족의 기원에 확실한 '역사적 근거'를 마련하고자 한다(沈松僑, 1997). 중국 민족주의 관념 형성에 이용된 아득한 과거의 존재가 바로 '황제'이며, 그는 근대 청(淸) 왕조 말기라는 시대상황의 필요에 의해 중화민족의 시조로 정립되어, 현재에 이르도록 중국민족의 심볼로 자리매김하고 있는 것이다.

청말, 아편전쟁(鴉片戰爭)에서의 전패와 그에 따른 남경조약(南京條約)이라는 근대 중국사상 첫 굴욕적인 불평등 조약의 체결을 시작으로, 청 왕조는 점차 패망으로 치닫고 있었다. 1895년, 청일전쟁(淸日戰爭)에서의 패전과 시모노세키조약(下關條約)의 체결, 1900년 8국(國) 연합군의 북경(北京) 침입과 1901년 '신축조약(辛丑條約)'의 체결 등 일련의 굴욕적인 사건은 결국 사회 전반에 걸친 청 왕조에 대한 불신을 야기하였으며, 이 만주족(滿洲族) 정권은 점차 권위와 통치 당위성을 잃어 가고 있었다.

이러한 국가적 위기상황 속에서, 한족(漢族) 출신의 혁명파 엘리트

---

[*] Eric Hobsbawm, "Introduction: Inventing Tradition", in Eric Hobsbawm & Terence Range eds., *The Invention of Tradition*, Cambridge: Cambridge University Press, 1983(박지향 외 역, 「서장: 전통을 발명해내기」, 『만들어진 전통』, 휴머니스트, 2004), Benedict Anderson, *Imagined Communities: Reflections on the Origin and Spread of Nationalism*, London: Verso, 1991(윤형숙 역, 『상상의 공동체 – 민족주의의 기원과 전파에 대한 성찰』, 나남출판, 2002).

지식인들을 중심으로 반청 투쟁이 활발하게 전개되었는데, 그들이 청이라는 이민족(異民族)의 왕조를 전복하기 위해 내세운 슬로건이 바로 신화 속 한족의 '영웅적' 조상인 '헌원황제(軒轅黃帝)'였다. 1903년 청 조정에서 외침(外侵)에 대한 저항을 호소하는 학생운동을 무력 진압하면서, 혁명 분위기가 한껏 고조되었으며 '반만(反滿 / 만주족 배척)' 사조가 사회 전반에 걸쳐 널리 공감대를 형성하기 시작했다. 이 시점을 전후하여, '황제(黃帝)'·'황제자손(黃帝子孫)'과 같은 '황제 존숭[尊黃]' 표현이 신문·잡지에 빈번하게 등장하기 시작했다. 혁명파 지식인들은 스스로를 '황제자손'이라 하여 한족은 만주족과 별개의 '민족'임을 표방하고, 인구의 다수를 차지하는 한족들을 취합하여 만주족 정권을 전복시켜야 할 당위성을 역설하였다.

1903년 추용(鄒容)은 자신의 저서 『혁명군(革命軍)』에서 "만주족은 원래부터 우리 황제신명(神明)의 자손과는 다른 족속이다." "만주인들은 우리와 통혼(通婚)한 바도 없다. 우리야말로 황제의 진정한 자손들이다."라고 하여, 만주족과 한족의 구분을 강조하였다. 유사배(劉師培)는 「황제기년론(黃帝紀年論)」을 발표하여 "황제는 한족의 황제이다. 황제기년을 사용하는 것은 한족들만의 공동체의식 고취에 도움이 된다."고 하여, 청 왕조의 연호(年號) 사용을 폐기하고, 새로운 기년법의 사용을 제창하였다. '근대 중국혁명의 아버지'인 손중산(孫中山 / 孫文) 역시 「군정부선언(軍政府宣言)」에서 "우리 한인(漢人)들은 모두 헌원(軒轅 / 黃帝)의 자손이다."라고 하여, '단일 혈통' 강조를 통해 한족의 동류의식(同類意識)을 이끌어 내고자 하였다. 이렇듯 한족의 혁명파 지식인들은 '만한이종론(滿漢異種論)'을 표방하여, 한족과 혈통 및 족보를 달리하는 만주족을 중국

밖으로 축출할 것을 주장하였다. 또한 그들은 '황제 존숭'에 대해 비판적인 친(親)만주족 성향의 지식인과 체제 개혁을 주장한 개혁파[改良派] 지식인들과 이론 논쟁을 전개하기도 했다.

결국 혁명파 지식인들에 의해 창조된 이 '황제'라는 심볼은 '자타(自他)'를 구분하고, 한족 민중을 혁명에로 이끄는 효과적인 이념적 도구였던 것이다. 혁명파 지식인들은 '한족의 시조－황제'라는 창조(상상)해 낸 '민족의 구심점'을 통해 한족들의 민족의식과 만주족에 대한 배척의식을 고취시켰으며, 이들을 취합하여 반청혁명에로 이끌 수 있었다.

본서는 근대라는 시점에 '황제'가 어떤 목적으로, 어떤 과정을 통해, 중국 민족주의 형성에 개입되었으며, 현재의 상징적 의미가 부여되는지에 대해 다룬 대만(臺灣)과 중국(中國)의 대표 논저 4편과 연구사 정리 1편을 수록하였다. 그중 3편은 대만 학자들의 논저이고 1편만이 대륙(중국) 학자의 저술이다. '황제'와 민족관념의 형성에 관한 근대적 담론은 대륙 학계에서 아직 보편적이지 않은데, 사실상 이는 현실 정치상황과 연관되어, 조심스러울 수밖에 없기 때문이다. 현재 중국은 경제대국화와 함께 대만이나 홍콩을 포함한 구성원들의 이탈을 방지코자, 적극 '중화민족'이라는 이념체계를 표방하고 있다. 이러한 정치적 분위기 속에서 대륙의 학자들은 '민족관념이 지니는 근대성'에 대한 서양이론을 접하면서도, 쉽사리 공식적인 담론의 장으로 드러내지 못할 수밖에 없다. 또한 불가피하게 '황제자손' 관념의 근대형성에 대해서 인정을 하더라도, 그러한 근대 사상계의 사조(思潮)에 대해 비판적이며, 그 한계성에 대한 지적 일변도로 나타나고 있다. 흥미로운 것은 대륙에 비해 대만 학자들은 반대되는 입장을 취하고 있다는 점이다. 중국이 대만 영유권을 주장하면서 제시하는 중요한 근거가 바로, 이른바 역사를 공유해 온 '같은 민족', 즉 중국과 대만 사람 모두 공히 '염황자손(炎黃子孫)'이라는 것인데, 중국 귀속에 비판적인 입장을 취하고 있는 대부분 대만 학자들은 곧 '동일 민족'의 '근대성' 내지는 '허구성'에 초점을 두고 있다.

또한 대만 학자들 사이에서도, 중국 '네이션(민족)' 관념의 형성에 대해, 서로 다른 입장을 취하고 있는데, 선숭챠우(沈松僑)는 베네딕트 앤더슨(Benedict Anderson)을 대표로 하는 근대 창조물로서의 '네이션' 이론에 편중하고 있으며, 따라서 '황제' 관념에 대해서도 전통시대와의 단절 및 근대성을 강조하고 있다. 그에 비해 왕밍커(王明珂)는 앤더슨의 '네이션' 이론에 비판적인 프래신짓트 두아라(Prasenjit Duara)나 안토니 스미스(Anthony Smith)가 제시한 이른바 '네이션' 성립의 역사적 연속성에 주목하여 논지를 전개하며, 근대 '황제' 관념의 '고대적 기반'을 살핌으로써 근대와 전통시대의 단절이 아닌 연속성을 강조하고 있다.

한국 근대 민족주의의 형성과 변용에 관련해, 중국과 유사한 흐름이 있었을 것으로 생각되는데, 단적으로 한민족(韓民族)의 시조-단군(檀君) 관념의 형성이 바로 그것이다. 따라서 본 번역서의 출간을 통해 중국 근대 민족주의의 형성과 '한족의 시조-황제'에 대한 관계 조명뿐만 아니라, 한국 근대 민족주의 관념의 구축과 '민족의 시조-단군'의 관계 형성 및 변용에 대해서도 올바른 이해를 이끌어 내는 계기가 되기를 바란다.

2009. 06. 15.

역 자

|목차|

▎"나의 피 헌원(軒轅)에 바치리라"

－ 황제신화(黃帝神話)와 청말(淸末) '네이션(민족)' 구조의 확립

선숭차우(沈松僑, Shen Sung－chaio)

- 황제신화(黃帝神話)와 청말(淸末) '네이션(민족)' 구조의 확립
The Myth of Huang-ti(the Yellow Emperor) and the Construction of Chinese Nationhood in Late *Qing*(淸)
(沈松僑, 「我以我血薦軒轅-黃帝神話與晚淸的國族建構」, 『臺灣社會研究季刊』 第28期, 1997)

■ 저자 약력

선숭챠우(沈松僑, Shen Sung-chaio)
1950年 臺灣 出生,
1979~1983: 臺灣大學 歷史系 碩士학위 취득,
1983~1993: 臺灣大學 歷史系 博士학위 취득,
현재 臺灣 中央研究院 近代史研究所 副所長으로 재직.

■ 대표 논저

- 「我以我血薦軒轅-黃帝神話與晚淸的國族建構」, 『臺灣社會研究季刊』 第28期, 1997.
- "Delimiting China: Discourses of 'Guomin'(國民) and the Construction of Chinese Nationality in Late Qing", paper presented at the International Conference on *Nationalism: The East Asia Experience*, 1999, ISSP, Academia Sinica, Taipe(錢永祥 공저).
- 「振大漢之天聲-民族英雄系譜與晚淸的民族想像」, 『中央研究院近代史研究所集刊』 第33期, 民國89年(2000).
- 「國權與民權: 晚淸的「國民」論述, 1895~1911」, 『中央研究院歷史語言研究所集刊』, 2002.

- 「近代中國民族主義的發展: 兼論民族主義的兩個問題」, 『政治與社會哲
  學評論』 第3期, 2002年.
- 「近代中國的'國民'觀念, 1895～1911」, "近代東亞諸概念的成立" 國際
  學術研討會, 日本京都: 國際日本文化研究中心, 2005年.
- 「江山如此多嬌－1930年代的西北旅行書寫與國族想像」, 『台大歷史學報』
  37, 2006.
- 「中國的一日, 一日的中國－1930年代的日常生活敘事與國族想像」, 『新
  史學』 20卷 1期, 2009.

"나의 피 헌원(軒轅)에 바치리라"[1]

– 황제신화(黃帝神話)와 청말(淸末) '네이션(민족[2])' 구조의 확립

선숭챠우 (沈松僑, Shen Sung–chaio)

Ⅰ. 머리말

1917년 3월, 인도 시인 타고르(R. Tagore)는 「서양의 민족주의」라는 글에서 '민족'의 탄생에 대해 다음과 같이 묘사하였다. "서양의 대포가 우렛소리 같은 굉음을 뿜으며, 일본의 대문 앞에서 말했다. '나에게는 민족이 필요해!' ……그리하여 곧 민족이 생겨나게 되었다."[3]

서구열강들의 침탈은 비단 일본만의 사정이 아니었으니, 근대 중

---

1) 1903년 도쿄에 유학 중이던 魯迅이 辮髮을 자르고 찍은 기념사진 뒷면에 적어 친구인 許壽裳에게 선물했던 七言絶句의 詩에서 발췌한 詩句이다(역자).

2) 저자는 'nation'이라는 개념에 대응하여 '國族'이라는 표현을 사용하고 있는데, 본 번역문에서는 단순히 '네이션' 내지는 '민족'으로 옮겨 적고자 한다. 물론 '國族'이라는 용어를 그대로 직역하여 사용할 수도 있겠으나, 이는 한국 학계에서는 흔히 사용되는 표현이 아님을 감안하여 볼 때, 자칫 독자들을 혼란스럽게 할 여지가 있으므로, 그러한 새로운 용어의 사용은 조심스러울 수밖에 없음을 우선 밝히고자 한다(역자).

3) R. Tagore, "Nationalism in the West", *The Atlantic Monthly*, March 1917(齊思和 譯, 「民族與種族」, 『禹貢半月刊』 7卷 1·2·3合集, 1937, 31쪽).

국 역시 예외였을 수가 없다. 19세기 중엽에 접어들면서, 서구열강들의 우수한 전함·대포와 문화의 충격은 중국으로 하여금 전통적인 천조(天朝) 중심의 세계질서에 대한 인식을 포기하게 만들었다. 따라서 서양식 '민족국가(Nation - State)'를 모델로 한 중국 '민족'의 창조에 착수하게 되었다. 1901년, 양계초(梁啓超)는 「국가사상변천이동론(國家思想變遷異同論)」이라는 글에서 주장하기를, 중국이 서구열강들과의 경쟁에서 뒤처질 수밖에 없는 이유는 서구열강들은 '민족제국주의' 기치를 내세워 온 국민이 하나가 되어 경쟁에 임하고 있는 데 반해, '우리나라에는 이른바 민족주의라는 관념이 아직 형성되지 않았으므로' 변변한 저항조차 못 하고 있다는 것이었다. 그러므로 치열한 생존경쟁의 흐름 속에서 뒤처지지 않기 위해서는 중국도 "속히 우리만의 고유한 민족주의를 창제해 내야 한다."고 하였다.[4]

이러한 사회적 분위기 속에서 19세기 말~20세기 초, 중국의 지식인들은 앞다투어 '민족'의 창조와 계몽운동에 투신하였으며, 근대 중국민족의식의 흥기(興起)를 위한 화려한 서막(序幕)을 열게 된다.

양계초가 주장한 이른바 '소년중국(少年中國)'[5]이란 표현은 국민들을 격려하기 위한 상투적인 표현이었다기보다는, 세계사(世界史) 속에서의 중국민족의 서열에 대한 양계초의 인식이었으며, 중국의 낙후성에 대한 민감한 반응의 발상이었다 할 수 있다.[6] 사실상 '민

---

4) 任公, 「國家思想變遷異同論」, 『淸議報』 95册(光緖27年 9月 11日), 5999쪽.

5) 任公, 「少年中國說」, 『淸議報』 35册(光緖26年 正月 11日), 2270~2271쪽.

6) 중국에서 '민족'이란 표현은 근대에 이르러서야 문헌들에 나타나게 되는데, 이는 중국민족관념의 後發性을 의미하기도 한다. 선행된 연구들에 의하면 중국 고전에는 '민족'이란 표현이 보

족'이란 '상상의 공동체'[7]에 불과하며, 이른바 '성년기(成年期)'로 간주된 서양에서 역시 근대역사의 흐름과 함께 창조된 관념이었던 것이다.

베네딕트 앤더슨(Benedict Anderson)에 의하면 '민족'의 상상을 가능하게 만든 것은 근대 자본주의 생산기술과 생산관계 때문이라고 한다. 그중에서도 '대규모인쇄기업(print-capitalism)'이 중요한 역할을 하게 되는데, '민족상상'에 있어 불가결의 존래라고 한다.[8] 제임스 켈러스(James G. Kellas)의 지적에 의하면 18세기부터 장기간에 걸쳐 진행돼 온 정치·경제·문화의 변화와 함께 서양 여러 나라들의 '인민(人民/people)'에 대한 관념이 점차 '네이션'으로 형성되었다고 한다.[9]

하지만 아이러니하게도 '민족'이란 관념 속에 부정할 수 없이 '현대적'인 의미가 내포되어 있음에도 불구하고, 민족주의자들이 자신들의 민족에 대한 서술(敍述/representation)에서 예외 없이 머나먼 과거를 끌어들이고 있다는 것이다. 이른바 '민족부흥', '국혼(國魂)을 깨우자' 등등의 구호(口號)들은 '민족'의 창조에 자주 사용되는 표현방식이기도 하다. 앤더슨의 말을 빌리자면, "비록 사람

이지 않는다고 한다. '민족'이란 어휘가 처음으로 등장하는 자료는 王韜가 찬술한 「洋器在用其所長」이라는 글인데, 대략 1874년을 전후한 시점에 쓰인 것이다. 하지만 사실상 20세기 초에 이르러서야 '민족'이란 어휘가 보편적으로 사용되기 시작하였다(韓錦春, 李毅夫, 「漢文 '民族'一詞的出現及其初期使用情況」, 『民族研究』, 1984年 2期, 37~38쪽, 彭英明, 「關於我國民族概念歷史的初步考察」, 『民族研究』, 1985年 2期, 5~8쪽 참조).

7) Benedict Anderson, *Imagined Communities: Reflections on the Origin and Spread of Nationalism*(revised edition, London: Verso, 1991)(윤형숙 역, 『상상의 공동체-민족주의의 기원과 전파에 대한 성찰』, 나남출판, 2002).

8) B. Anderson, 위의 책, pp.37-46.

9) James G. Kellas, *The Politics of Nationalism and Ethnicity*(N.Y.: St. Martin's Press, 1991), pp.163-164.

들이 민족국가가 하나의 '참신한', '역사적' 현상임을 인정한다고 해도······'민족'은 언제나 머나먼 '과거'에 대한 기억으로부터 떠오르곤 한다."는 것이다.[10]

  '민족'과 관련된 많은 연구들에 의해 밝혀졌다시피, 한 사회공동체는 항상 '과거'에 대한 선택, 재조합, 허구 등의 작업을 통해 공유할 수 있는 전통들을 창조해 낸다. 또 그렇게 함으로써 스스로의 본질(本質/성격)을 규정짓고, 자신들만의 경계(boundary)를 설정하여 그 속에서 공동체 내부의 결속을 유지하고자 한다.[11] 폴 리쾨르(Paul Ricoeur)에 의하면 사회기억(社會記憶)과 사회의식(社會意義)의 창조는 밀접히 연관되어 있는데, 사회집단 구성원들은 항상 과거에 발생했던 중대사를 빌려 자신들의 기억을 형성하며, 공동의 공공의식 행위를 통해 그들과 '집단적 과거'의 연계를 강조한다고 한다. 그러므로 역사의식형태(ideologies of history)는 사회집단의 기호구축(symbolic constitution)과 사회결속력의 창조에 결정적인 역할을 하고 있다는 것이다.[12] 에릭 홉스봄(E. Hobsbawm)은 심지어 이렇게 주장하기도 했다. "만약 '전통의 발명(invention of tradition)'에 주의를 기울이지 않는다면, '민족현상'에 내포되어 있는 의미를 깊이 있게 다룰 수 없을 것이다."[13]

---

10) B. Anderson, 앞의 책, p.11.

11) Hugh Trevor-Roper, "The Invention of Tradition: The Highland tradition of Scotland", in Eric Hobsbawm & Terence Ranger eds., *The Invention of Tradition* (Cambridge: Cambridge University Press, 1983), pp.15-41(박지향 외 역, 『만들어진 전통』, 휴머니스트, 2004).

12) Paul Ricoeur, *Phenomenology and the Social Sciences*, ed., by J. Bier(The Hague: Martinus Nijhaf, 1978), pp.45-46, cited from Ana Maria Alonso, "The Effects of Truth: Re-presentations of the Past and the Imagining of Community", *Journal of Historical Sociology*, Vol.1, No.1(March 1988), p.40.

과거에 대한 재조합과 '발명' 과정에서 가장 중요한 연결고리는 민족공동체의 기원(origin)에 관한 것이다. 현재 대부분 민족사(民族史) 전공자들은 이미 '민족'에 관한 기본 정의에는 공감하고 있다. 즉 "민족이란 한 공동체에 대한 주관적인 범위설정에 불과하며, 이 범위는 특정 정치·경제 여건의 영향으로 결정된다. 이들은 공동의 자아칭호(emic)와 민족기원역사를 통해 공동체 구성원들의 일체성(一體性)을 강조하고, 스스로의 변계(邊界)를 설정하여 그 외부의 존재들에 대해 타자화(other)한다. 또 동시에 주관적으로 공동체의 특정한 체질(體質)·언어·종교 및 문화적 특징을 강조한다."14)는 것이다.

많은 나라들의 민족주의 운동에서 민족의 기원에 관한 역사 혹은 신화는 항상 문화자주 내지는 정치독립의 합법성을 주장하는 근거로 이용되어 왔다.15) 영국의 역사가 반드시 1066년 정복왕 윌리엄(William the Conqueror)에게까지 소급되어야 하고, 스페인어를 '국어'로 제정하여 사용하고 있는 멕시코인들이 스스로의 역사와 기원을 아스테카문명이나 마야문명에까지 거슬러 올라가 연관시키고 있는데, 이는 '과거'를 바탕으로 한 민족상상에 관한 내재적 논리의 당연한 결과물이라 할 수 있다. 즉 정복왕 윌리엄은 아예 '영어'가 무엇인지조차 몰랐었고, 아스테카인 역시 '멕시코'의 의미에 대해 알고 있었을 리 만무하다.16)

---

13) Eric Hobsbawm, cIntroduction: Inventing Tradition", in Eric Hobsbawm & Terence Range eds., *The Invention of Tradition*, p.14.

14) 王明珂, 『華夏邊緣 – 歷史記憶與族群認同』, 允晨文化出版公司(臺北), 1997, 77쪽.

15) G. Eley &R. G. Sunny, "Introduction: From the Moment of Social History to the Work of Cultural Representation", in Eley & Sunny eds., *Becoming National: A Reader*(Oxford: Oxford University Press, 1996), p.8.

마찬가지로 청말(淸末) 중국 지식인들 역시 중국민족 구축과정에서 원고(遠古) 전설 속의 베일에 싸인 신화인물 – '황제(黃帝)'를 찾아내, 중국민족의 '시조(始祖)'로 추앙하여 민족 모두가 공인하는 문화적 기호(symbol)로 창조하였던 것이다. 그들의 선동하에 신해혁명(辛亥革命, 1911)이 발발하기 10여 년 전부터 많은 신문·잡지들에서 앞다투어 황제에 관한 글을 게재하기 시작했다. 이러한 '황제열기(黃帝熱氣)'[17]는 식을 줄 몰랐으니, 심지어 황제 이야기를 노래로 만들어 아동교육용으로 활용하기도 했다.[18] 삽시간에 '염황자손(炎黃子孫)'이니 '헌원세주(軒轅世胄)'니 하는 표현이 크게 유행하여, 일반인들까지도 스스로를 그렇게 칭할 만큼 일반화되었던 것이다. 지금에 이르러서도 그 풍조가 사라지기는커녕 점점 더 고조되는 추세를 보이고 있는데, 이러한 관념은 이미 중국인[華人]들의 일상 의식 속의 중요한 구성부분으로 되었다고 해도 과언이 아니다. 전목(錢穆) 선생은 자신의 저서에서 황제의 공덕(功德)을 높이 평가하면서 "우리가 스스로를 '염황자손(炎黃子孫)'이라고 하는 것은 아주 합리적인 칭법이다."[19]라고 했다. 또 다른 중국학자에 의하면 "중국인들은 오랜 기간에 걸쳐 '염황자손'을 자처해 왔다……여기에는 황제에 대한 존경의 의미와 중화민족 및 중화의 유구(悠久)하고 찬란한 문화에 대한 공인(公認)의 의미를 내포하고

---

16) B. Anderson, 앞의 책, p.154.

17) 坂元ひろ子, 「中國民族主義の神話」, 『思想』 849, 1995, 75쪽.

18) 梁啓超, 「飲冰室詩話」, 『新民叢報』 57號(1904年 11月 21日), 91～93쪽(『新民叢報』의 발행이 자주 연기되었으므로 표기된 간행일자가 실지와 어긋나는 경우가 많다. 따라서 본고에서는 李國俊이 정리하여 정한 일자를 기준으로 하고자 한다(李國俊, 『梁啓超著述繫年』, 復旦大學出版社(上海), 1983)).

19) 錢穆, 『黃帝』, 東大圖書公司(臺北), 1983, 4쪽.

있다.”고 한다.[20] 중국전통에 대해 비판적인 주장을 펴왔던 『하상
(河殤)』의 저자 역시 ‘황제는 중화민족의 시조’라는 명제(命題)에
대해 의심해 본 적이 없었다고 밝혔다.[21]

이로 미루어 보아 우리는 ‘황제’를 근대 중국민족을 하나로 통합
한 일종의 ‘농축된 부호(濃縮性 符號/condensation symbol)’[22]로 간
주할 수도 있을 것이다. 또 안토니 코헨(Anthony Cohen)이 제시했
던 것처럼, 중국민족을 ‘황제’라는 기호를 중심으로 하여 구성된
사회적 집단으로 규정지을 수도 있다.[23]

역사적·문화적 기호로서, ‘황제’라는 관념이 아무런 장애물이나
저항도 없이 혼연일체(渾然一體)가 되어 지금에 이른 것은 아니다.
반대로 그 속에 수많은 단절(斷裂)과 모순을 내포하면서 발전돼 왔
던 것이다. 안토니 코헨은 사회적인 변화의 움직임을 의식형태(意
識形態)의 ‘모자걸이’ ― 그 자체는 단순히 일개의 가구(家具)에 불
과하나, 수많은 형태의 다양한 모자들을 수납할 수 있는― 에 비유
한 바 있다.[24] 마찬가지로, 어떠한 문화 기호는 사회적 집단을 구
성하는 데 필수적인 매개체임이 틀림없다. 그러나 그가 제공하는
것은 단순히 형식적인 구조나 틀, 하나의 ‘공개된 얼굴(public face)’
에 불과하며, 그 기호의 구체적인 의미에 대해서는 사회집단 구성

---

20) 馮天瑜, 「民族先祖·文化英雄 ―炎黃歷史地位芻議」, 『炎黃文化與現代文明』, 武漢出
　　版社(武漢), 1993, 47쪽.

21) 蘇曉康, 王魯湘, 『河殤』, 中國圖書刊行社(香港), 1988, 25쪽.

22) 이는 인류학자 Victor Turner가 고안해 낸 표현이다(Victor Turner, *The Forest of
　　Symbols*(Ithaca: Cornell University Press, 1967), p.30 참조).

23) Anthony Cohen, *The Symbolic Construction of Community*(London: Routledge,
　　1992).

24) Anthony Cohen, 위의 책, p.108.

원들의 인지능력, 감성적 특성, 기대감, 환경, 이해관계 및 의식형
태(意識形態) 등의 요소에 따라 수많은 이견이 있을 수 있으며, 심
지어는 완전히 상반되는 해석방식도 가능한 것이다.[25]

아더 워드론(Arthur Waldron)은 중국민족이 공인(公認)하고 있는
다른 한 기호 - '만리장성(萬里長城)'에 대해 연구한 결과, 정치권
력을 잡고 있었던 지배계층과 일반 민중에게 있어서, '장성(長城)'
은 두 가지 확연히 서로 다른 의미를 갖고 있었음을 발견할 수 있
었다고 한다. 즉 관방(官方) 문헌에서는 '장성'을 민족역사상 영광
의 상징으로 기술하고 있는 반면, 민중들의 기억 속에서 '장성'은
맹강녀(孟姜女)의 전설과 함께, 폭정(暴政)의 징표로 인식되고 있었
다는 것이다.[26]

청말, '황제'라는 기호(심볼)를 둘러싼 중국 '민족(혹은 nation)'
관념의 구축과정에 역시 다양한 스펙트럼이 있었으며, '민족'에 대
한 서로 다른 여러 가지 상상(想像)이 존재하고 있었음을 확인할
수 있다. 나아가 당시 '황제'라는 기호에 대한 해석의 주도권을 차
지하기 위해 진행됐던 치열한 논쟁은 단순히 역사사실에 관한 것
이 아니었으며, 현실적인 이해관계에 따른 정치·경제 이권에 대한
쟁탈이었다. 즉 미셸 푸코(Michel Foucault)가 말한 이른바 지식/권
력(power/knowledge) 다툼이었던 것이다.[27]

---

25) Anthony Cohen, 위의 책, p.74.

26) Arthur Waldron, "Representing China: The Great Wall and Cultural Nationalism in
the Twentieth Century", in Harumi Befu ed., *Cultural Nationalism in East Asia*
(Berkeley: University of California Press, 1993), pp.36 - 60.

27) Michel Foucault, "Two Lectures", in Michel Foucault, *Power/ Knowledge: Selected
nterviews & Other Writings, 1972 - 1977*, ed., by Colin Gordon(New York: Pantheon
Books), pp.78 - 108.

Ⅱ. '황통(皇統)'에서 '국통(國統)'으로 – '염황자손(炎黃子孫)' 과 민족에 대한 공인(公認)

1903년, 동경에 유학 중이던 노신(魯迅)이 칠언절구(七言絶句) 시 한 수를 지어 친구인 허수상(許壽裳)에게 선물한 바 있다.

> 靈臺無計逃神矢. 영대(靈臺)는 요신(逃神)의 화살 피할 길 없고,
> 風雨如磐黯故園. 비바람 바위같이 옛 정원 짓누르는구나.
> 寄意寒星荃不察. 뜻을 차가운 저 별에 부쳐도, 님 살피지 않으시니,
> 我以我血薦軒轅. 나의 뜨거운 피 헌원에 바치리라.[28]

당시 일본에 유학 중이었던 노신은 진화론과 같은 서양사상의 영향을 받아, 구국구민(救國救民)의 열의에 불타고 있었다.[29] 또 노신의 이러한 심리상태는 당시 유학 중이던 중국 청년들의 보편적인 심성이었다. 하지만 노신이 왜 하필이면 '황제(黃帝/軒轅)'를 민족감정을 표현하는 기호(심볼)로 선택하였던 것일까?

전통적으로 '황제(黃帝)'는 아득히 먼 遠古 신화 속 인물에 불과하였다. 비록 사마천(司馬遷)이 『사기(史記)』에 오제본기(五帝本紀)를 수록했다고는 하나, 또 한편으로는 "『상서(尙書)』에서 요(堯) 임금만 전하고 있는 것과는 달리, 백가(百家)들은 황제에 대해 언급하고 있는데, 그 글이 점잖지 못하다."라고 하여, 황제전설의 확실성 여부에 대해서는 의심하고 있었던 것 같다. 또 민국(民國) 이후

---

28) 魯迅, 「自題小像」, 『魯迅全集・集外集拾遺・附錄』, 人民文學出版社(北京), 1989, 423쪽.

29) 王曉明은 魯迅이 「自題小像」을 지을 당시의 상황에 대해 심도 있는 연구를 진행한 바 있다(王曉明, 『無法直面的人生 –魯迅傳』, 業強出版社(臺北), 1992, 25～31쪽 참조).

‘의고(疑古)’ 학풍이 크게 성행하여 삼황(三皇)·오제(五帝) 등 상고사(上古史)에 대한 확신이 바닥으로 추락하게 된다. 황제에 관한 전설 역시 날조해 낸 제동(齊東)의 야설(野說)에 불과한 것으로 취급되어 폐기되기에 이르렀던 것이다.[30)

황제가 과연 역사적 실존인물이었을까? 물론 본고에서 이 질문의 해답을 찾아보고자 하는 것은 아니다. 다만 우리가 전통사학계의 사실(史實) 논쟁에서 벗어나, ‘집단적 기억(collective memory)’의 관점으로 바라봤을 때, 선진(先秦) 시기 제자백가들이 주장한 황제의 실체는 단순히 그들이 현실정치 내지는 공동체 관계의 수요에 의해 창조된 것임을 알 수 있다. 그렇다면 기존의 역사인식에서 벗어나 새로이 역사를 해석할 여지가 있지 않을까 생각한다.[31) 다시 말해 만약 우리가 황제에 관한 기록들이 진실한 역사사실을 반영(reflect)한 문헌(document)이 아닌, 단순히 기술(記述/represent)에 불과하고 사회실천(social practice)을 규범화한 텍스트(text) 혹은 의식상태(意識狀態/ideology)임을 인정한다면, 황제에 대한 고대 기록에 대해 새롭게 해석을 가해 볼 여지가 전혀 없지 않음을 발견할 수 있다는 것이다.[32) 그렇다면 상고 시기의 황제에 관한 기술 역시 새롭게 연구해 볼 부분이 전무한 것은 아니라 하겠다.

---

30) 楊寬, 「中國上古史導論」, 『古史辨』 冊7(1940, 臺北影印本, 無出版年), 189~209쪽. 顧頡剛, 「黃帝」, 『史林雜識初編』(臺北影印本, 無出版年), 176~184쪽.

31) 이러한 ‘집단적 기억’을 바탕으로 上古史를 해석해 보고자 한 노력에 대해서 王明珂의 『華夏邊緣』을 참조해 볼 수 있다.

32) 여기서 필자가 사용한 이른바 ‘意識形態(ideology)’라는 표현에는 폄하의 의미가 전혀 없으며, 단지 Paul Ricoeur의 용법을 따라, ‘사회행동과 사회관계에 다양한 스펙트럼 코드를 제공해 주는 일종의 기호 시스템’으로 본 것이다(Paul Ricoeur, *Phenomenology and the Social Sciences*; cited from Ana Maria Alonso, "The Effects of Truth: Representations of the Past and the Imagining of Community", p.34 참조).

B.C. 356년, 제위왕(齊威王)이 명문(銘文)을 만들어 이르기를 "其惟因揚考, 紹踵高祖黃帝, 米嗣桓, 文"[33]이라 하였는데, '고조황제(高祖黃帝)'라 하여 스스로를 황제의 자손이라 칭하였던 것이다. 이는 인격화된 황제에 관한 가장 이른 시기의 기록이라 할 수 있다. 고힐강(顧頡剛)의 해석에 의하면 "'고조(高祖)'란 먼 조상을 이르는 말이다. 제(齊)나라의 성씨는 진씨(陳氏)이고, 진씨는 원래 순(舜) 임금을 조상으로 모셨다. 그럼에도 여기서 황제를 그 조상이라고 한 것은 순 임금 역시 황제의 자손이기 때문"[34]이라고 한다.

이 명문(銘文)은 당시 화하(華夏/중국)의 여러 제후국들이 스스로의 기원에 관한 구조를 구축하고 있었음을 잘 보여주고 있다. 그 뒤를 이어 제후국들 사이의 빈번한 전쟁과 병합으로 인해 화하 여러 나라들의 민족기원에 관한 설화가 혼합되어 나무모양(가지가 얽힌)의 체계를 이루게 된다.[35]

그보다 조금 늦은 시기의 『국어(國語)』 노어(魯語)에서는 "오씨(虞氏)가 있어 황제(黃帝)에 제사 지내고 전욱(顓頊)을 조상으로 모시며, 또 요(堯) 임금에게 제사 지내고, 순 임금을 조상으로 모신다. 하후씨(夏后氏)는 황제에게 제사 지내고 전욱을 조상으로 모신다. 곤(鯀)에 제사 지내고, 우(禹) 임금을 조상으로 한다. 은(殷)나라 사람들이 순 임금에게 제사 지내고 설(契)을 조상으로 모신다. 주(周)나라 사람들은 곡(嚳)에 제사 지내고 직(稷)에 제사 지낸다. 또 문왕(文王)을 조(祖)로, 무왕(武王)을 종(宗)으로 모신다(有虞氏禘黃帝

---

33) 顧頡剛, 앞의 책, 179쪽, 재인용.
34) 顧頡剛, 위의 책, 179쪽.
35) 王明珂, 앞의 책, 414쪽.

而祖顓頊, 郊堯而宗舜, 夏后氏禘黃帝而祖顓頊, 郊鯀而宗禹, 商人禘舜而祖契, 郊冥而宗湯, 周人禘嚳而郊稷, 祖文王而宗武王)."고 하여, 사실상 이미 요(堯)·순(舜) 및 하·은·주 3대의 조상을 황제로 귀결 짓고 있다.

한대(漢代)에 이르러 사마천이 『세본(世本)』 및 『대대예기(大戴禮記)』에 근거하여 오제본기(五帝本紀)를 찬술하였다. 따라서 결국에는 '허구성(虛構性) 계보(系譜/fictive genealogy)'가 만들어지게 되었고, 황제는 그 정점인 고대 제왕들의 공동의 조상으로 정립되었던 것이다. 이러한 통합과정은 제곡(帝嚳)이 점차 상(商)·주(周) 두 왕조 공동의 시조로 통합되는 과정과도 아주 흡사하다.[36]

여하튼 황제나 제곡 전설은 모두 현실적인 정치 목적을 갖고 있었던 것만은 분명하다. 두정승(杜正勝)에 의하면 제곡신화(帝嚳神話)는 그리스 만신전(萬神殿)식 신화 통합과도 유사한데, 이는 주(周)나라 사람들이 창조해 낸 계통으로, 스스로의 지위를 높이고 나아가 화하제족(華夏諸族)들 중에서 중심적 위치를 차지하고자 한 데 그 목적이 있었다고 한다.[37] 제곡과 마찬가지로 황제 역시 같은 맥락으로 이해할 수 있다. 종교학자 르블랑(Charles Le Blanc)은 구조주의적인 시각으로 선진(先秦)·양한(兩漢) 시기 황제 관련 기록들을 살펴본 결과, 이들 기록을 세 가지로 분류할 수 있음을 발견하게 되었다고 한다. 그 첫 번째는 '선화(仙話)'[38]로서의 황제에 대한 기술이므로 잠시 제쳐 두도록 하겠다. 두 번째는 황제가 중국 여

---

36) 帝嚳傳說의 변천사에 관해서 王明珂의 앞의 책, 221～222쪽, 杜正勝, 「關於先周歷史的 新認識」, 『臺大歷史學系學報』 16期, 1991, 2～3쪽 참조.

37) 杜正勝, 위의 책, 3쪽.

38) 袁珂가 사용한 표현으로, 袁珂의 『中國神話通論』(巴蜀書社(成都), 1991), 16～22쪽 참조.

러 민족 공동의 '조상(genealogical ancestrality)'의 개념으로 등장하는 경우이고, 세 번째는 야만족들을 정복한 '성왕(聖王/paradigmatic emperorship)'의 형상으로 묘사되어 있는 경우이다. 주나라 사람들이 창조해 낸 황제 전설에는 '조상'과 '성왕'이라는 두 가지 의미를 특별히 강조하고 있으며, 또 혈연적인 연관성을 통해 공동체를 하나로 묶고자 하고 있다고 한다. 주 왕실의 성씨는 '희씨(姬氏)'였는데, 황제(黃帝)의 성씨를 아예 '희씨'라고 하여 자신들이야말로 황제의 적통을 이어받았음을 주장하였다는 것이다. 즉 종법제도의 정치질서를 바탕으로 근본적인(primordial) 혈연연대를 통해, 모범적인 '성왕'을 이어받아 여러 족속들에 대한 통치의 권위와 도덕적 합법성의 기초를 마련하고자 하였다는 것이다.[39] 이런 의미에서 주나라 사람들이 고안해 낸 황제전설은 일종의 '혈연정치(politics of blood)' 적인 메커니즘을 갖고 있었으며, '황제'는 창조되면서부터 짙은 정치적 색채를 띨 수밖에 없었다.

양한(兩漢) 이후, 대일통(大一統) 사상을 바탕으로 한 제국질서(帝國秩序)의 확립과 함께 황제(黃帝)의 정치적 성격이 점점 더 강조되기 시작하였으며, 제왕의 모범이라는 이미지가 크게 부각되었다. 당(唐)의 봉행규(逢行圭)가 주석(註釋)한 『진죽자표(進鬻子表)』에서는 "황제(黃帝)께서 처음으로 의복의 예를 베푸시고, 책을 만드셨으며, 사관(史官)을 두셨다. 또 배를 만들어 강을 건널 수 있게

---

39) Charles Le Blanc, "A Re-examination of the Myth of Huang-ti", *Journal of Chinese Religions*, 13/14, p.53. 大陸의 학자 馮天瑜 역시 "黃帝는 원래 주나라만의 조상으로 인식되고 있었을 뿐, 천하가 공인하는 先帝는 아니었다. 그 후, 주나라가 은나라를 깨뜨리고, 그 지배를 확고히 하기 위해 황제를 제왕계보의 정점에 배치하였던 것이다."고 주장하고 있다(馮天瑜, 앞의 책, 49쪽 참조).

했고, 우마(牛馬)를 다스리는 법을 가르치셨다……활과 살을 만들어 천하에 위엄을 떨치시고, 율법을 제정, 봉선(封禪)을 일으키셨다……제왕의 공로가 이보다 큰 것이 없으니, 그러므로 백 세대를 지나서도 바뀌지 않고 복(福)과 가르침을 주고 있는 것이다.”라고 했다.[40)

황제(黃帝)는 이미 합법적 정치권위의 근원(根源)으로 자리매김되었으며, 따라서 역대 통치자들은 이 ‘기호자원(symbolic resource)’을 독점해 왔던 것이다. 왕망이 漢 왕조를 찬탈하고 나서, 우선 구묘(九廟)를 세웠고, 그중에서도 ‘황제태초조묘(黃帝太初祖廟)’를 가장 먼저 세웠다. 그 규모 또한 어마어마하여 “동서남북의 길이가 각각 40장(丈), 높이가 17장에 달하였으며, 다른 묘(廟)들은 그 절반으로 하였다.”[41)고 한다. 그 뒤를 이어, 역대왕조들에서도 모두 정해진 법도에 따라 황제묘를 세우고, 제사 지냈는데 끊어짐이 없었다. 당(唐) 대종(代宗) 대력(大歷)연간에는 황제릉(黃帝陵)이 위치한 방주(坊州/지금의 陝西省 黃陵縣)에 황제묘를 두고 “사시(四時)에 맞춰 제사 지내도록 했다.”[42)고 한다. 또 송(宋)·원(元) 시기 역시 자주 황제묘에 대한 보수작업이나 제사가 이어졌으며, 명(明)·청(淸) 시기에 이르러서는 황제에 대한 제사를 특별히 극진하게 치렀는데, “봄과 가을에 제사 지냈으며, 3년마다 큰 제사가 있었다.”[43) 명(明) 태조(太祖) 홍무(洪武) 4년(1371)에서 청(淸) 선종

---

40) 『鶡子』 貴道篇

41) 『漢書』 王莽傳

42) 『册府元龜』(張豈之, 「關於黃帝與黃帝陵的若干問題」, 『五千年血脈－黃帝及黃帝陵史料匯編』, 西北大學出版社·香港新世紀出版社, 1993, 220쪽, 재인용).

43) (明)劉仕, 「黃帝廟除免稅糧記」, 『五千年血脈』, 西北大學出版社·香港新世紀出版社, 1993, 190쪽.

(宣宗) 도광(道光) 30년(1850)에 이르는 거의 500년 동안, 조정에서는 전문 담당 관리를 두어 제사를 장관하게 했는데, 제문(祭文)이 전해져 내려오는 큰 제사만 해도 40회에 이른다. 무릇 황제가 등극하거나, 연호를 바꿀 때마다 어김없이 관리를 보내 황제릉에 어제(御祭)를 지내 새로운 시작을 알렸다. 그 외에도 선제(先帝)의 신주를 원구(圓丘)에 배향(配享)하거나, 태후를 태묘(太廟/종묘)에 승부(昇祔/합장)할 때, 황제나 태후의 생신 때, 황태자를 세우거나 폐할 때, 큰 공정을 마무리 지을 때나, 전쟁에서 승리하였을 때 자주 황제릉에 제사 지냈다고 한다.[44]

여하튼 역대 제왕들은 황제와의 '정치적 혈연(blood of politics)'을 허구해 냈으며, 나아가 황제를 '독점(appropriate)'하여 황실 전속(專屬)의 조상으로 만들었던 것이다. 따라서 백성으로서 마땅히 황제의 정치적 지배를 받아야 한다는 논리 역시 이러한 체제에 의하면 '지극히 당연한 사실'일 수밖에 없으며, 의심의 여지가 없는 '자연스러운' 것으로 간주되었다. 명(明) 만력(萬曆) 황제의 명을 받들어 황제릉에 제사를 지낸 석성(石星)은 「어제축문비발(御制祝文碑跋)」에서 이렇게 쓰고 있다.

"이 천하는 황제(黃帝) 때부터 이어져 내려온 것이니, 지금의 황제(皇帝) 역시 황제(黃帝)의 음덕을 입어 신기(神器/임금의 자리)를 지키시는 이이다. 신하와 백성들은 황제(黃帝)의 명성은 바라도 볼 수 없는 미천한 자이니, 능히 익대(翼戴)받을 이는 황제(黃帝)뿐임이라."[45]

---

44) 위의 책, 116~130쪽.
45) 石星, 「萬曆元年御製祝文碑跋」, 위의 책, 119쪽.

청(淸) 도광(道光) 16년(1836), 선종(宣宗) 황제가 올린 제문(祭文)에서 역시 황제는 제왕의 모범이었음을 칭송하고 있다.[46] 이로부터 알 수 있듯이, 19세기 중엽 이전까지만 해도 '황제'는 대체적으로 현실정치의 권위의 상징으로 작용하였으며, '황통(皇統)'의 일개 구성요소에 지나지 않았다. 그에 비해 민간에서 전해져 내려온 황제전설은 단순히 '선화(仙話)'적인 성격을 띠고 있으며, 그 구조 또한 관방(官方)의 의식형태와는 완전히 성격을 달리하고 있다.

하지만 20세기에 들어서면서 이러한 '황제'에 대한 전통적인 인식에 갑작스런 변화가 생기게 된다. 1908년 동맹회(同盟會)에서 황제에 드리는 제문에는 "우리 민족이 여러 차례 국난을 겪으면서도 재기(再起)할 수 있었던 것은 황제께서 하늘에서 굽어 살펴 보우하셨기 때문이다."[47]라고 했다. 또 1935년 중국국민당 정부에서도 중앙집감위원(中央執監委員) 장계(張繼)와 소원충(邵元冲)을 파견하여 '중화민족의 시조 황제헌원의 영(靈)에 제사' 드리도록 하였는데, 그 제문에서는 시조의 위업에 대한 찬사뿐만 아니라 '어려움을 이겨내고 우리 강토와 족속을 지켜낼 것'임을 누누이 강조하고 있다.[48] 1937년 중국공산당(中國共産黨) 섬서(陝西) 소비에트에서도 림조함(林祖涵)을 파견하여 황제릉에 제사 지내고, 소비에트 주석 모택동(毛澤東)과 항일홍군총사령(抗日紅軍總司令) 주덕(朱德)이 지은 제문을 올렸는데, 그 내용은 다음과 같다.

---

46) "維帝王御宇, 握鏡臨辰; 澤被黃輿, 勳垂靑史. 羹墻不遠, 仰皇煌諦; 俎豆常新, 昭崇德報功之典. 天經地義, 紹百王至治之馨香; 日昇月恒, 申億載無疆之頌祝"(위의 책, 128~129쪽.)

47) 위의 책, 130쪽.

48) 위의 책, 130~131쪽.

이러한 정치단체들은 각자의 이익과 의식 상태, 정치적 목적이
크게 달랐음에도 이들의 공통점은 바로 '황제'라는 조상 관념이었
다. 단 전통적인 황제 관념과는 달리, 어느 한 왕조거나 한 성씨만
의 전유물이 아닌, '중화민족'의 '공동의 시조'로 간주하고 있었던
것이다. 다시 말해서 '황제'가 일종의 공인(公認)된 '기호(심볼)'로
서 이미 구시대의 제왕 세계(世系)적인 '황통'의 성격을 탈피하고,
새롭게 구성된 민족전승, 즉 '국통(國統)'의 맥락으로 전환되었음을
의미한다. 그렇다면 이러한 의식전환이 과연 어떠한 역사 상황에
서, 어떠한 실천과정을 겪으면서 발생하게 되었던 것일까?

이 문제의 해답을 찾기 위해 우선 본고의 제목이기도 한 노신(魯
迅)의 시구(詩句)를 살펴볼 필요가 있다. "나의 피 헌원(軒轅)께 바
치리라"는 구절은 '구국구민(救國救民)'의 의미로 해석하는 것이
무난하다.50) 여기서 '헌원'은 황제라는 기호(심볼)로 표현된 거대한
영혼-'민족'을 의미한다. 즉 당시 유행했던 말로 표현하자면 '동
포(同胞)'라고 할 수도 있다. 청(淸)이 멸망하기 전 10여 년 동안,
이러한 민족의식은 공식적인 '공중논술(公衆論述)'에서는 물론이거
니와 음주가무 장소와 같은 지극히 사적인 공간에서마저도 그 흔

---

49) 위의 책, 132~133쪽.
50) 王曉明, 앞의 책, 29~30쪽, 35~36쪽.

적들을 쉽게 발견할 수 있다.

노신(魯迅)의 이 시구(詩句)는 청말 지식인의 시간관념 변화도 잘 보여주고 있다. 앤더슨은 발터 벤야민(Walter Benjamin)의 이론을 인용하여 '메시아적 시간(Messianic time)'으로부터 '동질적 공동(空洞)한 시간(homogeneous, empty time)'으로의 개념전환은 '민족상상(民族想像)'의 문화적 뿌리로 작용한다고 했다.[51] 전통 왕조시기 '황제(黃帝)'는 과거·현재·미래를 하나로 이어 주는 영원하고도 신성한 성왕적(聖王的) 이념이었으며 정체(停滯)된 불변의 완정체(完整體)였다. 『백호통의(白虎通義)』에서는 '황제'의 의미에 대해 해석하기를 "'황(黃)'이란 중화(中和)의 색이요, 그 자연 속성은 만세가 지나도 변함이 없다. 황제께서 처음으로 제도를 만들었고, 그 중화(中和)를 얻어 만세에 길이 전해지고 있으므로, 황제라 칭한다."고 했다.[52] 이것이 바로 일종의 '메시아적 시간(Messianic time)' 도식(圖式)인 것이다. 하지만 노신의 시구에서 나타나는 황제 관념은 저자가 진정으로 관심을 가지고 있는, 그와 동시대를 살아가는 무수한 '동포'였던 것이다. 즉 노신과 수많은 무명의 대중들을 연결시켜 주는 고리가 바로 '동질적, 공동의 시간', 일종의 '민족의 시간'이라는 것이다. 청말, 황제라는 기호(심볼)를 매개로 새로운 의식(意識) - '민족의식'이 중국 지식인들 속에서 태동, 확산되기 시작하였으며, 최종적으로 근대 중국 정치공동체의 상상방식(想像方式)을 바꾸어 놓게 되었던 것이다.

---

51) B. Anderson, 앞의 책, p.24. Walter Benjamin의 주장에 관해서는 Walter Benjamin, *Illuminations: Essays and Reflections*, ed. by Hannah Arendt, tr. by Harry Zohn(New York: Schocken Books, 1968), pp.262 - 264 참조.

52) 『白虎通義』 號篇, 商務印書館叢書集成初編本, 1935, 22쪽.

물론 청말 지식인들의 궐기(蹶起)에는 그 물질적인 여건과 외부의 조력(助力)이 있었다. 19세기 말엽부터 중국 신식인쇄산업(新式印刷産業)의 흥기로 인해 신문·잡지 등 대중매체들이 대거 등장하게 된다. 이러한 대중매체는 경이로운 유통규모를 자랑하며, 중국의 '민족상상'에 앤더슨(Anderson)이 지칭한 '대규모인쇄기업'과도 같은 물적 기반을 마련해 주었던 것이다.[53] 또 갑오전쟁(甲午戰爭, 1895)을 전후하여 수많은 지식인들이 서양으로 유학, 서구사상을 수용·전파하여, 청말 민족의식의 형성에 큰 영향을 미치게 되었다.[54] '민족'을 일종의 '상상의 공동체'라고 일컫는 만큼, 이러한 외적 요인 이외에도 상상에 필요한 매개체적인 요소들 – 일련의 '논술'체계에 관해서도 살펴볼 필요가 있다. 다시 말해서 다양한 제도적 지지기반을 주목해야 할 뿐만 아니라, '기호(symbol)'와 '논술(discourse)'이 '민족' 구축에 미친 작용에 대해서도 생각해 볼 필요가 있다는 것이다.

인류학자들이 항상 지적하고 있듯이, 한 사회공동체는 항상 문화적 경계(boundary)까지 내몰렸을 때에야 비로소 자신의 문화를 '발견'하게 되고, 그것에 대해 새롭게 평가하게 된다.[55] 청말 지식인들

---

53) 통계에 따르면, 1900년부터 1918년 사이, 중국 지식인들이 국내외에서 발행한 정기간행물이 700~800여 가지에 달하였다고 한다(丁守和 主編, 『辛亥革命時期期刊介紹』 第一集, 人民出版社(北京), 1982, 「說明」, 1쪽 참조). 또 다른 외국인들의 통계에 의하면, 1890년에 일반 정기 간행물이 15가지에 불과하였으나, 1898년에 이르러 60가지로 급증하였고, 1913년에 이르러서는 487가지나 되었다고 한다(Charlotte Beahan, "Feminism and Nationalism in the Chinese Women's Press, 1902–1911", *Modern China*, Vol.1, No.4(Oct. 1975), p.379 참조). 이러한 통계수치의 차이는 그 발행량에 있어 큰 차이가 있었기 때문일 것으로 추정된다(張朋園, 『梁啓超與淸季革命』, 中央研究院近代史研究所, 1964, 286~303쪽 참조).

54) 이와 관련하여 많은 연구가 이루어졌는바, 본고에서 일일이 열거하지는 않겠다. 최근 대표적인 논저로는 陶緖의 『晚淸民族主義思潮』(人民出版社(北京), 1995)를 꼽을 수 있겠다.

55) Anthony Cohen, 앞의 책, p.69.

역시 서양으로부터 오는 우수한 이질문화의 거대한 압박 속에서 중국의 역사·문화에 대한 반성과 검토를 전개하게 된다. 이러한 자아반성은 두 가지 방향으로 전개되는데, 하나는 중국에 대한 '정확'한 '자아칭호(自我稱號, emic)'의 고안이고, 다른 하나는 새로운 사학(史學)의식의 자극으로 야기된 중국의 과거에 대한 재구성 작업이었다.

자아칭호는 일반적으로 한 공동체가 자아의 경계를 규정하는 가장 효과적인 기호 지표(指標)이기도 하다.[56] 예로부터 중국인들은 왕조의 명칭 혹은 '화하(華夏)', '중국(中國)' 등으로 스스로를 칭하였으며, 따라서 자아칭호로 인한 위기감 같은 것은 전혀 가져 본 적이 없다. 하지만 청말에 이르러 지식인들은 이러한 전통식 자아 칭법들에 대해 회의를 제기하게 된다.[57] 1901년, 양계초는 「중국사 서론(中國史敍論)」에서 자아칭법에 대해 다음과 같이 꼬집었다.

> "우리나라 사람들 스스로 가장 부끄러워해야 할 일은, 나라에 국명(國名)이 없다는 사실이다. 일반적으로 '제하(諸夏)' 혹은 '한인(漢人)', '당인(唐人)'으로 통칭하기는 하지만, 이는 모두 왕조의 칭호일 뿐이다. 또한 외국인들은 우리를 '진단(震旦)' 혹 '지나(支那)'라고 부르는데, 이것은 우리 스스로가 지은 것이 아니다. '하(夏)'·'한(漢)'·'당(唐)' 등으로 이름하면 국민 존중의 원칙을 어기게 되는 것이고, '진단'·'지나' 등의 칭호를 사용하면 스스로 이름 지어야 하는 공리(公理)를 어기는 꼴이다."[58]

---

56) 王明珂, 앞의 책, 72쪽.

57) '중국'이란 칭법에 대한 청말 지식인들의 반성과 재인식에 관해서는 王爾敏의 「『中國』名稱溯源及其近代詮釋」(『中國近代思想史論』, 自印本(臺北), 1977), 441~480쪽 참조.

58) 任公, 「中國史敍論」, 『清議報』 90册(光緒27年 7月 21日), 5703쪽.

갑론을박 끝에 양계초는 결국 옛 관습에 따라 국명을 '중국(中國)' 내지는 '중화민국(中華民國)'으로 귀결 짓게 된다. 양계초의 이러한 결론은 그가 다양한 칭호들 중에서 취사선택하였다기보다는 전통 왕조 명칭으로 자칭하는 것은 '국민 존중의 원칙을 어기는 발상'[59]이라는 데 대한 비판에서 비롯한 것이었다. 이러한 의식들은 그의 초기 주장인 「소년중국설(少年中國說)」과 같은 글에서 잘 드러나고 있다.

> "지난날, 우리 중국이 나라를 가져 본 적이 있었던가? 조정(朝廷)만 있었을 뿐이다. 우리 황제(黃帝) 자손들이 하나의 민족을 형성하여 이 지구상에 존재해 온 지 수천 년이나 되었건만 과연 그 나라 이름이 무엇이었단 말인가? 없었지 않았던가! 이른바 당(唐)·우(虞)·하(夏)·상(商)·주(周)·진(秦)·한(漢)·위(魏)·진(晉)·송(宋)·제(齊)·양(梁)·진(陳)·수(隋)·당(唐)·송(宋)·원(元)·명(明)·청(淸)은 단지 왕조(王朝) 명칭일 뿐이다. '왕조'란 그 자체가 가산적(家産的)인 성격을 다분히 띠고 있다. 그러나 '국(國)'은 인민의 공적(公的) 자산과도 같다……그러나 우리 '중국'이란 표현은 전에는 세계 어디서도 찾아볼 수 없었으니, 오늘에야 비로소 시작된 것이라 하겠다."[60]

이로부터 알 수 있듯이, 양계초가 노심초사하며 갈구했던 목표는 사실상 왕조의 한계를 뛰어넘어, 중국 '민족' 전체를 아우를 수 있는 일종의 '정신(精神)'이었으며, '민족' 주체를 확고히 세울 수 있

---

59) '國民'이나 '民族'과 같은 어휘는 청말 지식인들이 일본의 한문식 어휘를 차용한 것으로, 그 의미에 대한 이해도 다양하다. 대체적으로 양계초 등이 사용한 '국민'이라는 표현에는 두 가지 의미가 있는데, 그 하나는 nation에 대응하는 번역어로 '국민'의 개념과 함께 혼용하고 있다. 다른 하나는 바로 citizenship의 개념이다. 사실상 이 두 가지 의미에 상통하는 부분이 있으므로, 청말 지식인들은 그 차이에 대해서는 자세히 구분하지 않았던 것이다(청말 '국민' 개념의 흥기와 발전에 관해서 沈松僑의 「族群·性別與國家 – 辛亥革命時期『國民』觀念中的界限問題」(미발표) 참조).

60) 任公, 「少年中國說」, 『淸議報』 35册(光緒26年 正月 11日), 2270~2271쪽(서영대 교정).

는 스스로에 대한 자아호칭이었던 것이다. 양계초 이외에 황절(黃節), 장지유(蔣知由) 등도 중국의 '민족명'과 '국명'에 대해 고민하였으며,[61] 강유위(康有爲)도 중국이 "왕조의 칭호는 있었으나 국호는 가져 본 적 없었다."고 하면서 나라 이름을 '중화국(中華國)'으로 할 것을 주장하였다.[62] 또 장태염(章太炎)은 국명을 '중화민국(中華民國)'으로 지정해야 한다고 극력 주장하면서, "'한(漢)'을 민족명으로 하면 나라의 의미도 다분히 띨 수 있고, '화(華)'를 국호로 삼으면 종족적인 의미도 부여할 수 있다."고 하였다.[63] 이러한 움직임은 청말 지식인들의 '민족' 주체성(主體性)에 대한 관심을 잘 보여주고 있다.

또한 '민족'에 대한 관심은 청말 '신사학(新史學)'의 전개 과정에서 집중적으로 나타난다. 주지하다시피 20세기 초, 중국 지식인들은 서양식 사학이론과 방법론의 영향을 받아 '사학혁명(史學革命)'을 표방하고 나서게 된다. 그들은 전통사학에 대해 비판·반성하고, 나아가 새로운 관점과 사례를 부각시키며 중국의 과거를 새롭게 구성하고자 시도하였던 것이다.[64] 프라센지트 두아라(Prasenjit Duara)가 지적했듯이, 이 같은 역사기술은 일련의 새로운 표현과 서사구조로 구성된 '언어자원(linguistic resources)'이기도 하다. 이는 역사의 주체(主體)로서 '민족'의 지위 확립 및 '민족'과 세계의 과거, 현

---

61) 黃節, 「黃史·立國第三」, 『國粹學報』 1年 1號(光緒31年 正月 20日), 9a쪽, 觀雲, 「中國人種考」, 『新民叢報』 60號(1905年 1月 6日), 51~52쪽.

62) 康有爲, 「海外亞美歐非澳五洲二百埠中華憲政會僑民公上請願書」(1907)(湯志鈞 編, 『康有爲政論集』 上冊, 中華書局(北京), 1981, 611~612쪽, 수록).

63) 章太炎, 「中華民國解」, 『民報』 15期(1907年 7月 5日), 2414쪽.

64) 20세기 초, 중국 新史學의 흥기에 대해 많은 연구가 이루어져 왔으며, 최근 논저로는 俞旦初의 『愛國主義與中國近代史學』(北京: 中國社會科學出版社, 1996)이 주목되고 있다.

재의 관계에 대한 중국 지식인들의 관점을 바꾸어 놓았다.[65] 이런 맥락에서 1901년 양계초는 이미 '국민'의 입장에서, 중국은 국민 중심의 역사를 가진 적이 없다고 비판한 바 있다.

> "전통시대 사학자들은 단순히 한두 명 권력자의 흥망지사에 관해 기록하였을 뿐이다. 비록 '역사'로 불리기는 하였으나, 사실상 이는 한 개인 내지는 한 가족의 족보에 불과하였다. 근세 사학가들은 반드시 인간사회 전반에 대해 세심히 관찰하고 연구하여야 한다. 다시 말해 국민 전체의 경력 및 그 상호관계를 대상으로 연구하여야 한다는 얘기다. 이런 의미에서 봤을 때, 중국은 진정한 역사를 가져 본 바 없다고 하여도 과언이 아닐 것이다."[66]

1902년 임공(任公/양계초)은 「신사학(新史學)」에서 "이왕의 역사는 왕조를 위한 기록이었을 뿐, 국민을 위한 사서는 있어 본 적이 없다."고 전통사학에 대해 통렬히 비판하면서, 역사혁명(歷史革命)을 통한 민족주의 선양(宣揚)을 주장하였다. 또 이러한 작업은 "우리 4억 동포들로 하여금 이 약육강식의 세계에서 굳건히 생존해 나갈 수 있게 하기 위한 것이다."[67]라고 했다. 역사 재구성에 대한 양계초의 이러한 호소는 수많은 지식인들의 호응을 이끌어 냈으며, 이러한 사회분위기 속에서 '국민사학(國民史學)'의 틀이 구축되기 시작했다. 1902년, 진불신(陳黻宸)은 『독사(獨史)』를 찬술하여 "동서 인근 나라들의 역사에는 그 나라 인민(人民)들에 대한 사건들을 소상히 다루고 있"으나, 중국은 "진(秦)나라 때부터 인민에 대한 의

---

65) Prasenjit Duara, *Rescuing History from the Nation: Questioning Narratives of Modern China*(Chicago: The University of Chicago Press, 1995), p.5.

66) 任公, 「中國史敍論」, 『淸議報』 90册(光緒27年 7月 21日), 5701쪽(서영대 교정).

67) 中國之新民, 「新史學」, 『新民叢報』 1號(光緒28年 正月 1 日), 42~48쪽.

미는 쇠하였다.” “역사란 인민의 역사이지, 결코 군주나 관리들, 학자·문인들의 전유물이 아니다.” 그러므로 이제부터라도 ‘민사(民史/인민의 역사)’에 초점을 맞추어 역사를 기술해야 한다고 주장하였다.[68] 같은 해, 진불신은 싱가포르의 『천남일보(天南日報)』에 「사사(私史)」라는 글을 게재하여 전통사학자들이 “조정이나 군주만 알고 있었을 뿐”, “수백 년 동안의 사건들을 마치 일인(一人), 일가(一家)의 계보처럼 취급해 왔다. 모든 영웅적인 운동이나 사회 움직임, 국민 조직이나 교파의 원류 등에 대해서는 전혀 관심을 보이지 않았다.” 이러한 역사는 “일가(一家)의 역사일 뿐, 전국(全國)의 역사라 할 수 없다. 또 일시적인 역사일 뿐, 만세(萬歲)의 역사가 될 수 없다.” 그러므로 전통시대의 역사는 결코 “국민 모두가 공인한 역사”가 아니라고 주장했다.[69]

1903년, 일본 유학 중이던 증곤화(曾鯤化)는 『중국역사(中國歷史)』를 출판하여 중국 역사상 ‘국민’의 위치에 대해 강조하였다. 그는 “이른바 24사(史), 자치통감(資治通鑑) 등 역사서들은 모두 지난 수천 년 동안의 왕가 계보나 전쟁에 대한 기록에 불과하다. 이는 결코 우리 국민 모두가 겪어 온 경쟁과 진화의 과정을 다룬 국사(國史)라고 할 수 없다.” 국민정신 고취를 위해서 “반드시 썩어 빠진 지난날의 역사 서술을 폐기하고, 찬란한 신(新)역사의 기치를 바로 세워 우리 민족주의의 선봉으로 삼아야 할 것”을 주장하였다. 이 책의 권두언에서 증곤화는 국민 중심 서술의 중요성을 다음과

---

68) 陳黻宸, 「獨史」(1902)(陳德溥 編, 『陳黻宸集』 上册, 中華書局(北京), 1995), 560~575쪽, 수록).
69) 陳黻宸, 「私史」, 『天南日報』(『新民叢報』 19號(1902年 10月 31日), 98~100쪽, 轉載).

같이 밝히고 있다.

> "……4억 동포 중의 일원으로, 4억분의 1의 의무라도 떠맡고자 하니, 우리 국민을 위해 지난 수천 년에 걸쳐 이어져 온 부패하고 혼잡스러운 역사의 범주를 타파하고, 깊이 뿌리내리고 있는 노예근성을 뒤엎고자, 특별히 중국 역사공동체가 발전해 온 진화의 역사를 다루고자 하였다. 또 국민 정신을 經으로, 사회상황을 緯로 삼아, 이와 밀접한 관계를 가지는 사실들을 중심으로 기술하였다……우리나라는 예로부터 단일 혈통의 거대한 민족으로 구성되어 왔으며, 항상 독립 자주적이었으므로 활달하고 자유로운 속성을 가지고 있다."70)

'국민' 외에도 '민족', '종족' 등 용어 역시 당시 사학계에서 크게 유행했던 표현들이었다. 1903년, 유성우(劉成禺)는 「역사광의내편(歷史廣義內篇)」을 발표하여 다음과 같이 주장하였다.

> "역사를 중요시하는 사람에게 있어서, 민족적 관점에 입각한 역사 기술원리(記述原理)와 그를 통해 후대 사람들로 하여금 자신의 종족(種族)을 사랑하는 마음을 가지게 하는 것이 중요하다. 이러한 민족 중심의 과거사와 미래에 대한 영향 등에 관한 기술은 우리 족속을 보존할 수 있는 양책(良策)을 도출해 내는 작업에도 충분히 도움이 될 것이다."71)

1905년, 송교인(宋敎仁)은 황제(黃帝)에서 명(明)에 이르기까지, 5천여 년 동안의 한족(漢族)의 대외 확장에 초점을 맞추어 「한족침략사(漢族侵略史)」를 찬술하였다. 그는 책에서 "역사란 민족의 진화를 다루어, 미래의 발전을 인도(引導)하기 위함이다."72)고 하여

---

70) 橫陽翼天氏(曾鯤化), 『中國歷史』, 東新譯社(上海), 1903(원본은 참조하지 못했으나, 대신 俞旦初의 『愛國主義與中國近代史學』, 46쪽, 69～70쪽에서 再引用)(서영대 교정).

71) 劉成禺, 「史學廣義內篇」, 『湖北學生界』 1期(光緒29年 正月 1日), 77쪽.

'역사'에 대한 자신의 관점을 밝혔다. 같은 해, 황절(黃節)은 『국수학보(國粹學報)』에 연재한 「황사(黃史)」 총론에서 역사 기술자로서 종족 존망(存亡)에 책임을 다할 것을 역설하였다.

> "베를린사학대회 선언문에서 이르기를 '민족제국주의(民族帝國主義) 제창(提唱) 및 신국민(新國民) 구축이야말로 사학가로서의 첫째가는 의무가 아닐 수 없다. 그렇지 못할 경우, 이민족의 침입과 함께 나라가 영원히 멸망하고 말 것이다.'고 하였다. 우리 민족이 역사나 사회 전기를 갖고 있지 않다는 사실이 참으로 개탄스럽지 않을 수 없다……그러므로 이제부터는 우리 민족 흥망의 과거에 대해 기술하고자 한다."[73]

'국민', '민족' 등에 대한 관심이 고조에 달하면서, 그러한 사회적 분위기 속에서 중국의 과거는 '민족' 발전의 역사로 탈바꿈하게 되었으며, 사학 또한 '민족정신' 수호의 보루(堡壘)로 자리매김하였던 것이다. 민족화(民族化)된 역사서술은 '민족'에 유구(悠久)한 계보를 새로이 제공해 주었으며, '민족' 구축의 본질을 은폐해 버렸다. 이는 또한 민족 '자연화(自然化)' 과정에 확고한 기반을 마련해 주기도 했다.

청말(淸末), 사학실천의 구체적인 한 예가 바로 '민족영웅 정성공(鄭成功)'에 관한 새로운 기술인데, 이로부터 역사서술과 민족주의 구축 사이의 상호 의존·강화 등 복잡한 관계를 엿볼 수 있다. 1903년, 장지유(蔣智由)는 당시 사학계의 풍조, 즉 '역사인물의 부활'에 대해 정확히 파악하고 있었던 것 같다.

---

72) 公明(宋教仁), 「漢族侵略史」, 『二十世紀之支那』 1期(光緒31年 5月1日), 37쪽.

73) 黃節, 「黃史·總敍」, 『國粹學報』 1年 1號, 43～45쪽(서영대 교정).

> "최근 10여 년 동안, 새로운 사조의 영향으로 수많은 역사인물에 대한 재
> 평가가 시도되었는데, 민족주의의 발생과 함께 부활한 두 인물은 황제(黃帝)
> 와 청(淸)에 반기를 든 정성공(鄭成功)이다……정성공은 우리나라 사람들
> 에게 잘 알려지지 않았거나, 심지어는 반역자로 인식되고 있었다. 그러나
> 최근에 이르러 위대한 영웅으로 재평가되어 찬란하게 빛을 발하고 있다."[74]

자료에 의하면 1903년 한 해에만 해도 비석(匪石)과 아려(亞廬/
柳亞子)가 찬술한 두 편의 정성공전기(鄭成功傳記)가 크게 호평을
받으면서 연재되었는데, 이는 장지유의 인식이 정확했음을 설명해
주고 있다.[75] 이러한 텍스트에 대해 조금만 유념해 본다면, 정성공
과 같은 고대인물의 '부활'은 사실상 낡은 껍데기 속에 '민족'이라
는 새로운 '영혼'을 불어넣어 소생시킨 것일 뿐이라는 점을 어렵지
않게 발견할 수 있다.

알론소(Ana Alonso)는 멕시코의 혁명사학 연구에서 '민족사학'적
인 역사 기술에 대해 "그것은 일련의 특정된 프레임, 음성과 서사(敍
事) 구조로 구성된 논술 책략(策略, discursive strategies of framing,
voice and narrative structure)으로, 이미 사망한 역사인물로부터 그
고유의 시공간적인 맥락을 끄집어내, '민족'을 중심으로 사회기억
체 내에 새롭게 배열하는 행위이다. 이러한 책략을 통해, '민족'은
모든 잡음(雜音)을 배제하고, '과거'라는 많은 지류들을 하나로 통
합, '독점(appropriate)'하여 통일적인 민족역사를 구성하게 된다."고
했다.[76] 청말, 정성공 전기 기술 중에서도 이러한 민족사학적 논술

---

74) 觀雲, 「華年閣雜談・幾多古人之復活」, 『新民叢報』 37號(光緒29年), 78～79쪽.

75) 匪石, 「中國愛國者鄭成功傳」, 『浙江潮』 2～9期(光緒29年 2月 20日～9月 20日), 亞
　　廬(柳亞子), 「鄭成功傳」, 『黃帝魂』, 258～268쪽.

76) Ana Maria Alonso, 앞의 논문, pp.39－42.

책략이 작용하고 있었음을 발견할 수 있다. 아래 청초(淸初) 정역추(鄭亦鄒, 康熙35년(1696) 進仕)가 찬술한 『정성공전(鄭成功傳)』과 동일 주제에 대한 비석(匪石)의 서술을 비교해 보도록 하자.

"……(정성공이) 애써 간언했음에도 그 뜻이 이루어지지 않았고, 또한 갑작스레 닥친 모친의 非命에 크게 애통하였으니, 곧 비분에 차 군사를 일으키게 되었다. 그는 자신의 유건(儒巾)과 난삼(襴衫)을 문묘(文廟)에 가져다 불태운 연후, 스승(先師)을 향해 네 번 큰절을 올리고는 하늘을 우러러 이르기를 '지난날에는 유자(孺子)였으나 오늘에는 외로운 신하 되었습니다. 비록 등을 돌렸지만은 할 일이 따로 있으니, 단지 유복(儒服)에 감사할 따름입니다. 부디 스승님께서 소감(昭鑑)해 주시기 바랍니다.' 그러고는 곧장 훌쩍 떠나 버렸다……진휘(陳輝)·장진(張進)·시랑(施琅)·시현(施顯)·홍욱(洪旭) 등 추종자 90여 인과 함께 거선(巨船) 두 척을 이끌고 남오(南澳)에 이르러 수천의 군사를 거두었다."[77]

위의 내용과 달리, 비해 비석(匪石)은 다음과 같이 서술하고 있다.

"아~ 스승님! 나라는 이미 망국에 이르렀습니다! 부친께 간(諫)하였으나 듣고자 하지 않으시고, 모친 또한 병환(病患)으로 돌아가셨으니, 이 모두가 저의 죄입니다. 유복(儒服)에 감사드리오나, 이미 그 뜻을 잃었습니다. 아~ 스승님! 지난날의 유자(孺子)가 오늘에는 외로운 신하가 되었으니, 선사(先師)의 넋에 의지하여 이 난세를 구제하고자 합니다. 뜻이 이루어지면 곧 국민(國民)의 복이요, 실패하면 저의 죄입니다.' ……정성공이 하늘에 맹세하여 이르기를 '충효백초토대장군(忠孝伯招討大將軍) 죄신(罪臣) 주성공(朱成功)이 이 눈물로써, 이 피로로써 우리 군사, 우리 국민들 앞에 맹세하노니……국민의 일원으로서 자랑스러울 수가 있음은 나라가 존재하기 때문이니…… 아! 나라가 망한다면 차라리 죽음을 택하리. 중원으로 말 달려 생사를 결판 지을 것을 맹세하노니, 나와 뜻을 같이하고자 하는 자들이여, 채찍을 높이 들어라! 출병이다!' 천지를 진동하는 '종군(從軍)하

---

77) 鄭亦鄒,「鄭成功傳」, 『鄭成功傳』, 臺灣銀行經濟硏究室 編, 1960, 5쪽(서영대 교정).

자!' '종군하자!' '순국(殉國)하자!' '순국하자!'는 목소리와 함께 정성공은
곧장 군사를 일으키게 되었다."78)

위의 두 텍스트를 비교해 보면 청말 역사 서술과 전통 역사 서
술은 완전히 서로 다른 '프레임, 음성과 서사구조'를 이용하고 있
음을 알 수 있다. 정성공의 '부활'은 중국민족의 '신생(新生)'을 의
미하기도 한다. 정성공과 마찬가지로, '민족주의사조'로 인해 부활
하게 된 '황제(黃帝)'의 경우 역시 예외일 수가 없었다. 우리는 다
른 한 표현방식의 변화로부터 정성공의 경우와 유사한 결론을 도
출해 낼 수 있다.

명대(明代) 왕기(王圻)가 편찬한 『삼재도회(三才圖會)』에서는 황
제형상을 머리에 면류관을 쓰고 용포를 입은 제왕의 모습으로 묘
사하였던 반면, 20세기 초 『강소(江蘇)』, 『황제혼(黃帝魂)』, 『국수
학보(國粹學報)』, 『민보(民報)』 등에 등장하는 황제상은 머리에 천
으로 된 관을 쓴, 일반인과 크게 다르지 않은 모습으로 그려졌다.
이러한 확연한 표현의 차이는 청말 지식인들의 의식 속에서 황제
가 이미 '민족화' 과정을 거치면서 제왕적 계보를 탈피하고, 중국
민족 발전의 맥락에로 접어들었음을 의미한다. 다시 말해 '민족화'
과정을 거쳐 청말 이후부터 황제는 정식으로 '중국민족개국시조(中
國民族開國始祖)'(『민보(民報)』에 게재된 황제상에 대한 표현), 즉
중국민족의 공인(公認)된 역사기호(심볼)로 자리매김하였던 것이다.
수많은 독립적인 개체로서의 '중국인'들은 '황제'를 매개체로 하여,
'혈연적'인 연관 속에서 '민족'이라는 공동체에 몸담게 되었으며,

---

78) 匪石, 「中國愛國者鄭成功傳」, 『浙江潮』 5期(光緒29年 5月 20日), 72쪽(서영대 교정).

함께 하나의 혈맥으로 얽힌 공동체를 구성해 나갔던 것이다. 북송 (北宋)의 장재(張載)가 언급했던 이른바 '민오동포(民吾同胞/백성인 즉 나의 동포이다)'의 '동포' 관념 역시 추상적인 철학개념으로부터 이제는 손으로 만질 수 있는 구체적인 사회범주로 변화되었던 것이다. 1899년, 강유위는 캐나다 화교들에게 한 연설에서 "우리나라 사람들 모두 황제의 자손입니다. 각 지역사람들은 사실상 모두 같은 동포요, 한 가족과 마찬가지입니다."[79]라고 역설하였다. 또 1906년, 송교인 역시 동인도군도 지역 화교들이 네덜란드 관리의 학대를 받은 사건에 대해 비난하면서 "아! 저들 30만 명 모두가 우리 희농황제(羲農黃帝)의 자손이요, 우리 사랑스러운 동포가 아니더란 말인가?"라고 개탄했다.[80] 1904년, 양계초는 아아음악회(亞雅音樂會)의 요청으로 「황제」 악곡(樂曲) 네 악장(樂章)의 작사를 맡게 되었는데, 그중 제3장 부분의 내용은 다음과 같다.

> "높으신 우리 조상 존함은 헌원이라네. 그 밝으신 덕 영원하리. 아시아 첫째가는 나라 친히 여시니. 땅에는 금이 차 넘치누나. 금수강산 찬란히 빛을 발하니. 이 모두 조상님의 남겨진 뜻이라네. 아~ 자손들이여! 조상님의 영광 떨어뜨리지 말 지어다."[81]

양계초의 '웅장한' 찬가(讚歌) 소리와 함께 근대 중국민족에 대한 상상이 황제라는 기호(심볼)를 둘러싸고 태동하고 있었던 것이다.

---

79) 羅福才筆記, 「康南海在鳥威士晚士町埠演說」, 『淸議報』 17册(光緖25年 5月 1日), 1067쪽.

80) 宋教仁, 「時評・南洋華人求入日本籍」, 『民報』 2期(1905年 11月 26日), 284쪽, 陳旭麓 主編, 『宋教仁集』 上册, 中華書局(北京), 1981, 23쪽.

81) 梁啟超, 앞의 글, 『新民叢報』 57號(1904年 11月 21日), 91~92쪽(서영대 교정).

Ⅲ. 기호(심볼)전쟁 — 황제기년(黃帝紀年)과 공자기년(孔子紀年)

1907년, 국내외 지식인들 사이에서 혁명분위기가 고조돼 가고, 반만(反滿)의 목소리가 높아지고 있을 무렵, 강유위(康有爲)와 장태염(章太炎) 두 사람은 중국정치의 전망에 대한 각자의 견해를 발표하게 된다. 두 사람 모두 국호(國號)의 교체를 주장하였으며, 공히 '중화(中華)'로 개칭할 것을 요구하였다. 그럼에도 한 사람은 '제국(帝國)', 다른 한 사람은 '민국(民國)'이라는 정치형식을 표방하였는데, 이는 외형적인 차이뿐만 아니라 '중화'에 대한 인식 역시 확연히 달랐음을 말해준다.

강유위는 '황제(黃帝)'를 중국민족의 기호(심볼)로 삼는 것 자체에는 반대하지 않았다. 단 그는 중국민족에 대해 고도로 응집된 정체(整體)임을 인정하면서도, 그러한 응집력을 특정한 도덕과 문화질서 속에서 찾고자 하였던 것이다. 그의 기준으로 판단하자면, 만주족과 한족은 모두 중국민족의 구성원이며, 경계를 만들어 편 가르기 할 필요가 없었다.

> "중화가 오랜 기간 동안 여러 왕조들에 의해 통일되어 있었으니, 모두 다 주인이요, 또한 신하인 것이다. 또 오랫동안 주(周)나라와 공자의 예법을 중국의 정통으로 인식해 왔다. 다 같은 중국일진대 어찌 스스로 울타리를 만들어 내분을 일으킨다는 말인가?"

따라서 강유위는 명적(名籍)에서 만주족과 한족의 구분을 없애고, 나라 이름을 '중화국(中華國)'으로 개칭할 것을 조정에 간청하였다. 또 만(滿/만주족) · 한(漢/한족) · 몽(蒙/몽골족) · 회(回/회족) · 장(藏/티베트족) 등의 민족은 모두 한 나라의 국민이며, "하나로 동화되어, 서로 간의 시기와 혐오를 영원히 없애고", "큰 무리를 통합하여 중국의 부강을 도모해야 한다."[82]는 방향으로 논지를 전개하였다. 이로 미루어 강유위가 인식하고 있었던 중국민족은 사실상 도덕 · 문화적 공동체였음을 알 수 있다. 즉 허친슨(John Hutchinson)의 '민족주의' 분류에 따른다면, 바로 '문화적 민족주의(cultural nationalism)'였던 것이다.[83]

그에 반해, 장태염(章太炎)이 표방한 '중화민국(中華民國)'은 '혈통'이라는 근본적(primordial) 연결고리로 묶인 하나의 공동체를 의미하였다. 그에 따르면 "종족을 구분함에 있어, 반드시 혈통을 전제로 하여야 한다. 왜냐하면 문화의 동질성은 혈통의 통일성에서 기원하기 때문이다. 자고로 많은 족속들이 우리의 통치를 수용해 우리에게 통합되었다. 만약 서로 혈통이 다른 민족이 대치하고 있는 상황이라면, 일방적인 동화를 시도해 봤자 어찌할 도리가 없게 된다."는 것이다.

장태염은 종족 · 혈통적인 기준을 근거로, 이른바 화(華), 하(夏), 한(漢) 등 명칭들은 모두 황제(黃帝) 이래로 한족의 활동지역을 일컫는 말이었으며, 이적(夷狄)과 구분 짓기 위해 붙여진 이름으로, 사실상 나라 명칭인 동시에 종족적인 의미도 내포하고 있다고 주장하였다. 다시 말해 '중국'이란 한족의 여러 호칭들과 같은 의미

---

82) 康有爲, 앞의 글, 611~612쪽.

83) John Hutchinson은 민족주의를 크게 두 가지 유형, 즉 '정치적 민족주의(political, or civic nationalism)'와 '문화적 민족주의(cultural nationalism)'로 분류하고 있다(John Hutchinson, *The Dynamics of Cultural Nationalism*(London: Allen & Unwin, 1987), pp.12 - 13).

이며, 중국민족은 한족을 주체(主體)로 할 수밖에 없다는 것이었다. 따라서 그는 '중화민국'의 강역(疆域)을 한대(漢代) 화인(華人/중국인)의 활동범위 내로 축소할 것을 주장하였다.

> "베트남과 조선(朝鮮)은 혈통이 한인(漢人)과 서로 닿아 있고, 또 이 두 나라는 아직 독립하지 않았으므로, 반드시 힘써 경영하여 옛 땅을 되찾아야 한다. 이는 마땅히 다해야 할 우리의 책임이다. 그에 비해 서장(西藏/티베트), 회부(回部/新彊), 몽골(蒙古) 등 지역은 혈통으로나, 언어로나 한족과 같은 바가 없으니, 이는 황복(荒服)의 땅에 속한다. 그러므로 (중국에) 귀속되든지 말든지 그들 스스로 알아서 결정할 일이다. 그들이 귀속을 택한다면 마땅히 20여 년의 시간을 들여 그 지역에 관청과 학교를 설치하고, 농공(農工)을 가르쳐야 한다. 그렇게 하여 그들의 풍속을 점차 바꾸어 그 족속을 우리에게 동화시켜야 한다. 하지만 그렇게 한다 하여도 한족과 동등한 지위를 누릴 수는 없을 것이다. 우리가 그들을 미국에서 백인들이 흑인들을 대하듯이 할 것이 분명하기 때문이다."84)

이로부터 장태염 상상 속의 중국민족은 강유위의 것과는 크게 다른 개념임을 알 수 있다. 즉 그가 주장한 '민족주의'는 Frank Dikotter의 정의에 따르자면, 이른바 '종족적 민족주의(racial nationalism)'라 할 수 있다.85)

청말 지식인들은 공히 황제자손임을 표방하였으며, 또 황제가 민족의 뿌리임을 인정하고 있었다. 그럼에도 어떻게 위에서처럼 확연히 다른 민족 관념을 가지게 되었던 것일까? 1969년, 프레드리크 바쓰(Fredrik Barth)의 저서 『Ethnic Group and Boundaries』가 출간되면서부터 에스닉 집단(族群/ethnic group)의 현상과 본질(ethnicity)에

---

84) 章太炎, 앞의 글, 2413~2428쪽(서영대 교정).

85) Frank Dikotter, "Culture, 'race' and nation: The formation of national identity in the twentieth century China", *Journal of International Affairs*, Vol.49(Jan. 1996).

대해, 학자들은 혈통, 피부색, 두발색 등 신체적인 특징과 언어, 복식, 종교, 풍속습관 등 문화적 특징으로 에스닉 집단을 구분하던 전통적인 논술방식을 폐기하고, 에스닉 집단 자체 구성원들의 주관에 의해 설정되는 범주로 이해하고 있다. 이러한 범주는 '경계(boundary)'에 의해 유지되며, 집단 구성원들은 이 경계를 통해 자아와 타자를 구분하고, 집단 내부의 결속을 다진다. 단 에스닉 집단의 '경계'가 반드시 구체적인 지리적 개념이어야 하는 것은 아니며,86) 항상 여러 가지 다양한 기호(심볼)들로 구성된 '사회적 경계'인 경우가 많다. 즉 한 에스닉 집단을 구분하는 본질적인 혹은 문화적인 특성은 객관적으로 존재하는 실체가 아니라, 항상 공동체 구성원들이 주관적으로 스스로의 경계를 정하고 그 내부에서의 응집력을 강화기 위해 문화적 해석을 거쳐 구성하는 기호(심볼)에 불과하다는 것이다.87)

민족 역시 에스닉 집단과 마찬가지로 여러 가지 다양한 '기정화(既定化)'된 문화기호(심볼)를 이용하여 경계선을 긋고, 그 내부에서 구성원들의 응집력을 강화하고, 나아가 그들로부터 희생과 봉사, 심지어 죽음도 불사한 헌신을 유도한다. 그린펠드(Liah Greenfeld)에 의하면 '민족'은 계급, 지역, 성별 등 사회적인 장벽을 넘어선 초월적인 개념이며, 독특한 동질성의 정체(整體)로, 각자 다른 구성원칙을 가질 수 있다. 예를 들어 영토, 종족, 언어, 문화, 종교, 역사 등 요소들은 모두 민족 구성원 자격을 판단하는 기준으로 될 수 있다

---

86) 이른바 '지리적 경계'란 사실상 특정한 논술책략의 구조적인 産物인 것이다. 위니차쿨(Winichakul)은 이러한 구조적인 '민족 경계'를 'geo-body'라 칭하고 있다(Thongchai Winichakul, *Siam Mapped: A History of the Geo-Body of a Nation*(Honolulu: University of Hawaii Press, 1994) 참조).

87) 王明珂, 「什麼是民族: 以羌族為例探討一個民族誌與民族史研究上的關鍵問題」, 『中央研究院歷史語言研究所集刊』 65卷 4本, 1994, 989~1027쪽.

는 것이다.[88] 이러한 기호가 내포하고 있는 의미를 통해, 민족은 '가족'의 형상을 모방하게 되며, 스스로 순수한 공동체를 형성, 그 내부에서 구성원들이 자신의 모든 것 — 심지어 수백만의 생명일 지라도 스스럼없이 봉헌할 것을 요구한다.[89]

앞 절에서 이미 언급했듯이, 청말 지식인들이 극력(極力) 중국민족을 구축해 나가고 있을 무렵, 그들이 갈구했던 중요한 공인(公認) 기호(심볼)는 바로 혈연적 계승을 주축으로 한 '종족(種族)' 개념이었다. 그들이 상상해 낸 중국민족은 이러한 '종족화(種族化)된 민족(racialized nation)'이었던 것이다. 민족과 마찬가지로 '종족(種族)'에 관한 논술 역시 근대에 와서야 발생하게 된다. 하나포드(Ivan Hanna-ford)의 연구에 의하면 '종족'이란 용어는 A.D. 1200~1500년에 이르러서야 유럽에서 사용되기 시작하였다고 하는데, 그 의미도 현재의 용법과는 크게 달랐다고 한다. 18세기 말, 프랑스대혁명·산업혁명 등 사회 전반에 걸친 대격변 속에서 '종족'이란 단어에 대한 확실한 정의가 내려지게 되면서, 이는 서양인들이 세계를 해석하는 주요한 이론적 틀로 자리매김된다고 한다. 또 생물과학의 발전, 서양식민패권의 확장과 함께, 그들의 종족에 관한 논술이 세계적인 개념범주로 보편화되기 시작하였던 것이다.[90]

19세기 후기, 이 개념은 일본 학자 오카모토(岡本監輔)의 『만국사기(萬國史記)』 등 서적을 통해,[91] '적자생존'의 '사회 다윈주의(social

---

88) Liah Greenfeld, *Nationalism: Five Roads to Modernity*(Cambridge Mass.: Harvard University Press, 1992), pp.7 - 8.

89) Benedict Anderson, 앞의 책, p.144.

90) Ivan Hannaford, *Race: the History of an Idea in the West*(Baltimore: The John Hopkins University Press, 1996), pp.4 - 9.

91) 坂元ひろ子, 앞의 논문, 71쪽.

Darwinism)'와 함께 중국으로 전파되기 시작하였으며, 이는 곧 중국 지식인들 사이에서 '종족 전쟁(種戰)', '종족 보존(保種)' 등의 논조를 형성하였다. 일찍이 무술변법(戊戌變法, 1898) 시기, 피석서(皮錫瑞)는 장사 남학회(長沙 南學會)에 강의를 개설하여 인종에 대한 자신의 주장을 역설하였다. 그에 의하면 세계인종은 황(黃)·백(白)·홍(紅)·흑(黑) 네 종으로 구분되는데, 그중 홍색·흑색 두 인종은 야만스러워 백인들에 의해 거의 멸종되다시피 하였고, 중국의 황색인종은 비록 백인 못지않은 뛰어난 두뇌를 소유하고 있으나, 개방적이지 못하여 서양인들의 위협을 받고 있는 상황이므로, '우리 종족과 종교가 소멸될 위기에 놓이게' 되었다는 것이다.[92]

그 뒤를 이어, 유사배(劉師培)는 『중국민족지(中國民族誌)』를 찬술하여 '멸종'에 대한 우려의 목소리를 높였다.

> "누군가 말하기를 '중국민족은 결코 멸망할 이유가 없다.'고 한다. 하지만 이는 스스로를 속이는 언사에 지나지 않는다. 오늘 태서(泰西/서양)의 학자들은 '자연도태(天擇)·생존경쟁(物競)설(說)'을 주장하고 있는데, '생존경쟁'이란 서로 경쟁하여 승자만이 계속 존재하게 된다는 것이고, 또 '자연도태'란 우수한 종만 남게 된다는 것이다. 종족들 사이의 경쟁을 거쳐 마지막 홀로 남게 되는 자는 반드시 가장 우수한 종일 것이다. ……서양인들이 점차 동쪽으로 그 세력을 뻗쳐 오고 있는데, 아시아인종은 열등하고 유럽인종은 우수하다 보니, 망국(亡國)과 멸종을 걱정하지 않을 수 없다. 우리 한족들도 이러한 위기에서 결코 자유로울 수 없으며, 스스로 강해지고자 대안을 모색하지 않는다면 시간이 흘러 (우리 족속의)씨가 마르고 대가 끊길 것이 분명하니, 어찌 두렵지 않겠는가?"[93]

---

92) 皮錫瑞, 「皮鹿門學長南學會第六次講義·論保種保教均先必開民智」, 『湘報類纂』(光緒 28年刊本, 大通書局影印本(臺北), 1969), 1冊, 370~374쪽.

93) 劉師培, 「中國民族誌」, 『劉申叔先生遺書』, 華世出版社影印本(臺北), 1975, 1冊, 747쪽.

1903년, 『신민총보(新民叢報)』에 게재된 평론에서는 완전히 이러한 '종족경쟁설'의 '파생논술(derivative discourse)'[94]의 당위성을 긍정하고 있다.

"인종이란 자연적으로 형성된 것이므로 모두 동등할 수만은 없다. 이러한 불평등한 경계가 존재하는 이상, 약육강식(弱肉强食)의 시대는 반드시 오고야 말 것이다. 또 그러한 경쟁을 거쳐 우수한 자는 살아남고, 열등한 자는 도태되기 마련이니, 이는 당연한 자연의 이치인 것이다."[95]

이러한 주장들에서 당시 중국 지식인들이 종족관념의 영향을 얼마만큼 깊게 받고 있었는지를 엿볼 수 있다. 종족관념의 보편화와 함께 20세기에 이르러 중국 지식인들은 일본인의 손을 거쳐 형성된 종족적 색채를 띤 신조어 '민족(民族)'을 수용하게 된다. 그들이 이해하고 있었던 '민족'은 종족과 국가 등 서로 다른 범주의 개념을 접목시킨 군체(群體)로, 그들이 주장한 '민족주의'는 일종의 고도로 종족화된 의식형태를 띠고 있었다.[96]

1902년, 장태염은 「애분서(哀焚書)」에서 "혈기심지(血氣心知)를

94) 이 표현은 파르타 차터지(Partha Chatterjee)가 최초로 사용하였는데, 그에 의하면 19세기 중엽 이래, 인도의 반식민지민족주의 운동은 여러 단계를 거치면서 발전돼 왔으나, 그 기술에서 미리 가정하고 있는 일관된 가치는 오히려 완전히 서양 패권주의 문화의 '후기계몽이성 논술(post-Enlightenment discourse of rationality)' 방식을 따르고 있다고 한다. 즉 이러한 '논술목표'와 '논술방식' 사이의 모순에 대해 차터지는 인도의 민족주의 운동은 서양 패권문화논술이 낳은 '파생논술'에 불과하다고 비판하였다. 마찬가지로 근대 중국은 서양의 '유럽중심'적인 종족논술을 그대로 차용하여 반서양적인 종족보존운동을 전개하였는데, 이 역시 '파생논술'의 범주에서 탈피하기 어렵다(Partha Chartterjee, *Nationalist Thought and the Colonial World: A Derivative Discourse*(Minneapolis: University of Minnesota Press, 1993, 1st edition, Zed Books, 1986)).

95) 劉師培, 「評論之評論・白澳洲之反對論」, 『新民叢報』 34號(1903年 6月), 70쪽.

96) 근대 중국민족 관념의 종족화에 관해서 Dikotter가 자세한 연구를 진행한 바 있다(Frank Dikotter, *The Discourse of Race in Midern China*(Stanford: Stanford University Press, 1992), esp. chapter 4, "Race as Nation", pp.97-125 참조).

가진 부류들 가운데서 유독 인간만이 무리[群]를 형성할 수 있다.
그 무리가 커지면 나라가 생기고 종족이 나뉘게 된다.”97)고 하였
다. 1903년, 장방진(蔣方震) 역시 「민족주의론(民族主義論)」에서
“종(種)이 통일되지 않으면 나라를 이루지 못하므로 그 종은 멸망
할 수밖에 없다. 나라가 통일되지 못하면 그 국가를 유지하기 어려
우므로 결국에는 망하게 되고, 그 구성 종족들도 따라서 멸망하게
되는 것이다. 그런 의미에서 민족주의란 대외적으로 경계를 만들
어, 그 내부에서 무리를 이룰 수 있는 것을 말한다.”98)고 주장하였
다. 같은 해, 『유학역편(遊學譯編)』에 게재된 「국가학의 관점에서
바라본 중국의 민족관념(國家學上之支那民族觀)」이라는 글에서는
“국가사상으로 국민을 세우려면, 종족사상으로 국민을 세우지 않을
수 없으며, 종족사상으로 국민을 세우고자 하면, 민족주의를 범국
민적 목표로 지향하지 않을 수 없다.”고99) 하여 종족주의적인 주장
을 더욱 확실히 밝혔다. 림창(霖蒼)은 「철혈주의 교육(鐵血主義之
敎育)」에서 구스타브 르 봉(Gustav Le Bon)의 이론을 인용하여 단
언하기를 “종족적인 사상을 갖고 있지 못한 자들은 나라를 세울 수
가 없다. 우리 동포들이 국민으로서의 당당한 자격을 갖추려면 우
선 종족사상을 가져야 할 것”이라고 했다.100) 심지어 일반 대중들
을 독자(讀者)로 한 백화문(白話文)으로 간행된 신문·잡지들에서
도 이러한 주장들을 발견할 수 있다. “무릇 한 나라는 같은 종족

---

97) 章炳麟, 『訄書·哀焚書第五十八』, 古典文學出版社(上海), 1958, 155쪽.

98) 余一(蔣方震), 「民族主義論」, 『浙江潮』 1期(光緒29年 1月 20日), 7쪽.

99) 蔣方震, 「國家學上之支那民族觀」, 『遊學譯編』 11冊(光緒29年 8月 15日), 1085~
    1086쪽.

100) 霖蒼, 「鐵血主義之敎育」, 『浙江潮』 10期(光緒29年 10月 20日), 65쪽.

인민들로 구성되어 있다. 같은 나라에 두 종족이 섞여 혼재한다면 진정한 의미에서의 나라가 아니다."101) 등 논조가 성행하고 있었던 것이다. '대민족주의'를 주장하며 맹목적인 반만(反滿)운동에 대해서는 반대 입장을 취하고 있었던 양계초 역시 '종족'을 민족의 경계로 삼아야 한다는 견해를 갖고 있었다.

> "민족주의란 무엇인가? 같은 종족·언어·종교·풍속을 가진 사람들은 서로를 동포로 여기고, 독립과 자치에 힘을 기울여 완정한 정부를 조직하고, 공공의 이익을 위해 다른 족속들을 다스리는 것을 일컫는다."102)

이렇듯 근대 중국 민족주의 형성 초기에 이미 종족주의 논술이 그 속에 깊이 침투해 있었으며, 그 잔재는 오늘날까지도 여전히 이어져 내려오고 있다.103) 알론소(Ana Maria Alonso)는 역사기술과 민족구축의 상호관계에 대해 다음과 같이 해석하였다.

> "민족주의는 항상 '은유성 계보(隱喩性 系譜/metaphorical genealogy)'를 이용하여 민족의 과거에 대해 기술하고 있는데, 그렇게 함으로써 민족 내부에서 구성원들 사이의 친밀한 관계를 조성, 공동체라는 허상을 창조해 내게 되는 것이다. 이러한 메커니즘의 작용하에 '민족'은 친족적(親族的)인 고리로 연결된 하나의 공동체로 상상된다. 이러한 '민족 혈연(national blood)'은 공간적으로 모든 민족구성원들을 형제로 만들어 버림과 동시에, 시간적으로 그들을 동일 조상의 후손으로 만든다. 민족이란 이러한 은유적(隱喩的) 전환과정을 거치면서, 구성원 모두가 마치 한 '가족'인 것처럼 설정되는 영원한 존재이다."104)

---

101) 白話道人(林獬), 「國民意見書」, 『中國白話報』 20期(1904年 2~8月)(張枬, 王忍之 編, 『辛亥革命前十年間時論選集』 卷1, 生活·讀書·新知三聯書店(香港), 1962, 900쪽 참조).

102) 中國之新民, 「新民說·敘論」, 『新民叢報』 1號(光緒28年 正月 1日), 5쪽.

103) 齊思和, 앞의 논문, 25~34쪽.

이와 마찬가지로 청말 '종족민족주의'의 논술에서 중국민족 역시 하나의 혈연적 연결고리로 묶인 친족집단, 하나의 거대화된 가족으로 상정되고 있었다.105) 1903년 '효로(效魯)'라는 필명으로 『강소(江蘇)』에 발표된 「중국민족의 과거와 미래(中國民族之過去與未來)」라는 글에 의하면 "수많은 가족들로 구성된 집합체를 민족이라 칭한다. 다시 말해 민족이란 가족으로 구성되며, 동일계통의 시조를 가지고 있다."고 한다.106) 또 유사배(劉師培)는 자신의 저서 『윤리교과서(倫理敎科書)』에서 다음과 같이 주장하였다.

"맹자(孟子)께서 가르치시기를 나라의 근본은 가족에 있다고 하였다. 서양의 사회과학자들 역시 국가의 기원을 가족으로 보고 있다. 민족의 기원은 공통의 특징에 있고, 또 그러한 특징은 동일한 혈연에서 기인한 것이라고 한다. 따라서 이른바 민족이란 수많은 가족들로 구성된 실체이며, 동일 민족인즉 동일 국가이니, 가족을 국가의 기원이라고 한 것은 이 때문이라 하겠다."107)

중국민족을 하나의 '대가족'으로 간주하였던 만큼, 혈통·조상·

---

104) Ana Maria Alonso, 앞의 논문 p.40.

105) 이러한 전환과정은 자연히 특정한 사회·문화적인 助力을 배경으로 하고 있다. Dikotter가 지적했듯이, 明末 이래로 가족제도가 크게 성하여 중국사회의 가장 기본적인 조직구성원리로 자리매김된다. 이를 입증해 주는 수많은 자료들이 있으며, 청말 지식인들은 바로 이러한 기존의 '기호적 우주((symbolic universe)'로 종족, 민족 등 새로운 개념을 이해하였던 것이다. 따라서 당시 '민족주의' 의식형태는 사실상 가족, 종족, 민족 등 수많은 서로 다른 개념이 혼잡스럽게 뒤섞어 놓은 '하이브리드식 논술((hybrid discourse)'적 개념범주였다(청말 민족, 종족 및 민족 등 신관념의 관계에 대해 Frank Dikotter, "Culture, 'race' and nation", *The Discourse of Race in Modern China*, esp. chapter 3 "Race as Lineage", pp.61 - 96 참조. 또 여기서 이른바 '하이브리드식 논술'이란 탈식민주의 비판적 논술에서 등장하는 표현인데, 이에 관해서는 Robert J. C. Young, Colonial Desire: Hybridity in Theory, Culture and Race(London and New York: Routledge, 1995) 참조).

106) 效魯, 「中國民族之過去與未來」, 『江蘇』 3期(光緒29年 閏5月 1日), 420쪽.

107) 劉師培, 「倫理敎科書」, 『劉申叔先生遺書』 4冊, 2325쪽.

동포 등의 관념은 자연스레 청말 지식인들에 의해 반복적으로 강조되었고, 그들은 이로써 민족에 대한 공인(公認)을 이끌어 내고자 했으며, 민족의식의 중요한 기호(심볼)자원으로 활용하였던 것이다. 1903년 장지유(蔣智由)는 「중국의 흥망에 대하여(中國興亡一問題)」에서 '민족'에 대해 다음과 같이 정의하고 있다.

> "'민족'의 의미는 같은 혈통과 땅, 그리고 수천 년을 지속해 온 공동의 이해관계, 영광과 치욕, 평안과 우환 등을 바탕으로 하고 있다. 또 민족 구성원들은 같은 습속과 언어, 문자 및 교화, 제도, 풍속 등으로 연결되어 있다."[108]

1905년, 왕정위(汪精衛)는 『신민총보(新民叢報)』에 발표한 「민족적 국민(民族的國民)」에서 '민족'의 경계에 대해 '동기류의 연속적 인간 집단(同氣類繼續的人類團體)'으로 정의 내리면서 인간의 '동기류(同氣類)'로 분류할 수 있는 여섯 가지 조건을 제시하고, 그중에서도 '같은 혈통'이 가장 중요한 조건임을 역설하였다.[109] 1908년, 주작인(周作人)은 '국민'의 구성 요소에 관해 역시 "같은 뿌리를 가지고 있는 사람들로서, 언어가 같고, 예속(禮俗)을 공유하며, 대를 이어 같은 땅에서 살아야 한다."[110]고 하였다. 극단적으로 역사나 문화적인 요소를 중요시한 장태염 역시 문화의 뿌리를 혈통에서 찾고자 하였다. 일찍이 1897년, 그는 이미 "교술(敎術)의 변화

---

108) 觀雲, 「中國興亡一問題」, 『新民叢報』 31號(1903年 5月 10日), 22쪽.

109) 精衛, 「民族的國民」, 『民報』 1期, 13~14쪽.

110) 獨應(周作人), 「論文章之意義暨其使命因及中國近時論文之失」, 『河南』 4期(張枏, 王忍之 編, 『辛亥革命前十年間時論選集』 卷3, 生活·讀書·新知三聯書佔(北京), 1977, 306쪽, 수록).

는 그 종류(種類)로 인해 시작되는 것이다."라는 주장을 한 바 있다.[111] 1907년에는 「중화민국해(中華民國解)」에서 역시 "문화의 동질성은 혈통의 동질성에서 시작된다."는 주장을 폈고, 심지어 1924년에 이르러, 손중산(孫中山)이 광주(廣州)에서 삼민주의(三民主義)에 대해 강연할 무렵에 이르러서도 여전히 민족구성요소는 혈통, 생활, 언어, 종교 및 풍속습관의 다섯 가지 '자연력(自然力)'인데, 그중 가장 핵심적인 요소가 곧 '혈통'임을 고집하였다.

> "여러 다양한 민족이 생겨나게 된 원인에 대해, 단순히 말하면 자연적인 힘에 의한 것이라 할 수 있겠으나, 자세히 분석하려면 복잡하고 어려워진다. 수많은 요소들 중, 결정적인 것은 '혈통'이라 할 수 있다. 중국인의 피부색이 누런 이유는 황색혈통의 인종이기 때문이다. 즉 조상의 혈통에 의해 같은 일족의 인민(人民)이 결정되므로 혈통이 결정적인 역할을 한다는 것이다."[112]

혈연적인 전승이 이토록 중요하였던 만큼, '중국'은 당연히 동일한 조상의 피를 이은 후예, 즉 동포(同胞)들로 구성된 공동체일 수밖에 없었다. 그러므로 중국민족의 상징으로서 황제(黃帝)의 위치는 중요할 수밖에 없었던 것이다. 앞에서 언급했듯이 노신(魯迅)은 「작은 사진에 붙여(自題小像)」에서 "나의 피 헌원(軒轅)께 바치리라."고 하였는데, 여기서 '피'는 물론 노신의 몸속에서 흐르는 피를 의미하기도 하겠지만, 더욱 중요한 것은 이는 중국민족을 상징하는 '민족의 피'였던 것이다. 청말 혁명지사(革命志士) 진천화(陳天華)

---

111) 章炳麟, 「論學會有大益於黃人亟宜保護」(1897年 3月 3日)(湯志鈞 編, 『章太炎政論選集』 上册, 中華書局(北京), 1977, 8쪽, 수록).

112) 孫中山, 『孫中山選集 · 三民主義 · 民族主義』 下卷, 人民出版社(北京), 1956, 592쪽.

역시 「황제초상의 뒤에 붙여(黃帝肖像後題)」에서 격앙에 찬 열변
을 토해 냈다.

> "아, 나의 시조할아버지시여! 목 놓아 불러 봅니다. 하늘에 계신 당신은
> 원통하고 상심하지 않으십니까? …아, 나의 동포형제들이여! 나와 당신들
> 은 모두 한 집안 골육(骨肉)입니다. 어이하여 서로를 알지 못하고, 타인을
> 위해 동족끼리 상잔(相殘)한단 말입니까?"113)

　마찬가지로 이러한 '민족의 피'라는 기호적 작용으로 인해 극력
(極力) 보황(保皇)을 주장한 강유위 역시 "黃虞明胄百千亿, 誓拯瘡
瘓救我人"114)이란 비슷한 논조의 시구를 남길 수 있었던 것이다.
양계초 또한 여러 민족들을 연합한, 더 넓은 범위의 '민족'을 제시
했다.

> "이러한 민족 연합 사상을 제시한 것은 우리 4억 인민이 모두 황제로부터
> 나왔고, 요(堯)·순(舜)에서 시작되었으며, 또 주(周)나라 후직(后稷)으로부
> 터 나왔으므로 서로 화목하게 지내야 함이 마땅하기 때문이다. 공히 황제
> 의 자손인데 어찌 서로 멀리한다는 말인가?"115)

　비록 '황제'라는 기호(심볼)를 핵심으로 하여 유도해 낸 민족에 대
한 상상은 민족 구성원들을 하나로 통합시켜 민족 통일체를 구축
하는 데 중요한 작용을 한 것이 사실이나, 단지 그것이 전부였던
것은 아니다. 다른 또 한 가지 중요한 작용은 민족의 경계를 설정

---

113) 陳天華, 『猛回頭·黃帝肖像後題』(1904)(張玉法 編, 『晩淸革命文學』, 經世書局(臺
　　北), 1981, 142쪽, 수록).

114) 康有為, 「贈友人·丁酉秋月」, 『淸議報』 31册(光緒25年 9月 21日), 2051쪽.

115) 梁啟超, 『新大陸遊記』, 『新民叢報臨時增刊』(1903), 180쪽.

하여, '타자(非我族類)'를 배척하기 위한 역할이었다. 민족주의 연구자인 제임스 켈러스에 의하면 "'에스닉 민족주의(ethnic nationalism 혹은 ethnonationalism)'는 항상 동일한 혈통전승을 갖고 있지 않은, 또 동족 공동체에 소속되어 있지 않은 자들을 민족 공동체 밖으로 축출하고자 하는데, 이러한 민족주의의 본질은 일종의 '배타적 민족주의(exclusive nationalism)'라고 할 수 있다."고 한다.116) 이러한 이론의 틀로 바라봤을 때, 청말 지식인들이 '황제'라는 혈연적 시조 기호(심볼)를 이용하여 구축해 낸 민족주의는 사실상 한족을 주체(主體)로 하여 의도적으로 다른 에스닉 집단을 '중국' 밖으로 배척하고자 한 의식형태의 발상이었던 것이다.

장태염(章太炎)에 의하면 '인간과 짐승을 서열 짓고, 여러 족속들을 분별'함에 있어서 모두 종류(種類)를 그 기준으로 삼는, 즉 '인간과 짐승은 가히 눈으로 보아 구분할 수 있는데, 외형이나, 언어, 지역, 지위, 호령(號令) 등에 의해 구분되는 것이 아니라 그 종(種)의 성질에 의해 구분된다. 즉 짐승의 성질이 문(文)이 아니므로 제아무리 노력해 봤자 인간이 될 수 없고, 종의 성질이 문(文)이면 비록 죽을죄를 지은 자라도 역시 인간'117)이라는 것이다.

유사배(劉師培)는 「유학생들은 결코 반역자가 아님을 논함(論留學生之非叛逆)」에서 주장하기를 "동종(同種)인즉 우리 한족을 이름이요, 조국인즉 우리 중국을 일컫는다……중국은 한족의 중국이다. 한족을 배반한 자는 곧 중국을 배반한 자이다. 한족을 지키고자 하는 자는 곧 중국을 존속게 하고자 하는 자인 것이다."라고 했다.118)

---

116) James G. Kellas, 앞의 책, p.51.
117) 章炳麟, 앞의 책, 39~41쪽.

추용(鄒容) 역시 「혁명군(革命軍)」에서 "중국은 중국인의 중국이다. 중국의 어느 한 조각 땅덩어리라도 우리 시조 황제께서 물려주신 것이 아닌 바 없다. 우리는 대대손손 이 땅에서 나고 자라 왔다. 만약에 어떤 이종(異種)이 우리 족속을 해치고자 중국을 침범하고, 우리 한민족의 권리를 침범한다고 하면, 우리 동포들은 반드시 힘을 합쳐 목숨을 바쳐서라도 그들을 몰아내고 우리 권리를 되찾아야 할 것이다."라고 호소했다.[119]

이로부터 알 수 있듯이, 청말 지식인들에게 있어서 '황제'라는 기호의 중요성은 바로 그것이 의심할 여지도, 또 넘을 수도 없는 민족의 경계를 제공해 주고 있다는 데 있다. 이러한 혈연, 종족 등 '생물적' 특징을 기준으로 한 민족 경계 설정은 당시 만주족 정부를 전복시키고자 했던 혁명에 필요한 이념이었다. 청말에 유행한 인종 분류법에 의하면, 한족과 만주족은 공히 황인종에 속하나 서로 다른 두 계열의 구분되는 존재로 인식되고 있었다. 즉 그중 한 갈래는 한족을 중심으로 한 일본, 조선, 베트남 등의 족속을 아우르는 '곤륜산 계통(崑崙山 系統)'이고, 다른 한 갈래는 만주족, 몽골족 등으로 구성된 '시베리아 계통'이라는 것이다. 그러므로 이 두 갈래는 서로 다른 혈통을 갖고 있으며, 종족의 성격 자체가 달라 사실상 異族이라는 것이다.[120]

---

118) 申叔, 「論留學生之非叛逆」, 『蘇報』(光緒29年 5月 27日).

119) 鄒容, 「革命軍」, 『蘇報案紀事』, 67쪽.

120) 陶成章, 『中國民族權力消長史』(湯志鈞 編, 『陶成章集』, 中華書局(北京), 1986), 215~218쪽, 수록). 그 외에도 수많은 이와 유사한 분류법이 있었는데, 예를 들어 양계초는 중국인종을 苗種, 漢種, 圖伯特種(티베트인), 蒙古種, 匈奴種, 퉁구스종 등 여섯 계열로 구분하였다(任公, 「中國史敍論」, 『淸議報』 90冊, 5707~5708쪽). 또 유사배는 일본의 桑原騭藏의 학설을 수용하여 아시아인종을 支那人種(한족, 티베트족, 交趾支那族) 및 시베리아인종(일본족, 퉁구스족, 몽골족, 터키족) 양대 계열로 구분하였다(劉師培, 「中國民族志」,

양계초에 따르면 "백(白)·종(稷/黃)·홍(紅)·흑(黑) 등 여러 인종들 중, 우리는 황인종으로 분류되고 있다. 묘(苗), 도백특(圖伯特/티베트), 몽골, 흉노, 만주 등 족속들에 비해 우리는 거대한 한인종(漢人種)을 이루고 있으며 또한 4억 명의 동포가 있다."고 하였다.[121] 즉 한족과 만주족이 서로 다른 족속으로 구분되므로, '민족건국'이라는 종족건국주의 의식형태하에서는, 당시 중국의 정치권력을 잡고 있었던 만주족은 공격의 대상으로 설정될 수밖에 없었던 것이다. 양계초 역시 신대륙으로 건너가기 이전, 즉 사상이 보수화되기 이전에는 그러한 생각을 갖고 있었던 것 같다. 그는 강유위에게 보낸 편지에서 "민족정신을 환기시키려면 만주족을 공격하지 않을 수 없다."고 피력하기도 했다.[122] 장태염은 1903년 상해(上海)의 옥중에서 『신문보(新聞報)』의 취재에 다음과 같이 응하기도 하였다.

"오늘 20세기에는 민족주의가 크게 성하고 있다. 역적 오랑캐 달로(韃虜)는 우리 족속이 아니다. (그들 스스로가) 변법하지 않는다면 혁명을 일으켜야 마땅하며, 변법을 시행하더라도 혁명이 필수이다. (또 그들이) 백성을 구원할 수 없다면 혁명을 일으켜야 마땅하고, 백성을 구원할 수 있다 하더라도 혁명을 피할 수 없다."[123]

그 뒤를 이어, 혁명풍조가 날로 격앙되어 가면서 혁명당인(革命

721쪽). 그 외 『黃帝魂』에 게재된 「革命必剷清人種」에서는 아시아 황인종을 중국인종 및 시베리아인 두 계열로 나누고 있다. 또 중국인종은 한족(일본, 조선은 한족에서 파생된 민족으로 구분)을 중심으로 하여 티베트족이나 交趾支那族도 포함하고 있고, 시베리아인종에는 몽골족, 퉁구스족, 터키족 등이 포함되어 있다고 한다(『黃帝魂』, 145~147쪽).

121) 任公, 앞의 글, 5709쪽.

122) 梁啓超, 「光緖28年10月與夫子大人書」(丁文江 編, 『梁任公年譜長編』 上冊, 世界書局(臺北), 1972), 157쪽, 수록).

123) 章太炎, 「獄中答新聞報」, 『章太炎政論選集』 上冊, 233쪽.

黨人)들은 만주족에 대해 점점 그 비하 수위를 높여 갔으며, 심지어는 '짐승같이 천한 족속(犬羊賤種)'[124) 내지는 '짐승 같은 동호의 후예(東胡獸裔)'[125)라 하여 '비인화(非人化)'하기도 했다. 1905년, 동맹회(同盟會)가 설립되고 "달로(韃虜)를 몰아내고, 중화를 회복하자."는 호소문을 발표하면서 혁명의 기세는 드높아져만 갔다. 이러한 당시 사회풍조는 청말 반만혁명운동의 전개 과정에서 정치자원에 대한 쟁탈이라는 현실적인 측면도 잘 보여주고 있겠지만, 더 중요한 것은 '황제'라는 기호를 중심으로 구축된 종족화된 민족주의 논술이 혁명실천에 없어서는 안 될 의식기반과 거대한 감정적(感情的) 원동력을 제공해 주고 있었음에 유념하여야 할 것이다.[126)

하지만 청말 지식인들을 난감하게 만들었던 것은 당시 사회에서 보편적으로 인식되고 있었던 다윈의 '적자생존' 논리로 만주족이 중국을 2백 년을 넘게 통치했다는 사실을 어떻게 해석하느냐는 문제였다. 단순히 만주족과 한족이 서로 다른 종족이므로 병립(幷立)할 수 없다는 논리로는 반드시 한족의 통치주권을 되찾아야 된다는 '광복(光復)'의 개념에 정당성을 부여해 주지는 못하였다. 만약 한족이 본질적으로 열등하지 않다면 왜 장기간에 걸쳐 이족(異族)의 지배를 받았던 것일까? 이 문제 해결을 위해 청말 지식인들은 중국의 과거에 대한 재조명, 즉 '고대인물(古人)'들을 부활시킴으로써, 당당하게 이족(異族)에 맞서 저항한 '영웅계보'를 창조하게 되었다. 당시 유행하던 표현에 따르면 이는 '감춰져 있었던 덕(德)과

<hr>

124) 黃節, 「黃史·種族書第一」, 『國粹學報』 1年 1號, 4a쪽.

125) 太原公子, 「山西宣告討滿洲檄」, 『民報』 21期(1908年 6月 10日), 2쪽.

126) 亓冰峰, 『淸末革命與君憲的論爭』, 中國學術著作獎助委員會(臺北), 1966, 張朋園, 앞의 책.

빛을 찾아내 대한(大漢)의 명성을 드높'인다는 것이었다.127) 또 서
양의 새로운 학설을 받아들여, 중국민족의 기원에 대한 새로운 역
사기억을 고안해 내게 되는데, 즉 고대로부터 전승되어 온 황제신
화 계통에 전 시대에는 있어 본 적 없는 새로운 의미를 부여하는
작업이었다. 이렇게 구성된 새로운 신화가 바로 한 세기 동안 크게
유행한 '중국인종 서래설(中國人種 西來說)'이다.

19세기 중엽에서 20세기 초에 이르기까지, 서구 인류학계에서는
인류의 기원에 대해 '일원적(一元的)'인 시각이 지배적이었다. 즉
중국인종(한족)의 기원을 이집트로 보거나, 인도 혹은 서아시아 등
으로 인식하고 있었는데, 그중에서도 가장 유력한 학설이 바로 바
빌로니아 기원설이었다.128) 1894년 프랑스 학자 라쿠페리(Terrien
de Lacouperie)의 『중국 태고문명의 서방 기원론(支那太古文明西源
論)』에서는 서아시아 고대사에 대한 분석을 통해 중국인종은 서양
에서 파생된 인종이라는 주장을 내놓게 된다.129) 그의 학설에 따르
면 B.C. 23세기를 전후하여, 서아시아 바빌로니아 엘람(Elam) 주변
의 고도로 문명화된 부족 - 파극족(巴克族/Bak Sings)이 추장(酋長)
Kudur Nakhunti의 통솔 아래, 동쪽으로 이동하여 중국의 감숙성(甘
肅省) 지역에 이르렀다고 한다. 그들은 주변의 야만적인 토착 부족
들을 정복하고, 그 세력을 황하(黃河)유역까지 확대하여 건국하였
는데, Kudur Nakhunti가 바로 전설 속의 '황제(黃帝)'이고, '파극

---

127) 청말 史學論述 중,「民族英雄系譜」의 구축에 관한 연구는 俞旦初의「辛亥革命時期的
民族英雄人物史鑑」,『愛國主義與中國近代史學』, 260~279쪽 참조.

128) 漢族의 西來說에 관한 여러 학설들에 대해서는 徐杰舜의『漢民族發展史』, 四川人民出
版社(成都), 1992, 6~7쪽, 馮天瑜의「民族先祖·文化英雄」, 77~78쪽 참조.

129) Albert Etienne Jean - Baptise Terrien de Lacouperie, *Western Origins of the Early
Chinese Civilization from 2300 B.C. to 200 A.D.*(London: Asher, 1894).

(巴克)’은 『상서(尙書)』에 등장하는 ‘백성(百姓)’의 전음(轉音)이라는 것이다. 그러므로 중국인은 의심할 것 없이 서아시아에서 기원하였다는 것이다.

라쿠페리의 이러한 주장은 당시 서구 제국주의 국가들이 대외로 팽창해 나가던 시기의 서구중심적(Euro－centric), 문화패권주의적인 발상이었으며, 종족적 편견과 허구적인 내용을 담고 있었다. 물론 현대 고고학적인 관점으로 봤을 때, 이는 전혀 근거가 없는 주장이지만, 20세기 초 당시에는 많은 중국인들이 이 이론을 상당히 반겼다. 1899년 일본학자 시라가와 지로(白河次郎)와 코쿠부 타네노리(國府種德)가 공저한 『지나문명사(支那文明史)』에서 이 설을 인용하여 소개하면서부터[130] 중국의 지식인들은 완전히 이 학설에 매료되었던 것 같다. 장태염(章太炎), 장지유(蔣智由), 유사배(劉師培), 황절(黃節), 도성장(陶成章) 등은 고대사 자료들에 대한 재검토를 통해 이 학설의 확실성을 주장하고 나섰다.[131] 1904년, 양계초는 새로 발견된 갑골문을 그 근거로 제시하기도 했다. “최근 발견된 귀갑문자(龜甲文字)로 미루어 보아도, 우리 민족이 바빌로니아와 같은 기원을 갖고 있음을 알 수 있다.”는 것이다.[132] 또한 그 20년 뒤, 손중산 역시 『삼민주의(三民主義)』 연설에서 ‘중국민족 서래설’에 대해 “아주 합리적인 발상으로 보인다.”고 평가하기도 하였

---

130) 책에서 저자는 중국과 바빌로니아의 문자, 신앙, 전설 및 정치제도 등 70여 군데 유사점을 예로 들어 이 학설을 뒷받침하고 있다(徐杰舜, 앞의 책, 7쪽).

131) 章炳麟, 『訄書・序種姓上第十七』, 古典文學出版社(上海), 1958, 41～42쪽, 劉師培, 「中國民族志」, 『劉申叔先生遺書』 1冊, 721～722쪽, 「古政原始論」, 『遺書』 2冊, 793쪽, 「中國歷史教科書」, 『遺書』 4冊, 2465～2478쪽, 黃節, 「黃史・種族書第一」, 『國粹學報』 1年 1號, 5～6쪽, 「黃史・立國第三」, 『國粹學報』 1年 1號, 7쪽, 陶成章, 『中國民族權力消長史』(『陶成章集』, 231～259쪽, 수록).

132) 中國之新民, 「論中國學術思想變遷之大勢」, 『新民叢報』 58號(1904年 12月 7日), 32쪽.

다.[133] 심지어 1935년 중국국민당 중앙집감위원회(中國國民黨 中央執監委員會)에서 황제릉(黃帝陵)에 올린 제문(祭文)에서도 역시 그러한 논조를 유지하고 있었다.

> "위대하신 우리 조상께서…… 우리 민족을 이끄시고 서쪽에서 동쪽으로 오셨도다."[134]

위에서 살펴본 바와 같이, 20세기 초반, 이러한 '중국인종 서래설'은 중국사회 전반에 걸쳐 널리 인정되고 있었으며, 또한 큰 영향을 미쳤던 것이다. 이러한 특이한 현상에 대해, 당시 지식인들이 감당하고 있었던 거대한 압력과 관련이 있다는 해석이 있다. 즉 당시 지식인들은 서양에 비해 낙후된 중국사회를 지나치게 비관하지 말고자, 중국인은 사실상 서양인과 기원을 같이하므로 그들과 크게 다를 바가 없으며, 현재는 잠시적인 낙후에 불과할 뿐, 분발하기만 한다면 중국의 전망은 밝다는 것을 국민들에게 깨우쳐 주기 위해 '중국인종 서래설'을 적극 수용·전파하였다는 것이다. 물론 타당성 있는 해석이다. 그러나 단순히 그러한 목적을 위한 발상만은 아니었던 것 같은데, 청말, 중국 내부의 정치형세와 민족관계에 초점을 맞춰 살펴보면 '중국인종 서래설'은 또 다른 현실 정치적 역할을 수행하고 있었음을 알 수 있다.

전통적인 황제전설에 따르면 황제가 제왕의 지위에 확고하게 자리 잡기 이전에 수차례 전쟁을 치르는데, 염제(炎帝)와의 세 차례

---

133) 孫中山, 앞의 책, 623쪽.

134) 『五千年血脈』, 西北大學出版社·香港新世紀出版社, 1993, 130~131쪽.

전쟁, 치우(蚩尤)와의 전쟁을 거쳐 최종 염제를 대신해 천자(天子)의 자리에 오른다. 즉 전쟁을 수행한 목적은 통치영역을 확고히 다지고 최고 통치자의 지위에 오르기 위한 것이라는 의미가 크다. 이는 또한 전통 왕조체제하에서의 전쟁 수행 목적과 일치하기도 한다. 그러나 '중국인종 서래설'이 전파되면서, 황제시대의 전쟁의 성격은 민족 사이에 치러진 정복전쟁으로 탈바꿈하게 된다. 유사배(劉師培)에 의하면 황제(黃帝)가 한족(漢族)의 조상들을 이끌고 중국에 들어오기 전까지만 해도 중국 대륙에는 터키종의 험윤(獫狁)과 흑인종인 묘민(苗民)이 북방과 남방에 나뉘어 거하고 있었다 한다. 그런데 황제가 중국에 들어와 무용(武勇)으로 남과 북을 정벌하여 북쪽으로 하삭(河朔)을, 남쪽으로 치우를 평정하여 한족들의 영역을 확고히 다졌다는 것이다.[135]

이러한 서술에서 황제는 '고대의 조상 내지는 성왕'에서 '정복자(征服者)'의 모습으로 변형되어 나타나고 있다. 1905년 『20세기의 지나(20世紀之支那)』 제1기 맨 앞 장에 첨부된 황제상(黃帝像)은 몸에 갑주를 걸치고, 손에 도끼와 창(斧戟)을 잡고 있는 모습으로 묘사되어 있다. 황제(黃帝)가 중국판 '정복왕 윌리엄(William the Conqueror)'으로 설정되고 있었던 만큼, 황제의 후손인 한족과 중국 내의 다른 민족들의 관계는 당연히 정복자와 피정복자의 관계일 수밖에 없었다. 유사배(劉師培)의 표현을 빌리자면 다음과 같다.

---

135) 劉師培, 「中國民族志」, 『遺書』 1冊, 721~722쪽, 劉師培, 「攘書‧苗黎篇」, 『遺書』 2冊, 755~756쪽. 그 외 이와 유사한 논조들로는 觀雲의 「中國上古舊民族之史影」(『新民叢報』 31號, 1903年, 36~37쪽) 등이 있다.

> "쉽게 설명하자면, 한족이 처음 중국에 들어왔을 때는 마치 스페인사람들이 처음으로 아메리카에 도착한 것과 마찬가지였으니, 이족(異族)들의 소멸(消滅)은 마치 남양도(南洋島)의 여러 족속들이 유럽화된 것과 같고, 이족의 이동은 마치 에조인(蝦夷人)이 북해(北海)로 쫓겨난 것과도 마찬가지 상황이라 하겠다."136)

많은 혁명당인(革命黨人)들은 아리안인들이 인도에 침입하여 원토착민들을 정복하고 '카스트제도(caste)'를 확립한 것을 한족과 소수민족 관계 정립의 가장 이상적인 모델로 간주하고 있었다. 이러한 역사의식의 작용으로 인해, 한족들은 자연스레 '역사의 본질'에 의하여 자신들이야말로 지배자 내지는 주도자의 지위에 있어야 한다고 주장하게 된다. 한족들은 만주족을 몰아내고 역사의 잘못된 흐름을 바로잡아 정상적인 상태로 돌려놓아야 한다고 주장했던 것이다. 1911년, 『민심(民心)』에 게재된 '양이편(攘夷篇)'에서는 다음과 같이 역설하였다.

> "우리 황제시조님께서 파미르고원에서 동방으로 나오셔, 남으로는 묘민(苗民)을 쫓고, 북으로는 훈육(燻鬻)을 몰아내고, 중심에 제국을 건립하셨다. 그 정신을 후손들이 물려받았으니, 전국시대(戰國時代) 여러 관대(冠帶)의 제후국들이⋯⋯오랑캐를 물리치고 국토를 넓혀 갔던 것이다. 진(秦)의 시황제(始皇帝)와 한(漢)의 무제(武帝) 시기에 이르러서는 변방에 명성을 떨치고 중국의 새로운 기원을 열어 갔다. 그 후 시기는 기운(運)이 다하여 피바람이 몰아쳐 사람들을 핍박하였으나⋯⋯한 번 넘어졌다가는 또다시 일어나곤 하였다. 이는 우리 민족이 오랑캐를 물리치는 일종의 천부적인 특성을 가지고 태어났기 때문이니, ⋯⋯(이러한 속성은) 만국(萬國/세상)의 여러 민족들과 견주어도 당연히 첫 손가락에 꼽힐 것이다."137)

---

136) 劉師培, 「中國民族誌」, 722쪽.

137) 「攘異篇」, 『民心』 2期(1911年 4月)(『辛亥革命前十年間時論選集』 3卷, 823~824

1903년, 『강소(江蘇)』에 게재된 글에서 역시 그러한 관념을 찾아볼 수 있다.

> "황제께서 오병(五兵)을 만들어, 수많은 종족들을 물리치신, 우리의 유일한 시조이니, 나는 가슴속 깊이 존경하노라. 억조(億兆) 자손들이 이 땅에 번창하였으니, 우리의 땅은 우리 스스로가 다스릴 것이다. 죽음으로 맹세하노니, 반드시 되찾고야 말리라."

종족적 원류로나, 역사적 본질로나 황제는 모두 중국민족(한족)의 시작을 의미하고 있으므로 중국사의 기술은 당연히 그를 계통(統系)으로 해야 마땅하다. 이로 인해 '황제기년(黃帝紀年)' 논쟁이 불붙기 시작했던 것이다. 1903년, 유사배(劉師培)가 「황제기년론(黃帝紀年論)」을 발표하여 '황제기년'을 사용해야 할 필요성을 역설하였다. 그는 "어떠한 민족이든 자신들의 기원에 대해 되돌아보지 않을 수 없다."고 하면서 황제(黃帝)는 4백조(百兆) 한족의 조상이자 "문명을 창조해 낸 1인자이며, 4천 년 중국 역사의 시작인만큼, 우리 국민들은 황제(黃帝)의 큰 뜻을 이어 나가야 한다. 일본에서 신무천황(神武天皇, 진무덴노)으로 기년하는 것과 마찬가지로, 황제(黃帝)가 태어난 해를 국사(國史) 기년의 시작으로 하여야 한다."고 주장하였다.[138] 그 뒤를 이어 방경종(方景從)·장태염(章太炎)·황절(黃節)·도성장(陶成章) 등 많은 학자들과 혁명적 성향의 『강소(江蘇)』·『황제혼(黃帝魂)』·『20세기 지나(二十世紀之支那)』·『동정파(洞庭波)』·『한치(漢幟)』 등의 잡지들에서 황제기년을 표준으

쪽, 수록).

138) 無畏(劉師培), 「黃帝紀年論」(1903)(『國民日日報彙編』 1集, 275～276쪽, 수록).

로 하여야 할 것을 주장을 하게 되면서,[139] 황제기년 문제에 세간의 이목이 집중되었다.

하지만 黃帝는 워낙 상고시대 전설 속 인물인지라, 그 구체적인 연대 고찰이 쉽지 않았던 것 같다. 그리하여 지식인들 사이에서도 황제기년에 대한 의견이 분분하였으며, 그 연대 편차(偏差) 또한 수백 년이나 났다. 또 스스로도 헷갈려 잘못 사용하는 경우도 비일비재하였다. 예를 들어 장태염은 1903년 「제침우희문(祭沈禹希(盞)文)」에서 '황제력(黃帝曆) 4394년 가을 7월'이라 하였다가, 이 글을 『심신(沈盞)』에 게재할 때에는 또 '황제력(黃帝曆) 4614년 가을 7월'이라 하였다. 또 그 뒤, 『국민일일보휘편(國民日日報彙編)』 제4집에 수록할 때에는 아예 이 부분을 삭제하고 날짜에 대해 언급하지도 않았다.[140] 이로부터 이른바 '황제기년'의 허구적 성격을 엿볼 수 있다.[141]

결국 1905년에 이르러 송교인(宋敎仁)이 『황극경세(皇極經世)』·『통감집람(通鑑輯覽)』 등 자료들에 대한 자세한 고증을 통해 1905년을 황제기원 4603년으로 확정지었으며,[142] 동맹회(同盟會) 기관지인 『민보(民報)』 창간 시, 이 기년법을 채택하였다. 그리하여 이

---

139) 章太炎, 「祭沈禹希(盞)文」, 『章太炎政論選集』 上册, 245쪽, 黃節과 宋敎仁이 정확한 黃帝紀年의 도출을 위해 벌였던 논쟁에 관해서는 「黃晦聞答某君論甲子紀年書」(『國粹學報』 1年 5號(光緖31年 5月 20日)) 참조. 陶成章 역시 "黃帝가 치우를 물리치고 천자로 등극한 시기를 중화의 개국 원년으로 보아야 마땅하다."고 주장하였다(「中國民族權力消長史」, 『陶成章集』, 291쪽).

140) 『章太炎政論選集』 上册, 245쪽, 注1.

141) 청말 황제기년에 관한 여러 주장들 사이의 연도 편차에 관해서 陳旭麓가 편찬한 『中國近代史辭典』 黃帝紀年條, 636쪽 및 附錄 4, 「辛亥革命期間所用黃帝紀年對照表」를 참조.

142) 公明(宋敎仁), 앞의 글, 38쪽(그 외 『宋敎仁集』 上册, 6쪽, 宋敎仁, 『我之歷史』, 1905年 1月 15日條, 『宋敎仁集』 下册, 510쪽 등에도 수록됨).

연도는 광범위한 사회적 공인을 받게 되었으며, 특별히 혁명당인들의 거사나 공문서에 많이 이용되었다. 1911년 말, 손중산(孫中山)이 임시대총통(臨時大總統)에 취임하여 기년을 양력(陽曆)으로 바꾸어 "황제기원 4609년 11월 13일을 중화민국원년으로 한다."[143]고 선포하게 되면서 중국 근대의 황제기년 사용이 최종 폐기되었다.

청말, '황제기년'의 사용은 당시의 '종족화(種族化)된 민족', 즉 종족적 민족주의 기술의 한 단면을 잘 보여주고 있다. 송교인은 "근년에 이르러 우리나라에는 제왕의 칭호로 기원(紀元)하는 것이 잘못되었음을 깨닫고, 그 부당성을 지적하는 사람들이 나타나기 시작했다. 따라서 새로운 기원법이 다양하게 모색되었는데, 혹자는 당요(唐堯)나, 하우(夏禹) 혹자는 공자(孔子)로 기년하고자 주장한다. 하지만 이런 것들은 민족주의와는 아무런 상관관계도 없다. 오로지 황제기년을 택하는 것이야말로 민족주의 정신에 위배되지 않는다."[144]고 역설하였다. 유사배(劉師培)의 글에서 또한 황제기년 사용의 의식형태에 내포되어 있는 의미를 더 확실하게 확인할 수 있다. 그는 「황제기년론(黃帝紀年論)」에서 다음과 같이 주장했다.

> "한족이 이 세상에서 지속적으로 생존해 나가려면 반드시 황제에 대한 존숭(尊黃)을 급선무로 하여야 할 것이다. 황제는 한족의 황제이니, 이를 기년으로 사용하게 되면 한족의 민족적 감수성을 이끌어 내는 데 도움이 될 것이다."

그는 또 자신의 저서 『양서(攘書)』에서 재삼 황제기년의 필요성

---

143) 孫中山, 「臨時大總統改曆改元通電」(1912年 1月 2日), 中國社會科學院近代史研究所 中華民國史研究室等編, 『孫中山集』 2卷, 中華書局(北京), 1982, 5쪽.

144) 公明(宋教仁), 앞의 글, 38쪽.

을 강조하기도 했다.

> "지금에 이르기까지 화하에 임금이 없어 본 적이 없었으니, 서양의 기년법
> 을 따라 하기가 어렵지 않다. 황제의 탄생을 기년으로 하여 이방(異邦)의
> 풍속을 떨쳐 버린다면, 오랑캐가 화하를 계승한 것처럼 하여 더럽혀 놓은
> 허물들을 깨끗이 일소할 수 있을 것이다."145)

하지만 이러한 반만(反滿)을 목적으로 한 혁명파들의 극도로 종족
주의화(種族主義化)된 황제기호(심볼)를 중국민족 역사기억의 핵심
으로 하고자 했던 주장은 그들과 정치적 입장을 달리했던 지식인들
로부터는 인정받기 어려웠다. 사실상, 혁명파 지식인들이 그토록 '황
제기년'에 대해 고집한 것은 바로 또 다른 한 가지 기년법인 '공자
기년(孔子紀年)' 사용주장에 맞서기 위해서였다. 이러한 두 가지 서
로 다른 기년법의 존재는 당시 중국 지식인들 사이에서도 '민족'에
대해 서로 확연히 다른 상상방식을 갖고 있었음을 의미하기도 한다.

잘 알려져 있듯이, 공자기년론(孔子紀年論)을 처음으로 주장한
사람은 강유위(康有爲)이다. 갑오전쟁의 패배로 인한 국가위기 속
에서 애써 구국의 길을 모색하고 있던 그는 서양이 강성할 수 있었
던 중요한 원인이 기독교(基督敎)에 있다는 결론을 도출해 내게 된
다. 따라서 그는 공자를 교주(敎主)로 하는 '공교(孔敎)' 체계를 정
립, 이를 계기로 중국의 정치와 문화질서의 권위를 바로 세워야 한
다고 주장하였다.146) 즉 서양에서 예수기년을 사용하는 것과 같은

---

145) 劉師培, 「攘書·胡史篇」, 『遺書』 2册, 757쪽.

146) 康有爲와 「孔敎會」에 관해서는 수많은 연구들이 선행되었으며, 그 대표적인 논저로는 黃克武
의 「民國初年孔敎問題之爭議(1913～1917)」, 『國立臺灣師範大學歷史學報』, 12期. 夏
良才, 王學莊, 呂景琳의 「評孔敎會」, 『歷史研究』, 1975年 5期, 75～85쪽.) 등이 있다.

맥락에서 중국에서는 마땅히 공자기년을 사용해야 한다는 것이다. 1895년 강유위는 상해(上海)에 강학회(强學會) 분회(分會)를 설립하면서 발행한 『강학보(强學報)』 표지에 '공자졸후(孔子卒後)2373年'이라고 명시하였고 또, 창간호에 「공자기년설(孔子紀年說)」을 게재하여 처음으로 공자기년설을 주장하였다.147) 이 주장은 당시 사회적으로 큰 파장을 불러왔는데, 강학회 일부 인사들도 놀라움을 금치 못하였으며, 그로 인한 화가 자신들한테 미칠까 염려하여 급급히 강유위를 제명(除名)할 것을 주장하였다.148) 그 후 얼마 안 되어 남북(南北) 강학회가 해체되고 『강학보』가 강제 폐간되었는데, '공자기년' 주장이 화근이었다.149) 그럼에도 강유위는 사적인 글이나 친우들과의 서신왕래에서 여전히 공자기년을 사용하였으며, 또한 그렇게 함으로써 '보교(保敎), 보종(保種), 보국(保國)'에 대해 역설하였다. 유일한 변화라면 공자기년을 공자졸년에서 공자탄생년으로 바꾸어 사용하였다는 점뿐이다. 그리하여 그의 문하생들과 친우들 사이에서 공자기년을 사용하기 시작한 사람이 제법 많아져 갔다. 1898년, 당재상(唐才常)은 「사통설(師統說)」을 발표하여 공자를 '사통(師通)'으로 하여 '군통(君統)'의 위에 세우고자 했다. 그는 "기년이 없다면 그 통(統/줄기)에 대해 또한 논할 수 없다. 통(줄

---

147) 『强學報』에 게재된 내용에 대해서는 직접 살펴본 바가 없으나, 村田雄二郎의 「康有爲與孔子紀年」(王守常 編, 『學人』 2輯, 江蘇文藝出版社, 1992), 516쪽에 수록)을 참조하였다. 그 외 康有爲가 『禮運注』에서 이미 '孔子 2435년, 光緒10년 甲申 冬至日' 이라 하였으므로, 1884년에 이미 공자기년을 사용했다는 주장도 있으나, 錢穆은 『中國近三百年學術史』(698~699쪽)에서 이 글의 연도가 잘못되었음을 지적한 바 있다. 湯志鈞에 의하면 이 문장의 찬술연대는 1897년이라고 한다(『康有爲政論集』 上册, 194쪽). 따라서 강유위의 공자기년설은 1895년 이전으로 거슬러 올라간다고 보기는 어렵다.

148) 任公, 「紀年公理」, 『清議報』 16册(光緒25年 4月 21日), 1037쪽.

149) 村田雄二郎, 앞의 논문, 517~518쪽.

기)을 세우지 않는다면, 스승 또한 있을 수 없다. 또 스승으로 그 줄기를 세우지 않는다면 중국이란 역시 있을 수 없다."[150]고 하여 중국의 존망 자체를 공자기년을 사용하느냐 마느냐에 달려 있다고 역설했던 것이다. 물론 후일에 극력 반만혁명을 주장했던 장태염 역시 당시까지만 해도 이러한 주장에 상당히 동조하였던 것 같다. 그는 1899년에 발표한 「객제론(客帝論)」에서 "제왕의 덕을 갖춘 임금을 받들어 모시고, 청(淸)의 조정을 패부(覇符)로 하자."는 논조였으나 훗날 스스로 이를 후회하여 이르기를 "공자기년을 사용하자고 주장하는 자들은 보황(保皇)에만 그 뜻이 있을 뿐이다."[151]라고 하여 비판 입장으로 돌아섰다.

1898년에 이르러 무술변법(戊戌變法)이 실패로 돌아가고, 강유위, 양계초 등은 해외로 망명을 떠날 수밖에 없었으나, 공교회(孔敎會)를 설립하는 등 공자기년에 대한 주장을 굽히지 않았다. 1898년, 요코하마의 화교(華僑)들이 공자 봉사(奉祀)모임을 발기하면서 그 장정(章程)에 규정하기를 "해외 화교들은 광서기년(光緒紀年)을 사용하는 것 외에 공자기년도 함께 사용함으로써 존왕보교(尊王保敎)의 뜻을 나타냄이 마땅하다."[152]고 하였다. 그 후 양계초는 1899년에서 1901년 사이, 두 차례 글을 발표하여 '공자기년'의 정당성을 역설하였는데, 한마디로 "공자를 기준으로 기념하는 것은 바뀔 수

---

150) 唐才常, 「師統說」(1898)(湖南省哲學社會科學硏究所 編, 『唐才常集』, 中華書局, 1980), 134~135쪽.

151) 章太炎, 「客帝論」, 『淸議報』 15冊(光緒25年 4月 11日), 927~929쪽. 이 글은 같은 해 출간된 『訄書』 原刊本에 게재되었는데, 당시 이미 약간의 교정을 거친 다음이었다. 그 후 1904년 『訄書』 重刊本이 일본에서 출판되었는데, 더 많은 부분이 수정되었으며, 1914년 『訄書』 증보판에서는 문단 자체를 삭제하였던 것이다. 이는 장태염의 사상변화의 한 단면을 잘 보여주고 있다 하겠다.

152) 「橫濱闔埠華人倡祀孔子會」, 『淸議報』 12冊(光緒25年 3月 11日), 762~772쪽.

없는 공전(公典)"[153]이라는 것이었다. 공자기년에 대한 강유위의 열정 역시 대단하였다. 그는 인도에 도피해 있던 1901년에서 1902년 사이, 『대동서(大同書)』를 찬술하여 '교주기년(教主紀年)'의 의미에 대해 역설하였다. 대개는 "교주를 기준으로 기년한다면 그 의미야말로 가장 클 뿐만 아니라, 그렇게 하면 힘을 가장 적게 들일 수 있다."거나, 중국에서는 원래부터 공교(孔教)가 존중되고 있었던 만큼 "공자로써 기년하는 것이 마땅하다."는 논지였다.[154] 또 「請尊孔聖爲國教, 立教部教會, 以孔子紀年而廢淫祠摺」에서 다음과 같이 주장하였다.

"서양의 여러 나라들에서는 모두 교주(教主)로써 기년한다. 이렇게 하면 첫째로, 사람들이 (연도에 대해) 애써 억지로 기억할 필요가 없으며, 훗날의 고증에도 용이하다. 둘째로, 사람들의 신앙심을 자극하여 그것을(종교) 존중하고 행하기 쉽게 만든다. 중국은 수십에 달하는 왕조를 거쳤고, 황제역시 수백 명에 이른다. 또 그 연호는 수천에 달하여 기술(記述)이 어려울 뿐더러 고증 자체도 번거롭다. 오직 우수한 서양의 기년법을 모방하여 공자기년으로 바꾸어 사용하여야만 정력을 헛되이 낭비하는 것을 피할 수 있고, 종교(유교) 공경에도 도움이 될 것이다."[155]

---

153) 任公, 「紀年公理」, 『淸議報』 16冊(光緖25年 4月 21日), 1035～38쪽, 「中國史敍論·紀年」, 『淸議報』 91冊(光緖27年 8月 1日), 5761～5763쪽. 훗날 양계초의 孔子관념에 변화가 생기게 되는데, 즉 더 이상 공자를 교주로 받들지는 않았으나, 공자기년에 대해서만은 변함없이 시종일관하게 고집하였다(『新民叢報』 26號(1903), 106～108쪽 참조).

154) 康有爲, 「大同書」(節錄), 앞의 책, 534쪽.

155) 康有爲, 「請尊孔聖爲國教, 立教部教會, 以孔子紀年而廢淫祠摺」, 위의 책, 279～283쪽. 이 상소문은 戊戌年(1898) 6월에 올린 것으로 알려져 있으나, 1970년, 黃彰健은 이는 훗날에 날짜를 고쳐 위조해 낸 위작임을 주장하였다(黃彰健, 『戊戌變法史硏究』, 中硏院史語所(臺北), 1970, 555～557쪽). 또 1980년, 北京故宮博物院에서 무술변법기간 동안 강유위가 上奏한 상소문의 원본들을 발견하였는데, 그중에는 이 상소문이 보이지 않는 것으로 미루어, 이는 위작임이 거의 확실하다. 村田雄二郎의 연구에 의하면 이 상소문은 아마 宣統年 사이에 쓰인 것일 가능성이 많다고 한다(村田雄二郎, 앞의 논문, 525～527쪽).

이러한 언사(言辭)들로부터 '공자기년'에 대한 강유위의 수십 년 불변의 집요함을 엿볼 수 있다. 강유위가 주도한 '공자기년설'은 무술변법에서 신해혁명까지 짧은 10여 년 기간 동안, 급변해 온 당시 정치상황에 따라, 완전히 서로 다른 정치적 의미와 정치적 작용을 하게 된다. 무술변법 시기에는 '공자기년'이 '유덕한 왕의 통치와 통치제도 개혁(素王改制)'에 대한 주장이 함께 제기되었으며, 그 목적은 정치관념과 제도의 변혁에 이론적 기반을 마련하기 위한 것이었다. 당시 변법에 반대한 수구파 인사들은 강유위나 양계초가 주장한 '공자기년'은 '평등(平等)·민권(民權)' 등 주장과 다를 바 없는 '황당한 설'에 불과하다고 비난하였다.

양계초가 시무학당(時務學堂)에서 강의를 맡고 있을 무렵, 장기사(張其師)는 당시의 공자기년에 대한 주장에 대해 다음과 같이 비판하였다.

> "그 내용은 강유위의 「신학위경고(新學僞經考)」와 「공자개제고(孔子改制考)」를 핵심으로 하고 있으며, 평등, 민권, 공자기년 등 황당한 주장들을 곁들이고 있다. 위6경(僞六經)은 곧 성인의 책을 더럽히는 짓이요, 제도개혁을 빌려 정해진 법도를 흩트리는 짓이다. 평등 주장은 곧 강상(綱常)의 붕괴를 의미하는 것이요, 민권 신장인 즉 황상(皇上)의 부재를 말한다. 공자기년을 사용한다면 현재 왕조를 망각하게 만들 것이다."156)

이상으로부터 알 수 있듯이, 당시의 '공자기년'은 공교(孔敎)를 세우고, 공자를 교주로 받드는 등 종교적인 의미뿐만이 아니라, 서양의 학문을 받아들여 개혁을 추진하고자 했던 유신파 지식인들의

---

156) 蘇輿, 「翼敎叢編序」(蘇輿 編, 『翼敎叢編』(光緒24年原刊本), 卷前, 1a쪽, 수록).

유력한 도구이기도 하였던 것이다. '공자기년설'이 제기되면서부터 온 나라가 찬성과 반대의 목소리로 들끓었으나, 강유위 등의 노력에도 불구하고 결국에는 "중국만을 지키고자 하고, 대청(大淸)은 보존하고자 하지 않았다."는 죄목으로 물거품이 되고 만다.

경자년(庚子年, 1900) 이후, 해외로 망명한 강유위, 양계초 등은 여전히 '공자기년'을 고집하며 서로 간의 연대를 굳혀 갔으나, 이 시기 그들의 주적(主敵)은 더 이상 조정의 수구파 토호들이 아니라, 해외유학파와 급진적인 사상으로 무장한 신지식인들이었다. 이들의 주도하에 반만혁명의 광조(狂潮)가 천지를 진동하던 시대상황 속에서 황제(皇帝) 보필하여 입헌제를 주장했던 강유위나 양계초로서는 새로운 대안을 모색하기에 급급하지 않을 수 없었다. 그리하여 '공자기년'은 원래의 종교적인 의미 외에도 또 다른 속성이 덧씌워지게 되는데, 그것이 바로 중국민족의 경계설정, 민족의 본질을 결정하는 기호체계로서의 속성이었던 것이다. 강유위는 「請尊孔聖爲國敎, 立敎部敎會, 以孔子紀年而廢淫祠摺」에서 "공자께서 천하의 의(義)를 세우시고, 또한 종족(宗族)의 의(義)를 세우셨으나, 지금은 오직 국민의 義를 위함뿐이다."라고 하였는데, 이러한 언사들에서 그러한 변화를 엿볼 수가 있다. '공자(孔子)'가 일약 중국민족을 상징하는 기호(심볼)로 자리매김되었던 만큼, '공자기년'에 내포되어 있는 '민족'의 정의는 자연히 혁명파가 주장한 '황제기년'의 의미와 거리가 멀 수밖에 없었다. 유사배(劉師培)는 양자의 구분에 대해 "강유위나 양계초는 보교(保敎)를 취지로 하기 때문에 공자 탄생을 기년으로 사용할 것을 주장하고 있다. 그에 반해 우리는 보종(保種)을 취지로 하고 있으므로 황제(黃帝) 탄신을 기년으로 사용하고자 한다."157)고 하였다.

　강유위 등이 봤을 때, '공자'는 일종의 특정한 도덕·문화질서를 대표하고 있으며, 또 이러한 질서가 지니고 있는 가치와 의의는 지난 수천 년 동안 중국의 존립의 명맥과도 같은 것이었다. 따라서 한 개인이거나 민족이 중국민족의 구성원으로 인정될 수 있는지 여부는 그 혈연이나 종족적 특성 등 '기정화(旣定化)'된 생물적 특성과는 아무 관계가 없으며, 단순히 이러한 공동의 문화질서를 받아들일 수 있는지 여부에 따라 결정된다는 것이다. 우리는 당시 이 두 학파에서 동일한 역사인물에 대해 서로 다른 기술과 평가를 내리고 있다는 점에서 이들이 민족에 대해 서로 다른 상상방식을 가지고 있었음을 확인할 수 있다.

　앞에서도 언급했듯이, 청말 지식인들은 민족의 역사를 기술함에 있어서, 우선 '민족영웅계보' 만들기에 착수하였다. 하지만 혁명파와 입헌파는 완전 별개의 서로 다른 계보를 고안해 냈던 것이다. 종족적 특성을 기준으로 민족을 구분하고자 했던 혁명파들의 시각에서, 이른바 '민족영웅'이란 이족(異族)을 물리치고 종족의 위엄을 크게 떨친 인물일 수밖에 없었다. 따라서 악비(岳飛), 정성공(鄭成功) 등의 인물이 전형적이라 할 수 있는데, 호인(胡人/오랑캐)을 살육한 염민(冉閔) 역시 '민족주의 대호걸(民族主義大豪傑)'로 미화되었다.158) 또 홍수전(洪秀全)이 군사를 일으켜 청에 반기를 든 것에 대해서도 높이 평가하여 그를 역대 제왕의 반열에 올려놓기도

---

157) 劉師培, 「黃帝紀年論」(1903), 721쪽.

158) 荊駝, 「中國民族主義大豪傑冉閔傳」, 『江蘇』11/12期合刊本(光緖30年 4月 1日), 89쪽, 104～105쪽.

했다.159) 심지어 "이민족인 워싱턴의 신하가 되느니, 차라리 같은 민족인 주온(朱溫)의 신하가 되리라."고 외치는 이들도 있었다.160) 이들이 봤을 때, 증국번(曾國蕃) 등은 '이족(異族)을 도와 동족(同族)을 잔해(殘害)한' '한간(漢奸)' 내지는 '개보다도 못한' '역적(惡逆)'이었다.161)

1903년, 양계초는 이에 맞서 영웅에 대한 다른 이해를 역설하였다. "요즘 세간의 논자들 사이에서 혁명열의가 도를 넘어서고 있는 것 같다. 심지어 홍수전을 신성시하고, 장헌충(張獻忠) 따위를 영웅이라 하는 자들도 있다. 본인 역시 이러한 언사들이 특정 목적을 위한 발상임을 알고 있다. 그러나 이러한 얼토당토아니한 것들을 더 날조해 내야 한다는 말인가?"162) 따라서 역사인물에 대한 양계초의 역사 서술은 당연히 혁명파의 입장과 큰 차이가 있었다. 그는 홍수전이 봉기를 일으킨 의도 자체에 대해 의심하고 있었으며,163) 태평천국을 평정한 증국번(曾國蕃)에 대해서는 전통문화의 가치를 수호한 공적을 높이 평가하였다.164) 이야말로 전형적인 '종족민족

---

159) 章太炎은 「民報一周年紀年會祝詞」(1906年 12月)에서 중국 역대 조대를 皇祖軒轅, 烈祖金天, 高陽, 高辛, 陶唐, 有虞, 夏, 商, 周秦, 漢, 新, 魏, 晉, 宋, 齊, 梁, 陳, 隋, 唐, 梁, 周, 宋, 明, 延平, 太平이라 하여 洪秀全을 '明王聖帝'의 계보에 올리기도 하였다 (『章太炎政論選集』上册, 326쪽).

160) 亞盧(柳亞子), 「中國立憲問題」, 『江蘇』6期(光緒29年 8月 1日), 3쪽.

161) 「漢奸辨」, 『黃帝魂』, 49~51쪽, 陶成章, 앞의 글, 830쪽.

162) 梁啟超, 「新民說・論私德」, 『新民叢報』40/41號合期, 1903年 11月 2日, 6쪽, 「莽英雄殺人記」, 『江蘇』7期(光緒29年 9月 1日), 83~85쪽.

163) 양계초에 의하면 "홍수전이 표방한 대의명분에 대해 혹자는 그중에 민주주의적인 내용도 들어 있다 하여 높이 평가하여 기리고 있는데, 과연 홍수전이 민주주의 대의를 위해 거병하였을지 여부에 대해서는 그러한 주장하는 자들도 감히 단정 짓지 못하고 있다."는 것이다 (梁啟超, 「新民說・論私德」, 『新民叢報』40/41號合期, 1903年 11月 2日).

164) 심지어 양계초는 "증국번이 이 시대에 태어났고, 지금 壯年의 나이라면, 중국은 그의 손에 의해 구원되었을 것이다."고 극찬을 아끼지 않았다. 梁啟超, 위의 글, 8쪽, 黃克武의 『一個被放棄的選擇 : 梁啟超調適思想之研究』中研院近史所(臺北), 1994, 128~129쪽 참조.

주의'와 '문화민족주의'의 한판 승부였던 것이다.

공자라는 기호(심볼)를 매개로 구축된 '문화민족주의' 의식형태를 취하고 있었던 강유위나 양계초는 급진파의 반만혁명의 주장을 극력 부정하고 배척하려 했다. 일찍이 무술변법시기 당재상(唐才常)은 『춘추(春秋)』를 인용하여 화이(華夷) 구분의 부당성을 지적한 바 있다.

> "중국(中國), 이적(夷狄)은 모두 춘추시대의 일종의 상징에 불과하다……
> 이적이란 야만스러운 족속에 대한 상징이요, 중국이란 예의, 문명의 상징
> 이었다."165)

경자년(庚子年, 1900) 이후, 혁명 대(對) 입헌 논쟁이 점점 더 격렬해짐에 따라 당재상이 주장한 문화의 우열(優劣)에 의한 화이(華夷)구분 논술방식은 만(滿)·한(漢) 두 에스닉 집단 사이의 관계를 해석하는 방향으로 접어들게 된다. 1902년, 강유위는 양계초에게 혁명을 논하지 말 것을 권고하는 공개서신에서 다음과 같이 주장했다.

> "국조(國朝/淸)가 입관(入關)하여서부터 예악정교(禮樂政敎) 모든 분야에
> 서 주공(周孔)의 법도를 따랐으니, 송(宋)·명(明)의 조정과 다를 바가 없
> 다. 그러므로 한인(漢人)과 만인(滿人) 역시 서로 차별 없이 일절 평등하였
> 다. 이는 왕조 교체, 즉 제왕의 핏줄과 황실이 바뀐 데 불과하다……일부
> 사람들은 딴 생각들을 갖고 있는 것 같은데, 실로 이해하기 어렵다. 저들은
> 야만스러운 나라를 진화시켜 우리에게 통합하는 것을 바라지 않고, 오히려
> 문명국에 의해 멸망당하여 그들의 노예가 되기를 바라는 것 같다."166)

---

165) 唐才常, 「辨惑(上)」, 『唐才常集』, 167쪽.

166) 康有爲, 「與同學諸子梁啓超等論印度亡國由於各省自立書」(1902), 『康有爲政論集』上
　　　册, 501쪽.

같은 해, 그는 또 「答南北美洲諸華商論中國只可行立憲不可行革命書」에서 당재상의 주장을 강조하여 "공자가 이른 이른바 중국과 이적의 구별이란, 오늘날 '문명'과 '야만'이라는 표현의 구별과 같다."고 하였다. 쉽게 말하자면, 화이(華夷)의 구분은 종족적인 차이에 있는 것이 아니라, 문화의 우열(優劣)에 의해 결정된다는 것이었다. 그러한 기준에 따라 재단했을 때, 만주족이 중원에 들어오면서부터 '정교예속(政敎禮俗) 모두가 중국식으로 동화되었으므로……한족과 다를 바가 없'으니 이들을 '중국' 밖으로 배척할 하등의 이유가 없다는 것이다.[167]

강유위 이외에도 줄곧 종족적인 관점을 취하고 있던 장지유(蔣智由) 역시 1906년에 이르러 갑작스레 입장을 바꾸어, 한족(漢族)과 이른바 이적(夷狄)들은 사실상 혈통적으로 같은 종족이며, 이들을 구분하는 결정적인 기준은 문화적으로 '진화되었는지 여부'라고 주장하였다.[168] 1907년, 입헌파 학자 양도(楊度)에 의해 만한(滿漢) 융합설이 다시금 제기되었다. 그에 의하면 '만주족과 한족은 서로 다른 종족이기는 하나, 같은 민족'이라는 것이다.[169] 또 같은 해 발표한 「금철주의설(金鐵主義說)」에서 문화를 기준으로 한 민족구분에 대한 주장을 함축적으로 잘 드러내 주고 있다.

"중화민족이 어떤 민족인지 이해하려면 그 명칭의 의미부터 살펴볼 필요가 있다. '중화'라는 칭호는 사실상 문화적으로 형성된 것이지 결코 혈통

---

167) 康有為, 「答南北美洲諸華商論中國只可行立憲不可行革命書」(1902), 『康有為政論集』 上冊, 474~494쪽.

168) 觀雲, 「讀歷史上中國民族之觀察系論」, 『新民叢報』 73號(1906年 1月 25日), 69~76쪽.

169) 楊度, 「胡茂如『中國今世最宜之政體論』識語」, 『中國新報』, 3期(1907年 3月 20日), 120쪽.

과는 상관이 없다. '화(華)'는 '화(花)'의 어원(語源)이다. 명칭 속에 '화
(花)'라는 의미가 들어 있다는 것은 문화의 아름다움을 뜻하지 결코 혈통
과는 아무런 상관이 없으며, 그러한 기괴한 설들은 모두 억지로 끼워 맞춘
것에 불과하다. 따라서 오늘의 중화민족을 구분 짓자면, 몽골족(蒙古族),
회족(回族), 장족(藏族) 등 문화·언어가 다른 민족들을 제외한 만(滿)·
한(漢) 등 여타 민족들 모두라 할 수 있다."170)

이상에서 청말 '황제기년'과 '공자기년'으로 야기된 기호(심볼)전
쟁에 대해 살펴본 결과, 이는 사실상 민족 구축에 관한 '혈통'과
'문화' 두 갈래 서로 다른 경계의 기준에 관한 논쟁이었음을 알 수
있었다.

아이러니하게도, '공자기년설(孔子紀年說)'을 빌미로 대규모 옥
사(獄事)를 일으켰던 청(淸) 조정은 점점 통치의 정당성마저 잃어,
존망의 위기 변두리까지 내몰리게 되자, 오히려 '공자'라는 기호를
빌려, 앤더슨(Anderson)이 이른 이른바 '관방민족주의(官方民族主義,
official nationalism)' 책략(策略)을171) 꾀함으로써 멸망의 위기를 모
면하고자 시도하게 된다. 1908년, 청 조정에서는 조서를 내려 혁명
당인들에 의해 민족정신의 원천(源泉)으로 추앙되고 있던 명말(明
末)의 유학자(儒學者) 왕부지(王夫之)와 고염무(顧炎武), 황종희(黃
宗羲) 등 3인을 공묘(孔廟)에 함께 안치하였다.172) 청 조정의 의도
는 너무나도 자명한 것이었다. 전통적인 사의(祀儀)를 빌려, 한족

---

170) 金鐵主義者(楊度), 「金鐵主義說」, 『中國新報』 5期(1907年 5月 20日), 18쪽.

171) 앤더슨은 '官方國族主義'에 대해 "어떠한 민족이 상상에 의해 바야흐로 형성되고 있을 무
렵, 원래의 지배권을 잡고 있던 그룹이 그 변두리로 설정 혹은 민족의 경계 밖으로 축출될
위기에 처하게 되자 취하게 되는 일종의 대응책"으로, 그 목적은 民族化 과정에 순응하여
그 통치권력을 유지하려는 데 있다고 한다(Benedict Anderson, 앞의 책, p.101).

172) 章太炎, 「王夫之從祀與楊度參機要」(1908年 7月 10日), 『章太炎政論選集』 上册, 426쪽.

종족주의 역사의식의 기호(심볼) - 왕부지(王夫之)에 대해 새롭게
해석함으로써, 다른 한 역사기호 - 공자(孔子)로 대표되는 문화 · 도
덕적 범주 내에 편입시키고자 하였던 것이다. 이러한 책략의 실제
적인 효용이 어떠했는지에 대해서는 논하지 않더라도,[173] 이렇듯
사람들에게 잘 알려지지 않은 작은 사건 하나하나에서도 '황제'와
'공자'를 둘러싼 논쟁에 관한 흔적들을 찾아볼 수 있다. 이는 비단
추상적인 기호에 관한 논쟁이었을 뿐만 아니라, 사회실천과 밀접히
연관된 의식형태의 다툼이었으며, 나아가 가장 현실적이면서도 가
장 첨예한 정치적 이해관계의 싸움이었던 것이다.

앞에서 안토니 코헨(Anthony Cohen)의 말을 인용하여 언급했듯
이, 어떠한 기호(심볼)이든, 서로 다른 프리즘을 통해 다른 의미로
비치기 마련이다. '공자'라는 기호(심볼) 역시 마찬가지이다. 강유위
등이 '공자'를 내세워 혁명파의 '황제'와 치열한 논쟁을 벌이고 있
을 무렵, 똑같이 '공자'를 내세워 양이(攘夷)를 주장한 사람들도 있
었다. 1903년, 『호북학생계(湖北學生界)』에 게재된 「대국민공자의
국민주의(大國民孔子之國民主義)」라는 글에서는 당시 공자에 대한
비판사조와는 달리 '4천 년의 역사를 통틀어' 가장 '국민적인 관념'
을 지닌, 국민의 자격을 충분히 갖춘 사람을 꼽으라면 '반드시 공

---

173) 이에 대한 章太炎의 반응으로부터 알 수 있듯이, 이러한 조처는 결코 사회적인 관심을 이
끌어 내지 못했던 것 같다. 장태염에 의하면 "衡陽(王夫之가 형양의 石船山에 隱居하여
있었기에 이렇게 칭함 - 역자)의 저서로는 『黃書』, 『噩夢』 등이 있는데, 그 내용은 오랑캐
에 항거한 한족에 관한 것으로서, 그 글들이 지금까지 전해져 내려오고 있다……오히려 그
내용에 대해서는 일언반구도 언급하지 않고 있는데, 만주 귀족들이 정녕 왕부지의 책을 보
지 못했다는 말인가? 東胡穢貉의 족속으로서 감히 神州를 탐한 죄를 면하기 어렵다는 것
을 스스로도 잘 알고 있기 때문에, 공공연히 이를 언급하여 주인의 노여움을 살까 두려웠던
것이다. 설마 만주인 역시 한인의 반만혁명을 당연지사로 생각하고 있는 것은 아니지 않겠
는가?"(章太炎, 위의 글, 427쪽.)

자를 첫손 꼽아야 한다.'고 하였다.[174] 1906년, 『견성(鵑聲)』復刊 제1기에 게재된 철쟁(鐵錚)의 「중국이망지철안설(中國已亡之鐵案說)」에서 역시 공자의 '양이사상(攘夷思想)'을 극구 칭송하였다. 저자에 따르면, 중국 입국(立國)의 근본은 공자로 대표되는 '양이사상'에 있다고 한다. 즉 "공교(孔敎)를 중심으로 하자는 주장은 결코 오랑캐를 몰아내지 말자는 것이 아니다. 이 역시 국민의 뜻이요, 중국 입국 이래로 이어 온 관습이며, 중국의 국수(國粹)이다." 그러므로 "만약 공자께서 오늘날에 태어나셨다면 반드시 첫째가는 반만혁명가가 되셨을 것"이라는 것이다.[175] '공자'를 앞세워 반만혁명을 반대해 왔던 강유위로서는 이러한 새로운 해석에 당황하지 않을 수 없었으며, 그의 이론적인 기반 역시 흔들리게 되었다. 이렇듯 '공자'라는 기호(심볼) 자체 내부에도 모순과 분기(分岐)가 존재하고 있었는데, 그렇다면 그와 대립각을 세우고 있던 '황제'라는 기호(심볼) 역시 마찬가지 아니었을까?

---

174) 「大國民孔子之國民主義」, 『湖北學生界』 5期(光緒29年 5月), 699쪽. 辛亥革命期 탈전통 사조에 관한 개관은 沈松僑의 「族群・性別與國家」를 참조하기 바람.

175) 鐵錚, 「中國已亡之鐵案說」, 『鵑聲』 第1號(1906)(원문은 살펴본 바 없으나, 대신 丁守和 主編, 『辛亥革命時期期刊介紹』 1集, 人民出版社(北京), 1982, 559쪽 참조).

Ⅳ. 다양한 목소리 – '단일민족'과 '중국신민(中國新民)'

1902년에서 1903년 사이, 입헌군주제(立憲君主制)를 주장한 강유위와 반만혁명(反滿革命)을 주장한 장태염이 흉노(匈奴)의 기원 문제를 놓고 한차례 열띤 논쟁을 벌이게 된다. 흥미로운 점은 이 논쟁에서 이들 양측이 고수해 온 민족구분에 대한 종전의 기본 원칙, 즉 '문화'와 '종족'적인 입장이 뒤바뀌어 나타나고 있다는 것이다.

이 논쟁은 강유위에 의해 전개되었는데, 그는 「남북미주(美洲) 여러 화상(華商)들의 '입헌(立憲)만이 가능할 뿐 혁명은 불가함'을 논함에 붙여」에서 만주족들이 입관(入關)하여서부터 '교화하여 주공(周孔)의 법도를 따르고, 그 예악전장(禮樂典章) 모두 한(漢)·당(唐)·송(宋)·명(明)의 것을 사용하였'으며 문화적으로 이미 한족과 다를 바가 없다고 주장하였다. 나아가 혁명파의 종족적인 관점에서 자신의 주장을 역설하기도 하였다. 즉 종족의 기원으로 봤을 때, 만주족 역시 '5제3왕(五帝三王)'의 후예로서, 한족과 같은 족속이므로, 그들을 배척해야 할 하등의 이유도 없음을 논증하고자 했던 것이다. 그는 『사기(史記)』 흉노열전(匈奴列傳)의 기록을 근거로, 흉노의 선조 순유(淳維)는 하후씨(夏后氏)의 후예로, 은(殷)나라 때 북쪽변방으로 달아나 농경 대신 물과 풀(水草)을 따라 옮겨 다니며 유목생활을 하였으므로 중국에서는 그들을 흉노라고 불렀다고 했다. 또 '북방인들은 모두 같은 족속'이므로 만주족 역시 예외일 수가 없음에도, 오랫동안 중국으로 인식되지 못하였던 것은 마치 주태왕(周太王)의 장자 태백(泰伯)이 왕의 자리를 사양하여 오

(吳)나라로 달아나 "단발문신(斷髮文身)하고 야만스러운 풍속에 물들었던 것과 마찬가지이니, 어찌 이들을 제하(諸夏, 중국)에서 제외할 수 있다는 말인가?" "만주족은 하우(夏禹)에서 났고, 또 정교예속(政敎禮俗) 역시 모두 화풍(華風)으로 동화되었으므로" 만주족과 한족은 사실상 한 가족이라는 것이었다. 또 지금 두, 세 당인(黨人)들이 망령되게 미국이나 프랑스 혁명을 허망한 전례를 모방하여 내분을 조장하고자, 양이(攘夷) · 별종(別種) 따위의 언사를 서슴없이 뱉어 내고 있으니, 큰 재난을 부를까 걱정될 뿐이라고 했다.[176]

1903년, 장태염은 흉노의 기원을 근거로 만주족과 한족이 동족임을 주장한 강유위의 논리를 반박하고 나섰다. 즉 만주족은 고대에는 동호(東胡)로 불렸으며, 퉁구스계통의 인종으로서 '흉노와는 다른 족속'이라는 것이다. 또 '역사민족(歷史民族)'과 '천연민족(天然民族)'의 구분을 강조하여 주장하기를 "흉노가 확실히 한족과 마찬가지로 염황(炎黃)의 자손이라 할지라도, 그들은 화하(華夏)를 버리고 불모(不毛)의 땅에 머물렀으므로, 언어 · 종교 · 음식 · 풍속 등 문화적인 특성이 이미 제하(諸夏/중국)와는 완전히 달라졌다. 그러니 어찌 같은 족속이라 할 수 있겠는가? 종족을 구분함에 있어서 그 역사와 문화를 기준으로 하지 않고, 단순히 '천연(天然)'적인 혈연만을 따진다면 6주(六洲) 대륙의 5색(五色) 인종 모두가 기원을 같이할 수밖에 없을 터이니, 이러한 논쟁이 무슨 의미가 있겠는가?"는 것이었다.[177]

---

176) 康有爲, 「南海先生辨革命書」.

177) 章炳麟, 「駁康有爲書」(1903), 『黃帝魂』, 209~210쪽, 『辛亥革命前十年間時論選集』 卷1, 下册, 753쪽.

이 논쟁을 통해 우리는 이들 양측의 '민족'에 대한 구분 기준, 즉 문화냐 혈통이냐 하는 문제에 있어 상당히 애매한 태도를 취하고 있었음을 알 수 있다. 이런 확고하지 않은, 동요하는 태도는 강유위·양계초 측에서 더욱 심각하게 나타나고 있다. 앞 장에서도 언급했듯이, 강유위는 '공자'라는 문화기호(심볼)를 이용하여 혁명파의 종족적 기호(심볼)인 '황제(黃帝)'에 맞서 논쟁을 전개해 왔다. 그럼에도 이 시기에 이르러서는 황제(黃帝)에 대한 찬양 언사도 겸하고 있었다. 즉 그는 '공자'와 '황제(黃帝)', '입헌제'와 '반만혁명' 사이에서 줄타기하고 있었던 것이다. 심지어 '현재의 자신'으로 '과거의 자신'을 공격하기까지 하였음은 이미 널리 알려진 바이다. 양계초 역시 마찬가지였다. 1903년에 이르러 그의 정치적 성향이 뚜렷이 보수화되어 가고 있었음에도, 중국인들이 상무(尙武)정신을 갖고 있지 않음을 비판한 글을 보면, 그 논지가 혁명파들의 주장과 별반 다를 것이 없었다.

> "아! 진(秦)에서 오늘에 이르기까지 2천여 년의 세월이 흘렀다. 황제(黃帝)의 자손들이 이족(異族)의 지배에 굽혀 엎드린 지도 3백 년이요, 북방의 동포들은 7백여 년을 이족(異族)에 굴복하고 있다……아! 우리 신명(神明)의 후손들은 지혜로운 인종(人種)이요, 개명(開明)한 문화를 꽃피웠을진대. 어찌 야만스러운 족속 따위가 감히 바라볼 수 있다는 말인가? 오랑캐의 말발굽에 짓밟혀도 고개를 들어 꿋꿋이 그에 맞서지 못한다면, 그 백성이야말로 힘없이 연약한 자들이요, 그 기(氣) 또한 비겁하고 나약한 것이니, 어찌 힘으로 쉽게 굴복시키지 못하겠는가?"178)

이로 미루어 보아 청말 민족 관념의 구축과정에서 종족에 관한

---

178) 梁啟超, 「新民說·論尙武」, 『新民叢報』 28號(1903年 3月 27日), 5쪽(서영대 교정).

논술이 중요하고도 결정적인 작용을 하고 있었음을 알 수 있다. '황제(黃帝)'는 근대 중국민족의 공인된 기호(심볼)로서, 민족상상의 공간을 확실히 제한하고 있었다. 사실상 '황제(黃帝)' 기호 역시 '공자'와 마찬가지로 모순에 차 있었고, 완전히 다른 해석도, 조작도(manipulate) 가능한 것이었다. 강유위가 흉노 기원에 관한 역사 기억을 빌려 만주족과 한족이 동일한 족속임을 주장한 사실이 바로 그러한 측면을 여실히 보여주고 있다.

왕명가(王明珂)는 '태백이 오나라로 달아나다.(泰伯奔吳)'라는 상고전설에 대한 연구를 통해, 고대 화하족은 현실정치의 요구에 의해 항상 '조상의 잊힌 후손'을 되찾는 방식으로 고유(固有)의 집단적 기억을 바꾸어 놓음으로써, 새로운 경계를 만들어 화하 밖의 족속들에 대한 새로운 수용을 합리화한다고 하였다. 변두리에 소속돼 있던 족속들 역시 화하 제국(諸國)의 인정을 받고자 할 때면, 항상 화하에서 기원한 가상의 조상을 '창조'하여 '화하화(華夏化)'한다고 한다. 고대 화하족 경계의 형성과 변천은 결국에는 화하와 그 변두리 족속들의 스스로의 과거에 대한 '구조적 기억 상실(structural amnesia)'에 의존한다는 것이다.[179] 강유위의 예로 봤을 때, 이 이론은 고대 중국에 적용될 뿐만 아니라, 근대 중국의 상황 해석에도 해당됨을 알 수 있다.

'구조적 기억상실(structural amnesia)'이 진행되려면 자연히 조상의 기원에 대한 공인된 기호(심볼)를 필요로 한다. 이 기호는 연대가 오래되고, 모호한 것일수록 효과적인데, 그런 의미에서 '황제(黃帝)'는 아주 이상적인 대상이었다. 우선 황제신화(黃帝神話) 체계에

---

179) 王明珂, 앞의 책, 256~284쪽.

서 요(堯)·순(舜) 등 고대 제왕들 모두가 그 뿌리를 황제(黃帝)에 두고 있어, 조상을 헌원과 연결시키는 것은 곧 '화하'에로 편입되는 지름길이었다. 다음으로 보다 더 중요한 요소는 원고시대(遠古時代) 인물로서 황제(黃帝)의 세계(世系) 자체가 자세하지 않을뿐더러 확실치도 않아 고증하기 어렵다는 점이다. 『사기(史記)』 오제본기(五帝本紀)에 대한 주석 색은(索隱)에서는 『국어(國語)』의 내용을 인용하여 이르기를 "황제(黃帝)의 아들 25명 중, 성씨를 얻은 자가 열넷이요, 도합 열두 성씨인데, 희(姬)·유(酉)·기(祁)·기(己)·등(滕)·침(蒧)·임(任)·순(荀)·희(僖)·길(姞)·현(儇)·의(衣)이다."고 했다. 하지만 이들 중, 주(周) 왕실의 성씨인 희(姬)씨만 확실한 계보를 갖고 있을 뿐, 나머지 성씨에 대한 전승과 변천은 고증이 어렵다. 이는 화하 주변의 집단에 화하로 편입할 수 있는 좋은 기회를 마련해 주고 있는데, 르블랑(Le Blanc)은 이러한 '잊힌 성씨'를 컴퓨터 메인보드의 오픈 슬롯(open slot)에 비유하고 있다. 즉 周 이외의 다른 부족 내지는 화하 이외의 여러 에스닉 집단(族群/ethnic group)들이 필요시에 이러한 슬롯을 이용하여 새로운 조상의 기원에 관한 기억을 창조해 냄으로써 화하의 정통성을 부여받을 수 있었다는 것이다.[180]

사실상 선진(先秦) 이래로 화하(華夏) 에스닉 집단과 주변의 집단들은 항상 이 메커니즘을 이용하여 황제(黃帝)라는 기호(심볼)를 매개체로 '중국'이라는 에스닉 집단의 경계를 변화시켜 왔다. 앞에서 언급했던 '태백이 오나라로 달아난(泰伯奔吳)' 설화가 그 전형적인 경우라 할 수 있다. 그 외에도 『산해경(山海經)』 대황서경(大

---

180) Charles Le Blanc, 앞의 논문, p.54.

荒西經)에서 "북적(北狄)의 나라가 있다. 황제(黃帝)에게 시균(始均)이라는 손자가 있었는데, 시균(始均)이 북적을 낳았다."[181]고 했는데, 그 뒤 『진서(晉書)』 및 『북사(北史)』에서 모두 '시균(始均)이 곧 선비족(鮮卑族)의 조상'임을 주장했다. 또 『진서(晉書)』 권108, 모용외재기(慕容廆載記)에서 모용외의 조상을 유웅씨(有熊氏)라 하였고, 『위서(魏書)』에서도 선비족의 조상이 황제(黃帝)의 25명 아들 중의 하나인 창의(昌意)라고 했다.

> "옛날에 황제(黃帝)에게 아들 스물다섯이 있었는데, 혹자는 화하 내의 여러 제후국들로, 혹자는 화하 밖의 황복(荒服)으로 되었다. 창의(昌意, 黃帝의 아들)의 작은 아들이 북쪽 나라에 봉하여졌는데, 그 나라에 대선비산(大鮮卑山)이 있어 그로써 국호로 삼았다. 그 후 대대로 군장(君長)이 되어, 유도(幽都) 이북의 넓은 들을 다스렸다. ……황제(黃帝) 덕(德)의 원천은 흙(土)이다. 북방의 풍속에 흙을 탁(托)이라 하고, 임금(后)을 발(拔)이라 하는데, 고로 이로써 성씨로 삼았다."[182]

앞에서 살펴보았던 강유위가 '순유(淳維)는 하후(夏后)의 후손'임을 빌려 만주족 조상의 기원에 대한 역사기억을 다시 구축하여, 만주족과 한족이 동족임을 주장했던 것도 사실상 전통적으로 행해져 왔던 '잃어버린 조상의 후손을 되찾는' 방식을 통한 에스닉 집단 변경 확장 시도의 근대판이라고도 할 수 있다.

다른 일면으로, 소수의 만주족 출신의 지식인 역시 '황제(黃帝)'

---

181) 袁珂, 『山海經校注』, 里仁書局影印本(臺北), 1981, 395쪽.

182) 魏收, 『魏書』, 卷一, 序紀第一, 1쪽. 또 唐의 李延壽가 찬술한 『北史』 卷一에서 역시 이와 비슷한 기술이 보인다. 南宋의 佚名이 찬술한 『軒轅黃帝傳』에서는 한발 더 나가 '昌意少子'의 이름을 추적하여 이르기를 "黃公 拓跋은 昌意의 작은 아들이다. 북쪽 땅에 봉해져 黃帝의 土德을 입었는데, 북방의 풍속에 흙을 拓이라 하고, 임금을 跋이라 하였으므로 拓跋로써 성씨로 삼았다."고 하였다(『軒轅黃帝傳』(『宛委別藏』本), 37a쪽 참조).

로부터 만주족 조상의 기원에 관한 기억을 허구 혹은 재구성함으로써 만주족과 한족 사이의 경계를 허물고자 하였다. 이러한 시도 과정에서 그들이 보여준 '황제(黃帝)'에 대한 애착은 혁명파들 못지않았다. 예를 들어 청(淸) 종실(宗室)의 성백희(盛伯羲)는 갑오전쟁 후, 「제렴효렴만류당도(題廉孝廉萬柳堂圖)」에서 스스로를 '황제(黃帝)의 후손'이라 칭하였다.183) 또 1907년, 일본에 유학 중이던 만주족 유학생 유단(裕端)은 「대동의해(大同義解)」를 발표하여 반만·반한 주장과 대립하기도 했다.

> "외환(外患)은 마음에도 두지 않은 채, 해외의 것만을 부르짖고, 내치(內治)는 살피지도 않은 채, 내홍(內訌)만을 일삼는구나. ……아! 망국멸종(亡國滅種)이 여기서 비롯되고야 말 것이다. 나는 이를 고민하고, 이를 애통해하노라. 내가 애통해할 겨를도 없이 망국멸종의 날이 이를 것이니, 망국멸종 후, 황제(黃帝)의 효자순손(孝子順孫)인 4억 동포들 중, 딴 마음, 딴 뜻을 품었던 자들이 마땅히 그 죄를 짊어져야 할 것이다."184)

한족인 강유위든, 만주족의 성백희(盛伯羲)·유단(裕端)이든, 이들은 '황제(黃帝)'라는 기호(심볼)를 이용하여 '구조적 기억상실'의 메커니즘을 가동시켜 만주족 시조기원에 관한 새로운 기억을 창조해 내고자 했던 것이다. 그 목적이야 물론 만주족과 한족의 분열을 막아, 만족·한족을 넘어선 거대한 존재—중국민족에 대한 인정을 이끌어 내기 위한 것이었다. 그럼에도 이들의 노력은 기대했던 효과를 거두지 못했는데, 다름 아니라 민족 창조 과정에 '망각'이라

---

183) 盛伯羲, 「宗室伯羲先生題廉孝廉萬柳堂圖遺稿」, 『大同報』 2期(光緒33年 6月 27日), 112~113쪽.
184) 裕端, 「大同義解」, 『大同報』 2號(光緒33年 6月 17日), 70~71쪽.

는 또 하나의 중요한 요소가 있었기 때문이었다. 이 '망각'이 포함하고 있는 범주에는 특정 에스닉 집단의 조상기원에 대한 기억상실을 의미할 뿐만 아니라, 서로 다른 에스닉 집단이 장기간에 걸친 상호작용 및 무수하고도 치열한 충돌이 남겨 놓은 역사의 낙인도 포함하고 있다.

어네스트 르낭(Ernest Renan)은 프랑스 민족관념의 구축에 대해 언급하면서, 모든 프랑스 국민들은 1572년의 '성 바르톨로메오의 학살(The massacre of Saint Bartholomew)'을 '망각'해야 했으며, 13세기 미디(Midi)지역에서 벌어진 유혈 참사도 잊어야 했다고 하였다.[185] 왕명가(王明珂) 역시 화하화(華夏化)하는 과정 중 '구조적 기억상실'은 제한적일 수밖에 없는데, 일반적으로 화하인들이 새 가입자들에 대해 아는 바가 전혀 없고, 또 양측이 이익을 공유하고 있는 상황에서 '구조적 기억상실'의 메커니즘이 원활하게 작동될 수 있다고 주장한다. 따라서 흉노(匈奴)·선비(鮮卑)·저(氐)·강(羌) 등 에스닉 집단들에 대해 비록 화하에 조상의 기호(심볼)를 두고 있다는 것까지는 인정하고 있으나, 역사적으로 항상 '반드시 딴마음을 품은' 융적(戎狄)이요 이류(異類)로 취급되었다는 것이다.[186]

하지만 청말, 정치적 자원을 둘러싸고 전개된 만주족과 한족 사이의 치열한 쟁탈전 속에서, 에스닉 집단 사이의 관계가 극도로 긴장할 수밖에 없었으며, 따라서 '양주십일(揚州十日, 淸 順治二年(1645), 淸이 明의 揚州를 함락시키고 자행한 10일 동안의 대학살)'이나 '가정삼도(嘉定

---

185) Ernest Renan, "What is a nation", in Homi Bhabha ed., *Nation and Narration* (London and New York: Routledge, 1990), p.11.
186) 王明珂, 앞의 책, 282~283쪽.

三屠, 淸 順治二年(1645), 嘉定의 백성들이 淸의 辮髮令을 따르지 않아 2만여 명이 학살당한 사건]' 내지는 태평천국의 난(亂)과 같은 역사기억들은 망각되지 않았을뿐더러, 오히려 새롭게 다시 기술되고 이용되었던 것이다. 이러한 정치·문화적 시대상황 속에서 황제(黃帝) 기호(심볼)에 대해 새롭게 해석함으로써 에스닉 집단의 화합을 이끌어 내고자 했던 시도는 '부질없는 짓[緣木求魚]'에 불과할 수밖에 없었다. 혁명파였던 황절(黃節)은 만주족의 조상을 황제(黃帝)와 연관시키는 논조에 대해 "저 이족(異種)들은 스스로의 누추함을 부끄러워하여 염황(炎黃)의 후손에 빌붙어 분에 넘치게도 신주(神州)를 얻고자 하였다."187)고 비판하였다.

또 다른 측면에서, 강유위 등이 극력(極力) 주장했던 황제(黃帝) 기호를 매개로 한 만·한 동원론(同源論)은 스스로 모순을 내재하고 있었다. 즉 이는 그들이 줄곧 반대해 왔던 '같은 종족을 전제로 한 민족'에 대한 주장과 같은 논리에 빠져들게 되었다는 것이다. 그들은 비록 만주족과 한족이 공히 중국민족을 구성하고 있음을 주장하고 있으면서도, 또 같은 민족으로서의 기본 전제조건으로 만주족과 한족이 같은 기원을 갖고 있으며, 혈연상으로 동질적이라는 점을 내세웠던 것이다. 다시 말해서 그들이 황제(黃帝) 기호에 대한 해석을 통해 상상해 낸 중국민족은 사실상 종족적인 한계를 벗어난 도덕·문화적 사회집단(social groups)을 가리키는 개념 범주가 아니었으며, 혁명파가 주장한 단일(單一) '종족' 혹 '민족'으로 구성된 혈연적 사회집단(social groups)과 다를 바가 없었던 것이다. 이러한 민족에 대한 상상방식에서는 만주족과 한족 모두를 황제(黃

---

187) 黃節, 「黃史·種族書第一」, 『國粹學報』 1年 1號, 4쪽.

帝)를 조상으로 하는 동일 민족임을 강조한다. 즉 양자는 아무런 차별성도 갖고 있지 않다는 것인데, 그렇다면 '만주족'이라는 칭호 자체도 존재할 의미가 없게 된다. 따라서 강유위 등은 '黃帝'라는 기호에 대한 재해석을 통해, 중국민족의 경계로서 '黃帝'의 지위를 뒤집으려 하였으나, 오히려 이 기호가 가지는 종족적 의미를 한층 더 강화(强化)하는 결과를 가져오게 되었던 것이다.

청말 지식인들이 '만·한동원론(滿·漢同源論)'이 내재하고 있는 모순과 위기에 대해 전혀 감지하지 못하고 있었던 것은 아니었다. 따라서 일부 사람들은 황제(黃帝) 기호의 다른 한 측면을 부각시킴으로써 만주족과 한족의 경계를 제거하고 중국민족을 새롭게 주조(鑄造)하고자 시도했다. 앞서 언급했듯이, 19세기 말부터 서양의 종족관념이 중국으로 유입되기 시작하여 사회적 다윈주의와 결합되면서, 세계질서에 대한 중국 지식인들의 이해는 '종족전쟁(種戰)'이라는 관념으로 정형화되기 시작했다. '종족전쟁론'의 영향으로 말미암아, 청말 지식인들은 세계를 황인종과 백인종 사이의 치열한 생존경쟁의 각축장으로 인식하고 있었다. 1898년 말, 『청의보(清議報)』 창간호에서 양계초는 "태서인(泰西人/서양인)들의 구분에 따르면, 오늘날 세계상에 존재하는 인종은 다섯 종(種)이라고 하는데, 이들 중 3종에 대해서는 논할 가치조차 없으니, 다만 나머지 두 종, 즉 황인종과 백인종의 경쟁이 향후 100년 세계의 주요 흐름이 될 것"이라고 하였다.[188] 이듬해 『청의보(清議報)』에 실린 「전쟁은 문명의 어머니이다.(戰爭者文明之母也)」란 글에서도 "20세기 동아시아는 황인종과 백인종이 전쟁을 벌일 각축장으로 될 것이며, 지난

---

188) 任公,「論變法必自平滿漢之界始」,『清議報』 2册(光緒24年 11月 21日), 72쪽.

날보다 여러 곱절 더 치열한 경쟁과 전화(戰禍)에 시달릴 것"189)이라고 예측했다. 또 필리핀에서 발발한 민족독립운동 역시 황인종과 백인종 사이의 대항전으로 규정하여 "필리핀이 서양세력을 축출하고자 미국에 맞서 항거하고 있으니, 우리 아시아 독립의 선구자이며, 민권(民權)을 향한 우리 황인종인의 첫걸음이다. 필리핀이 승리한다면 우리 황인종을 위해 크게 위세를 떨치게 될 것이며, 백인들은 이로 인해 낙담(落膽)하게 될 것이다."고 논평하기도 했다.190) 1903년, 황준헌(黃遵憲)은 「소학교학생 상화가(小學校學生相和歌)」 19악장을 지어, 초등학교 교육에 보급시켰는데, 그 시작 부분에서 황·백 두 인종의 전쟁에 대해 언급함으로써, 학생들의 적개심(敵愾心)을 부추기고 있다.

> "여기 모여라~ 우리 어린 학생들아! 너희들 얼굴을 들여다보아라, 어떤 인종인지를 알겠느냐? 저 드넓은 5대 주 곳곳에서 홍묘(紅苗)가 엎드려 굴복당하고, 검은 야만족들이 수모를 겪으니, 유독 규염(虯髯/붉은 수염)에 푸른 눈을 가진 자들만이 횡행(橫行)하고, 우리마저 호시탐탐 노리는구나. 아~! 우리 어린 학생들이여, 지구의 반(半)은 황인종이거늘, 무엇으로 이 얼굴을 지켜 나가리요?"191)

종족전쟁에 관한 소재로 노래를 지어 학교 교과서에 수록했다는 것은 당시 이러한 관념이 얼마나 일반화되어 있었고 또 커다란 영향을 행사하고 있었는지를 잘 나타내 준다. 청말 지식인들은 황인

---

189) 「瀛海縱談·戰爭者文明之母也」, 『清議報』 66冊(光緒26年 10月 21日), 4242쪽.

190) 哀時客(梁啓超), 「論美菲英杜戰事關係於中國」, 『清議報』 32冊(光緒25年 11月 11日), 2060쪽.

191) 黃公度, 「小學校學生相和歌」, 「飮冰室詩話」, 『新民叢報』 40/41號合期(1903年 11月 2日), 197쪽(서영대 교정).

종과 백인종의 생사를 건 투쟁을 역사발전의 필연적인 추세로 점
치고 있었던 만큼, 황인종 중에서도 가장 큰 나라를 이루고 있는
중국민족으로서는 마땅히 황인종 존망의 책임을 떠맡을 수밖에 없
다는 인식을 갖고 있었다. 1901년, 양계초가 호주에서 지은 시에서
이러한 심성을 엿볼 수 있다.

> "재산이 북두(北斗)에 이르고, 수명이 동해(東海)에 미칠 것은 바라지 않
> 나니, 오로지 우리 황인종이 태양을 떠받들고 저 대지 위에 우뚝 서, 백인
> 종과 함께 달려가는 것을 보고 싶구나!"192)

　1903년, 효로(效魯)는 『강소(江蘇)』 잡지에 중국의 과거와 미래
에 대한 논설을 발표하여 백인종과의 경쟁에 대해 언급하였다.

> "오늘날의 큰 흐름을 빌려 여러 나라들의 흥망을 점쳐 보자면…… 홍(
> 紅)·흑(黑) 두 인종은 간신히 명이 다하기를 기다리는 신세이니, 이미 아
> 무런 희망도 찾아볼 수 없다. 유독 우리 황인종만이 동아시아에 웅거하며
> 넓은 대륙을 영유하고 있고 수많은 생명체들이 우거져 있어 족히 백인종
> 과 견줄 만하다. 여러 황인종들 중, 가장 일찍 개화(開化)되고 백성이 뛰
> 어나기를 여러 족속들 중 가장 우수한 민족은 우리 중국민족이다. 그 앞길
> 이 헤아릴 수 없이 창창하니, 어느 누가 감히 필적하랴?"193)

　같은 해, 『호북학생계(湖北學生界)』 잡지에 익명으로 게재된 「존
아편(尊我篇)」에서는 더욱 거창한 얘기들을 늘어놓고 있다.

> "우리 민족이 아시아 중심에 우뚝 솟아, 오른손에 유럽을, 왼손에 미주(美

---

192) 任公, 「贈別鄭秋蕃兼謝惠畫」, 『淸議報』 84冊, 5391쪽.
193) 效魯, 「中國民族之過去及未來」, 『江蘇』 4期, 11∼12쪽.

洲)를 잡고, 세계 세력균형의 중심 역할을 하게 될 것이다. ……몽골의 옛 부족이나, 베트남의 천한 족속들, 그리고 홍(紅)·흑(黑) 인종들은 소멸되어 완전히 자연으로 되돌아가게 될 것이다. ……성덕대업(盛德大業)을 이룰 자는 우리 족속 말고 또 누가 있으랴?"[194]

구미의 백인세력들이 우세한 무기를 앞세워 점점 압박해 오고 있다는 인식이 팽배해 있었던 당시, 중국으로서는 분발하여 이들과 맞서야 하는데, 이 '종족전쟁(種戰)'의 대업을 수행하기 위한 선결조건으로 국내 모든 세력들의 합심과 협력이 필요하였다. 따라서 아시아가 하나로 되어야만 이 '종족전쟁'에서 승리할 수 있다는 '아시아 화친(亞洲和親)', '대아시아주의(大亞洲主義)' 등 목소리가 터져 나오기 시작했다. 1898년, 『청의보(淸議報)』 창간사에서 그 취지를 "동지들을 연합하여 『청의보(淸議報)』를 일으킴으로써, 국민의 이목(耳目)과 유신(維新)의 후설(喉舌)이 되게 하고자 함이다. 아! 우리 지나(支那)의 4억 동포 국민들이 마땅히 함께 살펴야 할 것이다. 20세기 아시아 자치(自治)의 대업을 이루고자 하는 우리 황인종들은 반드시 이를 함께 이끌어 나가야 할 것"이라고 역설했다.[195] 양계초는 앞에서도 언급했던 「변법을 시행하면 반드시 스스로 만·한의 구분을 없애게 될 것임을 논함(論變法必自平滿漢之界始)」이라는 글에서 종족 간의 전쟁을 생존경쟁으로 간주하여, 고대로부터 있어 온 지극히 자연스러운 현상이라고 했다. 이어서 현재에 이르러 점점 격렬하게 전개될 조짐을 보이는 원인은 종(種)이 거대해질수록 그 전쟁 규모가 클 수밖에 없으며, 승패(勝敗)와 연

---

194) 「尊我篇」, 『湖北學生界』 4期(光緒29年 4月), 454쪽.
195) 梁啓超, 「淸議報敍例」, 『淸議報』 1冊(光緒28年 11月 11日), 1쪽.

관된 사람들이 많아질 수밖에 없기 때문이라고 했다. 그러므로 "전쟁에 능한 자들은 여러 족속들이 하나로 뭉치지 않으면 다른 종족에 필적할 수 없음을 알고 있기 때문에 상호간의 소통에 힘쓰고 있다."고 했다. 또 황(黃)·백(白) 두 인종의 존망과 직결된 관건적인 이 시점에 '약간의 차이가 있는 족속'들과의 경계를 허물어야 한다고 주장했다. 나아가 "무릇 우리 황인종의 지나(支那)·일본(日本)·고려(高麗, 조선)·몽골(蒙古)·섬라(暹羅, 태국) 등 여러 나라들과의 경계를 없애야 할 뿐만 아니라, 태평양 제도(諸島) 역시 우리의 판도로 편입하여야 마땅하다. 그리하여 이 드넓은 9만 리 전장(戰場)에서 백인들과 각축전을 전개해야 할 것이니, 이 전쟁은 20세기에 반드시 일어나게 될 것"이라고 역설했다.196)

1901년, '날아오르는 소년(突飛之少年)'이라는 필명으로 발표된 가곡(歌曲)에서도 '합군(合群)·보종(保種)'에 대해 부추기고 있다.

　　"흑(黑)·홍(紅) 두 종(種)은 애처로운 처지요, 백인들만 나날이 흥해 가
　　니, 황인종마저 위태롭구나. 합군·보종의 급박함이 일각(一刻)을 다투니,
　　지금이 지나면 중흥(中興)은 기약하기 어려우리."197)

1904～1905년, 러일전쟁에서 일본이 러시아를 전승하자, 중국인들은 이에 크게 고무되어, 심지어 이를 황인종 부흥의 신호탄으로 간주하기도 했다.198) 그 이듬해, '아시아 화친회(亞洲和親會)'가 도쿄에서 창립되었으며, 장태염(章太炎)은 그 약관에서 호소하기를

---

196) 任公, 「論變法必自平滿漢之界始」, 『淸議報』 1册, 7～11쪽, 2册, 67～72쪽.

197) 突飛之少年, 「勵志歌十首之二」, 『淸議報』 89册(光緒27年 7月 11日), 5694쪽.

198) 「黃種之將興」, 『東方』 1年 1期(光緒30年 正月 25日), 46～47쪽, 主父, 「日俄戰爭之將來」, 『新民叢報』, 44/45號合期, 14～15쪽.

‘모든 아시아 민족들, 민족독립주의자들’은 마땅히 하나로 뭉쳐 이종(異種)을 몰아내야 하며, “제국주의를 반대하고 스스로의 나라와 민족을 지켜야 한다.”고 하였다.[199]

황색 피부를 가진 여러 종족들이 합심하여 ‘종족전쟁’에 임하여야 한다는 논리였던 만큼, 이들을 하나로 묶어 줄 매개체가 절실히 필요하였다. 따라서 일각에서는 ‘황색(黃色)’과 연관된 ‘황제(黃帝)’ 기호를 이용하여 황색인종들을 연대시켜 주는 연결 고리로 삼고자 하였다. 1905년, 유사배(劉師培)는 ‘황색’의 옛 의미에 대해 다음과 같이 주장하고 나섰다.

> “중국 고대 문헌들에 의하면, 五色 중에서 유독 황색을 높이 쳤다고 한다. 『역경(易經)』에서 이르기를 ‘천현지황(天玄地黃)’이라 하였고, 『태현경(太玄經)』에서는 ‘누런 것이 누렇지 못하면, 중덕(中德)을 잃음이요, 누런 것이 맑지 아니하면, 중적(中適)을 잃음이다.’라고 했다. 즉 고대에 黃色은 中德을 의미하였던 것이다. 또 ‘황(黃)’은 ‘광(光/빛)’과도 연관되어 있는데, ‘광’은 찬란하다는 뜻이다. 그러므로 ‘진단(震旦)’, ‘지나(支那)’의 의미는 모두 찬란함(光輝)에서 기원된 것이다. ‘황(黃)’은 ‘황(皇)’과도 의미가 통하는데, 그러므로 상고(上古)의 임금 모두를 ‘황(皇)’으로 칭하였다. ‘황제(黃帝)’는 황인종[黃民] 모두가 공히 모셨던 제왕(帝王)이었다고도 할 수 있다.”[200]

이러한 새로운 해석을 통해 ‘황제(黃帝)’는 중국의 성왕(聖王)으로부터 진일보하여 ‘황인종’ 공동의 제왕으로 탈바꿈하였으며, 황인종들은 마땅히 그 기치 아래 하나로 단합하여 백인종과의 최후의 일전을 준비해야 한다는 논리가 가능하게 되었던 것이다. 황준

---

199) 章太炎, 「亞洲和親會約章」(『陶成章集』 下編, 「附錄」, 456~457쪽, 수록).
200) 劉光漢, 「古代以黃色為重」, 『國粹學報』 1年 5號(光緒31年 5月 20日), 7b~8a 수록.

헌(黃遵憲)의 시 「석란도 와불(錫蘭島臥佛)」에서도 이러한 관념을 엿볼 수 있다.

> "하늘이 우리 중국을 복되게 하시고자, 황제(黃帝)를 내려 보내셨으
> 니……멀리 우하주(牛賀洲, 서방의 극락세계)에까지 미쳐, 바다에는 큰
> 바람이 불지 않고, 땅에는 감로가 내리누나. 사람마다 진단(震旦)을 우러
> 르니, 어느 누가 황종(黃種)이 누렇다고 업신여길 것이더냐?"[201]

이러한 논리에 따르면, 서로 다른 나라일지라도 무릇 같은 황인
종이라면 '황제(黃帝)'를 중심으로 합심하여야 하거늘, 하물며 함께
중국에 속해 있는 만주족과 한족으로서, 서로 담을 쌓을 하등의 이
유가 없다는 것이다. 이는 청말 반만혁명을 반대했던 입헌파 지식
인들이 만·한 융합을 주장한 중요한 근거 중의 하나이기도 하였
다. 일찍이 1898년, 양계초는 이미 청 조정에서 만·한 구분을 없
애자는 상소문을 올렸으며,[202] 유신변법이 실패로 돌아간 경자년
(庚子年, 1900)에 이르러도 여전히 자신의 주장을 접지 않고, 반만
혁명을 주장한 혁명파 지식인들과 열띤 논쟁을 벌였다. 1903년, 그
는 블룬칠리(Johann Kaspar Bluntschli)의 정치학설을 소개하면서 공
식적으로 '대민족주의(大民族主義)' 취지를 표방하여, 국내 여러
민족들의 통합을 호소하고 나섰다.

> "우리 중국에서 민족주의를 논하고자 하는 사람이라면 마땅히 '소(小)민족
> 주의'보다는 '대(大)민족주의'를 제창(提倡)하여야 할 것이다. '소민족주의'
> 란 무엇인가? 한족들이 스스로를 국내 여타 민족들과 차별화하여 일컫는

---

201) 黃公度, 「錫蘭島臥佛」(「飮冰室詩話」, 『新民叢報』 9號(光緖28年 5月 1日), 89쪽, 수록).
202) 任公, 앞의 글.

말이다. 그렇다면 '대민족주의란' 또한 어떤 개념일까? 이는 외국(外國)의 여러 민족들과 대응되는 개념으로, 국내의 본부(本部)와 속부(屬部)의 여러 족속들을 통합한 범주이다……지금 이 시기 이후부터는 중국이 멸망하면 몰라도, 만약 멸망하지 않는다면 세계적으로 존재해 나가기 위해서는 반드시 제국적(帝國的)인 정략(政略)을 취하여야만 할 것이다. 한(漢)·만(滿)·몽(蒙)·회(回)·묘(苗)·장(藏) 등 여러 족속들을 통합, 하나의 대민족(大民族)을 형성하여 지구상의 1/3 인구로써 5대 주에 군림하여야 한다. 이는 큰 뜻을 품고 있는 지사(志士)라면 모두 마음속 깊이 공감하는 바이다."203)

양계초 이외도 이와 비슷한 논조의 글들이 심심치 않게 발표되곤 하였다. 1902년, 미주화교(美洲華僑) 엽은(葉恩)이 올린 상소문에서 역시 이와 비슷한 주장을 찾아볼 수 있다.

"중국과 대청(大淸)은 본시 구별된 것이 아닙니다. 한인(漢人)과 만인(滿人)은 같은 곳에서 서로 통혼하며 살아왔으니 결코 서로 다른 가지[支派]가 아닙니다……오늘날 뭇 열강들이 병립(竝立)하니, 저희로서도 민족제국주의의 길을 택하지 않을 수 없습니다. 그러므로 국민을 단합하고, 국가를 하나로 묶어 만국(萬國)과 경쟁하여야 합니다. 만(滿)·한(漢) 모두가 황인종이요, 동일민족입니다. 또 같은 민족끼리 하나로 뭉쳐야지 서로 시기해서는 아니 될 것입니다."204)

1903년, 황준헌(黃遵憲)이 지은 「선군가(旋軍歌)」의 내용 역시 마찬가지 논조였다.

"진(秦)과 호(胡), 언덕 넘으면 한 동네라네. 서로 합쳐 긴긴 장성(長城) 이루세.

---

203) 中國之新民, 「政治學大家伯倫知理之學說」, 『新民叢報』 38/39號合期(光緒29年 8月 14日), 32～33쪽.

204) 葉恩, 「上振貝子書」, 『新民叢報』 15號(光緒28年 8月 1日), 117쪽, 119쪽.

도이(島夷)와 색로(索虜), 한 지붕 아래라네, 힘을 합쳐 강한 군사 이루세.
세계여, 우리 황인종을 주목하라~ 넓히자! 넓히자! 넓히자!"[205]

광서(光緖) 말기, 청 조정에서 입헌제로의 전환을 적극 준비하고
있을 무렵, 마찬가지로 위에서와 같은 '황인종' 논술을 근거로, 조
정의 '관방민족주의(官方民族主義)'를 적극 옹위하고 나선 사람들
도 있었다. 그들은 만주족·몽골족·한족 모두가 황인종임을 내세
워 "마치 산의 한 봉우리와도 같고, 발원을 같이하는 강의 지류(支
流)와도 같으니, 가지만 달리할 뿐, 근본은 같다."고 주장했다. 그러
므로 "만주족이 좀 뒤늦게 중국에 편입되었다 해서 어찌 따로 경계
를 만들고 반만(反滿)을 외친다는 말인가?" 하는 것이었다.[206] 이로
부터 알 수 있듯이, '황인종 논술'을 이용한 '만한융합론(滿漢融合
論)'은 비록 앞 장에서 기술한 '공자기년설(孔子紀年說)'과 서로 다
른, 혹은 같은 서술 책략(策略)을 취하고 있다지만, 사실상 이 역시
현실 정치투쟁의 문화적인 각축장에 불과하였다.

비록 양계초 등 지식인들이 '황인종 논술'을 바탕으로 구성한
'대민족주의'는 그에 앞서 제기했던 '만한동원론(滿漢同源論)'에서
진일보하여, 만주족과 한족이 혈통상으로는 서로 다른 종족임을 인
정하고 있다고는 하나, 여전히 '종족논술'의 함정에서 벗어나지 못
했으며, 종족과 민족의 관계에 대해 명확히 구분하지 못했다. 양계
초는 「정치학의 대가 블룬칠리(Johann Kaspar Bluntschli)의 학설(政

---

205) 黃公度, 「旋軍歌」(「飮冰室詩話」, 『新民叢報』 26號(1903年 2月 26日), 99쪽, 수록).
206) 「擧人董芳三條陳 爲闢排滿說並陳和種三策以弭離間呈」(光緒33年 7月 18日), 軍機處
　　原檔, 故宮博院物明淸檔案部 編, 『淸末籌備立憲檔案史料』 下冊, 中華書局(北), 1979,
　　931쪽.

治學大家伯倫知理之學說)」이라는 글에서 '대민족주의'에 대해 언급하면서, "대민족주의는 반드시 한인(漢人)이 그 중심이 될 것이며, 그 조직(組織) 역시 한인(漢人)들에 의해 완성될 것임은 의심할 나위가 없다."고 했다.[207] 1911년, 그는 서근(徐勤)에게 보낸 서신에서 자신이 입헌제라는 미명하에 사실상은 혁명을 행하고자 했음을 피력한 바 있다.

> "만인(滿人)을 증오하는 저의 마음이 어찌 혁명당에 뒤지겠습니까? 하지만 뼈에 붙은 종기가 싫어 당장 제거해 버린다면, 몸 자체를 보존키 어려우므로, 아직은 과도기로 삼아 잠시 남겨 두지 않을 수 없습니다. 입헌제를 시행하여 모든 정치권한을 국회에 집중시킨다면 황제(皇帝)를 그대로 존치시킨다 해도 그는 단지 허수아비에 불과한 것입니다."[208]

이로부터 알 수 있듯이, 비록 만·한의 통합을 주장한 양계초일지라도, 그가 진정 원했던 방향은 한족을 중심으로 한 민족국가였던 것이다. 그에 비해 혁명파 지식인들은 '황인종 논술'에 대해 새롭게 해석하고 있었다. 즉 같은 황인종 내에서도 그 순수성을 따져 서로 다른 등급을 부여하고자 했던 것이다. 그들은 한인(漢人)을 '황중황(黃中黃)'이라 하여 진정한 황제(黃帝)의 적통임을 주장하였으며,[209] 이로써 반만혁명의 정당성을 확보하고자 했다.

결론적으로 청말 '민족'의 구축과정에서 '황제(黃帝)' 기호(심볼)를 둘러싸고 형성된 다양한 민족에 대한 상상은, 그것이 반만혁명

---

207) 中國之新民, 앞의 글, 33쪽.

208) 梁啟超, 「宣統三年9月8日致雪公書」(『梁任公年譜長編』上册, 339쪽, 수록).

209) 『蘇報』와 『國民日日報』의 주필이며, 反滿혁명파 지식인이었던 章士釗는 자신의 저서 『沈蓋』에서 황인종 내에도 서열이 있으며, 漢人이야말로 '진정한' 황인종임을 역설하였다 (Frank Dikotter, 앞의 책, pp.86 - 87).

주장이든, 입헌적 청치입장이든, 그 본질은 '단일민족(單一民族)'에 대한 상상에 불과한 것이었다. 새로운 길을 모색하기 위해서는 이 민족 공인(公認)의 기호(심볼)를 포기하고 새로운 것으로 대체해야만 했다. 그러한 새로운 계기는 1904년 엄복(嚴復)이 젠크스(E. Jenks)의 『사회통전(社會通詮, A History of Politics)』을 번역 출간하게 되면서 전개된다. 엄복은 '종족'이나 '문화'로써 민족의 경계를 삼는 데 반대의 입장을 취하고 있었다. 그는 19세기 중엽부터 구미학계에서 유행한 직선적(直線的) 진화론의 관점, 즉 인류의 정치·사회는 낮은 단계에서 높은 단계로 진화한다는 이론을 수용하고 있었다. 젠크스는 『사회통전(社會通詮)』에서 인류사회의 발전을 야만사회, 종법사회(宗法社會) 및 군국사회(軍國社會) 3단계로 구분하고, 각 단계마다 모두 나름대로의 특정한 법체계와 의식형태가 존재한다고 하였다. 야만사회는 그 연대가 요원하여 자세한 고찰이 어려우므로 논의에서 제외하고, 종법과 군국사회의 근본적인 차이를 비교해 봤을 때, 전자는 종법(宗法)으로써 백성[民]을 통합하는 데 반해, 후자는 군정(軍政)으로 인민을 결속시킨다고 했다. 또 종법사회의 네 가지 특징은 첫째, 종족을 국가의 기본으로 한다는 점, 둘째, 뒤섞이는 것을 금기시한다는 점, 셋째, 옛것을 따른다는 점, 넷째, 가족을 근본으로 한다는 점 등이라고 한다. 그에 반해 군국주의 사회는 종족을 기준으로 하는 것이 아니라, 국토를 기준으로 삼으며, 사회구조도 가족을 근본으로 하는 것이 아니라, 평등한 개개인을 근본으로 삼는다는 것이다. 그러므로 사람마다 헌법에서 규정한 합법적인 범위 내에서 창조적으로 발전할 수 있으며, 또 이러한 개개인의 노력이 곧 국가는 강성과 직결된다는 것이다.[210]

이러한 기준으로 재단해 봤을 때, 엄복에 의하면 중국사회는 종법사회와 군국사회의 과도기적인 단계에 놓여 있다고 한다. 즉 제도나 사상 등에 종법적인 관념들이 여전히 깊게 침투되어 있다는 것이다. 따라서 그는 자신의 역서(譯書)에서 당시 크게 성행한 '민족주의' 의식형태에 대해 비판하고 나섰다.

> "중국사회는 종법과 군국적인 속성들을 두루 겸하고 있다. 그러므로 그 법도 역시 종(種)에 근거를 두지, 국가(國家)를 기준으로 하는 것이 아니다……따라서 주(周)·공자(孔子)는 종법사회의 성인(聖人)으로 추앙받고 있으며, 그 경전이나 가르침은 백성[民]들의 삶 속에 깊이 뿌리내리고 있다. 비록 지금의 당파에 신(新)·구(舊) 구별이 뚜렷하다고는 하나, 민족주의라는 점에서는 생각을 같이한다. 오늘에는 통합하자 하고, 내일에는 외래의 것을 배척하고자, 혹은 반만(反滿)의 목소리를 높이고들 있으나, 군국주의, 즉 사람마다 평등하여야 한다는 주장을 하는 사람은 몇 안 된다. 민족주의는 우리나라 사람들의 의식 속에 고유하게 갖고 있는 관념으로서, 특정 조건하에서 밖으로 드러난 것이다. 과연 민족주의가 우리나라를 강성하게 할 수 있을까? 내가 봤을 때, 이는 결코 가능하지 않다."211)

이 번역서가 출간된 연후, 엄복은 또 『대공보(大公報)』에 문장을 발표하여 "민족주의란 다른 것이 아니라, 바로 종법사회의 진면목이다."라고 비판하면서, 이러한 제도로 군국주의와 경쟁하여 결코 승리할 수 없음을 역설하였다. 결론적으로 "민족주의를 고집하여 외래의 것을 배척한다면 결코 나라를 멸망에서 구원할 수 없다."는 것이었다.212) 이로부터 알 수 있듯이, 엄복이 바랐던 것은 종족 중

---

210) 甄克思(젠크스, E. Jenks) 著, 嚴復 譯, 『社會通詮』, 中華書局(北京), 1981, 18~19쪽, 61~64쪽.

211) 甄克思(젠크스, E. Jenks) 著, 嚴復 譯, 위의 책, 115쪽.

212) 嚴復, 「讀新譯甄克思『社會通詮』」, 『大公報』(光緒30年 3月 5~8日), 『外交報』71期

심의 '민족주의'가 아니라, 강성한 '현대국가(現代國家)'의 건설이
었던 것이다.[213] 즉 그는 국가를 중심으로 한, '민족' 구축의 대안
을 제시하고 있었던 것이다. 이러한 이념들은 1906년에 출판된 저
서 『정치강의(政治講義)』에서 확연히 드러나고 있다.

> "나라를 보존하려면 반드시 부강해지는 것이 우선이다. 단순히 종법이나
> 종교로써 인민을 취합하고자 한다면, 이는 부강으로 향하는 길의 걸림돌이
> 되고 말 것이다. 그러므로 모든 구속들을 풀어 버리고 군국제로 전환한다
> 면 문명국가로 재탄생할 수 있을 것이다. 동서양의 역사를 뒤돌아보면 이
> 러한 이치를 어렵지 않게 깨달을 수 있다."[214]

청말 지식계에서 높은 명망을 갖고 있었던 엄복이 '민족주의'에
대해 확고한 반대의사를 밝혔다는 사실은 '민족건국'을 주장했던
급진적 혁명파에는 커다란 충격과 좌절이 아닐 수 없었다. 따라서
호한민(胡漢民)은 『사회통전』을 인용한 엄복의 주장에 대해 "학식
이 천박한 자들은 이를 인용하여 반만혁명을 나무라지만", "해석상
의 오류에 대해서는 자세히 살피지 않은 점이 가장 큰 해가 되고
있다."고 비판하였다.[215] 그 뒤를 이어, 왕정위(汪精衛)·장태염(章
太炎) 등도 선후하여 반론하는 글을 발표하였고, 심지어 엄복을 가
리켜 '민족주의를 절단 내는 톱'이라 비난하였는데, 당시 엄복의
주장이 얼마나 큰 영향을 미쳤는지를 잘 보여주고 있다.[216]

(光緒30年 3月 21日)(轉載)(王栻 主編, 『嚴復集』, 中華書局(北京), 1986) 1册, 146
~151쪽, 수록).

213) 蕭公權, 『中國政治思想史』下册, 聯經出版公司(台北), 1982, 888쪽.

214) 嚴復, 「政治講義」, 『嚴復集』, 中華書局(北京), 1986, 1265쪽.

215) 漢民, 「述侯官嚴氏最近政見」, 『民報』 2期(1906年 1月 22日), 241쪽.

216) 汪精衛, 앞의 글, 18쪽, 漢民, 「述侯官嚴氏最近政見」, 241~257쪽, 太炎, 「社會通詮

물론 이러한 국가 중심의 민족 구축이론 - 당시의 용어로 말하자면 '국가주의(國家主義)' 이론이 엄복에 의해 처음으로 제시되었던 것은 아니었다. 일찍이 무술변법(戊戌變法) 당시 강유위는 '군민합치(君民合治), 만한불분(滿漢不分)'에 관한 상소를 올린 바 있다. 그는 청 조정에 '국가'의 관점에서 전국의 민심을 통합하여 외침(外侵)에 맞서야지, 일국 내에 자타의 구분을 두는 것을 옳지 못하다고 호소하였다. 또 민심을 결속, 새로운 국가를 건설하기 위해서는 헌법을 제정하고, 국회를 설치하는 등 일반민들에게 정치에 참여할 수 있는 길을 열어 주어야 한다고 주장하였다.[217] 무술변법 실패 후, 양계초는 해외에 망명해 있는 동안 블룬칠리의 국가학설에 매료되어, 그 여생을 '국가주의' 이념 연구에 몰두했다. 그는 한평생 동안 사상과 이념의 변화를 많이 겪었다고는 하나, 많은 학자들은 "'국가주의'야말로 양계초 사상의 핵심"이라고 평가하고 있다.[218] 이로부터 양계초 사상의 다양성을 엿볼 수 있으니, 앞에서 언급한 '종족', '문화' 등 속성만으로 단순히 결론지을 수는 없을 것이다. 하지만 양계초가 무술변법 이후에 제시한 국가이념은 강유위가 주장했던 전통왕조국가가 아닌 '국민'이 결합된 현대국가를 의미하였다. 1903년, 그는 자신의 글 「정치학의 대가 블룬칠리(Johann Kaspar Bluntschli)의 학설(政治學大家伯倫知理之學說)」에서 '국민'과 '국가'의 관계를 다음과 같이 설명하였다.

商兌」, 『民報』, 12期(1907年 3月 6日), 724~1748쪽. '민족주의의 톱(民族主義一鉅子)'이란 표현은, 漢民의 「述侯官嚴氏最近政見」 252쪽에 등장함.

217) 康有為, 「請君民合治・滿漢不分摺」(1898年 8月), 『康有為政論集』 上册, 340~343쪽.

218) 梁啟超의 「國家」 관념 형성과 발전에 대해 본고에서 자세히 논하지 않겠다. 자세한 내용은 張佛泉 선생의 「梁啟超國家觀念之形成」, 『政治學報』 1期, 中國政治學會(臺北), 1971, 1~66쪽을 참조하기 바람.

"블룬칠리가 내리고 있는 '국민'의 정의에는 다음과 같은 두 가지 의미가 내포되어 있다. 첫째로, '국민'이란 인격(人格)을 의미한다. 이들은 국가의 몸뚱이를 구성하고 있으며, 스스로의 생각과 견해를 표현하고, 그 권리를 제정하는 자이다. 둘째로, '국민'이란 법의 집합체[法團], 즉 국가 속에 존재하는 하나하나의 법률체(法律體)를 의미한다. '국가'라는 완전체가 유지되려면 반드시 이 법률체에 의존해야 하며, 국민활동의 정신으로 충만될 때만이 국가 전체가 완성에 이른다. 그러므로 국가가 있어야 국민이 있는 것이요, 국가가 없으면 국민 역시 존재하지 않으니, 양자는 동일한 실체이면서 단지 이름만 달리할 뿐이다."219)

이로부터 알 수 있듯이, 양계초의 '국민관(國民觀)'은 국가를 핵심으로 한 '정체식(整體式/holistic)' 국민관념이었다. 이를 브루베이커(Roger Brubaker)의 '형식적 공민권(formal citizenship)'과 '실질적 공민권(substantive citizenship)'의 구분으로 재단해 봤을 때, 전자에 가깝다 할 수 있다.220)

그 후 양계초는 극력(極力) '국민'사상을 표방하고 나섰으며, 1902년부터 『신민설(新民說)』을 집필하여 이상적인 '국민'이 갖춰야 할 자질 및 그 최종목표를 제시하였다. 즉 그는 '중국신민(中國新民)'의 주조(鑄造)를 통해 현대적인 중국국가를 새롭게 구축하고자 하였던 것이다.221) 이러한 '국민'들로 구성된 '국가'는 당시 사람들이 열광했던 '민족'과는 근본적으로 구별되는 개념 범주였다.

---

219) 中國之新民, 앞의 글, 26~27쪽.

220) 브루베이커(Rogers Brubaker)는 서양의 'citizenship' 개념을 'formal citizenship'과 'substantive citizenship'로 구분하고 있는데, 전자는 국가적 公認과 현대적 민족국가 조성에 관한 문제를 핵심으로 하고 있으나, 그에 비해 후자는 정치집단 구성원들이 어떠한 人身的(civil), 정치적(political) 및 사회적(social) 권리를 향유할 수 있는지를 강조한다고 한다(Rogers Brubaker ed., *Immigration and the Politics of Citizenship in Europe and North America*(Lanham, New York, London: University Press of America, 1989), p.3).

221) 양계초 및 청말 지식인들의 '국민' 관념에 대해서 沈松僑의 「族群·性別與國家」 참조.

다시 말해 양계초가 인식하고 있었던 '족민(族民)' 혹은 '민족(民族)'(독일어로 'Nation', 영어로 'people')이란 동일한 문화, 역사와 사회적인 범주였다. 또 그 존립의 기초는 혈통·언어·종교신앙·풍속·관습 등 '근본적인 연결고리'였던 것이다. 거기에 비해 '국민(國民)'(독일어로 'Volk', 영어로 'nation')이란 일종의 정치적인 개념으로서, 한 국가의 실체와 주체이며, 그것이 형성되기 위해서는 반드시 의도적인 정치행위와 명확한 법 구조를 갖추고 있어야 하며, 또 사람마다 거기에 참여하여 함께 공동의 국가를 구축해 나가야 했다.[222] 1910년, 양계초는 「헌정천설(憲政淺說)」에서 '국민'의 의미에 대해 해석하면서 다음과 같이 강조하였다.

> "국가로서 마땅히 그 인민을 가지고 있어야 함은 자명한 일이다. 단 그 인민들이 반드시 친족혈통적인 연관성이 있어야만 하는 것은 아니다. 오로지 같은 지역에서 생활, 이해관계를 공유하며 자연스레 결합된 실체만이 국민으로 불릴 수 있다."[223]

국민의 구성이 혈통이나 문화 등 기정화(旣定化)된 자질(資質)과는 아무런 관계가 없고, 단지 '국가' 소속만을 근거로 한다는 것인데, 이런 개념으로 구축된 '민족 사회집단(社群)'은 자연히 '황제(黃帝)'나 '공자' 등 기호(심볼)를 기반으로 한 '민족상상'과는 거리가 먼 것이었다. 1902년에 발표된 양계초의 글 「유교를 지킴에 있어, 공자에 대한 존숭이 필수 요소가 아님을 논함(保教非所以尊孔子論)」에서 이미 그러한 사상들을 엿볼 수 있다.

---

222) 張佛泉, 앞의 논문, 18~19쪽.

223) 梁啟超, 「憲政淺說」, 『國風報』 1期(1910年 2月 20日)(『飮冰室文集』之二十三, 中華書局(臺北), 1978, 33쪽, 수록).

"최근 10여 년 동안, 나라를 걱정하는 선비들은 항상 3색기(三色旗)를 내
세워 혹자는 '보종(保種)'을, 혹자는 '보교(保敎)'를 호소하곤 하였다. 참
으로 그 뜻이 높지 않았다 할 수 없을 것이고, 그 고뇌 또한 깊지 않았다
할 수 없을 것이니, 나 역시 그 기치 아래의 일개 군졸이었다. 하지만 오
늘날의 사고력, 관찰력으로 시대의 흐름을 살펴봤을 때, 지금부터 우리 세
대가 마땅히 이루어야 할 첫 번째 대사는 오로지 '보국(保國)'뿐임을 알
수 있다. 그러므로 '종(種)'이나 '교(敎)'는 당장 급급히 서두를 사안은 아
니다."224)

1906년 이후, 혁명파와 '입헌'이냐 '혁명'이냐를 놓고 격론을 벌
이고 있을 당시, 양계초는 여전히 초심을 버리지 않고 '국가주의'를
재삼 강조하고 나섰다. "오늘날, 나라를 구할 길은 오로지 '국가주
의'뿐이다. 나머지 '민족주의(民族主義)'니, '사회주의(社會主義)' 등
은 모두 '국가주의(國家主義)'에 버금가는 범주에 불과하다."225) 이
러한 '국가지상주의' 신념으로 인해, 양계초가 반만혁명 취지의 '종
족혁명론'을 극구 반대하였음은 자명한 일이다. 따라서 그가 제시
한 대안은 '국내의 여러 군소 민족들을 통합', 거대 민족을 형성하
여 공동으로 외적에 맞서고자 한 이른바 '대민족주의'였던 것이다.
이렇듯 청 왕조의 마지막 10여 년 동안, 종족적 민족주의의 지속
적인 전파와 함께 또 하나의 새로운 논술 - '국가' 및 '국민'을 중
심으로 한 민족 구축 책략이 엄복과 양계초와 같은 지식인들에 의
해 전개되고 있었던 것이다. 1906년, 『신민총보(新民叢報)』에 실린
중국 내 당파에 관한 글에서 역시 이러한 국가주의에 대한 호응을
엿볼 수 있다.

---

224) 中國之新民, 「保敎非所以尊孔子論」, 『新民叢報』 2號, 59쪽(서영대 교정).
225) 飮冰, 「雜答某報」, 『新民叢報』 86號(1906年 9月 3日), 52쪽.

"오늘날, 입헌제를 시행하고 있는 여러 나라들에서 다양한 민족들을 하나의 국가 아래 두루 포용하고 있으니, 그 속에서 종족분쟁의 문제가 발생했다는 소문은 아직 전해들은 바 없다……즉 국가의 이해관계를 중심에 두고 있으므로, 결코 종족적인 이해관계에 휘둘리지 않는 것이다……또 근세(近世)의 세계적 흐름은 이른바 제국주의의 흥기이며, 민족주의는 이미 시대에 뒤처진 관념일 뿐이다. 그럼에도 오늘날 여전히 분열적인 민족주의로써 각국의 제국주의와 경쟁하려 하니, 어찌 제국주의에 의해 잠식되지 않겠는가?"[226]

1907년, 양도(楊度)는 『중국신보(中國新報)』 발간 축사에서 엄복이 번역한 『사회통전』 이론의 틀을 그대로 원용하여 정치개혁에 관한 주장을 전개하였다. "종법사회는 군국주의 사회와의 충돌에서 반드시 패배할 수밖에 없고, 민족주의에 빠져 있는 종족이나 족속은 결코 군국사회의 '국민'에 대적할 수 없으니, 이는 자연도태의 원리이기도 하다." 그러므로 우리의 첫째가는 임무는 국민들의 능력을 한껏 고취시켜 참신한 새 정부를 수립하는 것이며, 이로써 "우리나라를 완전한 군국사회로 발돋움시켜 여러 군국주의 국가들과의 생존경쟁에서 도태되지 않게 하는 것이다."[227] 이보다 조금 이른 시기, 장군매(張君勱)는 존 스튜어트 밀(John S. Mill)의 『대의정치론(代議政治論)』을 근거로 '민족'의 의미에 대해 새롭게 정의 내리면서, '국민'을 중심으로 한 '민족 논술'을 전개한 바 있다. "국족(國族, 민족)이란 무엇인가? 인류의 한 부류로서, 서로 감정을 공유하고, 같은 자주적 정부의 통치 아래에 있는 자들을 일컫는다." 또 인종·혈통·언어·종교 등도 민족 구성의 중요한 요소임이 틀림

---

226) 興之, 「論中國現在之黨派及將來之政黨」, 『新民叢報』 92號(1906年 11月 30日), 28~29쪽.

227) 楊度, 「中國新報敍」, 『中國新報』 1號(1907年 1月 20日), 11쪽.

없으나, 이러한 요소들은 반드시 필요한 필수요소가 아니며, 스위스처럼 "인종, 언어, 종교를 달리하면서도 하나의 국족(민족)을 이루고 있는 국가도 있다."는 것이다. 그에 반해 '같은 종교, 언어, 역사를 가지고 있으면서도 하나의 국족(민족)을 이루지 못한 족속들도 있으니' 시칠리아와 나폴리가 바로 그 예라는 것이다. 또 사실상, 근세 여러 나라들 중, "지리적인 장애물에 의해 단절되지 않은 이상, 일국 내에 순수 동족만 존재하는 나라는 없다." 하지만 이는 결코 "일국으로서의 존재에 방해가 되지 않는다." "그들이 동일 국족(민족)을 형성할 수 있는 이유는 과연 무엇일까?" 그것은 다름이 아니라 "정치적인 입장에서 봤을 때, 이들은 공동의 역사를 가지고 있고, 영광과 치욕 그리고 고통과 기쁨의 감정을 공유하고 있으며, 또 성쇠기복(盛衰起伏)을 함께해 왔기 때문"이라는 것이다.[228]

'민족'에 대한 이러한 새로운 논술은 당시 혁명의 질풍노도에서 시달리고 있던 만주족 지식인들에게는 실로 반가운 일이 아닐 수 없었다. 그들은 이 학설을 원용해 중국 내 에스닉 집단 속에서의 만주족이나 몽골족의 지위 하락을 만회해 보고자 시도하였던 것이다. 1907년, 만주족 귀족 출신인 항균(恒鈞)·오택성(烏澤聲) 등은 도쿄에서 『대동보(大同報)』를 창간하였는데, 그 발간사에서 '만·한·몽·회·장 등 여러 민족들을 통합하여 대국민을 이룰' 취지를 밝혔다.[229] 또 신문의 창간호에 오택성(烏澤聲)의 「만한문제(滿

---

228) 立齋(張君勱), 「穆勒約翰議院政治論」, 『新民叢報』 90號(1906年 11月 1日), 22~23쪽. 저자는 '國族(민족)'이라는 어휘에 각주를 달아 이르기를 "'國族'이란 'Nationality'에 대응되는 표현으로, '한 나라의 족속'을 일컫는 말이다. 고로 '國'이라 하고 '民'이라 하지 않은 것이다."고 하였는데, 이는 필자가 청말 문헌들 중에서 확인한, 유일하게 '國族'에 대해 명확히 정의 내린 글이라 하겠다.

229) 烏澤聲, 「大同報序」, 『大同報』 1號(光緒33年 5月 15日), 24쪽.

漢問題)」라는 글을 게재하여, 공식적으로 '국민주의(國民主義)'를 표방하고 나섰던 것이다. 오택성은 '민족주의'를 '혈연적 민족주의'와 '정치적 민족주의'로 구분하였는데, 전자는 종법사회의 산물(産物)로서, 오로지 종족적인 관념밖에 없으며 국가적인 사상은 전무하다고 하였다. 또 종족 사이의 경계를 엄수하여, 스스로 나날이 위축되어 가고 있으므로 "오늘에 이르러서는 이러한 종족적 민족주의는 이미 자취를 감춘 지 오래다."고 하였다. 중국이 국가사회(國家社會)로 진입하여, 국제경쟁에서 생존해 나가기 위해서는 '정치적 민족주의'를 택하지 않을 수 없으며, 이러한 '정치적 민족주의'가 곧 '국민주의(國民主義)'라는 것이다. '국민(國民)'에는 두 가지 의미가 내포되어 있는데, 첫째로는 실질적인 의미, 즉 역사적으로 동일 민족, 동일 문명권에 속해 있는 사람들을 일컫고, 둘째로는 법률상의 의미, 즉 무릇 같은 나라에 속하여 있는 사람들 모두를 국민이라 할 수 있다는 것이다. 총체적으로 '국민'과 '민족'은 구분되는 개념으로 "민족은 문명적(文明的)인 통합을 목표로 하고 있으며, 국민은 정치적 단합을 목표로 하고 있다. 민족은 인종학적인 의미가 짙은 반면, 국민은 법률학적인 의미가 강하다." 그러므로 중국이 현실적으로 접근해야 할 가장 바람직한 방향은 '국민적 국가(國民的國家)', 즉 "여러 민족들이 혼재되어 있는 국민을 형성하여, 이들로써 일국(一國)을 이루는 것"이라고 역설하였다.[230]

오택성(烏澤聲) 외에도 만주족 출신인 융복(隆福) 역시 "지금은 국가주의적인 시대이며, 구국지책(救國之策)은 오로지 국가를 중심으로, 전 국민의 행복을 도모하는 길만 있을 뿐", 결코 당파, 지역

---

230) 烏澤聲, 「滿漢問題」, 『大同報』 1號(光緒33年 5月 15日), 64~72쪽.

및 종족 등 작은 단위의 집단을 중심으로 할 수 없다고 하였다. 중국은 만주족만의 중국이 아니고, 그렇다고 몽골족이나 회족, 한족들의 중국도 아니며, '중국 전체 인민의 중국'이라는 것이다. 또 국민은 본시 일체(一體)이므로 서로의 이해관계를 공유하고 있으며, "멸망은 곧 모두의 멸망이요, 존속은 곧 모두의 존재를 의미한다."고 하였다. 따라서 그는 "만·몽·한·회·장 다섯 민족을 통합하여 대국민(大國民)을 형성", 정치적으로 단합하여, 국가를 중심으로 서로 협력한다면 "나라를 위태로운 운명에서 구원할 수 있을뿐더러, 우리 국민 모두가 이로써 스스로를 자랑스러워하게 될 것"이라고 주장했다.231)

앞에서 살펴본 '국가', '국민' 등 이념은 청 왕조가 멸망하기 전 수년 동안, 혁명파의 반만혁명 이론에 대응하기 위한 가장 유력한 논술이었다. 1903년, 장사쇠(章士釗)는 『소보(蘇報)』에 발표한 글에서 "근세(近世)에 온 나라를 떠들썩하게 만든 하나의 절대명사(絶對名詞)가 있었으니, 바로 '국민(國民)'이었다."고 하였고,232) 또 1907년, 청 조정 대신 우식매(于式枚)는 '국민' 관념의 범람에 대해 "많은 자들이 스스로를 '국민(國民)'이라 일컫고, 무리를 모아 '단체(團體)'라 하니, 지난 수년 동안, 내정(內政)·외교(外交)·인사(用人)·행정(行政) 등 분야에 전반에 관여코자 했다."고 비판했다.233)

이 시기에 이르러, 비록 '국민'의 의미에 대해 어느 정도 정리되었다고는 하나, 현실적으로 만·몽·회 등 소수민족들의 서열을

---

231) 隆福, 「現政府與革命黨之比較」, 『大同報』 5號(光緒33年 11月 28日), 13~17쪽.

232) 章士釗, 「章太炎『客民篇』附論」, 『蘇報』(光緒29年 5月 8日).

233) 章士釗, 「出使德國考察憲政大臣于式枚奏立憲不可躁進不必預定年限摺」(光緒33年 10月 24日)(軍機處原檔, 『淸末籌備立憲檔案史料』 上冊, 306쪽, 수록).

어떤 기준에 따라 '중국 국민' 속에 배열해야 할 것인가라는 문제
가 '국민주의' 민족 논술에서 다급히 해결해야 할 급선무로 대두하
게 되었다. 이 문제에 대한 해결책으로 양계초나 양도(楊度) 등은
두 가지 서로 다른 대안을 내세웠다. 우선 그들은 역사적인 증거를
끄집어냄으로서 만주족이 줄곧 중국국민의 일원(一員)이었음을 논
증하고자 하였다. 1906년, 양계초는 『민보(民報)』와 벌인 논쟁에서
정치학에서의 '국가(國家)'에 대한 정의를 근거로 삼아, "'국민'은
영토, 주권과 더불어 국가를 구성하고 있는 3대 요소의 하나이다.
현재 우리나라가 영유하고 있는 영토는 황제(黃帝) 이래로 점점 넓
혀져 왔으며, 국민 역시 황제(黃帝) 이래로 여타 민족들을 흡수 통
합하면서 형성되었다. 그 주권 또한 황제(黃帝) 이래로 끊어짐이
없이 전해져 내려온 것"이므로, 그런 의미에서 중국은 역사적으로
멸망한 적이 없었다고 보는 것이 타당하다고 주장하였다. 나아가
이러한 기준에 의하면, 만주(滿洲)는 명대(明代)에 건주위(建州衛)
에 예속되어 있었고, 청태조(淸太祖) 누르하치 또한 '용호장군(龍虎
將軍)'에 봉해진 바 있으므로, 만주족은 明의 백성이었음이 분명하
며, 역시 중국의 신민(臣民)이었다는 것이다. 또 명청(明淸) 왕조
교체는 국민 내부의 정권 이전에 불과하며, 타국에 의한 정복으로
볼 수 없다고 하였다.[234] 또 이듬해, 양도(楊度)가 「금철주의설(金
鐵主義說)」을 발표하여, 양계초의 주장을 재차 강조하고 나섰다.

    "만주의 땅 전부가 明의 속지였으니, 만주족은 사실상 중국 영토 내에 거
    주하고 있었던 인민의 일부였다고 할 수 있다. 이들은 한족과 같은 나라의

<hr>

234) 飲冰, 「雜答某報」, 『新民叢報』 84號(1906年 8月 4日), 2～4쪽(飲冰, 「中國不亡論」,
　　『新民叢報』 86號(1906年 9月 3日), 53～71쪽 참조).

엄격히 따지면 양계초나 양도(楊度)가 내세우고 있는 역사적 연
관성을 근거로 한 만주족과 한족의 단일성 주장은 사실상 현대 국
가적 관념을 전통 왕조체제에 억지로 접목시킨 데 불과한 것이었
으므로, 민중들의 공감을 이끌어 내지 못했을뿐더러, '시대착오
(anachronism)'적이라는 비판을 면치 못했다. 또 이러한 논술책략은
그들이 극력(極力) 반대했던 종족·혈통에 의한 '국민' 구분법과
본질적으로 다를 바가 없으며, 이른바 앤더슨이 말한 '뒤돌아보기'
식의 '민족상상'이었던 것이다.236) 따라서 이러한 '중국신민(中國新
民)'의 구축 과정이 순탄치 않았던 것은 자명한 일이다. 그리하여
양계초 등은 새로운 대안, 즉 입헌제 실시나 국회 설치 등과 같은
정치개혁을 통해 중국 국민들을 하나로 통합할 수 있는 법률적 장
치를 마련코자 시도하게 되었다.

1910년, 양계초는 몽골·청해(靑海)·티베트 세 지역과 중국 본
부(本部)와의 관계에 관한 글에서 이 세 지역은 종족·언어·문자
나 풍속 등이 본부와는 확연히 다르므로, 이들을 국민으로 통합할
수 있는 유일한 방법은 '오로지 정치적인 연대'뿐이며, 이들과의
정치적 연결고리를 마련하지 않는다면 중국의 분열을 결단코 막을
수 없다고 하였다.237) 이는 비단 몽골이나 티베트만의 문제가 아니

---

235) 楊度, 앞의 글, 27~29쪽.
236) Benedict Anderson, 앞의 책, pp.194-195.

었는데, 당시 만주족과 한족 사이의 가장 큰 장애물은 결국에는 정치적인 문제였던 것이다. 1903년, 혁명파의 채원배(蔡元培)가 「만주족 증오에 대한 해석(釋仇滿)」이라는 글을 발표하여 만·한 관계의 본질에 대해 역설하였다.

> "만·한 두 족속이 원래부터 종족적 편견을 가지고 있었던 것은 아니다. 만주족이 중원에 입관(入關)하면서부터 자신들만 특권을 누리고, 정치적 자원을 독점하고자 漢人들을 핍박하였으니, 이는 '국내식민(internal colonization)'적인 해악이 아닐 수 없다. 오늘날 반만혁명의 열기가 식을 줄 모르는 것도 그런 이유에서이다. 그러므로 반만혁명에 대한 논쟁은 정략적인 범주이지 결코 종족 사이의 투쟁은 아니다."[238]

양독생(楊篤生) 역시 『신호남(新湖南)』에 발표한 반만혁명의 대의명분을 밝히는 글에서 국민이라면 국가정치에 참여할 권한이 부여되어야 한다는 점에 입각하여 청정부가 한족들을 노예로 취급하고 있다고 비판하였다.[239] 1908년, 장종단(張鍾端)은 반만혁명의 동기에 대해 더 확실하게 주장하고 나섰다. 그는 반만의 원인이 "결코 종족이 달라서가 아니라, 인민으로서 평등하지 못하기 때문"이라고 하면서, 나아가 '평민의 정부'를 표방하고 나섰으며, "홍인(紅人)이나 흑인(黑人)일지라도 중국의 군주(君主)로 모실 수 있을진대 하물며 만주족이겠는가?"고 했다.[240]

---

237) 梁啓超, 「中國國會制度私議」(1910), 『國風報』 19期(『飮冰室文集』之二十四, 36쪽, 수록).

238) 蔡元培, 「釋仇滿」, 『蘇報案紀事』, 127～128쪽.

239) 楊篤生, 『新湖南』(1903)(『辛亥革命前十年間時論選集』 下册, 卷1, 654쪽, 수록).

240) 張鍾端, 「對於要求開設國會者之感喟」, 『河南』 4期(1908年 5月)(『辛亥革命前十年間時論選集』, 3卷, 280～281쪽, 수록).

이상에서 알 수 있듯이, 만·한 사이의 벽을 허물어 하나의 대국
민으로 통합하기 위한 작업의 관건은 정치개혁을 통한 정치적 평
등권 부여였으며, 이는 사실상 '국민주의'적인 접근이었던 것이다.
"나는 국민주의를 국가 존립의 필수조건으로 생각하며, 따라서 정
치혁명론을 주장한다. 반대로 민족주의는 국가 발전에 필요치 않다
고 보며, 종족혁명론에는 반대의 입장이다."[241]는 양계초의 주장
역시 이러한 맥락에서 이해할 수 있다. 이러한 사회적 분위기 속에
서 입헌운동이 바야흐로 사상·정치계의 주류를 형성하기 시작했다.

1821년, 페루 독립혁명을 이끌었던 산마르틴(San Martin)이 전국
에 내린 호소문에서 "이제부터는 원주민들을 인디언이나 토번(土
蕃)으로 불러서는 안 될 것이다. 그들 역시 페루의 자손이요 국민
이므로, 마땅히 페루인으로 지칭되어야 한다."고 했다. 앤더슨은 이
언사 속에 내포되어 있는 '민족상상'에 대해 일종의 '내다보기'식,
즉 미래를 향한 민족상상방식이라고 정의를 내린 바 있다.[242] 이와
마찬가지로 청말에 전개된 입헌운동이 추구했던 목표 역시 정치체
제의 변혁을 통해 전통적으로 '국가에 대해 알지도 못했던' 황조
(皇朝)의 백성들로 하여금 자유롭고 평등한, 또 국가정치에 적극
참여함으로써 국가와 직접적으로 연관을 맺고 있는 '국민'으로 만
드는 것이었다. 나아가 지역, 에스닉 집단 및 계급의 경계를 뛰어
넘어 이들 '중국신민(中國新民)'들을 연합함으로써 강력한 신중국
(新中國)을 건립하는 것이었다.

1907년, 장지유(蔣智由)는 「변법후의 중국 건국정책에 대해 논함

---

241) 飮冰, 「答某報第四號對本報之駁議」, 『新民叢報』 79號(1906年 4月 24日), 32쪽.
242) Benedict Anderson, 앞의 책, pp.193－195.

(變法後中國立國之大政策論)」이라는 글에서 군주입헌제의 실시를
제창하며 다음과 같이 주장했다.

"한·만·몽 등 여러 민족 모두가 정치 권리를 누릴 수 있어야 하며, 이
들을 연합하여 동방의 최강대국을 건설함으로써 세계의 열강들과 경쟁하
여야 한다."243)

같은 해, 만주족 출신인 오택성(烏澤聲) 역시 만·한 통합의 문
제에 관해 장지유의 주장과 비슷한 논지를 피력하였다. 그에 따르
면 우선 국회를 개설하고, 정부개혁을 단행하여 군사적·경제적·
법률적·정치적 평등을 이루어야만 "만·한 사이의 경계를 무너뜨
릴 수 있고, 국가의 강성을 기할 수 있다."는 것이었다.244) 1907년,
『대동보(大同報)』에 게재된 「민선의원청원서(民選議院請願書)」에
서는 이러한 논지를 더욱 확실히 전개하고 있다. 이 글에서는 근세
에 이르러 국가 사이의 경쟁이 날로 치열해지고 있다고 하면서,
"온 나라 국민 모두가 합심하여 공동으로 책임을 감당하지 않는다
면 국력이 두터워질 수 없으며, 외침에 맞서 스스로를 지켜 낼 수
없다. 또 인민들에게 정치에 참여할 권리가 주어지지 않는다면, 나
라를 바로 세울 수 없으며, 결국에는 내홍(內訌)으로 허망하게 무
너질 것이다."고 하였다. 나아가 "근세 중국은 정치적 불평등으로
인해 민족 간의 불신과 갈등이 점점 심각해져, 이제는 수습하기 어
려울 지경에 이르렀다. 이러한 위기에서 벗어나기 위해서는 오로지

---

243) 蔣智由, 「變法後中國立國之大政策論」, 『政論』 1期(1907年 10月)(『辛亥革命前十年
　　間時論選集』, 卷2, 下册, 1065쪽, 수록).

244) 烏澤聲, 「論開國會之利」, 『大同報』 4號(光緒33年 10月 5日), 25쪽.

민선의회제(民選議會制)와 헌정(憲政)을 실시하여, 만·한·몽·회·장 등 여러 민족 인민들에게 평등한 권리와 의무를 부여하는 길뿐이다. 그렇게 되면 여러 민족 사이의 불신은 자연스레 해소될 것이다. 또 입헌제를 시행하게 되면 참정권을 가진 인민들이 하나의 정권하에 놓이게 되므로, 서로의 이해관계를 공유하게 될 것이고, 비록 당파적인 구분은 있을 수 있으나, 적어도 종족적인 편협한 시각은 사라지게 될 것이다. 이러한 상황이 오랫동안 지속되다 보면 감정이나 사상 등이 점차 융합되어 국민정신은 자연히 하나로 통일될 것이고, 이는 중국이라는 나라가 존속할 수 있는 튼튼한 토대가 마련될 것이다."고 했다.[245]

이로서 알 수 있듯이, 입헌파 지식인들이 '국민' 논술을 통해 구축고자 했던 실체는 헌법, 국회를 공인(公認)된 기호(심볼)로 한 '국민사회(國民社群/community of citizens)'였으며, 그들이 고안해 낸 민족의 상상방식은 곧 안토니 스미스(A. D. Smith)가 말한 이른바 '공민적 민족주의(公民的 民族主義/civic nationalism)'였던 것이다.[246] 비록 이와 같은 '국민(國民)'을 중심으로 한 '공민적 민족주의' 논술이라 할지라도, 여전히 종족적 의식이 그 속에 스며 있었다. 양계초의 '대민족주의' 구상에서는 한족을 주체(主體)로 하고 있으며, 여타 소수민족은 한족으로의 '동화(同化)'만 허락된다. 그에 의하면 중국에는 한족 이외에도 만·몽·회·장·묘 등 여러 민족들이 있다고는 하나, 그 수가 한족의 1/10에도 못 미치는 "미

---

245) 「民選議院請願書」, 『大同報』 4號(光緒33年 10月 5日), 167~177쪽.

246) Anthony D. Smith, *Nations and Nationalism in a Global Era* (London: Polity, 1995), pp.97-101.

미한 세력에 불과한 만큼, 한족에 동화되지 않을 수 없다."고 한
다.[247] 또 양도(楊度)는 중국의 여러 민족들 중 한족의 문화수준이
가장 뛰어나다고 하면서, 만주족 역시 입관(入關)한 지난 200여 년
동안 끊임없이 한족화(漢族化)되어, 언어와 문자사용에 있어 한족
과 다를 바가 없게 되었고, 다른 민족들은 아직 종법사회(宗法社
會) 단계에 처해 있는 만큼, 문화적인 수준이 한족이나 만주족과
비교조차 안 된다고 하였다. 나아가 "국민 전체의 발전을 위해 문
화적인 통일을 꾀하지 않을 수 없으며", 따라서 국민통합을 위해
만주족과 한족을 중심으로 다른 민족을 여기에 동화(同化)시킬 것
을 주장하였다. 즉 "입헌이 시행되고 나면, 몽·회·장 등 지역의
교통이나 교육이 내지(內地)와 함께 크게 흥기할 것이므로, 이미
통합된 만주족과 한족을 몽·회·장 등 지역에 식민(植民)하다면,
상호간의 교류가 점차 빈번해져 최종 민족구분이 사라지게 될 것
이다. 결국에는 만·한의 구분이 없어진 것과 마찬가지로, 몽·
회·장과 같은 민족 명칭 역시 사라지고, 오로지 중화민족만이 남
을 것이니, 그때가 되면 우리나라는 더욱 위대하고 발전된 모습을
갖추게 될 것이다."[248] 오직 이러한 결과야말로 이른바 국민통일이
라 할 수 있으며, 큰 공적이라 할 수 있다는 것이다.

　만주족이나 몽골족 등 소수민족 출신의 지식인들 역시 '만한(滿
漢) 평등, 몽장(蒙藏) 동화'를 취지로 삼고 있었다.[249] 물론 이러한
표어(標語)들 대부분은 정치적 목적에서 전략적으로 취한 것들이므

---

247) 飮冰, 「雜答某報」, 『新民叢報』 86號, 3쪽.
248) 楊度, 앞의 글, 10쪽.
249) 烏澤聲, 「大同報序」, 7~8쪽, 穆都哩, 「蒙回藏與國會問題」, 『大同報』 5號(光緖33年
　　 11月 28日), 61~62쪽.

로 완전히 신뢰할 수는 없다. 그럼에도 이로부터 어느 정도 짐작할 수 있듯이, 비록 정치적 연대에 대한 강조를 결속 매개체로 한 국민주의 민족 논술이라 할지라도, 여전히 잠재적인 계서적(階序的/hierarchical) 종족관념을 바탕에 깔고 있었던 것이다. 양계초 등이 스스로 '종족'이라는 '유령(幽靈)'을 문밖으로 쫓아낸 듯하였으나, 다른 옷을 걸친 똑같은 '괴물'을 다시 뒷문으로 맞이해 들인 셈이었다. 이러한 의미에서 그들이 표방한 '국민국가'란 사실상 혁명파가 주장한 '단일민족'의 범주를 벗어나지 못하였으며, 이는 국민주의 민족논술이 내재하고 있었던 한계였다 할 수 있다.

물론 양계초가 구상했던 이러한 '국민주의' 중심의 민족 구축 책략이 실패로 돌아가게 된 가장 주된 원인은 청 조정의 소극적인 태도 때문이었다. 주지하듯이 경자년(庚子年, 1900) 이후, 청 조정에서는 망국의 위기에 내몰리게 되어서야 정치개혁에 착수하기 시작하였는데, 실제적인 효과는 별로 없었던 것 같다. 헌법 제정, 국회 소집 등 근본적인 정치개혁에 있어서, 만주귀족들은 성의(誠意) 있는 행동을 보이지 않았을뿐더러, 근본적인 개혁정책 또한 기대하기 어려웠기 때문이다. 선통(宣統) 3年(1911), 양계초는 지난 수년 동안의 입헌개혁 성패(成敗)에 대해 회상하면서, 청 조정의 '독주를 마시고 빨리 죽기를 바라고, 멸망을 달게 받아들이고자' 한 소극적인 태도에 대해 통탄하였다.[250] 그 뒤, 청 조정에서는 대신들의 빗발 같은 청원에 못 이겨, 입헌을 준비하였다고는 하나, 내각 구성원 거의 전부를 만·몽 귀족들로 채웠다. 이는 곧 민심의 이탈을 야기하였으며, 결국에는 무창(武昌)의 거사로(辛亥革命) 이어지게

---

250) 梁啓超, 「新中國建設問題」(1911)(『梁任公年譜長編』 上冊, 348쪽, 수록).

되었던 것이다. 그리하여 중국민족을 구축하고자 했던 청말 지식인들의 필사적인 노력은 이쯤에 이르러 종말을 고하게 되었다. 중화민국(中華民國) 건국 이후, 혁명파들은 종래의 종족혁명론을 폐기하고 '5족공화(五族共和)', 즉 한·만·몽·회·장 등 민족의 평등을 표방하였다. 또한 약법(約法)을 제정, 국회를 여는 등 대체적으로 양계초 등이 주장했던 '국민주의'로 방향을 선회하게 된다. 그럼에도 불구하고 한족 에스닉 집단의 공인(公認)된 기호(심볼)로서 '황제(黃帝)'는 다시금 이러한 새로운 정치상황에 적절하게 변형되어 지속적으로 '중화민족' 공동의 시조로 추앙되었던 것이다.

V. 맺음말

베네딕트 앤더슨(Benedic Anderson)이 제시한 민족 이론의 틀에 대입해 봤을 때, 청말 지식인들에 의한 중국민족 구축은 의심할 나위 없이 한차례 '상상(想像)'의 과정에 불과하였다. 파르타 차테르지(Partha Chatterjee)가 앤더슨에게 던졌던 질문과 마찬가지로, 아마 우리도 이런 질문을 상정해 봄 직하지 않을까? "누가 상상을 했던 것일까?", "어떻게 상상했던 것일까?"[251]

근대 중국의 민족 구축 시도는 의심할 나위 없이 근대 서양의

---

251) Partha Chatterjee, *The Nation and It's Fragments: Colonial and Postcolonial Histories*(Princeton: Princeton University, 1993), pp.4-5. 물론 차테르지는 논의의 초점을 서양의 포스트식민주의 문화패권에 의한 식민지민들의 自我상상공간의 제한에 맞추고 있었던 만큼, 본고에서 치중하고 있는 상상 내부공간의 의미와는 조금의 차이가 있다 하겠다.

이론들을 모방한 것이었다. 앤더슨에 의하면 '민족'은 일종의 상상의 공동체로서, 19세기 초 라틴아메리카 및 유럽 등지에서 속속 생겨나면서, 점차 시공간을 뛰어넘어 끊임없는 표절과 복제(copy)의 범식(範式/models)으로 자리매김된다고 한다.252) '중국' 역시 기타 후진 '민족국가'들과 마찬가지로 이 범식(範式)을 모방, 학습하는 고난의 과정을 거치면서 '창조'된 것이다. 폴 이그노터스(Paul Ignotus)가 말했던 것처럼, 한 무리 지식인들이 '그것'의 탄생을 결정지었을 때에야 비로소 근대 중국민족이 탄생하게 되었던 것이다.253)

물론 청말 지식인들이 아무것도 없는 공백상태에서, 단순히 상상만으로 '중국'을 창조해 냈던 것은 아니었다. 오히려 그들은 자신들만의 고유한 '부호우주(符號宇宙)'를 근거로 적절한 민족의 범주를 인식 및 채택하였던 것이다. 또한 중국민족의 구축 및 상상에 있어, 자연히 고유한 문화·역사 자원을 기반으로 할 수밖에 없었으며, 현실정치, 사회·경제적 조건의 제약을 받지 않을 수 없었다. 이러한 상황 속에서 청말 지식인들은 오랫동안 밀봉되어 있던 역사의 기억 속에서 하나의 문화기호(심볼)-'황제(黃帝)'를 끄집어냈던 것이다. 그들은 다양한 기술 책략(策略)을 동원해, 지난 수천 년 동안 지속되어 온 '황제(黃帝)'와 역대 왕실과의 친연성을 단절시켜 버리고, 새롭게 해석함으로써 '황제(黃帝)'를 중국민족 경계의 기준으로 재창조하였다. 즉 이 경계로써 민족의 구성원과 비구성원

---

252) 심지어 앤더슨은 제2차 세계대전 이후, 비록 수많은 신흥민족주의 국가들이 각자 자신들만의 다양한 특징들을 갖추고 있었다고는 하지만, "만약 우리가 그들이 서양 각국의 민족상상 도식을 그대로 계승하고 있다는 점을 간과할 경우, 그들의 다양한 특징 역시 이해하기 어려울 것"이라고 하였다(Benedict Anderson, 앞의 책, p.118).

253) Paul Ignotus, *Hungary*, cited from Benedict Anderson, *Imagined Communities*, p.73, note 17.

을 구분, 민족 내부의 응집력을 이끌어 낼 수 있는 공인(公認)된 징표로 삼았던 것이다. 이러한 측면에서 봤을 때, 근대 중국민족의 구축과정은 황제(黃帝)를 중심으로 한 일련의 '기호정치(symbolic politics)'였다고 할 수 있다. 이러한 '기호정치'에 의해 청말 지식인들은 하나의 새로운 '역사시각(historical vision)'을 제시할 수 있었으며, '중국' 역시 이러한 새로운 인식 속에서 하나의 완정체(完整體), 즉 독특한 '정치적 사회집단(政治社群/social groups)'을 형성하였던 것이다.[254]

다른 한 측면에서, 청말 지식인들이 서양의 이론체계를 답습하여 시도했던 황제(黃帝)란 기호를 이용한 새로운 민족 구축은 단순히 서양의 추상적인 이론에 대한 막연한 동경(憧憬) 때문만은 아니었으며, 현실 이익과 긴밀히 연관되어 있었기 때문이었다. 예를 들어 앞에서 언급했듯이, 청말 지식인들이 황제(黃帝) 기호를 고취했던 것은 만주족의 청 왕조를 무너뜨리려는 반만혁명의 필요에 의해, 즉 정치자원을 쟁탈하기 위한 수단으로 이용하기 위해서였다. 이는 청 말기에만 나타난 독특한 현상이 아니다. 1930년대, 중국국민당(中國國民黨)과 중국공산당(中國共產黨)은 여러 차례나 똑같이 황제릉(黃帝陵)에 제사 지내는 방식으로 각자 서로 다른 의식과 정치 입장을 표명하였던 것이다. 1949년 이후, 황제(黃帝) 기호 및 그에 대한 해석권을 둘러싼 논쟁은 중국과 대만[海峽兩岸] 사이에서 지속적으로 전개되었다. 1957년, 대만에서는 정부[官方]의 부분적 지원을 받아 '헌원교(軒轅敎)'를 창설하여 '민족정신 고취', '중화문화 수호' 등을 표방하고 나섰다.[255] 같은 해, 중국 섬서성 인민위원회

---

254) '符號政治'에 관한 논의에 대해서는 John Hutchinson의 앞의 책, p.20 참조.

(陝西省 人民委員會)에서 황제릉(黃帝陵)에 올린 제문(祭文)에서는
"맹세컨대, '근검건국(勤儉建國)'의 정신을 이어받아, 우리나라를
부강하고 안락한 사회주의 국가로 건설함으로써, 하늘에 계신 조상
님의 영(在天之靈)에 보답할 것입니다."라고 했다.[256] 1986년에 이
르러서도 황제릉(黃帝陵) 제사에 올린 제문의 언사(言辭)들에 보면,
여전히 그 전 시기와 비슷한 주장들을 확인할 수 있다.

> "청명(淸明)이 오니, 모두들 조상님 기리고자 능(陵) 앞에 모였구나. 선조
> 께서 문명을 여시어, 나라를 세운 지도 어언 5천 년의 세월이 흘러 백세
> (百世)를 이어 왔다. 지금은 사회주의 새 시기에 접어들었으니……(나라가)
> 독립자주적이고 국제적 지위 또한 나날이 높아지고 있다……무릇 우리 중
> 화(中華)의 후손들이라면 분발하지 않는 자들이 없으니, 혹자는 하회(河淮)
> 의 남북에, 혹자는 대만(臺灣)과 홍콩[臺港], 5주(五洲)에 거하고 있으나,
> 함께 황제릉(黃帝陵)을 우러르니 모두 공히 헌원(軒轅)의 자손이기 때문이
> 다. 우리는 하늘을 향해 우뚝 솟은 저 측백나무의 얽히고설킨 뿌리와도 같
> 으니, 달이 차면 둥그러지거늘 나라가 어찌 오랫동안 나뉘어 있으랴? 금
> 구(金甌)가 흠을 용납 못 하듯이, 우리의 마음도 마찬가지이다. 중화(中華)
> 의 진흥(振興)은 필부(匹夫)라 할지라도 공히 짊어져야 할 책임이다."[257]

이로부터 알 수 있듯이, 황제(黃帝)기호는 확실히 안토니 코헨
(Anthony Cohen)이 설명했던 바와 같이, 서로 다른 의식형태의 다
양한 '모자'를 뒤집어씌울 수 있는 '모자걸이'와도 같은 존재이다.

---

255) 대만의 '軒轅敎' 창립과 발전 및 그 의미에 대해서 Christian Jochim의 "Flowers, Fruit,
and Incense Only: Elite versus Popular in Taiwan's Religion of the Yellow
Emperor", *Modern China*, Vol.16, No.1(Jan. 1990), pp.3－38 참조.

256) 「1957年陝西省人民委員會祭黃帝文」, 『五千年血脈』, 西北大學出版社・香港新世紀
出版社, 1993, 141～142쪽.

257) 「1986年陝西省各界祭黃帝文」, 『五千年血脈』, 西北大學出版社・香港新世紀出版社,
1993, 152～153쪽(서영대 교정).

'황제(黃帝)'를 둘러싼 일련의 쟁탈전, 재조합과 조작과정은 사실상 여러 정치세력들이 현실이익을 위해 전개한 문화상의 각축전이었던 것이다. 단 이러한 '황제(黃帝)' 기호에 대한 조작에는 커다란 제한성이 따르고 있었다. 허친슨(John Hutchinson)이 지적했던 것처럼, 한 문화기호(심볼)는 적절한 집단의 기억에 호소하고, 특정한 문화 실천 및 사회·정치 구조와 서로 결합될 때만이 효과적으로 인심(人心)을 부추기는 작용을 할 수 있다.[258] 청말 지식인들이 '황제(黃帝)'를 선택하여 민족 구축의 매개체로 이용하였던 것은 '황제(黃帝)'는 일종의 조상을 의미하는 기호로서, 장기간 가부장제를 바탕으로 형성되어 온 사회 심층의식을 이끌어 낼 수 있기 때문이었다. '가족'과 '종족'이라는 은유(隱喩)를 통해 '황제(黃帝)'가 호출해 낸 중국민족은 사실상 혁명 실천을 가장 효과적으로 이끌 수 있는 '혈연적 사회집단(血緣社群 /social groups)'이었던 것이다. 따라서 Dikotter는 근대 중국의 민족주의를 일종의 '종족적 민족주의'라고 정의하기도 하였다.

또한 허친슨이 지적한 바와 같이, 일련의 역사기억들은 문화기호라는 매개체에 의해 소환된 이후부터는 최종적으로 프랑켄슈타인(Frankenstein)처럼 괴물화(怪物化)되기 마련이다. 즉 '그'는 스스로 발전 동력을 취득하여, 더 이상은 창조자의 명령에 따르지 않고, 나아가 소속 집단의 정치발전 방향에 제약을 걸게 된다는 것이다.[259] '기호 권력'의 연구자인 프랑스 사회학자 피에르 부르디외(Pierre Bourdieu)에 따르면 "기호는 세계에 대한 우리의 인식을 규

---

258) John Hutchinson, 앞의 책, p. 20.
259) 위의 책.

정 및 개변시킬 수 있다. 따라서 세계에 대한 우리의 행위에 영향을 미치게 되며, 나아가 세계를 변화시킬 수 있다."고 한다.[260) 마찬가지로 '황제(黃帝)' 기호와 '헌원의 자손(軒轅子孫)' 등 표현의 책략(策略)으로 구축된 근대중국의 '민족' 역시 이러한 내재적 함의(含意)의 제한에서 자유로울 수 없다. 즉 '중화민족의 시조'로서 '황제(黃帝)'가 이끌어 낸 상상들은 본질적으로 혈연관계에 대한 해석일 수밖에 없으며, '개국선조(開國先祖/Founding Fathers)'로서 우리에게 가져다주는 정치적 가치와 신념에 대한 동경과 추구가 결코 아니라는 것이다. 1992년, 홍콩 출신의 한 문인(文人)이 황제릉(黃帝陵) 참배 후, 다음과 같은 시구를 남긴 바 있다.

我雙腿跪下, 雙手按地	무릎 꿇고, 양손으로 땅을 짚어본다.
并不是致哀	애도 드리기 위함이 아니요,
僅僅爲着接通五千年血脈	오로지 5천 년의 핏줄을 잇기 위함이니,
讓祖先的血和我的血共流	선조의 뜨거운 피, 내 혈관 속에서 흐르기를……
灌漑	관개하자
愛261)	사랑을

　　이로부터 '황제(黃帝)'라는 기호가 근대중국민족 구축을 위한 상상에서 행사한 거대한 힘을 확인할 수 있으며, 또한 이러한 상상력이 가지는 제한적 작용 역시 간과할 수 없음을 알 수 있다. 만약 노

---

260) Pierre Bourdieu, "Symbolic Power", in Denis Gleeson ed., *Identity and Structure: Isssues in he Sociology of Education*, p.117, cited from Catherine Bell, *Ritual Theory, Ritual Practice*(Oxford: Oxford University, 1992), p.199.

261) 雁翼, 「黃帝陵」, 原刊 『陝西日報』, 1992年 8月 17日(『五千年血脈』, 西北大學出版社·香港新世紀出版社, 1993, 1쪽, 인용)(조롱남 교정).

신(魯迅) 선생이 지금 이 시대에 다시 태어나신다면, 변함없이 "나의 피 헌원(軒轅)께 바치리라."고 할지 심히 의심되지 않을 수 없다.

» 참고문헌

R. Tagore, "Nationalism in the West", *The Atlantic Monthly*, March 1917.

Benedict Anderson, *Imagined Communities: Reflections on the Origin and Spread of Nationalism*(revised edition, London: Verso, 1991).

James G. Kellas, *The Politics of Nationalism and Ethnicity*(N.Y.: St. Martin's Press, 1991).

Hugh Trevor－Roper, "The Invention of Tradition: The Highland tradition of Scotland", in Eric Hobsbawm & Terence Ranger eds., *The Invention of Tradition*(Cambridge: Cambridge University Press, 1983).

Paul Ricoeur, *Phenomenology and the Social Sciences*, ed., by J. Bier(The Hague: Martinus Nijhaf, 1978).

Ana Maria Alonso, "The Effects of Truth: Re－presentations of the Past and the Imagining of Community", *Journal of Historical Sociology*, Vol.1, No.1(March 1988).

Eric Hobsbawm, "Introduction: Inventing Tradition", in Eric Hobsbawm & Terence Range eds., *The Invention of Tradition*.

G. Eley & R. G. Sunny, "Introduction: From the Moment of Social History to the Work of Cultural Representation", in Eley &Sunny eds., *Becoming National: A Reader*(Oxford: Oxford University Press, 1996).

Victor Turner, *The Forest of Symbols*(Ithaca: Cornell University Press, 1967).

Anthony Cohen, *The Symbolic Construction of Community*(London: Routledge, 1992).

Arthur Waldron, "Representing China: The Great Wall and Cultural

Nationalism in the Twentieth Century", in Harumi Befu ed., *Cultural Nationalism in East Asia*(Berkeley: University of California Press, 1993).

Michel Foucault, "Two Lectures", in Michel Foucault, *Power/Knowledge: Selected nterviews & Other Writings, 1972−1977*, ed., by Colin Gordon(New York: Pantheon Books).

Charles Le Blanc, "A Re−examination of the Myth of Huang−ti", *Journal of Chinese Religions*, 13/14.

Walter Benjamin, *Illuminations: Essays and Reflections*, ed. by Hannah Arendt, tr. by Harry Zohn(New York: Schocken Books, 1968).

Charlotte Beahan, "Feminism and Nationalism in the Chinese Women's Press, 1902−1911", *Modern China,* Vol.1, No.4(Oct. 1975).

Prasenjit Duara, *Rescuing History from the Nation: Questioning Narratives of Modern China*(Chicago: The University of Chicago Press, 1995).

John Hutchinson, *The Dynamics of Cultural Nationalism*(London: Allen &Unwin, 1987).

Frank Dikotter, "Culture, 'race' and nation: The formation of national identity in the twentieth century China", *Journal of International Affairs,* Vol.49(Jan. 1996).

Frank Dikotter, *The Discourse of Race in Midern China*(Stanford: Stanford University Press, 1992).

Thongchai Winichakul, *Siam Mapped: A History of the Geo−Body of a Nation*(Honolulu: University of Hawaii Press, 1994).

Liah Greenfeld, *Nationalism: Five Roads to Modernity*(Cambridge Mass.: Harvard University Press, 1992).

Ivan Hannaford, *Race: the History of an Idea in the West*(Baltimore: The John Hopkins University Press, 1996).

Partha Chartterjee, *Nationalist Thought and the Colonial World: A Derivative Discourse*(Minneapolis: University of Minnesota Press, 1993, 1st edition, Zed Books, 1986).

Robert J. C. Young, *Colonial Desire: Hybridity in Theory, Culture and Race* (London and New York: Routledge, 1995).

Albert Etienne Jean－Baptise Terrien de Lacouperie, *Western Origins of the Early Chinese Civilization from 2300 B. C. to 200 A.D.*(London: Asher, 1894).

Ernest Renan, "What is a nation", in Homi Bhabha ed., *Nation and Narration*(London and New York: Routledge, 1990).

Rogers Brubaker ed., *Immigration and the Politics of Citizenship in Europe and North America*(Lanham, New York, London: University Press of America, 1989).

Anthony D. Smith, *Nations and Nationalism in a Global Era*(London: Polity, 1995).

Partha Chatterjee, *The Nation and It's Fragments: Colonial and Postcolonial Histories*(Princeton: Princeton University, 1993).

Christian Jochim, "Flowers, Fruit, and Incense Only: Elite versus Popular in Taiwan's Religion of the Yellow Emperor", *Modern China,* Vol.16, No.1(Jan. 1990).

Catherine Bell, *Ritual Theory, Ritual Practice*(Oxford: Oxford University, 1992).

坂元ひろ子, 「中國民族主義の神話」, 『思想』 849, 1995.

『鶡子』 貴道篇
『漢書』 王莽傳
『冊府元龜』
『白虎通義』
『魏書』
『北史』
『軒轅黃帝傳』
劉仕(明), 『黃帝廟除免稅糧記』
李國俊, 『梁啓超著述繫年』, 復旦大學出版社(上海), 1983.
『五千年血脈－黃帝及黃帝陵史料匯編』, 西北大學出版社・香港新世紀
　　　出版社, 1993.

王明珂,『華夏邊緣 - 歷史記憶與族群認同』, 允晨文化出版公司(臺北),
　　　1997.

錢穆,『黃帝』, 東大圖書公司(臺北), 1983.

蘇曉康, 王魯湘,『河殤』, 中國圖書刊行社(香港), 1988.

王曉明,『無法直面的人生 - 魯迅傳』, 業強出版社(臺北), 1992.

顧頡剛,『史林雜識初編』, 臺北影印本, 無出版年.

袁珂,『山海經校注』, 里仁書局影印本(臺北), 1981.

袁珂,『中國神話通論』, 巴蜀書社(成都), 1991.

丁守和 主編,『辛亥革命時期期刊介紹』第一集, 人民出版社(北京), 1982.

湯志鈞 編,『康有爲政論集』, 中華書局(北京), 1981.

湯志鈞 編,『陶成章集』, 中華書局(北京), 1986.

章炳麟,『訄書』, 古典文學出版社(上海), 1958.

兪旦初,『愛國主義與中國近代史學』, 中國社會科學出版社(北京), 1996.

橫陽翼天氏(曾鯤化),『中國歷史』, 東新譯社(上海), 1903.

亓冰峰,『淸末革命與君憲的論爭』, 中國學術著作獎助委員會(臺北), 1966.

張朋園,『梁啓超與淸季革命』, 中央研究院近代史研究所, 1964.

徐杰舜,『漢民族發展史』, 四川人民出版社(成都), 1992.

黃彰健,『戊戌變法史研究』, 中研院史語所(臺北), 1970.

黃克武,『一個被放棄的選擇: 梁啓超調適思想之研究』, 中研院近史所
　　　(臺北), 1994.

甄克思(젠크스, E. Jenks) 著, 嚴復 譯,『社會通詮』, 中華書局(北京), 1981.

蕭公權,『中國政治思想史』, 聯經出版公司(台北), 1982.

任公,「國家思想變遷異同論」,『淸議報』95冊(光緒27 年 9月 11日).

任公,「少年中國說」,『淸議報』35冊(光緒26年 正月 11日).

任公,「中國史敍論」,『淸議報』90冊(光緒27年 7月 21日).

任公,「紀年公理」,『淸議報』16冊(光緒25年 4月 21日).

任公,「論變法必自平滿漢之界始」,『淸議報』2冊(光緒24年 11月 21日).

任公,「贈別鄭秋蕃兼謝惠畫」,『淸議報』84冊.

任公,「論變法必自平滿漢之界始」,『淸議報』1冊(光緒28年 11月 11日).

梁啓超,「飮冰室詩話」,『新民叢報』57號(1904年 11月 21日).

梁啓超,「新大陸遊記」,『新民叢報臨時增刊』, 1903.

梁啓超,「光緒28年10月與夫子大人書」(丁文江 編,『梁任公年譜長編』

上冊, 世界書局(臺北), 1972).

梁啓超, 「新民說・論私德」, 『新民叢報』40/41號 合期(1903年 11月 2日).

梁啓超, 「莽英雄殺人記」, 『江蘇』 7期(光緒29年 9月 1日).

梁啓超, 「新民說・論尙武」, 『新民叢報』 28號(1903年 3月 27日).

梁啓超, 「淸議報敍例」, 『淸議報』 1冊(光緒28年 11月 11日).

梁啓超, 「宣統三年9月8日致雪公書」(丁文江 編, 『梁任公年譜長編』 上冊, 世界書局(臺北), 1972).

梁啓超, 「憲政淺說」, 『國風報』 1期(1910年 2月 20日).

梁啓超, 「中國國會制度私議」(1910), 『國風報』 19期.

梁啓超, 「新中國建設問題」(1911)

中國之新民, 「新史學」, 『新民叢報』 1號(光緒28年 正月 1日).

中國之新民, 「論中國學術思想變遷之大勢」, 『新民叢報』 58號(1904年 12月 7日).

中國之新民, 「政治學大家伯倫知理之學說」, 『新民叢報』 38/39號 合 期(光緒29年 8月 14日).

中國之新民, 「保敎非所以尊孔子論」, 『新民叢報』 2號.

哀時客(梁啓超), 「論美菲英杜戰事關係於中國」, 『淸議報』 32冊(光緒 25年 11月 11日).

突飛之少年, 「勵志歌十首之二」, 『淸議報』 89冊(光緒27年 7月 11日).

飮冰, 「雜答某報」, 『新民叢報』 86號(1906年 9月 3日).

飮冰, 「中國不亡論」, 『新民叢報』 86號(1906年 9月 3日).

飮冰, 「答某報第四號對本報之駁議」, 『新民叢報』 79號(1906年 4月 24日).

韓錦春, 李毅夫, 「漢文 ‘民族’一詞的出現及其初期使用情況」, 『民族 研究』, 1984年 2期.

彭英明, 「關於我國民族槪念歷史的初步考察」, 『民族研究』, 1985年 2期.

王明珂, 「什麼是民族: 以羌族爲例探討一個民族誌與民族史研究上的關 鍵問題」, 『中央硏究院歷史語言硏究所集刊』 65卷 4本, 1994.

馮天瑜, 「民族先祖・文化英雄 – 炎黃歷史地位芻議」, 『炎黃文化與現代 文明』, 武漢出版社(武漢), 1993.

魯迅, 「自題小像」, 『魯迅全集・集外集拾遺・附錄』, 人民文學出版社 (北京), 1989.

楊寬, 「中國上古史導論」, 『古史辨』 7冊(1940, 臺北影印本, 無出版年).

杜正勝, 「關於先周歷史的新認識」, 『臺大歷史學系學報』 16期, 1991.

石星, 「萬曆元年御製祝文碑跋」

張豈之, 「關於黃帝與黃帝陵的若干問題」, 『五千年血脈－黃帝及黃帝陵 史料匯編』, 西北大學出版社・香港新世紀出版社, 1993.

王爾敏, 「『中國』名稱溯源及其近代詮釋」, 『中國近代思想史論』, 自印 本(臺北), 1977.

黃節, 「黃史・種族書第一」, 『國粹學報』 1年 1號(光緒31年 正月 20日).

黃節, 「黃史・立國第三」, 『國粹學報』 1年 1號(光緒31年 正月 20日).

觀雲, 「中國人種考」, 『新民叢報』 60號(1905年 1月 6日).

觀雲, 「華年閣雜談・幾多古人之復活」, 『新民叢報』 37號(光緒29年).

觀雲, 「中國興亡一問題」, 『新民叢報』 31號(1903年 5月 10日).

觀雲, 「中國上古舊民族之史影」, 『新民叢報』 31號(1903年 5月 10日).

觀雲, 「讀歷史上中國民族之觀察系論」, 『新民叢報』 73號(1906年 1月 25日).

康有爲, 「海外亞美歐非澳五洲二百埠中華憲政會僑民公上請願書」(1907) (湯志鈞 編, 『康有爲政論集』, 中華書局(北京), 1981).

康有爲, 「贈友人・丁酉秋月」, 『淸議報』 31冊(光緒25年 9月 21日).

康有爲, 「大同書」(節錄)(湯志鈞 編, 『康有爲政論集』, 中華書局(北京), 1981).

康有爲, 「請尊孔聖爲國敎, 立敎部敎會, 以孔子紀年而廢淫祠摺」(湯志 鈞 編, 『康有爲政論集』, 中華書局(北京), 1981).

康有爲, 「與同學諸子梁啓超等論印度亡國由於各省自立書」(1902)(湯志 鈞 編, 『康有爲政論集』, 中華書局(北京), 1981).

康有爲, 「答南北美洲諸華商論中國只可行立憲不可行革命書」(1902)(湯 志鈞 編, 『康有爲政論集』, 中華書局(北京), 1981).

康有爲, 「南海先生辨革命書」.

康有爲, 「請君民合治・滿漢不分摺」(1898年 8月)(湯志鈞 編, 『康有爲 政論集』, 中華書局(北京), 1981).

章太炎, 「中華民國解」, 『民報』 15期(1907年 7月 5日).

章太炎, 「獄中答新聞報」, 『章太炎政論選集』 上冊.

章太炎, 「王夫之從祀與楊度參機要」(1908年 7月 10日), 『章太炎政論選集』上冊.

章太炎, 「亞洲和親會約章」(『陶成章集』下編).

章太炎, 「客帝論」, 『淸議報』15冊(光緒25年 4月 11日).

章炳麟, 「論學會有大益於黃人亟宜保護」(1897年 3月 3日).

章炳麟, 「駁康有爲書」(1903), 『黃帝魂』.

陳黻宸, 「獨史」(1902)(陳德溥 編, 『陳黻宸集』, 中華書局(北京), 1995).

陳黻宸, 「私史」, 『天南日報』, 『新民叢報』19號(1902年 10月 31日).

劉成禺, 「史學廣義內篇」, 『湖北學生界』1期(光緒29年 正月 1日).

公明(宋教仁), 「漢族侵略史」, 『二十世紀之支那』1期(光緒31年 5月 1日).

宋教仁, 「時評·南洋華人求入日本籍」, 『民報』2期(1905年 11月 26日).

宋教仁, 「我之歷史」, 1905年 1月 15日條, 『宋教仁集』下冊.

匪石, 「中國愛國者鄭成功傳」, 『浙江潮』2～9期(光緒29年 2月 20日
　　　～9月 20日).

亞廬(柳亞子), 「鄭成功傳」, 『黃帝魂』.

亞廬(柳亞子), 「中國立憲問題」, 『江蘇』6期(光緒29年 8月 1日).

鄭亦鄒, 「鄭成功傳」, 『鄭成功傳』, 臺灣銀行經濟研究室 編(臺北), 1960.

羅福才筆記, 「康南海在烏威士晩士吖埠演說」, 『淸議報』17冊(光緒25
　　　年 5月 1日).

皮錫瑞, 　「皮鹿門學長南學會第六次講義·論保種保教均先必開民智」,
　　　『湘報類纂』(光緒28年刊本, 大通書局影印本(臺北), 1969).

劉師培, 「中國民族誌」, 『劉申叔先生遺書』, 華世出版社影印本(臺北),
　　　1975.

劉師培, 「評論之評論·白澳洲之反對論」, 『新民叢報』34號(1903年 6月).

劉師培, 「倫理教科書」, 『劉申叔先生遺書』4冊.

劉師培, 「古政原始論」, 『遺書』2冊.

劉師培, 「中國歷史教科書」, 『遺書』4冊.

劉師培, 「攘書·苗黎篇」, 『遺書』2冊.

劉師培, 『攘書·胡史篇』, 『遺書』2冊.

無畏(劉師培), 「黃帝紀年論」(1903)(『國民日日報彙編』1集).

余一(蔣方震), 「民族主義論」, 『浙江潮』1期(光緒29年 1月 20日).

蔣方震, 「國家學上之支那民族觀」, 『遊學譯編』11冊(光緒29年 8月 15日).

霖蒼, 「鐵血主義之敎育」, 『浙江潮』10期(光緒29年 10月 20日).

白話道人(林獬),「國民意見書」,『中國白話報』20期(1904年 2～8月).

齊思和 譯,「民族與種族」,『禹貢半月刊』7卷 1·2·3合集, 1937.

效魯,「中國民族之過去與未來」,『江蘇』3期(光緒29年 閏5月 1日).

精衛,「民族的國民」,『民報』1期.

獨應(周作人),「論文章之意義暨其使命因及中國近時論文之失」,『河南』
　　4期.

孫中山,『孫中山選集·三民主義·民族主義』, 人民出版社(北京), 1956.

陳天華,「猛回頭·黃帝肖像後題」(1904).

申叔,「論留學生之非叛逆」,『蘇報』(光緒29年 5月 27日).

鄒容,「革命軍」,『蘇報案紀事』.

陶成章,『中國民族權力消長史』(湯志鈞 編,『陶成章集』, 中華書局(北
　　京), 1986).

太原公子,「山西宣告討滿洲檄」,『民報』21期(1908年 6月 10日).

「攘異篇」,『民心』2期, 1911(『辛亥革命前十年間時論選集』3卷).

黃克武,「民國初年孔教問題之爭議(1913～1917)」,『國立臺灣師範大學
　　歷史學報』12期.

夏良才, 王學莊, 呂景琳의「評孔教會」,『歷史研究』, 1975年 5期.

村田雄二郎,「康有爲與孔子紀年」(王守常 編,『學人』2輯, 江蘇文藝
　　出版社, 1992).

唐才常,「師統說」(1898)(湖南省哲學社會科學研究所 編,『唐才常集』
　　中華書局, 1980).

唐才常,「辨惑(上)」(湖南省哲學社會科學研究所 編,『唐才常集』中華
　　書局, 1980).

蘇輿,「翼教叢編序」(蘇輿 編,『翼教叢編』(光緒24年原刊本), 卷前).

荊駝,「中國民族主義大豪傑冉閔傳」,『江蘇』11/12期合刊本(光緒30年
　　4月 1日).

楊度,「胡茂如『中國今世最宜之政體論』識語」,『中國新報』3期(1907
　　年 3月 20日).

金鐵主義者(楊度),「金鐵主義說」,『中國新報』5期(1907年 5月 20日).

「大國民孔子之國民主義」,『湖北學生界』5期(光緒29年 5月).

鐵錚,「中國已亡之鐵案說」,『鵑聲』第1號, 1906(丁守和 主編,『辛亥
　　革命時期期刊介紹』1集, 人民出版社(北京), 1982).

盛伯羲, 「宗室伯羲先生題廉孝廉萬柳堂圖遺稿」, 『大同報』 2期(光緒
　　　33年 6月 27日).
裕端, 「大同義解」, 『大同報』 2號(光緒33年 6月 17日).
「瀛海縱談・戰爭者文明之母也」, 『淸議報』 66冊(光緒26年 10月 21日).
黃公度, 「小學校學生相和歌」, 「飮冰室詩話」, 『新民叢報』 40/41號合期.
黃公度, 「錫蘭島臥佛」(「飮冰室詩話」, 『新民叢報』 9號(光緒28年 5月
　　　1日)).
黃公度, 「旋軍歌」(「飮冰室詩話」, 『新民叢報』 26號(1903年 2月 26日)).
「尊我篇」, 『湖北學生界』 4期(光緒29年 4月).
「黃種之將興」, 『東方』 1年 1期(光緒30年 正月 25日).
劉光漢, 「古代以黃色爲重」, 『國粹學報』 1年 5號(光緒31年 5月 20日).
葉恩, 「上振貝子書」, 『新民叢報』 15號(光緒28年 8月 1日).
「舉人董芳三條陳爲關排滿說並陳和種三策以弭離間呈」(光緒33年 7月
　　　18日), 軍機處原檔, 故宮博院物明淸檔案部 編, 『淸末籌備立憲
　　　檔案史料』 下冊, 中華書局(北), 1979.
嚴復, 「讀新譯甄克思『社會通詮』」, 『大公報』, 光緒30年 3月 5～8日
　　　(王栻 主編, 『嚴復集』, 中華書局(北京), 1986).
嚴復, 「政治講義」, 『嚴復集』, 中華書局(北京), 1986.
漢民, 「述侯官嚴氏最近政見」, 『民報』 2期(1906年 1月 22日).
張佛泉, 「梁啓超國家觀念之形成」, 『政治學報』 1期, 中國政治學會(臺
　　　北), 1971.
興之, 「論中國現在之黨派及將來之政黨」, 『新民叢報』 92號(1906年
　　　11月 30日).
楊度, 「中國新報敍」, 『中國新報』 1號(1907年 1月 20日).
立齋(張君勱), 「穆勒約翰議院政治論」, 『新民叢報』 90號(1906年 11月
　　　1日).
烏澤聲, 「大同報序」, 『大同報』 1號(光緒33年 5月 15日).
烏澤聲, 「滿漢問題」, 『大同報』 1號(光緒33年 5月 15日).
烏澤聲, 「論開國會之利」, 『大同報』 4號(光緒33年 10月 5日).
隆福, 「現政府與革命黨之比較」, 『大同報』 5號(光緒33年 11月 28日).
章士釗, 「章太炎『客民篇』附論」, 『蘇報』(光緒29年 5月 8日).
章士釗, 「出使德國考察憲政大臣于式枚奏立憲不可躁進不必預定年限

摺」(光緖33年 10月 24日).

蔡元培, 「釋仇滿」, 『蘇報案紀事』.

楊篤生, 『新湖南』(1903)(『辛亥革命前十年間時論選集』 下冊, 卷1).

張鍾端, 「對於要求開設國會者之感喟」, 『河南』 4期(1908年 5月).

蔣智由, 「變法後中國立國之大政策論」, 『政論』 1期(1907年 10月).

「民選議院請願書」, 『大同報』 4號(光緖33年 10月 5日).

穆都哩, 「蒙回藏與國會問題」, 『大同報』 5號(光緖33年 11月 28日).

「1957年陝西省人民委員會祭黃帝文」, 『五千年血脈 − 黃帝及黃帝陵史
    料匯編』, 西北大學出版社・香港新世紀出版社, 1993.

「1986年陝西省各界祭黃帝文」, 『五千年血脈 − 黃帝及黃帝陵史料匯編』,
    西北大學出版社・香港新世紀出版社, 1993.

雁翼, 「黃帝陵」, 原刊 『陝西日報』, 1992年 8月 17日.

▌'염황자손(炎黃子孫)'과 관련된 근대 '네이션' 관념 구축의 고대적 기반

― 황제(黃帝)와의 연줄 만들기[攀附]에 대해

왕밍커 (王明珂, Wang Ming－ke)

'염황자손(炎黃子孫)'과 관련된 근대 '네이션' 관념 구축의 고대적 기반

– 황제(黃帝)와의 연줄 만들기[攀附]에 대해

On Mimicry: the Ancient Foundations of the Modern Nation-Building in China Through the Identity of "the Offspring of Yellow/Yan Emperors"
(王明珂, 「論攀附: 近代炎黃子孫國族建構的古代基礎」 『歷史語言研究所集刊』 第73本, 第3分, 臺灣中央研究院歷史語言研究所, 2002)

■ 저자 약력

왕밍커(王明珂, Wang Ming-ke)
1952年 臺灣 出生,
1981~1983: 臺灣 師範大學 역사학과 석사학위 취득,
1987~1992: 미국 하버드대학에서 History & Anthropology 박사학위를 취득, 현재 臺灣 中央研究院 歷史語言研究所에 재직.

■ 대표 논저

– 『華夏邊緣』, 台北: 允晨文化, 1997, 北京: 社科文獻, 2006, 서울: 동북아역사재단, 2008,
– 「根基歷史－羌族的弟兄故事」, 『時間, 歷史與記憶』, 黃應貴主編, 台北: 中央研究院民族學研究所, 1999,
– 「歷史事實, 歷史記憶與歷史心性」, 『歷史研究』 5, 2001,
– 『羌在漢藏之間』, 台北: 聯經, 2003, 北京: 中華書局, 2008,
– 『英雄祖先與弟兄民族』, 台北: 允晨文化, 2006, 北京: 中華書局, 2009,
– 『游牧者的抉擇』, 台北: 聯經, 2009, 北京: 廣西師大, 2009.

‘염황자손(炎黃子孫)’과 관련된 근대 ‘네이션’ 관념 구축의 고대적 기반

― 황제(黃帝)와의 연줄 만들기[攀附]에 대해

왕밍커 (王明珂, Wang Ming－ke)

Ⅰ. 머리말

황제(黃帝)나, 염제(炎帝) 및 그와 관련된 고대 ‘민족집단(民族集團)’에 대한 연구는 20세기 상반기 중국 상고사(上古史) 학계의 중요한 과제였다. 당시 새로운 역사학(歷史學), 민족학(民族學) 이론의 수용과 함께, 황제는 북방 혹은 서방에서 이주해 온 민족집단의 지도자로 인식되고 있었고, 염제는 그들 중 황제와 세력다툼을 전개한 또 다른 한 명의 수령(首領)으로 인식되고 있었다. 민족학적인 토템설(圖騰說) 역시 이러한 상고시대의 ‘역사적 사실’을 입증하는 논거로 이용되었다. 예를 들어 황제를 비롯한 ‘용(龍)’을 토템으로 한 고대 부족은 동방의 봉황(鳳凰)이나 조류를 토템으로 한 태호(太皞) 등 부족과 상대적인 존재로 언급되곤 했다.[1] 또 은허(殷

墟)의 발굴과 고대문자 판독 분야의 괄목할 만한 연구 성과는 이후의 중국 상고사연구에 '과학적 역사학'이라는 새로운 방향을 제시했으며, 중국 사학계의 주류를 형성하게 되었다. 그 이후로 중국 사학계 관심의 초점은 하(夏) 이전 시기로 소급되는 경우가 지극히 드물어졌다. 따라서 '황제' 역시 일부 비학원(非學院)적인 재야사학자들만이 관심을 보였을 뿐,[2] 대부분 학자들은 실체가 묘연한 것이라 하여 별반 언급하지 않았다. '황제'는 대부분 '신화(神話) 속 인물'로 인식되고 있는데, 마치 고힐강(顧頡剛)의 주장처럼 대를 이어 전해져 내려온 신화의 일부분에 불과하다는 것이다. '신화'는 '진실한 과거'를 강조하는 역사학과 비교해 봤을 때, 허구성(虛構性)과 상상력(想像力)에 의해 창조된 것으로 이해된다. 따라서 '사실(史實)' 추구를 목적으로 하는 사학자들은 당연히 이를 일말의 가치가 없는 것으로 취급해 버리는 경우가 많다.

하지만 예외적으로 근대사 전공자인 선숭챠우(沈松僑) 선생이 근

---

1) 徐旭生, 『中國古史的傳說時代』(1944), 北京: 科學出版社, 1962,
蒙文通, 『古史甄微』, 台北: 台灣商務印書館, 1933,
孫作雲, 「中國古代鳥氏族諸酋長考」, 『中國學報』 3.3, 1945,
黃石林, 石興邦, 「龍與中華民族」, 『黃帝與中國傳統文化學術討論會文集』, 西安: 陝西人民出版社, 2001, 94~102쪽.

2) 최근 20여 년 동안, 중국은 점차 세계 정치·경제의 중심부로 급부상하게 되었다고는 하나, 人權, 商業競爭 및 臺灣, 티베트독립 등 문제로 인해 서방의 정부, 언론과 학계의 비판을 받아 왔다. 이러한 상황은 중국의 민족주의에 커다란 파장을 불러일으켰다. 중국에서 민족주의가 새롭게 부각되고 있음을 단적으로 보여주고 있는 예는 1980년대부터 시작된 黃帝 혹은 炎帝와 관련된 사학계의 연구 열기와 황제릉 혹은 염제릉에 대한 범국민적 참배활동 풍조라 할 수 있다. 인류 에스닉 집단(族群, ethnic group) 현상 연구자들은 일반적으로 한 그룹은 그 구성원들의 公同起源信念(common belief of origins)에 의해 형성된 것으로 보고 있다. 황제 혹은 염제는 중국인 혹은 漢人의 공동의 조상으로 보편적으로 인식되고 있다. 또한 황제는 중국 문명의 發明者이자 創始者로 추앙되기도 한다. 따라서 炎黃에 대한 尊崇 열기 및 그와 관련된 기념의례는 일종의 사회집단적 추억활동(collective remembering)으로 볼 수 있다. 즉 이러한 행위는 결국 공동의 '起源'을 기반으로 사회 구성원들의 결속과 中華民族에 대한 公認을 강화하기 위한 것이다. 그럼에도 일부 소수 사람들을 제외하고는 '황제'라는 주제는 여전히 역사학 분야 전문 학자들의 관심 밖으로 남아 있다.

자에 황제와 관련된 논문 한 편을 발표한 바 있다. 이 연구의 논지는 고대민족집단에 관한 20세기 초 역사학자들의 관점에 비교했을 때 완전히 색다르다고 할 수 있다. 혈연주의(血緣主義)를 취하고 있든, 아니면 문화주의(文化主義)를 취하고 있든 막론하고, 근대 이래로 중국 역사학자들은 모두 황제를 공동의 기원으로 한 중국역사의 연속성을 강조해 왔다. 또한 이 하나의 '기원'으로부터 현재의 혈연 및 문화상의 '중국인' 혹은 '중화민족'이 형성되었다는 것이다.3) 하지만 선숭챠우의 글에서는 오히려 '역사'의 단절, 재창조와 상상에 대해 강조하고 있다. '황제'는 과거에는 일종의 '황통(皇統)'을 강조하기 위한 기호(symbol)로 작용했으나, 근대민족주의(nationalism)의 사조의 유입과 함께 중국 지식인 집단에 의해 중국인 공동의 조상으로 새롭게 구성되었다는 것이다. 그는 방대한 양의 청말(清末)·민국 초(民國 初) 시기 사료를 인용하여 근대 서양의 민족주의 관념의 충격으로 인해 혁명파(革命派)와 입헌파(立憲派) 인물을 포함한 많은 한족(소수의 滿洲族) 지식인들은 황제를 모든 중국인의 공동의 조상으로 '상상(想像)'해 냈음을 설명하였다.4) 이 연구에서 피력했듯이, 근대의 많은 학술활동은 사실상 '민족주의'를 기반으로 한 집단적 '과거에 대한 기억[回憶]'이었던 것이다. 이러한 집단적 과거에 대한 기억과 함께 민족의 '시조'와 여

---

3) 새로운 '文化主義'에서는 '考古學文化'를 통해 중국문화와 민족의 기원에 대한 역추적을 시도하고 있다. 이러한 연구경향의 영향으로 인해, 중국의 많은 고고학자들은 華北 지역의 일부 新石器文化 유적들을 黃帝族 혹은 그 시대의 고고문화 유적으로 간주하고 있다(楊亞長, 「炎帝, 黃帝傳說的初步分析與考古學觀察」, 『黃帝與中國傳統文化學術討論會文集』, 西安: 陝西人民出版社, 2001, 85~93쪽 참조).

4) 沈松僑, 「我以我血薦軒轅: 黃帝神話與晚清的國族建構」, 『台灣社會研究季刊』 28, 1997, 1~77쪽.

타 수많은 '민족영웅'이 선택 및 부각되었으며, 네이션 관념 구축과 공동체 구성원들의 동질성(identity) 인정[認同]을 이끌어 내는 계기로 작용했다는 것이다.

현대 서양 담론의 흐름에 대해 어느 정도 이해하고 있는 사람이라면 선숭챠우의 논조가 그리 낯설게 느껴지지 않을 것이다. 사회학(社會學)과 인류학(人類學) 분야의 기억(記憶)과 동질성 인정에 관한 연구는 서양의 역사학자들 사이에서 근대민족 관념 속에 존재하는 동질성 인정 및 그와 관련된 문화구조에 대한 논쟁을 불러일으킨 바 있다. 많은 학자들에 따르면, 현대인들이 오랜 역사를 간직하고 있는 것처럼 보편적으로 인식하고 있는 '민족'의 실체는 사실상 지식인들이 민족주의를 바탕으로 창조해 낸 '상상의 공동체'에 불과하다고 한다. 또한 우리가 알고 있는 많은 '오래된, 옛' 전통문화 역시 근대의 민족 동질성 인정을 전제로 한, 문화 재구성의 결과물이라는 주장도 있다.[5] '상상의 공동체'나 '만들어진 전통'과 같은 논조의 영향으로, 현재 서양의 많은 역사학자나 인류학자들은 이 새로운 이론적 틀을 적용하여 '중화민족(中華民族)', '중국소수민족(中國少數民族)' 및 관련 '역사'나 '민족사(民族史)'의 근대적인 구성에 대한 해석을 시도하고 있다.[6] "'황제의 후손' 관념은 청말 '중국민족' 구축을 위한 중국 지식인들의 집단적 상상의

---

5) Benedict Anderson, *Imagined Communities*. Rev. edition(London: Verso, 1991), Eric Hobsbawm & Terence Ranger ed., *The Invention of Tradition*(Cambridge: Cambridge University Press, 1983).

6) Ralph A. Litzinger, "Contending Conceptions of the Yao Past", in Stevan Harrell ed. *Cultural Encounters on China's Ethnic Frontiers*(Seattle: University of Washington Press, 1995), Norma Diamond, "Defining the Miao", in *Cultural Encounters on China's Ethnic Frontiers*.

144

결과물이다.”라는 논법 역시 위의 이론의 틀을 원용해 도출해 낸 결과물이기도 하다.

어쩌면 이러한 접근법을 ‘근대 구축론(建構論)’이라고도 할 수 있을 것이다. 이러한 이론의 지지자들은 근대 민족주의와 그와 관련된 학술지식(민족학(民族學), 언어학(語言學), 체질학(體質學) 등)의 발전을 계기로, 범세계적으로 일련의 ‘민족화(民族化)’(및 그와 동반된 현대화(現代化)) 과정이 야기되었음을 주장한다. 우리가 현재 알고 있는 민족관념과 그것을 기준으로 한 민족구분 및 관련된 언어·체질·민족과 역사지식 등등은 모두 근대에 구성된 요소들이라는 것이다. 그 구축과정으로 다시 거슬러 올라가 재조명한다는 것은 어찌 보면 일종의 ‘포스트모던(post－modern)’적인 각성과 인식을 바탕으로 한 ‘근대(modern)’적인 민족관념 및 관련 지식에 대한 구조적 해체를 의미한다. 단 ‘근대 구축론(建構論)’자들은 근대에 구축된 ‘역사’와 ‘민족’에 대한 해체작업에만 관심을 가지고 있을 뿐, ‘고대적 사실(史實)’에 대해서는 전혀 무관심하거나, 혹은 ‘근대 이전의 역사’를 단순히 동질적(同質的)이고도 정체적(停滯的)인 상태의 것으로만 취급해 버리는 경우가 많다. 이러한 동질적인 ‘고대’는 결국에는 근대적인 변화를 돋보이게 하며, 또 이러한 이론적 시각으로 인해 많은 학자들은 ‘중국민족’은 근대 이전에는 결코 존재하지 않았다고 보고 있다.

이 이론은 ‘근대’를 기준으로 역사의 연속성을 단절시킨다는 태생적 한계를 지니고 있다. 역사학자 프래신짓트 두아라(Prasenjit Duara)는 이에 대해 비판한 바 있다. 그에 따르면 근대의 민족은 역사적으로 서로 다른, 상호 논쟁적인 논술이며, 또한 근대 민족국가체계와의 대화·타협의 결과물이라고 한다.[7] 사실상 '황제후손' 혹은 '염황자손'이라는 관념은 이 문제를 살펴볼 수 있는 좋은 예라고 생각한다. 앞서 언급했던 선숭챠우의 글에서도 선진(先秦) 시기부터 중국[華夏]이나 주변의 집단들이 '황제'의 이름을 차용해 '중국'이라는 에스닉 집단(族群/ethnic group)의 변경을 새롭게 규정지어 왔음을 언급하고 있다.[8] 패트리샤 에브리(Patricia Ebrey)는 '성씨(姓氏)'와 '한족의 동질성 인정[認同]' 사이의 관계에 대해 연구한 바 있다. 그는 이 연구에서 '성씨 취득[得姓]', 즉 아득한 조상까지 거슬러 올라가는 가족사에 대한 부각을 통해, 역사적으로 수많은 비(非)한족 집단이 한족으로 탈바꿈하였음을 역설하였다. 또한 당송(唐宋) 시기에 이르러, 그러한 가족사 서술에서는 항상 그 시작을 염제(炎帝)나 황제(黃帝)까지 거슬러 올라가 언급하고 있다고 한다. 따라서 그는 '황제를 조상으로 삼고자 한' 시도는 결코 일부 학자들의 주장처럼 20세기 중국 국수주의 사학자들에 의해 시작되는 것이 아니라, 그러한 상상에 의한 조상 창조는 중국에서 오랜 역사를 가지고 있는 방식이라고 주장했다.[9] 필자는 이러한 새로운 주장에 주목해 볼 필요가 있다고 생각한다. 즉 이 주장에서는 근대적인 구성도 나름대로의 '고대적 기반'을 갖고 있다는 점을 지적하였을 뿐만 아니라, 더 중요한 것은 '한족'에 관한 역사·인류학적인 연구

---

7) Prasenjit Duara, "Deconstructing the Chinese Nation", *Australian Journal of Chinese Affairs* 30(1993): pp.1 - 28.

8) 沈松僑, 「我以我血薦軒轅: 黃帝神話與晚淸的國族建構」, 『台灣社會研究季刊』 28, 1997, 53쪽.

9) Patricia Ebrey, "Surnames and Han Chinese Identity", in Melissa J. Brown ed. *Negotiating Ethnicities in China and Taiwan*(Seattle: University of Washington Press, 1996), pp.11 - 36.

- ‘성씨’와 가족의 기억을 일종의 ‘토착적(土着的) 관점’으로 간주해, 다양한 종류의 사료와 족보(族譜)를 토대로 ‘한인’의 본질(本質)을 파헤치고자 한 시도였다는 점에서 높이 평가할 만하다는 것이다.

최근 수년 동안, 필자는 줄곧 고문헌과 현대 강족(羌族)이라는 두 연구 주제에 관심을 가져왔는데, 그 핵심은 ‘역사기억(歷史記憶)’ 속의 강족·한족과 중화민족의 본질에 대한 파악 및 그와 관련된 역사적 변화에 대한 분석이라 할 수 있다. 이는 어찌 보면 ‘화하(華夏)’ 혹은 ‘중국인’에 관한 일종의 ‘변경’ 연구 분야이기도 하다. 다시 말해 ‘화하변경(華夏邊緣)’의 형성과 변천에 대한 조명을 통해, ‘화하’와 ‘중국인’의 본질을 파헤치고자 한 시도라 할 수 있다. 본고에서 필자는 중국 가족기억의 발전을 통해, ‘염황자손’이라는 집단적 상상의 역사적 변천에 대해 살펴보고자 하며, 나아가 이 글을 빌려, 앞선 연구에서 ‘변경이론’의 틀로 ‘화하’의 형성과 변천에 대해 논했던 ‘화하변경’ 설(說)에 대해 실증적(實證的)인 보완을 하고자 한다. 또한 본고는 앞에서 언급했던 선숭챠우와 패트리샤 에브리 저작의 후속작적인 성격의 글임을 미리 밝혀 두는 바이다.

본고를 다음과 같이 요약적으로 설명할 수 있다.

한대(漢代) 혹은 그 이전 시기에, ‘황제’는 확실히 제왕(帝王)이나 소수 왕실구성원들과만 연관 지어졌다. 하지만 전국시대(戰國時代)나 그 이후 시기에는 일종의 보편적인 심리와 사회적 과정 - ‘반부(攀附)’라는 행위가 더해지게 된다. 이러한 ‘혈연’에 대한 기억이나 상상을 통해 황제와의 연결고리를 만들어 낼 수 있었던 집단은 점차 두 종류의 ‘화하변경’ 범주로 확장하기 시작하는데, 즉 ‘정치·지리적 화하변경’과 ‘사회적 화하변경’이 그것이다. 마지막으로 이러한 역사기억과 역사사실을 바탕으로, 거기에 근대 서양의 민족주의적인 이념이 가미되면서, 청말(淸末) 지식인들은 황제를 모든 ‘중국인’과 혈연적으로 연결 짓기에 이른다. 다시 말해 청말의 많은 지식인들이 서양의 민족주의 관념의 영향을 받아, ‘황제’에 대한 새로운 집단적 기억을 이끌어 냈고, 거기에 새로운 의미를 부여하여 ‘중화민족’이라는 관념을 구축해 냈다는 것이다. 하지만 만약 ‘근대’로써 역사를 단절시켜 보지 않는다면, 우리는 하나의 ‘에스닉 집단(族群)의 상상’이 2천 년의 역사과정을 거쳐 현대적인 ‘염황자손’ 관념을 형성하게 되었다는 사실을 발견할 수 있을 것이다.

본고의 목적은 결코 ‘근대 중국민족의 형성’설에 반론을 제기하기 위한 것이 아니다. 오히려 필자는 ‘근대’라는 특정 시기에 민족관념의 형성과 관련된 일련의 문화적인 움직임이 있었다는 데 적극 공감한다. 다만 본고에서는 ‘염황자손’ 관념을 일례로 ‘고대’는 결코 ‘근대 구축론(建構論)’자들이 주장하는 것처럼 ‘동질적’인 것이 아니며, 이른바 말하는 ‘근대 구축’ 역시 오랫동안 지속되어 온 역사적 형성과정과 상상(想像)의 한 부분에 불과하며, 근대 ‘중화민족’의 형성 역시 기나긴 ‘에스닉 형성과정(ethnic process)’에 지나지 않음을 설명하고자 한다. 따라서 포스트모더니스트들이 역사의 단절과 새로운 구축에 주목하고 있다면, 필자는 일종의 역사적 연속성에 대해 강조해 보고자 한다. 여기서 ‘역사’란 결코 민족주의 관점에서의 역사가 아니라, 하나의 ‘화하변경(華夏邊緣)’에 대한 연구를 바탕으로 한 역사 범주를 가리킨다.

Ⅱ. 전국(戰國)~한(漢)나라 초기, 황제(黃帝)에 대한 인식

중국 문헌 속에 황제(黃帝)가 등장하기 시작한 확실한 시기는 대략 전국시대(戰國時代)로 볼 수 있다. 서주(西周) 시기 금석문에서는 자신들의 조상에 대해 문왕(文王)이나 무왕(武王)까지만 거슬러 올라가 언급하고 있다. 춘추시대(春秋時代)에 이르러서는 제(齊)나라 국기(國器) 『숙시종(叔尸鐘) 명문(銘文)』에서는 성탕(成湯)이나 우(禹) 임금에 대해서만 언급하고 있다. 그 후 전국시대에 이르러서야 齊나라 국기 『진후인자궤(陳侯因資簋) 명문』에 '고조황제(高祖黃帝)'라는 표현이 등장하기 시작한다.[10] 전국 말기에서 한(漢)나라 초기에 찬술된 선진문헌(先秦文獻)에서부터 점차 '황제'에 대한 언급이 보편적으로 등장하기 시작한다. 또한 '황제'가 가지는 다원적(多元的)인 속성 역시 이 시기의 관련 서술에서 서서히 등장 및 전개되기 시작한다. 초기에는 황제를 고대의 제왕 중의 한 명으로 기술한 경우가 많다. 즉 황제는 복희(伏犧)·공공(共工)·신농(神農)·소호(少皞) 등과 함께 거론되었을 뿐, 여러 씨족 혹은 부족 공동의 조상이라는 의미는 부여되지 않았다. 하지만 그 뒤 한나라 초기 사마천(司馬遷)의 『사기(史記)』에서 황제는 이미 신뢰할 수 있는 중국사의 시작을 개창한 첫 제왕으로, 나아가 하(夏)·상(商)·주(周) 3대 제왕의 가계(家系)와 연관된, 이들의 공동의 조상으로 기술된다. 여기서 많은 학자들이 주목해 온 황제의 여러 단면 중의 두 측면―한 가문의 시조 및 한 시대를 통치한 혹은 여러 부족을 통합

---

10) 郭沫若, 『兩周金文辭大系』 下篇, 219~220쪽.

한 제왕으로서의 성격이 여실히 드러나고 있다.[11] 어떤 이유에서 전국 말, 한나라 초기라는 시점에 황제가 여러 제왕들 중에서 선택되고 새롭게 부각되었는지에 대해서 자세히 살펴볼 필요가 있다.

우리는 전국~한나라 초기, 고문헌의 내용을 일종의 사회적 기억(社會記憶)으로 간주할 수 있으며, 또한 그 속에 기술되어 있는 텍스트의 변화 속에서 '황제'의 다양한 은유(隱喩/metaphor)적 의미와 그러한 사회적 기억에 영향을 준 당시 사회상황(social context) 및 그 변천에 대한 실마리를 발견할 수 있다. 우선 전국 말~한 초에 찬술된 수많은 문헌들에서 '황제'는 단순히 여타 고대 제왕 중의 한 명으로만 기술되어 있다. 그는 단순히 한 부족 혹은 한 세대를 통치한 제왕에 불과했다. 예를 들어 『좌전(左傳)』에 수록된 고대 제왕과 씨족(氏族)에 관한 담자(郯子)의 기술에 보면, 황제를 「황제씨이운기(黃帝氏以雲紀)」라 하여 단순히 '화기(火紀)' 염제씨(炎帝氏), '수기(水紀)' 공공씨(共工氏), '용기(龍紀)' 태호씨(太皞氏), '조기(鳥紀)' 소호씨(少皞氏)와 동등한 성격을 지닌, 상대적인 존재로 묘사하고 있다.[12] 이로 미루어 황제는 단지 수많은 부족 수령(首領) 중의 한 명에 불과했으며, 특출한 점은 없었던 것 같다. 하지만 또 다른 문헌인 『국어(國語)』에서는 황제에 대해 완전히 달리 기술하고 있다.

---

11) 예를 들어 카롤루스(Charles Le Blanc)는 先秦文獻 속에 등장하는 황제 형상에는 세 가지 의미, 즉 '系譜始祖性(genealogical ancestrality)', '모범적 帝王性(paradigmatic emperorship)', '神性'이라는 속성이 부여된다고 한다(Charles Le Blanc, "A re-examination of the Myth of Huang-ti", *Journal of Chinese Religions* 13/14(1985-86): pp.45-63).

12) 『左傳』昭17.

　　"유우씨(有虞氏, 舜)는 황제에게 체제(禘祭)를 지내고, 전욱(顓頊)에게 조
　　제(祖祭)를 지내며, 요(堯)에게 교제(郊祭)를 지내고, 순(舜)에게 종제(宗
　　祭)를 지낸다. 상(商 / 殷)나라 사람들은 순(舜)에게 체제(禘祭)를 지내고,
　　설(契)에게 조제(祖祭)를 지내며, 명(冥)에게 교제(郊祭)를 지내고, 탕(湯)
　　에게 종제(宗祭)를 지낸다. 주(周)나라 사람들은 곡(嚳)에게 체제(禘祭)를
　　지내고, 직(稷)에게 교제(郊祭)를 지내며, 문왕(文王)에게 조제(祖祭)를 지
　　내고, 무왕(武王)에게 종제(宗祭)를 지낸다."13)

즉 이 문헌에서는 황제를 우(虞)·하(夏)·상(商)·주(周) 4대 왕
실 공동의 조상으로 보았던 것이다.

일부 문헌 속에서 이러한 고대 제왕들은 하나의 선(線)적인 역사
로 나열되기도 한다. 『관자(管子)』에서 황제는 천명(天命)을 받아
봉선(封禪)을 행한 수많은 고대 제왕의 한 명으로 등장할 뿐만 아
니라,14) 다른 장(章)에서는 황제를 천하를 개화(開化)시킨 고대 제
왕의 한 명으로 서술하고 있다. 즉 황제에 앞서 복희(虙戲)·신농
(神農 혹은 燧人)이 있고, 그 후에 하(夏)·상(商)·주(周)가 있다는
것이다.15) 이러한 유형의 문헌기술 속에서 황제는 모두 아름답고
순박했던 고대와 대조시켜, 좀 더 복잡해진 당대(當代) 세계의 시
작을 대표하는 상징(象徵)으로서 묘사되었다. 예를 들어 『상군서(商
君書)』에서는 "남자가 밭을 갈고, 여자가 길쌈을 하는" 신농(神農)
시대와 대조적으로, 황제가 "군신(君臣)의 도의(道義), 부모형제의
예(禮), 부부의 배필(配匹)을 세우고, 안으로 도거(刀鉅/형벌)를 행

---

13) 『國語』 4, 魯語 "有虞氏禘黃帝而祖顓頊, 郊堯而宗舜; 夏后氏禘黃帝而祖顓頊, 郊鯀而
　　宗禹; 商人禘舜而祖契, 郊冥而宗湯; 周人禘嚳而郊稷, 祖文王而宗武王." 그 외 『禮記』
　　祭法 등 문헌에도 이와 유사한 서술이 보인다.

14) 『管子』 50, 封禪.

15) 『管子』 84, 輕重戊.

하고, 밖으로 군사(甲兵)를 일으켰다.”고 했다.16) 또한 『주역(周易)』
에서는 인류문명의 진화과정으로 묘사해, ‘황제·요·순’은 ‘후세의
성인(聖人)’의 대표적 인물로, 상고시대의 포희씨(包犧氏)와 신농씨
(神農氏)에 이어 등장하는 것으로 기술하고 있다.17) 이러한 텍스트
들에서 ‘황제’는 여러 문명의 창조자라는 의미가 은유(隱喩)적으로
내포되어 있다. 『장자(莊子)』에서 “옛날에 황제가 처음으로 인의(仁
義)로써 사람들의 마음을 얻었다.”18)고 한 것 역시, 황제가 새로운
시대를 개창한 시초라는 의미를 담고 있다. 물론 노장(老莊) 사상
에서 이는 곧 혼란과 부패한 세계의 시작을 의미하는 것이었다.

　전국시대 문헌에 등장하는 황제의 또 다른 한 형상은 전쟁과 정
벌로써 천하를 평정한 제왕의 모습이다. 예를 들어 『좌전(左傳)』에
서 점쟁이가 ‘황제가 판천(阪泉)에서 싸우는 형국’이라는 점괘를 얻
어, 이를 길한 징조라고 했다는 점을 들 수 있다.19) 또한 『장자』에
서 황제가 덕(德)을 행하지 않고, 탁록(涿鹿)의 들[野]에서 치우(蚩
尤)와 싸웠다고 했다.20) 그 외 많은 전국시대 문헌들에서 황제와 염
제(炎帝)의 전쟁에 대해 언급하고 있다. 『회남자(淮南子)』에서는
“군사[兵]의 시작은 아주 오래되었으니, 마땅히 황제가 염제와 더불
어 싸울 때, 전욱(顓頊)이 공공(共工)과 전쟁을 치를 때부터라고 할
수 있다.”고 했다.21) 그 외 『열자(列子)』에서는 “황제가 염제와 더

---

16) 『商君書』18, 畫策.
17) 『周易』, 繫辭.
18) 『莊子』4, 外篇, 在宥.
19) 『左傳』, 僖25.
20) 『莊子』9, 雜篇, 盜跖.
21) 『淮南子』15, 兵略.

불어 판천(阪泉)의 들에서 싸웠는데, 곰(熊)·이리(狼)·표범(豹)·
추(貙)·호랑이(虎)를 앞세우고, 매(鵰)·갈(鶡)·독수리(鷹)·솔개
(鳶)를 깃발로 삼았다.”고 했으며,『손자(孫子)』에서는 “무릇 이 사
군(四軍)의 월등함이 있어, 황제가 네 임금(四帝)을 이길 수 있었
다.”고 했다. 또한『갈관자(鶡冠子)』에서는 “상대(上代)의 덕이 이
미 쇠하여, 전쟁이 빈번해졌다. 황제는 100차례, 치우는 72회 전쟁
을 치렀고, 요(堯) 임금이 당(唐)을 벌했고, 우(禹) 임금이 묘(苗)를
굴복시켰다……”고 했다.[22] 그런즉 이들 문헌에서는 황제를 전쟁의
상징 내지는 정복자의 형상으로서 기술하였으며, 나아가 황제시대
를 전쟁이 시작된 시기로 보았던 것이다.

전국시대 문헌에 자주 황제와 함께 거론된 고대의 제왕은 신농
(神農), 즉 염제이다. 앞에서 문헌 속에 등장하는 황제의 여러 형상
들에 대해 언급했는데, 이는 신농이나 염제와 상대적인 것이기도
하다. 예를 들어 신농 혹은 염제는 황제 이전의 제왕이라 하여 원
시적이고 순박한 혹은 혼란과 나뉘는 시대를 상징한다. 또한 염제
는 황제에게 전패한 고대 제왕이었으므로, 그로 인해 황제는 정복
자 혹은 전쟁의 시대를 의미하기도 한다.『국어(國語)』에서는 또한
황제와 염제에 대해 특별한 관계를 설정하기도 했다.『국어』진어
(周語)에 따르면 곤(鯀)·우(禹)와 하(夏)나라 및 공공(共工)·사악
(四嶽)과 여러 강(姜)씨 성을 가진 나라들은 모두 ‘황제·염제의 후
손’이라고 한다. 또한 이 기록에 의하면, 황제와 염제의 후손들이
비록 잘못을 저지른 적도 있었지만, 합심하여 홍수를 다스리는 등
높이 평가할 만한 일도 있었다고 한다.『국어』진어(晉語)에서는

─────────────────
22)『列子』2, 黃帝篇,『孫子』9, 行軍,『鶡冠子』卷下12, 世兵.

"옛날에 소전(少典)이 유교씨(有蟜氏)를 아내로 취해, 황제와 염제를 낳았다. 황제는 희수(姬水)에서 일어났고, 염제는 강수(姜水)에 기반을 두었다. 서로 덕(德)을 달리하여 일어났으니, 고로 황제의 성씨는 '희(姬)'이고 염제의 성씨는 '강(姜)'이다."고 했다. 또한 황제와 염제가 크게 전쟁을 치를 수밖에 없었던 것은, 이들 두 인물의 성씨가 달랐으므로, 덕을 같이할 수 없었고, 덕이 다른, 즉 서로 '다른 종류(異類)'였기 때문이라고 했다. 따라서 『국어』 속의 황제와 염제 두 계열의 관계는 분립(分立)적(異姓, 異德, 異類)이면서도 협력적이고, 또한 경쟁[對抗]적인 관계로 설정되어 있다. 또한 이러한 관계 설정은 문헌기록 속에서 염제와 황제 두 사람을 '형제(兄弟)'로 기술했다는 데서 잘 드러나고 있다.

필자는 앞선 연구에서 천서(川西) 민강(岷江) 상류지역의 강족(羌族) 촌락 현지에서 전해져 내려오는 '형제고사(兄弟故事)'에 대해 살핀 바 있다. 이런 유형의 이야기는 특정 사화환경 속에서 발생하며, 또한 구조화된 서술방식을 갖고 있다. 예를 들어, 한 지역에 세 마을이 있다 할 때, 그들 조상에 관한 설화는 항상 "옛날에 세 형제가 이곳에 이르렀는데, 각각 세 마을의 조상이 되었다……"는 식으로 전개된다는 것이다. 필자는 이러한 '형제고사'는 일종의 역사적 심성을 바탕으로 한 역사서술로, 현재의 협력적이면서도 경쟁적인 여러 마을사람들의 관계가 시조들 사이의 '형제관계'로 설정되어 나타난 것이라고 보았다. 이와 상대적인 다른 한 가지 역사적 심성은 바로 '영웅적 조상'의 기원과 정복과정에 대한 역사서술을 통해 드러난다.[23]

---

23) 王明珂, 「根基歷史－羌族的弟兄故事」, 『時間, 歷史與記憶』, 黃應貴主編, 台北: 中央

의심할 나위 없이, 전국시대, 정치적으로 사회상층부에 속해 있었던 역사 기술자들은 이미 '영웅적 조상'이라는 역사적 심성을 바탕에 깔고 있었던 것이다. 이는 수많은 선진(先秦)시대 문헌에 황제·염제·소호·전욱 등 '영웅적 조상'이 등장하게 되는 원인을 잘 설명해 주고 있다. 그러므로 앞에서 살펴봤던 『국어(國語)』진어(晉語)의 저술자 역시 위와 같은 '형제고사'적인 역사심성을 갖고 있었을 것으로 판단되며, 따라서 염제와 황제를 형제로 설정하여 역사를 서술하게 되었던 것 같다. 어찌됐든 전국시대 엘리트 지식인들은 황제의 성씨를 '희(姬)'씨로 보편적으로 인식하고 있었는데, 이는 자연히 '존귀한' 주(周)나라 왕실 성씨가 곧 '희씨'였기 때문이었다. 희(姬)씨와 강(姜)씨 두 족속은 서로 친족관계이자 연맹관계였으며, 또한 적대관계이기도 했다. 강씨 성을 가진 신후(申侯)가 견융(犬戎)과 결탁하여 난(亂)을 일으켜 위수(渭水)유역에서의 서주(西周)의 기반을 무너뜨렸다는 역사기술이 좋은 예이다. 이는 전국시대 사람들 의식 속 깊이 새겨진 역사에 대한 기억(記憶)이기도 하다. 서주 시기 희씨와 강씨 사이는 친근하면서도 적대적인 관계였는데, 이는 아마도 『국어』에서 희씨인 황제와 강인 염제를 '형제'로 설정하게 된 '역사적' 배경이었을 것이다.

여하튼 선진 시기 문헌들에서 염제(혹은 신농씨)와 황제 사이의 친근 관계를 설정한 목적은 염제를 이용하여 황제의 역사적 형상을 더욱 돋보이게 하기 위해서이다. 즉 염제시대에는 세상이 혼란스럽고, 원시적이었으며, 소박했다는 성격이 강조되어, 황제시대의

______

研究院民族學研究所, 1999, 283~341쪽. 王明珂, 「歷史事實, 歷史記憶與歷史心性」, 『歷史研究』 5, 2001, 136~147쪽.

통일과 문명, 진보 및 그 역사적 성격을 부각시켰다는 것이다. 학자들은 항상 수많은 새로운 사물과 사회집단의 '창시자'로서의 황제 형상을 강조하곤 한다. 하지만 전국~한나라 초기, 염제(혹은 신농씨)와 황제를 연관시킨 담론에서 황제는 일종의 '현재'와 '과거' 사이의 '단절'을 의미하기도 한다는 점 역시 간과해서 안 될 것이다.

전국시대 말기, 오행설(五行說)의 영향을 받아, 황제는 중앙에 위치한 토덕(土德)을 지닌 제왕으로 묘사되기도 했다. 예를 들어 『회남자(淮南子)』에서는 남방의 '화(火)'의 속성을 지닌 염제 및 서방의 '금(金)'의 속성을 지닌 소호(少昊) 등과 상대적인 인물로서 황제를 중앙에 위치하고, 토(土)의 속성을 지녔으며 "승(繩)을 잡고 사방을 다스린다."고 묘사했다.[24] '사방을 다스린다.'라고 했다는 점으로 미루어 보아, 당시 '오제(五帝)' 중에서 황제가 이미 중심적인 지위에 있었음을 알 수 있다. 『장자(莊子)』에서 이르기를 "세상에 황제보다 높은 이는 없다……"[25]고 했는데, 여기서 역시 당시 황제는 여타 전설 속의 고대 제왕들보다 월등히 높은 지위에 있는 신격(神格)으로 인식되고 있었음을 알 수 있다.

여하튼 전국 말기부터 한나라 초기에 이르는 이 기간은 상고시대의 여러 제왕들의 계보를 통합하는 작업이 시도되었던 시기라고 할 수 있다. 이러한 작업 역시 일종의 역사에 대한 상상 행위였다. 또한 그 배경은 당시 사회적 환경 및 진한(秦漢) 시기 중국의 정치적 통일과 더불어 '화하(華夏)'에 대한 동질성 인정이 확실해졌다는 점과 갈라놓을 수 없다. 다시 말해 당시 여러 지역 집단들 사이

---

24) 『淮南子』 3, 天文.
25) 『莊子』 9, 雜篇, 盜跖.

의 정치 및 사회문화적 교류가 활발히 전개되면서, 황하(黃河) 중하류에서 장강(長江) 중하류에 이르기까지 '화하' 제국(諸國)들 사이에 일종의 동질감[一體感]이 형성되었다는 것이다. 상고시대 여러 제왕들의 계보를 통합한다는 것은 곧 여러 지역, 여러 족속들의 조상을 흡수하여 하나의 통일체를 형성하는 작업으로 나타났던 것이다. '세대발전설(世代演化說)'이든, '5행설(五行說)'이든, '염황형제설(炎黃兄弟說)'이든, '고대제왕 정벌설(古帝王征伐相代說)'이든 혹은 '황제 조상설(四代共祖之說)'이든을 막론하고, 모두 '과거'를 통해 당시 화하(華夏)라는 새로운 '상상의 공동체'를 재조명한 역사 서술(historical narratives)이라 할 수 있다. 따라서 어떠한 해석이든, 결국에는 황제의 특수한 위치가 부각된다. 다시 말해 '정벌설'에서 황제는 정복자의 모습으로, '오행설'에서는 중심에 위치한 제왕으로, '발전설'에서는 야만과 문명의 전환점으로 부각되었으며, '조상설'에서 황제는 네 왕조 공통의 혈연적 기점으로 되었던 것이다.

여기서 몇 가지 유념해 둘 부분이 있다. 우선 근대 중국의 민족 관념 구축과정에서 중국 지식인들은 황제를 민족의 '시조' 혹은 '전쟁의 신[戰神]' 등 은유적으로 표현했는데, 사실상, 이러한 황제에 대한 은유적 표현과 상상은 일찍이 전국시대 말에서 한나라 초기에 이르는 시기의 화하(華夏) 사회 상층에서도 나타난 바 있다. 다음으로 '황제후손' 혹은 '염황자손'이라는 은유적 표현은 근대 중국민족에 대한 상상의 결과물일 뿐만 아니라, '영웅적 조상'을 시작으로 하는 에스닉 집단의 선(線)적인 역사현상이기도 하다. 하지만 앞서 기술했듯이 이러한 '영웅적 조상'을 시작으로 하는 선적 역사는 늦어도 전국 시기 말기에서 한나라 초기에 이미 등장하기 시작했던 것이다. 마지막으로 학자들은 항상 근대민족주의 관념의 영향을 받아, 한편으로는 오래된 옛 문화와 전통 및 조상의 기원을 강조하면서, 또한 다른 한편으로 민족의 창조성 내지는 과거와의 '단절'을 강조한다는 것이다.[26] 필자는 앞선 연구에서 '강족 여성복식(羌族婦女服飾)'에 초점을 맞춰 이러한 민족주의 특성에 대해 살펴본 바 있다.[27]

전국 말~한 초의 황제에 대한 논술에서 '황제'는 한편으로 새로운 시대의 시초이자, 문명의 창조자로 등장하며, 다른 한편으로는 염제 및 염제시대와의 확연한 대립 및 단절로 나타나고 있다. 이러한 현상들은 전국 말기에서 한나라 초기라는 시점에 근대 '민족' 관념과 유사한 동질성에 대한 인정이라는 새로운 관념이 형성되지 않았을까라는 질문을 던지게 만든다. 물론 그렇다고 해도 그것은 현재의 '중국민족'과는 상당히 거리가 먼 개념이었을 것이다.

---

26) 근대적 '민족국가(nation-state)' 개념 속에서 共同의 '過去'로 엮인 민족구성원뿐만 아니라, 집단의 '進步'와 '現代化'적인 측면 역시 강조되고 있다. 프라신짓트 두아라(Prasenjit Duara)는 자신의 저서에서 민족주의 관념의 작용하에서 선(線)적 역사는 한편으로 오랜 역사적 連續性을 강조하면서, 또 다른 한편으로는 傳統과 現在 사이의 단절을 강조한다고 언급한 바 있다. 이는 곧 민족주의의 이원적(二元的) 특성이기도 하다는 것이다. 파르타 차테르지(Partha Chatterjee)는 印度의 민족주의 연구에서 위와 같은 특성이 世界(物質的, 進步的, 西方的, 男性的)와 國家(精神的, 傳統的, 本土的, 女性的)의 구분에서 잘 드러나고 있다고 한다(Partha Chatterjee, *The Nation and Its Fragments: Colonial and Postcolonial Histories*(Princeton: Princeton University Press, 1993); Prasenjit Duara, *Rescuing History from the Nation: Questioning Narratives of Modern China*(Chicago: The University of Chicago Press, 1995), pp.25-29 참조).

27) 王明珂, 「羌族婦女服飾: 一個「民族化」過程的例子」, 『中央研究院歷史語言研究所集刊』 69.4, 1998, 841~885쪽.

Ⅲ. 『사기(史記)』에 등장하는 황제(黃帝) 후손

　서한(西漢) 시기, 사마천(司馬遷)이 찬술한 『사기(史記)』에서는 황제와 관련해 전국 말기 이래의 엘리트 지식인들의 다양한 이론들을 종합해 수록하고 있다. 『사기』 오제본기(五帝本紀)에서는 황제를 소전(少典)의 아들이며, 성은 공손씨(公孫氏)이고, 이름은 헌원(軒轅)이라 했다. 그는 신농씨(神農氏) 말기에 태어나, 염제와 판천(阪泉)의 들에서 싸워 이기고, 또한 여러 제후들을 거느리고 치우(蚩尤)와 탁록(涿鹿)에서 싸워 전승함으로써 신농씨를 대신해 천자(天子)의 자리에 오르게 된다고 했다. 그 외 또 황제가 천하를 얻은 연후, "산을 뚫어 길을 트니, 일찍이 편하게 거한 적이 없었다."고 했으며, 황제의 사방 정벌과 관련해, 동쪽으로는 바다에, 서쪽으로 공동(空桐)에 이르렀으며, 남쪽으로 강(江/揚子江)에 이르렀고, 북쪽으로 훈육(葷粥)을 몰아냈다고 했다. 황제 시기 관직명은 모두 '운(雲)'으로 명명했다고 하는데, 따라서 황제를 '운사(雲師)'라 했고, 관련된 봉선(封禪)과 '영일추협(迎日推筴/역법)'을 만들었다는 등에 대해서도 언급하고 있다. 또한 황제는 "토덕(土德)의 상서로움이 있으므로 '황제'로 칭했다."고 했다. 마지막으로 황제자손의 계보에 대해 기술했는데, 현효(玄囂)와 창의(昌意)는 황제의 아들이며, 전욱(顓頊)은 황제의 손자이고, 제곡(帝嚳)은 황제의 증손자이며, 요(堯)는 제곡의 아들이고, 순(舜)은 전욱의 7세손이라고 했다.[28]

　『사기』에 수록된 황제와 관련된 내용은 사실상 앞서 살펴본 전

---

28) 『史記』 1/1, 五帝本紀.

국~한나라 초기의 문헌들 속에서 찾아볼 수 있다. 그럼에도 중요한 것은, 하나의 텍스트로서 『사기』의 내용은 사마천의 수집·취사선택과 편집을 걸쳐, 사회적 기능 수행이 가능한, 목적성을 지닌 사회기억(社會記憶)으로 재창조되었다는 점이며, 또한 모종(某種)의 사회·정치적 환경 속에서 보존되어 전해져 내려왔다는 점이다. 이러한 취사선택·제작에서 사용 및 보존에 이르는 과정에는 저자가 처해 있었던 당시 시대상황과 사회적 배경 속의 동질성 인정과 구분 및 그와 관련된 감정(感情)이 포함 및 표현되어 있다.[29] '취사선택'과 '제조'를 놓고 봤을 때, 사마천은 영웅적 성왕(聖王)을 시작점으로 하는 선(線)적 역사 기술 방식을 계승하고 있다. 즉 혼란의 시대를 종말 지은 정복자 황제 시대의 전개를 역사(時間)의 시작점으로 하여, 영웅적 행적에 대한 묘사를 통해 영웅적 조상의 통치 영역(空間)을 확인함으로써, 영웅과 혈연적 관계를 맺고 있는 후손들을 하나의 공동체(華夏)로 묶고자 했던 것이다. 또한 '이용'이라는 측면에서, 이러한 '황제'에 대한 사회적 기억이 점차 확대·강조되면서 '화하'에 대한 동질성 인정이 더욱 확고해졌던 것이다. 마지막으로 사마천이 구축해 낸 '황제' 기억은 후세의 '화하' 구성원들에 의해 끊임없이 회상[回憶]되고, 새롭게 기술 및 재구축(재조합 및 재해석)되는데, 그로 인해 '보존'될 수 있기도 했다(또한 상대적으로 기타 조상들의 기억에 대한 폐기와 기억상실을 유발하

---

29) 필자는 고고학 유물에 대한 새로운 고고학적 접근을 예로 들어, 텍스트에 대한 새로운 분석 기법을 제안한 바 있다. 즉 텍스트 분석을 위해, 그것의 취사선택, 제조에서 사용 및 보존과 폐기과정 중에 나타나는 배경과 환경(context)에 대해 살펴볼 필요가 있다는 것이다. 王明珂, 「歷史文獻的社會記憶殘餘本質與異例硏究 － 考古學的隱喩」, 『民國以來的史料與史學』, 台北: 國史館, 1998, 王明珂, 「歷史事實, 歷史記憶與歷史心性」, 『歷史硏究』 5, 2001, 139쪽.

기도 했다).

『사기』의 기타 장절(章節)의 내용에서도 '황제'에 대한 기억이 '화하'를 구분 혹은 취합하는 기능을 하고 있음을 어렵지 않게 발견할 수 있다. 예를 들어 하(夏)·상(商)·주(周) 3대(代) 제왕의 본기(本紀)에 보면, 하나라의 우(禹) 임금은 황제의 현손(玄孫)이고, 상나라 설(契)의 어머니는 제곡(帝嚳)의 둘째 부인이며, 주나라의 시조 기(棄)의 어머니는 제곡(帝嚳)의 원비(元妃)로 되어 있다. 또한 황제와 하·상·주 3대 왕실을 포함한 그 자손과 후예는 동주(東周) 시기, 화하에 속해 있었던 여러 제후국의 왕실 조상과 연결되기도 한다. 여기서 주목되는 부분은 동주 시기 화하의 정치·지리적 변경지역의 백성들은 대부분 '만이융적(蠻夷戎狄)'의 나라였음에도, 『사기』 기록에 따르면, 그 임금들 역시 황제의 후손임을 자처했다는 점이다. 예를 들어 춘추시대, 중원의 동남쪽 편벽한 지역에 위치한 오(吳)나라에 대해 『사기』에서는 다음과 같이 기술하고 있다.

"오(吳)나라 태백(太伯)과 태백의 동생 중옹(仲雍)은 모두 주 태왕(周 太王)의 아들이요, 왕 계력(季歷)의 형이다. 계력의 성품이 어질고, 또한 성명(聖明)한 아들 창(昌)을 두고 있었으므로, 태왕께서 계력과 창을 세우고자 했다. 그리하여 태백과 중옹 두 사람은 형만(荊蠻)의 땅으로 달아나, 스스로 문신단발(文身斷髮)함으로써, 나랏일에 관여하지 않을 것임을 계력에게 보였다. 계력이 과연 왕으로 등극하니, 곧 왕계(王季)이며, 창이 곧 문왕(文王)이다. 태백이 형만의 땅으로 달아나, 스스로 나라 이름을 구오(句吳)라 했다. 형만의 사람들이 태백을 의롭게 여겨, 천여 가(家)가 (그에게) 귀순해, 곧 오나라 태백이 되었다……태백이 오나라를 세운 지 다섯 세대가 지나서, 무왕(武王)이 은(殷)나라를 깨뜨렸다. 그 후손들이 두 갈래가 되었는데, 하나는 우(虞)나라이며, 중국에 있고, 다른 하나는 오(吳)나라로, 만이(蠻夷)의 땅에 있다."30)

이렇듯 춘추 말기 오나라 왕 스스로, 또한 당시의 화하에 속해 있었던 여러 제후들은 오나라를 희(姬)씨 성을 가진 나라로 인식하고 있었던 것이다. 오나라와 적대적인 관계에 있었던 월(越)나라에 대해 『사기』에서는 그 임금을 '우(禹) 임금의 후예요, 하후(夏后) 소강(少康)의 서자(庶子)'라고 했다. 그런즉 그들 역시 황제의 후손이라는 것이다.31) 서쪽지역의 융적(戎狄)으로 간주되었던 진(秦)나라에 대해서도 『사기』에서는 다음과 같이 기술했다.

"진(秦)나라의 조상은 전욱제(顓頊帝)의 후손인 여수(女脩)이다. 여수가 제비[玄鳥]가 떨어뜨린 알(卵)을 삼키고 아들 대업(大業)을 낳았다. 대업이 소전(少典)의 자식을 아내로 맞았는데, 곧 여화(女華)이다. 여화가 대비(大費)를 낳아 우(禹) 임금과 더불어 나라를 다스렸다……순(舜) 임금이 '영(嬴)'씨 성을 하사했다. 대비가 두 아들을 낳으니, 한 명은 대렴(大廉) 조속씨(鳥俗氏)이고, 다른 한 명은 약목(若木) 비씨(費氏)이다. 그 현손(玄孫)이 곧 비창(費昌)으로, 그 자손들이 혹은 중국에, 혹은 이적(夷狄)의 나라에서 살았다."32)

그런즉 진나라 역시 황제의 후손과 친연(親緣) 관계가 있으며, 황제의 후손을 보좌한 바도 있었다는 것이다. 만약 이러한 주장이 진나라 사람들 스스로가 주장한 조상 계보라면, 이러한 계보 역시

---

30) 『史記』 31/1, 吳太伯世家, "吳太伯, 太伯弟仲雍, 皆周太王之子, 而王季歷之兄也. 季歷賢, 而有聖子昌, 太王欲立季歷以及昌. 於是太伯, 仲雍二人乃奔荊蠻, 文身斷髮, 示不用, 以避季歷. 季歷果立, 是為王季, 而昌為文王. 太伯之奔荊蠻, 自號句吳. 荊蠻義之, 從而歸之千餘家, 立為吳太伯……自太伯作吳, 五世而武王克殷. 封其後為二: 其一虞, 在中國, 其一吳, 在蠻夷."

31) 『史記』 41/11, 越王句踐世家.

32) 『史記』 5/5, 秦本紀, "秦之先, 帝顓頊之苗裔孫, 曰女脩. 女脩織, 玄鳥隕卵, 女脩吞之, 生子大業. 大業取少典之子, 曰女華. 女華生大費, 與禹平水土……舜賜姓嬴氏. 大費生子二人: 一曰大廉, 實鳥俗氏; 二曰若木, 實費氏. 其玄孫曰費昌, 子孫或在中國, 或在夷狄."

일종의 선택된 기억, 즉 황제와의 혈연적 연결고리 구축인 것이다.
『사기』에서는 남방지역의 만이(蠻夷)로 간주되었던 초(楚)나라에
대해, 역시 황제후손과 연관시키고 있다.

> "초나라의 조상은 전욱제(顓頊帝) 고양씨(高陽氏)에서 나왔다. 고양씨는
> 황제의 손자이며, 창의(昌意)의 아들이다. 고양씨가 칭(稱)을 낳았고, 칭이
> 권장(卷章)을 낳았으며, 권장이 중려(重黎)를 낳았다……제곡(帝嚳)이 '축
> 융(祝融)'이란 이름을 내어 주었다……그 동생 오회(吳回)더러 중려의 뒤
> 를 잇게 해, 다시 불(火)을 장관하게 하고, '축융'이라 했다. 오회가 육종
> (陸終)을 낳고, 육종이 다시 아들 여섯을 낳았는데, 배를 가르고 출산했다.
> 그 맏아들은 곤오(昆吾)요, 둘째는 참호(參胡)이고, 셋째는 팽조(彭祖), 넷
> 째는 회인(會人), 다섯째는 조성(曹姓), 여섯째는 계련(季連)과 미성(羋姓)
> 이다. 초나라는 그 후손이다……계련이 부저(附沮)를 낳고, 부저가 혈웅
> (穴熊)을 낳았다. 그 후손에 이르러 쇠약해져, 혹자는 중국에, 혹자는 만이
> (蠻夷)의 나라에 있었으니, 그 세계(世系)에 대해 자세히 알 수 없다."[33]

북방의 위(魏)나라에 대해 『사기』에서는 그 왕실 계보를 필공(畢
公) 고(高)와 연관시켰다.

> "필공 고는 주(周)나라의 성씨와 같다. 무왕(武王)이 주(紂)를 벌하고, 고
> 를 필(畢)에 봉하였으므로 '필씨'를 성씨로 삼았다. 그 후손들이 봉작을
> 받지 못하고, 서인(庶人)으로 되었는데, 혹은 중국에, 혹은 이적(夷狄)의
> 땅에서 살았다."[34]

---

33) 『史記』 40/10, 楚世家, "楚之先祖出自帝顓頊高陽; 高陽者, 黃帝之孫, 昌意之子也.
高陽生稱, 稱生卷章, 卷章生重黎……帝嚳命曰祝融……以其弟吳回為重黎後, 復居火
正, 為祝融. 吳回生陸終. 陸終生子六人, 坼剖而產焉. 其長, 一曰昆吾, 二曰參胡, 三曰
彭祖, 四曰會人, 五曰曹姓, 六曰季連, 羋姓, 楚其後也……季連生附沮, 附沮生穴熊. 其
後中微, 或在中國, 或在蠻夷, 弗能紀其世."

34) 『史記』 44/14, 魏世家, "畢公高與周同姓. 武王之伐紂, 而高封於畢, 於是為畢姓. 其
後絕封, 為庶人, 或在中國, 或在夷狄."

　『사기』에서 수록된 수많은 '족속'의 기원에 대한 기술에는 몇 가
지 주목해야 할 부분이 있다. 첫째, 이러한 고대 족속의 기원과 관
련된 서사(敍事)적 기술방식에서 나타나는 패턴은 고유의 부족기원
전승에 단지 황제와의 연결고리를 추가했다는 점이다. 『사기』에 기
록된 오나라와 월나라 왕실의 계보는 아주 자세한데, 이는 아마도
원주민들의 조상에 대한 기억의 일부분일 것이다. 다만 이러한 기
억 속의 '기원', 즉 황제와 연관된 기술 부분은 사실상 뒷부분과 단
절 및 어긋나는 현상이 있다.[35] 또한 하(夏)나라 왕실계보가 부계
(父系) 중심으로 기술된 데 비해, 상(商)·주(周)의 조상에 대해서
는 모계(母系)를 황제와 연관 짓고 있다. 이는 상·주 두 족속의
'모계중심' 조상계보에 황제와의 혈연 기억이 추가되면서 만들어졌
기 때문이다. 이렇듯 상·주 두 나라와 하나라 왕실 사이의 각자
계보에 대한 기술 방식의 차이에서 이들 세 왕조가 공동의 조상을
가지고 있다는 설법의 허구성이 여실히 드러나고 있다.

　둘째, 예외가 없이, 거의 모든 에스닉 집단의 '기원은' 모두 '영
웅적 조상'에서 시작된다. 일부 전승되어 내려오던 '형제고사(兄弟
故事)', 예를 들어 '염제와 황제의 형제설(兄弟說)' 등은 자연스레
사마천에 의해 폐기되었다. 물론 그중 일부는 영웅조상의 '역사'에
추가되기도 했는데, 예를 들어 초세가(楚世家)에서 곤오(昆吾), 참
호(參胡), 팽조(彭祖) 등 조상은 형제로 등장하며, 진세가(秦世家)에

---

35) 예를 들어 『史記』에 수록된 못나라 왕실 계보를 보면, 확연히 구분되는 서로 다른 두 종류
　　의 世系가 존재함을 알 수 있다. 太伯부터 초기 4代 왕의 이름에는 모두 '伯', '仲', '叔',
　　'季'라는 호칭법이 붙어 있는데, 이는 周나라 사람들의 命名 방식이다. 하지만 그 뒤 이어지
　　는 15代 왕들의 이름은 周나라 호칭법과는 상관없는 형식으로 나타난다. 이는 아마도 중원
　　지역의 문화의 영향을 받기 이전, 즉 그 지역 고유의 조상에 대한 기억일 것이다.

서는 조속씨(鳥俗氏)와 비씨(費氏) 두 부족의 조상을 형제로 설정
하고 있다.

　셋째, 앞서 살펴본 오·진·초·위의 조상 계보에서 그 후손들
이 혹은 화하에, 혹은 만이·이적의 나라에 있다고 했는데, 이는
곧 '황제자손'을 빌미로, 원래는 오랑캐로 간주되었던 화하 변경지
역의 에스닉 집단을 화하 속으로 끌어안기 위한 것이었다. 이뿐만
아니라 『사기』에서 이렇게 기술함으로 인해, 이는 곧 화하와 비(非)
화하 사이의 개방된, 또한 모호한 경계를 형성하여, 후세에 수많은
비화하 족속들이 이 기억을 빌려 화하에 편입할 수 있게 되었다.
결론적으로 사마천이 전국 시기부터 한나라 초기에 이르는 대량의
문헌들을 참조해 황제와 관련된 역사를 기술했다는 점보다도 더
중요한 것은, 전국 시기부터 한대에 이르는 시기의 '화하' 관념이
결국에는 황제 관련 서술에서의 사마천의 취사선택과 재구성에 영
향을 주었고, 이끌어 갔다는 점이다. 나아가 사마천의 '황제 역사'
서술(재구성)은 사실상 '화하' 관념에 대한 진일보한 정의(定義)였
으며 재해석이었던 것이다.

　마지막으로 우리는 이러한 '화하'에 대한 동질성 인정의 본질을
정확히 파악해 볼 필요가 있다. 황제와 관련된 논술은 이러한 이해
에 중요한 단서와 방향을 제공해 주고 있다. 간단히 말하자면 우리
는 전국시대부터 한나라 초기에 이르는 시기 문헌의 저술자(사마천
을 포함해서)들을 인류학 분야의 '토착적'인 존재로 간주하여, 이들
'토착인'들이 어떤 방식으로 그들의 조상을 설정하고, 나아가 어떤
그룹을 이 공동의 조상의 후예로 설정하고 있는지에 대해 살펴보
아야 한다는 것이다.

이런 맥락에서 봤을 때, 첫째로, 황제의 혈연은 단지 하·상·주 3대 내지는 춘추전국 시기의 여러 제후국 왕실과 연관되어 있을 뿐이며, '성씨'가 곧 그러한 연결과 관련된 일종의 기호(심볼)임을 알 수 있다. 그런즉 전국시대부터 한나라 초기에 비록 '화하'에 대한 동질성 인정의 움직임이 있었다고는 하나, '모든 중국 사람을 염황자손'으로 설정하는 오늘날의 동질성 개념과는 거리가 먼 것이었다.

둘째로, 『사기』의 황제와 관련된 역사기술 및 황제를 조상으로 하는 여러 제후국들의 역사기술 중, '역사'는 단순히 '혈연'에 대한 해석일 뿐만 아니라, 그 정권과 영토 영유권의 정당성에 대해 설명해 주고 있다. 따라서 한나라 초기, 황제에 대한 기억을 바탕으로 한, '화하'에 대한 이해와 변경 설정은 사실상 '중국'이 내포한 의미와도 근사한 것이었다. 즉 이들 모두 혈연, 정권 및 영토라는 세 가지 요소가 뒤섞인 일종의 은유(隱喩/metaphor)인 것이다.

셋째로, 만약 '황제에 대한 기억'의 확대를 '화하화(華夏化)'의 문제와 연관시켜 생각해 봤을 때, 전국시대 말기부터 사마천 시기에 이르기까지, 엘리트 지식인들의 관심은 여러 제후국 왕실의 계보 내지는 '화하의 영역' 혹은 '화하의 국가'에만 있었을 뿐, 결코 '화하인'이 아니었던 것 같다. 다시 말해서 오·초·월·진 등 화하 변경에 위치한 제후국과 관련해서, 황제의 혈연은 단지 그 나라 통치자와만 연결되고 있다는 것이다. 이러한 조상에 대한 기억 속에는 정치권력과 영역에 대한 은유적인 의미가 내포되어 있어, '영역'과 '백성'에 대한 여러 제후국 통치자들의 정치적 권위를 강조 혹은 조정함으로써, 그 '땅'은 자연스레 화하의 영역으로 편입되게 되는 것이다. 이러한 영역의 '백성'들은 '혈연'이 아닌 '교화(教化)'

를 통해 점차 '만이융적(蠻夷戎狄)'에서 화하로 변화된다. 또한 춘추전국시대, 화하 중심지역의 사람들일지라도 모두 성씨를 갖고 있었던 것은 아니었다. 적어도 일종의 사회기억으로서의 문헌기록에서 이들 대다수 사람들은 아무런 목소리도 낼 수 없는 단순한 인구집단에 불과했으며, 따라서 그들과 황제의 혈연관계는 논할 거리조차 없었던 것이다.

이렇듯 황제와 관련된 기억(記憶)이 규정하고 있는 '화하' 혹은 '중국' 사람은 오늘날 '염황자손' 관념에서 말하는 '중국인(中國人)' 혹은 '중화민족(中華民族)'과는 상당히 거리가 먼 것이었다. 또한 이러한 차이는 '변경'에 대한 끊임없는 확장의 결과이기도 하다. 첫째, 정치·지리적 변경의 개념으로 봤을 때, 지금의 '염황자손'은 한대(漢代)의 '황제후손'에 비해 그 범위가 훨씬 확대되어 있다. 둘째, 화하영역 내의 사회적 변경으로 봤을 때, 지금의 '염황자손' 관념은 한대의 '황제후손' 관념에 비해 사회 하층으로 범위가 확장되어 있다.

이와 같은 두 영역에서의 '변경' 확장은 단지 근대민족주의 관념의 구축과 함께 이루어진 것이 아니라, 역사발전과 함께 진행되어온 점진적인 과정이었다. 또한 그 과정에서 '변경' 집단에 대한 동질성 인정의 변화를 이끌어 낸 중요 방식이 바로, 황제에 대한 반부(攀附)행위였던 것이다.

Ⅳ. 화하(華夏)의 정치·지리적 변경과 황제(黃帝)와의 반부 (攀附)

앞 절에서 살펴보았듯이, 『사기(史記)』 기록에 따르면 춘추시대 오(吳)·월(越)·초(楚)·진(秦)·위(魏) 등 제후국 왕실은 모두 황제와 혈연적 관계를 갖고 있다. 사실상, 오·월·초·진은 동주(東周) 시기 중원 지역의 화하(華夏) 제후국들의 인식 속에서는 오랑캐(蠻夷)에 불과했다. 위나라 역시 융(戎)·적(翟)과 관련이 있었던 것 같다.[36] 만약 이러한 조상과 관련된 기억들이 동주 시기 이들 제후국 왕실에서 스스로 내세운 족속의 기원에 대한 역사라면, 동주 시기에 이르러 이미 화하 변경에 있던 에스닉 집단들이 직접 혹은 간접적으로 황제와의 반부(攀附) 행위를 통해 화하로의 변신을 꾀하였다고 할 수 있다. 『국어』는 중원 화하지역에서 찬술된 문헌이며, 앞에서 언급한 화화 변경에 소속된 제후국 자체의 청동기 명문(銘文)이나 문헌에서는 스스로의 조상을 황제 혹은 전욱, 고양씨 등과 연관시킨 '황제후손'에 관한 기억들을 발견할 수 없다.[37] 그

---

36) 『史記』에서 魏나라의 시조 畢公高의 후손들에 대해 "혹은 중국은, 혹은 夷狄의 나라에 있다."고 기술한 것 외에, 또한 쯥公이 위나라를 이용하여 '戎, 翟과 화친'했으므로, 戎, 翟이 귀순해 왔다고 했다. 그런즉 당시 위나라와 戎, 翟이 가까운 관계를 유지하고 있었음을 알 수 있다. 西周 시기, 주나라 왕이 申侯의 족속을 이용해 西戎과 화친한 사례 역시 유사한 에스닉 집단을 이용한 정치방식이라 할 수 있다(王明珂, 『華夏邊緣: 歷史記憶與族群認同』, 台北: 允晨文化, 1977, 217~220쪽).

37) 吳, 越, 魏 등 제후국들의 國器 銘文에는 조상에 관한 언급 자료가 그리 많지 않다. 「秦公鐘」 銘文에서는 조상과 관련해, 文公, 靜公, 憲公 등에 대해서만 언급하고 있을 뿐이다. 湖南 長沙 子彈庫에서 출토된 帛書에서는 그나마 '祝融'에 대한 언급이 보이고, 包山에서 발굴된 楚나라 竹簡에서는 '老童', '祝融' 등에 관해 언급하고 있다. 하지만 이러한 고대문헌들에서는 초나라 최초의 조상에 관한 언급은 찾아볼 수 없다. 그러므로 이들 춘추전국시대 화하변경의 제후국들을 '황제후손'이라 칭하기에는 그 지역 자체의 전승을 찾아볼 수 없으므

러므로 『국어』 오어(吳語)에 오나라 왕이 화하 각국을 '형제의 나라'라고 했다거나, 주나라 천자를 '백부(伯父)'로 불렀다는 등 기록이 있다고 해서, 춘추전국시대 당시 이러한 제후국 통치자들이 스스로를 황제의 후손이라고 자칭했었다고 볼 수는 없다. 그런 의미에서 당시 중원지역의 나라들이 변경의 제후국들을 황제의 후손으로 인식한 것 역시 일종의 '반부' 행위로 간주할 수 있다. 이런 종류의 '반부'(화하 외부에 있는 조상의 후손에 대한 상상)는 또한 변경지역 에스닉 집단의 '반부'를 이끌어 내게 된다(非화하 지역에서는 하나의 화하의 조상을 상상 혹은 차용하게 된다).[38]

Ⅴ. 한·진(漢·晉) 시기, 서방(西方) 촉인(蜀人)의 황제(黃帝)와의 반부(攀附)

화하변경(華夏邊緣) 집단의 황제를 통한 반부(攀附) 행위는 한·진(漢·晉) 시기 촉인(蜀人)의 사례에서 잘 드러나고 있다. 최근 들어 학계에서 커다란 파장을 몰고 온 광한(廣漢) 삼성퇴문화(三星堆文化) 유적에서 알 수 있듯이, 중원지역의 상(殷)·주(周) 시기 혹은 그보다 이른 시기, 촉(蜀) 지역에는 고도로 발달된 문명 내지는 중원지역과 맞먹는 규모의 정치체들이 존재하고 있었던 것이다. 필

로, 석연치 않은 부분이 많다(李學勤, 「論包山簡中一楚先祖名」, 『文物』 1988. 8, 87~88쪽, 「談祝融八姓」, 『江漢論壇』 1980. 2, 74~77쪽 참조).

38) 王明珂, 「華夏邊緣: 歷史記憶與族群認同」, 279~284쪽.

자는 앞선 연구에서 삼성퇴문화와 관련해서 한 가지 중요한 요소가 소홀히 다루어지고 있음을 지적한 바 있다. 그것이 곧 한·진 시기 촉 지방의 문헌 기억들에서는 이미 자신들의 고대 문명에 대해서 망각하고 있다는 점이다.[39] 그렇다면 이어지는 문제는 어떻게 망각했는지? 왜 망각하게 되었는지라는 부분이다.

서한(西漢) 말기, 촉 지방 출신의 양웅(揚雄)이 찬술한 『촉왕본기(蜀王本紀)』에는 고대 촉 지역의 통치자에 대한 현지인들의 '망각'이 잘 드러나 있다. 이 기록에서 이르기를 "촉 지방 고대의 임금으로는 잠총(蠶叢)·백호(柏濩)·어부(魚鳧)·개명(開明) 등이 있는데, 당시 백성들은 어리석었고, 오랑캐의 상투[椎結]에다, 옷은 좌임(左袵)이었으며, 문자(文字)나 예악(禮樂)을 몰랐다. 개명에서 잠총에 이르기까지 3만 4천 년을 다스렸는데, 첫 임금이 잠총이요, 그 다음은 백호이고, 그 다음은 어부인데, 이 3대왕은 각각 수백 세를 살았다. 이들은 모두 죽지 않고 신(神)으로 화(化)했는데, 그 백성 역시 왕을 따라갔다."고 했다.[40] 이 기술에서는 "맹추 모양의 상투를 하고, 옷은 좌임이었으며, 문자나 예악을 몰랐다."고 하여 현지의 '과거'를 '야만'으로 취급해 버렸던 것이다. 또한 저자가 "개명에서 잠총에 이르기까지 3만 4천 년을 다스렸다." "이 3대왕은 각각 수백 세를 살았는데, 모두 죽지 않고 신으로 화했다."고 했는데, 이는 곧 현지의 '과거'에 대한 '신화화(神話化)'인 것이다. 마지막에 "그 백성 역시 왕을 따라갔다."고 한 것은 당대[漢代] 촉

---

39) 王明珂, 「歷史文獻的社會記憶殘餘本質與異例研究: 一個考古學的隱喻」, 『民國以來的
　　史料與史學』, 台北: 國史館, 1998, 21~23쪽, 王明珂, 「歷史事實, 歷史記憶與歷史心
　　性」, 「歷史研究」 5, 2001, 136~147쪽.

40) 『蜀王本紀』.

인과 고대 조상들의 연관성에 대한 직접적인 부정이자, 단절을 의미한다. 현지의 과거(역사)에 대한 '야만시', '신화화'와 함께, 과거 집단과의 연관성 단절은 한대의 촉 지방 사람들이 자신들의 '과거'를 망각하기 위한 한 가지 방식이었던 것이다.

과거에 대한 망각을 이끌어 낼 수 있는 보다 적극적인 방식은 바로 새로운 역사기억을 창조하는 것이다. 『사기(史記)』에서 촉의 역사에 대해 다음과 같이 서술했다.

> "촉의 선조는 인황(人皇) 때에 일어났는데, 황제(黃帝)가 아들 창의(昌意)에게 촉산씨(蜀山氏)의 딸을 주어, 제곡(帝嚳)을 낳았다. (제곡이) 등극하고 나서 그 서자(支庶)를 촉에 봉했다. 우(虞)·하(夏)·상(商) 3대에 걸쳐 이어져 오다가, 주(周)나라가 쇠해지자 잠총(蠶叢)이 먼저 왕을 칭했다."41)

이렇듯 『사기』에서는 '잠총'을 '믿을 만한' 선(線)적 역사 속으로 옮겨 기술했던 것이다. 그리고 그 역사의 시작점은 곧 황제로 설정되었다. 전국시대에서 서한 사이에 편찬된 것으로 추정되는 『세본(世本)』에 역시 비슷한 내용이 수록되어 있다.

> "촉의 조상은 인황 때에 일어났다. 성씨가 없으며, 전해져 내려오는 말에 따르면 황제의 후손이라고 한다."42)

이 기록으로 미루어, 당시 촉인들 스스로 황제후손을 자칭했었음을 알 수 있다. 촉인의 황제와의 연줄 만들기는 황제의 후손-'우(禹)'를 통해 간접적으로 진행되었다. 『촉왕본기』에서는 "우는 본래

---

41) 『史記』 13, 三代世表.
42) 『世本』 7, 姓氏 下.

문산군(汶山郡) 광유현(廣柔縣) 사람으로, 석뉴(石紐)에서 태어났다.”고 전하고 있다. 진대(晉代)의 상거(常璩)가 찬술한 『화양국지(華陽國志)』에서는 촉의 광유현에 대해 “군의 서쪽 백리에 석뉴향(石紐鄕)이 있는데, 우 임금이 태어난 곳이다.”라고 했다.[43] 이러한 내용을 기술한 양웅, 상거, 초주(譙周) 등은 모두 촉 지역 출신이다. 촉에 대한 촉인들의 감정이나 관련된 역사기억을 잘 보여주고 있는 또 다른 일례를 『삼국지(三國志)』에 수록된 진복전(秦宓傳)에서 찾아볼 수 있다. 이 기록에 따르면 진복은 촉군(蜀郡) 광한(廣漢)사람인데, 당시 광한태수 하후찬(夏侯纂)이 촉 지방을 얕잡아 보고, 진복과 여러 지방 관료들에게 촉인들이 다른 지방 사람들에 비해 개화가 덜 됐다고 비하하자, 진복이 나서서 “우 임금이 석뉴에서 났다고 하는데, 지금의 문산군이 바로 그곳입니다.”라고 당당하게 대답했다고 전하고 있다.[44] 『삼국지』에 보면 중원 사람들은 촉 지방 출신을 경멸(輕蔑)했고, 촉인 스스로는 자신들을 자랑스레 여겼다는 기술이 자주 등장한다. 이로부터 알 수 있듯이, 한대는 물론이고, 위진(魏晉) 시기에 이르러서도 촉 지방은 여전히 중화의 변경지역에 위치해 있었던 것이다. 또한 그러한 변경지역 사람들의 위기의식은 결국에는 황제나 우 임금과의 연줄 만들기[攀附] 행위를 통한 화하(華夏)와의 동질성 강조로 이어지게 되었던 것이다.

진대(晉代)의 상거가 찬술한 『화양국지』는 촉 지방의 지리와 역사에 대해 비교적 자세히 전하고 있는 현존하는 가장 이른 시기의 문헌이라 할 수 있다. 책 제목에서 ‘화양(華陽)’은 곧 ‘화하의 남쪽

---

43) 이상의 내용은 각각 『蜀王本紀』, 『蜀本紀』, 『華陽國志』 3, 蜀志에 수록되어 있음.
44) 『三國志』 38/8, 蜀書, 秦宓傳.

변경'이라는 의미를 내포하고 있다.[45] 이 문헌에서는 파촉(巴蜀)의
기원에 대해 다음과 같이 기술하고 있다.

> "황제가 아들 창의를 위해 촉산씨의 딸을 주어, 고양씨(高陽氏)를 낳으니
> 바로 제곡이다. 그 지서(支庶)를 촉에 봉하여 대를 이어 후백(侯伯)이 되
> 게 했다."[46]

이는 촉인들의 '황제 조상'에 대한 상상이며, 또한 전형적인 황
제에 대한 반부행위이기도 하다. 『화양국지』 촉지의 맨 마지막 부
분에서 저자는 촉을 기려 이르기를 "우 임금이 난 곳이요, 황제 가
문과 혼인을 맺었다."고 했는데, 그런즉 당시 촉인들의 인식 속에
서 '황제'나 '우'는 자랑스러운 역사기억으로 자리매김하고 있었던
것이다. 한 가지 흥미로운 점은 『화양국지』의 저자가 고대 '파촉
인'에 대해서는 또 다른 기술방식을 취하고 있다는 것이다.

> "『낙서(洛書)』에서 이르기를 '인황(人皇)이 지황(地皇)을 이어 처음 섰을
> 때, 아홉 형제가 9주(九州)의 땅을 나누어 다스렸다. 인황은 중주(中州)에
> 거하면서 팔보(八輔)를 다스렸다. 화양(華陽)의 땅, 양민(梁岷)의 지경은
> 그중에 속해 있는 한 지역이다. 또한 파촉(巴蜀)은 그 지역에 속해 있는
> 나라이다.'라고 했다."[47]

---

45) 『華陽國志』 書名 중의 '華陽'은 『禹貢』의 "華陽黑水惟梁州"라는 기록에서 따온 것이 확
   실하다. 또한 『화양국지』 蜀志에서 "五嶽則華山表其陽"이라 했으므로, '華陽'의 문자적
   의미는 마땅히 '華山의 남쪽(陽)'일 것이다. 하지만 촉 지역을 '화산의 남쪽'이라고 표현했다
   는 점으로도 촉과 화하의 지리적 방위에 대한 저자의 인식을 충분히 엿볼 수 있다. 저자는
   '華陽國'을 촉에 대한 總稱으로 사용하고 있으며, 黃帝의 支庶가 봉해진 곳으로 기술했는
   데, 이는 촉 지역은 곧 화하의 변경이라는 인식을 바탕으로 하고 있다. 최근 공간관념과 동질
   성 인정의 관계에 대한 연구가 많이 진행되고 있는데, Thongchai Winichakul, *Siam
   Mapped: A History of the Geo-Body of a Nation*(Honolulu: University of Hawai'i
   Press, 1994)가 대표적이라 할 수 있다.

46) 『華陽國志』 3, 蜀志.

필자는 이 기술에 대해 '역사적 심성(心性)'과 연관시켜 해석한 바 있다. 단순히 설명하자면 『화양국지』의 저자 상거가 두 가지 서로 다른 역사적 심성을 갖고 촉인의 '기원'에 대해 설명하였다는 것이다. 첫째는, '형제고사(兄弟故事)'에서와 같은 역사적 심성인데, 저자는 파촉(巴蜀), 중주(中州) 및 기타 화하(華夏)지역의 기원을 몇몇 '형제'로부터 시작된다고 보았다. 다만 인황(人皇)은 중주에 거하고, 자신의 선조는 그 변경지역인 파촉에서 살았다고 했다. 둘째는, '영웅의 역사'적인 심성으로, 저자는 촉의 고대 제왕 계보를 황제까지 거슬러 올라가, 황제의 지서(支庶)라고 했다. 이 두 가지 텍스트에서 전하고 있는 상황(context)은 모두 당시 상거와 같은 촉인들의 자아의식(自我意識) 속에서 자신을 '화하의 변경' 혹은 '중국의 변경'으로 인식하고 있었음을 말해주고 있다.[48]

또 한 가지 지적할 부분은, 황제의 후손이든, 아니면 인황의 형제가 됐든, 파촉 지역과 화하의 혈연적 연결은 단지 통치자 가문과만 맞닿아 있다는 점이다. 즉 통치자의 혈맥은 황제(혹은 인황의 형제)로부터 이어받은 것이고, 그 백성들은 오로지 '나라(國)'(空間)를 통해서만 화하화(華夏化)될 수 있었던 것이다.

---

47) 『華陽國志』 1, 巴郡, "洛書曰: 人皇始出, 繼地皇之後, 兄弟九人分理九州為九囿, 人皇居中州制八輔. 華陽之壤, 梁岷之域, 是其一囿. 囿中之國則巴蜀矣."

48) 王明珂, 「歷史事實, 歷史記憶與歷史心性」, 『歷史研究』 5, 2001, 136～147쪽.

Ⅵ. 한진(漢晉) 이후의 북방(北方) 화하변경 설정과 황제 (黃帝)와의 반부(攀附)

화북(華北) 평원의 북쪽 지역 산악을 따라 길게 뻗어 있는 장성(長城)은 역사적으로 '융적(戎狄)'과 대치해 온 경계선이기도 하다. 서한(西漢) 시기에는 남흉노(南匈奴)와 선비(鮮卑), 오환(烏桓) 등 족속이 장성 근처에 있었다. 서쪽에 있던 강족(羌族) 역시 동한(東漢) 시기에 이르러, 대거 관중(關中)지역에 침입하였고, 중원 왕조에서 이이제이(以夷制夷) 정책을 취하게 되어, 일부 강족들은 관중 지역에 정착해 살기 시작했다. 한진(漢晉) 말기에 이르러 중원왕조가 쇠퇴하면서 변방의 '오호(五胡)' 족속들이 분분히 화북 지역으로 진입하게 되었다. 이들 비(非)한족 족속들 중, 일부 상층 지배자들은 한족들과 접촉할 기회가 많아졌고, 따라서 한족의 문화와 역사를 접하게 되었다. 과거에 많은 학자들은 단지 이들 북방 이민족의 한화(漢化)나, 한족의 호화(胡化) 내지는 호와 한 사이의 문화교류에만 주목해 왔다. 또한 그 관심의 초점은 주로 복식(服飾)·언어·풍속 및 성씨 등 객관적인 문화의 변화에 맞춰졌다. 필자는 앞선 연구에서 '조상 만들기' 혹은 '잊힌 조상의 후손 찾기' 등 역사 기억과 망각에 대한 조명을 통해, 이 시기 북방 화하 변경지역 에스닉 집단의 동질성 인정에 나타난 변화를 살핀 바 있다.[49] 패트리샤 에브리(Patricia Ebrey)는 이 시기 중국 문헌에 등장하는 비한족계 족속 중, 상층 귀족들은 모두 나름대로의 '성씨'를 갖고 있었을

---

49) 王明珂, 『華夏邊緣 － 歷史記憶與族群認同』, 台北 : 允晨文化公司, 1997, 279〜284쪽.

뿐만 아니라, 염제나 황제까지 거슬러 올라가는 족보(族譜)에 대한 기억들을 갖고 있었다는 점에 주목했다. 이는 역사기억과 한인(漢人)과의 동질성 인정 사이의 관계에 대한 연구라 할 수 있다.[50] 필자 역시 그 연장선상에서 조금 더 자세히 논급해 보고자 한다.

『사기(史記)』에는 "흉노(匈奴)의 조상은 하후씨(夏后氏)의 후손으로, 순유(淳維)라고 했다."[51]는 기록이 있다. 『진서(晉書)』에서는 선비족 모용외(慕容廆)의 조상에 대해 "그 조상은 유웅씨(有熊氏)의 후손으로, 여러 세대에 걸쳐 북쪽 오랑캐의 땅에서 살면서, 자몽(紫蒙)의 들에 도읍했으므로, 동호(東胡)라 칭했다."고 전하고 있다.[52] 단순히 기록에 따르면, 이들 두 북아시아 유목민족의 조상은 모두 황제로부터 기원한 것으로 되어 있다. 하지만 이는 화하(華夏)에 의한 이들 이민족의 조상에 대한 상상(想像)인지, 아니면 흉노나 선비족 스스로의 조상에 대한 주장인지는 알 수 없다. 『진서』에서는 선비족인 모용운(慕容雲)의 조상에 대해 "조부(祖父) 화(和)는 고구려(高句驪)의 지서(支庶)로, 스스로 말하길, 고양씨(高陽氏)의 후손이므로, '고(高)'로써 성씨를 삼았다고 한다."고 전하고 있다.[53] 이로 미루어 봤을 때, '황제의 후손'은 모용씨 스스로가 자칭했던 것 같다. 혁련발발(赫連勃勃)은 흉노 우현왕(右賢王)의 후손이다. 하지만 『진서』 기록에 따르면, 그는 항상 "짐(朕)은 대우(大禹)의 후손으로, 대대로 유삭(幽朔) 지방에서 살았다."고 말했다고 한

<hr>

50) Patricia Ebrey, "Surnames and Han Chinese Identity", in Melissa J. Brown ed. *Negotiating Ethnicities in China and Taiwan*(Seattle: University of Washington Press, 1996), pp.11 - 36.

51) 『史記』 110/50, 匈奴列傳.

52) 『晉書』 108/8, 慕容廆.

53) 『晉書』 124/24, 慕容雲.

다.54) 위진 시기, 많은 강인(羌人)들이 관중지역으로 이주해 살았는데, 그들 중, 일부 지배층들은 자신들의 계보를 황제와 연관시키기도 했다. 예를 들어 안남(南安) 적정(赤亭)의 강족 요익중(姚弋仲)은 유우씨(有虞氏)의 후손이라고 전해지고 있다.55) 『수겸이군청덕송(隋鉗耳君淸德頌)』 비문(碑文)에서는 관중지역에서 세력을 떨치고 있었던 강족 겸이(鉗耳)씨의 조상에 대해 "본래는 주(周)나라 왕자 진(晉)의 후손이었는데, 서융(西戎)의 땅으로 달아나(거기서) 누대에 걸쳐 군장(君長)이 되었다."고 했다.56) 이 역시 그들 스스로가 자칭한 조상에 관한 내용이었던 것이다. 관중지역의 또 다른 유력한 강족인 거(鉅)씨 가문에서는 『원화성찬(元和姓纂)』을 근거로, 스스로 하후씨(夏后氏)의 후손임을 자처했다.57)

우 임금의 후손이든, 고양씨의 후손이든, 아니면 하후씨의 후손이든, 유우씨의 후손이든, 혹은 주나라 왕자의 후손이든, 이들 문헌에 내재되어 있는 사회 기억 속에서는 모두 황제 유우씨의 후손일 뿐이다. 이상에서 살펴보았듯이, 한진 시기, 중국 북방의 '오호(五胡)' 족속들은 황제 혹은 황제의 후손과의 연줄 만들기[攀附] 행위를 통해 자신들의 기원을 설명하고자 했던 것이다.

앞에서 살펴보았듯이, 화북 지역의 여러 비한족 지배자들이 자신들 조상의 기원을 황제와 연결시키고자 했는데, 북방 지역을 통일한 선비족의 탁발씨(拓跋氏) 역시 예외가 아니었다. 『위서(魏書)』에서는 탁발씨의 조상에 대해 다음과 같이 전하고 있다.

---

54) 『晉書』 130/30, 赫連勃勃.

55) 『晉書』 116/16, 姚仲弋.

56) 馬長壽, 『碑銘所見前秦至隋初的關中部族』, 北京: 中華書局, 1985, 82쪽.

57) 吳世鑑, 『晉書斠注』 116/16.

"옛날 황제(黃帝)에게 아들 스물다섯 명이 있어, 혹자는 화하의 여러 나라들을, 혹자는 황복(荒服)의 지역을 나누어 다스렸다. 창의(昌意)의 어린 아들이 북쪽의 땅에 봉해졌는데, 나라에 대선비산(大鮮卑山)이 있으므로 그것으로써 국호를 삼았다. 그 후 대대로 군장이 되어, 유도(幽都) 북쪽의 땅과, 넓은 사막의 들(野)을 다스렸다……황제(黃帝)가 토덕(土德)으로 임금의 자리에 올랐는데, 북방의 풍속에서 '토(土)'를 '탁(托)'이라 하고, 임금을 '발(跋)'이라 했으므로, 이로써 성씨를 삼았다. 그 후손인 시균(始均)이요(堯) 임금 때 벼슬을 지냈는데, 여발(女魃)을 약수(弱水)의 북쪽으로 쫓아 버렸다. 백성들은 그의 근면함에 의지하여 생활하므로 순(舜) 임금이 가상하게 여겨 그를 전조(田祖)로 임명하였다. 삼대(三代)와 진한(秦漢) 시기에는 훈육(獯鬻), 험윤(玁狁), 산융(山戎), 흉노(匈奴)의 족속들이 수대에 걸쳐 중주(中州)의 백성들을 괴롭혔다. 하지만 시균의 후손들은 남쪽의 중원과 교류하지 않았으므로, 전적(典籍)에 실려서 전해지지 않고 있다."58)

이는 일종의 '재창조(remake)'된 역사기억으로, '황제후손들 중, 혹자는 중국, 혹자는 만이(蠻夷)의 땅에서 살았다.'든가, '황제가 토덕으로 임금의 자리에 올랐다.'든가, 황제의 후손 '시균이 북적(北狄)의 땅에서 태어났다.'59)든가 등등 과거 역사기억의 '단편'들과 거기에 새로운 재료들이(대선비산, 탁발) 첨가되면서 만들어졌던 것이다. 또한 이렇게 창조된 역사기억은 새로운 정치적 혹은 사회적 목적으로 '사용'하기 위한 것이었다. 뿐만 아니라 훈육·험윤·산융·흉노 등 족속들의 난폭함과 중국에 대한 위협을 강조하고 있는데, 이는 곧 탁발선비와 화하(華夏)가 '변경' 혹은 이민족의식(異民族意識/the sense of otherness)을 공유하고 있음을 나타내 주는

---

58) 『魏書』 1, 序記, "昔黃帝有子二十五人, 或内列諸華, 或外分荒服. 昌意少子, 受封北土, 國有大鮮卑山, 因以為號. 其後世為君長, 統幽都之北, 廣漠之野……黃帝以土德王, 北俗謂土為托, 謂后為跋, 故以為氏. 其裔始均, 入仕堯世, 逐女魃於弱水之北, 民賴其勤, 帝舜嘉之, 命為田祖. 爰歷三代, 以及秦漢, 獯鬻, 玁狁, 山戎, 匈奴之屬, 累代殘暴, 作害中州, 而始均之裔, 不交南夏, 是以載籍無聞焉."

59) 『山海經』 16, 大荒西經.

것이기도 하다. 마지막에 "시균의 후손들은 남쪽의 중원과 교류하지 않았으므로, 전적(典籍)에 실려서 전해지지 않고 있다."고 함으로써, 기록들에 등장하는 훈육·험윤·산융·훙노의 족속은 탁발선비와는 아무 상관없음을 강조하기도 했다.

이에 반해 남조(南朝)에서 찬술된 『남제서(南齊書)』, 『송서(宋書)』에서는 탁발선비를 '황제의 자손'이 아닌 '오랑캐[虜]'로 칭하였다. 즉 『남제서』에서는 '위로(魏虜)'라 했는데, 이는 흉노의 족속임을 뜻한다. 또한 『송서』에서는 '색두로(索頭虜)'라고 하여, 흉노에 항복한 한(漢)나라 장수 이릉(李陵)의 후손이라고 전하고 있다.[60] 하지만 이들보다 조금 늦은 시기에 찬술된 『진서(晉書)』(唐 초기)에서는 북방 이민족 지배자들의 계보를 황제자손과 연결시키고 있다. 그 이유는 아마도 『진서』가 워낙 야사(野史)를 비롯한 잡다한 내용들을 많이 수록한 것으로 유명한 만큼, '이민족 스스로의 주장'을 그대로 기록했기 때문인 것 같다. 또한 이 시기에 이르러 이른바 '오호(五胡)'의 족속들은 이미 화북 한족 사회에 융합되어 있었고, 그들 중에는 조정에서 높은 관직에 오른 가문도 많았기 때문일 것이다. 당대(唐代)의 재상(宰相)들 중에서도 '화하의 변경' 출신의 '황제후손'을 어렵지 않게 발견할 수 있다. 예를 들어 『신당서(新唐書)』 宰相世系表에 따르면 '烏氏'는 "'희씨(姬氏)'에서 나왔으며, 황제의 후손이다. 소호씨(少昊氏)가 까마귀(烏鳥)로 관직명을 주니, 대를 이어 성씨로 삼았다. 제(齊)나라에 오씨의 남은 무리가 있었으나, 그 후손들은 대를 이어 북방에서 살았는데, 이름하여 '오락후(烏洛侯)'라 했다. 그 후에 장액(張掖)으로 옮겼다."고 한다.[61] 이보

---

60) 『南齊書』 57/38, 『宋書』 95/55.

다 이른 시기의 문헌에 등장하는 '오락후'는 흑룡강(黑龍江) 유역 산악지대나 초원의 유목부족이었으며, 황제와는 아무런 연관도 없었다. 또한 『신당서』에서는 무위(武威) 이씨(李氏)에 대해 원래는 안씨(安氏)였으며, 역시 희씨에서 갈라져 나온 것이라고 했다. "황제가 창의(昌意)를 낳고, 창의의 둘째 아들 안(安)이 서쪽에서 살면서 스스로 국호를 안식국(安息國)이라 했다……포옥(抱玉)에 이르러서 이씨(李氏) 성(姓)을 하사받았다."는 것이다. 당대(唐代) 안씨 가문의 『안충비(安忠碑)』에서는 안씨의 내력에 대해 "헌원황제의 후손으로, 약수(弱水)에서 살았다."고 했는데, 당시 서역(西域)에서 기원한 여러 귀족가문은 모두 '황제후손'임을 자처했던 것이다. 그 외 선비족 몰록회(沒鹿回) 부족 두령의 후손인 두씨(竇氏)가문 역시 스스로를 하후씨(夏后氏)의 후손이라고 했다.

『신당서』에서 역시 유명한 재상이었던 후군집(侯君集)의 '후씨(侯氏)'에 대해 '사씨(姒氏)' 성에서 갈라져 나온 것으로, 하후씨의 후손이라고 했다. 또 다른 일설에 따르면 희씨 성에서 기원했으며, 동주(東周) 시기에 "그 후손들이 외국으로 갔다."고 한다. 그 뒤 그들은 북위(北魏) 효무제(孝武帝)를 따라 서쪽으로 옮겼으며(534), '후복씨(侯伏氏)'와 '하토씨(賀吐氏)'라는 성씨를 하사받았다가 나중에 '후씨'로 바꿨다고 한다. 하지만 『수서(隋書)』 기록에 의하면 북위 효문제가 낙양(洛陽)으로 천도할 당시, 대부분 선비족 귀족들은 아직 중국어[華語]를 몰랐으므로, '후복씨' 후가실릉(侯可悉陵)에게 명해 『효경(孝經)』을 선비어로 번역하게 했다고 한다.[62] 이로

---

61) 『新唐書』 75上/15上, 宰相世系表.
62) 『隋書』 32/27, 經籍志.

미루어 봤을 때 북위 효문제가 낙양으로 천도할 당시(494) 이미 한화(漢化)된 '후복씨' 가문이 있었던 것 같다. 이는 또한 이들 하후씨 혹은 희씨 성씨의 후손들이 한족과 비한족의 변경에서 배회(徘徊)하고 있었음을 암시해 주기도 한다. 조금 더 합리적인 해석을 해 보자면, 이들은 선비족 귀족가문에서는 중국 경전(經典)들을 접하게 되면서부터 점차 자신들의 조상을 황제나 그 후손과 연결시킬 능력과 의사를 갖게 되었던 것이다.

본고에서는 '황제후손'에 초점을 맞춰 살펴보고자 하나, '염제(炎帝) 후손'에 대해서도 일부 언급할 필요가 있을 것 같다. 위진 시기에 완성된 『후한서(後漢書)』에서는 '서강(西羌)'에 대해 강씨(姜氏) 성을 가진 족속으로, 삼묘(三苗)의 후손이라고 했을 뿐, 염제에 관한 언급은 보이지 않는다.[63] '삼묘'가 됐든, 혹은 '강씨'가 됐든, 이는 '실패자'나 '유배된 자'라는 의미를 바탕에 깔고 있다. 그러나 앞에서 살펴봤던, 위진 시기에 스스로를 황제후손이라 자칭했던 강족(羌族) 가문에서는 자신들을 '삼묘' 혹은 '강씨'의 후손이라는 설을 인정하지 않았다. 『주서(周書)』에서는 선비족 우문씨(宇文氏)의 조상에 대해 "신농씨(神農氏)가 황제에게 멸망되자, 그 후손들이 삭(朔)의 들판으로 쫓기어 가서 살았다……대를 이어 대인(大人)이 되었다."[64]고 했다. 『주서』는 비록 당대(唐代)에 찬술된 사서라고는 하나, 이 내용을 보면, 북주 왕실에서는 스스로 염제의 후손을 자칭했던 것 같다.

거란(契丹)이 건국한 요(遼)나라 역시 선비족의 후손으로 간주되

---

63) 『後漢書』 87/77, 西羌傳.
64) 『周書』 1/1, 帝紀.

었다. 따라서 원대(元代)의 탁극탁(托克托)이 찬술한 『요사(遼史)』에서는 『주서』에서와 마찬가지로 요나라를 염제의 후손이라고 했다.[65] 하지만 『요사』에는 야율엄(耶律儼)이 주장한 '황제후손설'도 수록되어 있다. 다만 이러한 주장에 대해 『요사』의 저자는 신뢰할 수 없다고 평가하고 있다.[66] 야율엄은 거란 귀족 출신으로, 요나라 국사실록(國史實錄)을 찬술했던 만큼, 그의 주장을 일종의 '토착적 관점'으로 간주할 수 있다. 따라서 중국 문화를 수용한 일부 거란인들은 자신들의 기원에 대해 새로운 모범적인 설법, 즉 '황제후손'임을 표방했던 것이다. 야율엄은 당대(唐代)에 찬술된 『주서(周書)』를 보았을 것이고, '선비족 우문씨의 염제의 후손'설(說)에 대해서도 알고 있었을 것이므로, 그가 의도적으로 '황제'를 반부(攀附)의 대상으로 선택했다고밖에 볼 수 없다. 여하튼 『요사』에서는 거란이 염제의 후손임을 밝히면서 다음과 같이 기술하고 있다.

> "포희씨(庖犧氏) 이래로, 염제씨와 황제씨의 자손이 많아졌다. 분봉할 수 있는 왕기(王畿)의 땅은 제한적인 데 반해, 왕의 다스림은 끝이 없기에, 고로 사방의 임금은 사실상 대부분 두 제왕의 자손으로, 중토(中土)를 다스리는 자와 근본(本)을 같이한다."[67]

이 텍스트 중, 두 가지 주목해 볼 부분이 있다. 첫째, 문장에서는

---

65) 패트리샤 에브리(Patricia Ebrey)는 宋·元 시기에 이르러, 중국 史官들은 더 이상은 契丹, 女真, 蒙古의 조상을 황제나 염제와 연관시키지 않았다고 했으나, 그렇게 단정 지을 수 없는 것 같다. 예를 들어 거란인들이 황제에게 攀附했다든가, 元代의 중국과 몽골 학자들이 거란을 炎帝와 연관시켰다든가 등등, 예외의 경우도 있었다. 다만 金나라에서는 한족 학자들이 고안해 낸 황제와의 연결을 거부했던 것 같다.

66) 『遼史』 63/1, 世表.

67) 『遼史』 63/1, 世表.

'사방의 임금'이 모두 염·황에서 기원했다고 함으로써, 요나라 이외 이민족들의 중국에 대한 침범을 합리화 내지는 모호하게 만들고 있다. 이는 이 텍스트가 원대(元代) 몽골인 저술자에 의해 기술되었다는 점과 갈라놓을 수 없다. 둘째, 이로 미루어 북조(北朝)·수(隋)·당(唐)을 거치면서 황제를 통한 반부뿐만 아니라, 염제 역시 여러 이민족 지배층 가문의 연줄 만들기 대상으로 되었음을 알 수 있다.

금(金)나라를 건국한 여진(女眞) 역시 황제후손임을 자처했다는 점 또한 흥미롭다. 『금사(金史)』 기록에 따르면, 일부 관리들이 금나라의 시조는 고신씨(高辛氏), 즉 황제의 후손이므로, 반드시 황제 사당을 축조해, 제사 드려야 한다는 주장을 했다고 한다. 당시 국사(國史) 편찬을 맡았던 장행신(張行信)은 이러한 주장에 공감하지 않았던 것 같다. 즉 금나라 시조 실록(實錄)에 따르면, 여진족이 고려(高麗)에서 나왔다고 했을 뿐, 고신씨와 연관되었다는 설법은 찾아볼 수 없다. 결국에는 금나라 황제 역시 장행신의 주장을 수긍하게 되었다.[68] 원(元)이 중원으로 진출한 후에도, 몽골귀족들은 황제후손을 칭하지는 않았던 것 같다. 적어도 중국 정사 및 『몽고황금사강(蒙古黃金史綱)』, 『몽고비사(蒙古秘史)』에서는 그러한 언급을 찾아볼 수 없다. 『흠정만주원류고(欽定滿洲源流考)』에 따르면, 17세기 중국에 침입한 만주여진(滿洲女眞) 역시 자신들의 기원을 염제나 황제와 연관시키지 않았던 것 같다. 그렇다면 어떤 이유에서 중국으로 진출한 여진, 몽골, 만주인들은 염·황을 통한 반부(攀附)에 관심이 없었던 것일까? 이는 향후 주의 깊게 살펴봐야 할 과제이기도 하다.[69]

---

68) 『金史』 108/45, 張行信.

Ⅶ. 화하(華夏)의 사회적 변경과 황제(黃帝)와의 반부(攀附)

앞 절에서는 황제(黃帝)를 통한 화하(華夏)의 정치·지리적 변경과 관련된 반부(攀附)에 대해 살펴보았다. 여기서 말하는 이른바 화하의 '정치·지리적' 변경이란, 일반 관념상으로 봤을 때, 단지 한족(漢族)과 비(非)한족 사이의 경계를 말한다. 필자가 이를 '화하 에스닉 집단의 변경(華夏族群 邊緣)'으로 표현하지 않은 것은, 만약 '공동의 조상기원 신념(common belief of origins)'을 가지고 있는 공동체를 하나의 '에스닉 집단'이라고 할 때, 전국시대(戰國時代)에서 명청(明淸)에 이르기까지, 구성원 모두가 조상에 대한 기억을 '황제자손'이라는 혈연적인 부분과 연관시키지는 않았기 때문이다. 하지만 그러한 계보에 대한 기억은 집단 내에서 피라미드 모양의 확대와 연장을 가져오게 된다. 이러한 변화의 핵심은 곧 가족 - '성씨'와 족보를 소유하고 있는 에스닉 집단의 중국사회 속에서의 발전과정이기도 하다.

중국의 종족(宗族) 혹은 가족의 발전과 관련해서, 국내외 학자들

---

69) 우선 이 문제와 관련해서, 본고에서 자세한 논의를 진행할 수 없음을 아쉽게 생각한다. 이는 필자의 능력상의 한계 때문이라고 할 수 있다. 첫째, 文字記憶에 관한 문제점: 아마도 만주족이나 몽골족의 문자에 대한 기억이 그들로 하여금 한족 조상과의 연관을 거부하게 했던 것 같다. 다만 만주나 몽골문자에 대해 필자로서는 아직 심도 있는 연구 능력을 갖추고 있지 못하다. 둘째, 현재 혹은 近代 몽골이나 만주족 출신의 '변경 에스닉 집단' 중에는 한족의 조상 혹은 神을 자신들의 기원과 연관시킨 경우를 찾아볼 수 없다. 예를 들어 근대에 이르러 일부 東部 몽골부족들 사이에서 '만주족 公主가 山東지역을 장악하고 있었던 몽골인에게 시집'왔다는 설화가 유행했다든가, 내몽골 南部에서 關公(關羽)과 格薩爾(티베트 史詩에 등장하는 영웅)가 함께 등장하는 설화가 있었다든가 등등이다. 이러한 전승에 대한 연구는 근대 한족, 티베트족, 몽골족, 만주족 등과 관련된 민속 문헌에 대한 검토가 선행되어야 할 것이며, 관련 지역의 民族誌에 대한 연구가 필수이다. 하지만 필자는 아직 이러한 문제와 관련된 연구를 시도한 바 없으므로, 이에 대한 정확한 판단을 내리기 어렵다는 점을 고백하지 않을 수 없다.

사이에 수많은 논의가 진행돼 왔다. 연구자들 대부분은 이를 일종의 중국사회구조의 특징으로 보고 있다. 가족(종족)을 일종의 사회구조로 본다는 것은, 중국인은 고대로부터 줄곧 개개의 '가족'을 단위로 모여 형성된 집단임을 암시하기도 한다. 이러한 견해는 성씨와 문자로 기록된 족보기억을 가지고 있는 가족집단이 사회 전반에 걸쳐 폭넓게 분포되기까지 사실상 기나긴 발전과정을 동반하고 있다는 점을 간과한 판단이다. 은허(殷墟)의 복사(卜辭)에는 '다성(多姓)'이라는 표현이 자주 등장하는데, 학자들은 이를 상대(商代) 이성(異姓) 귀족에 대한 범칭으로 보고 있다.[70] 서주(西周) 시기의 금석문에 따르면 당시에는 여성 역시 성(姓)을 가질 수 있었는데, 혼인을 일종의 연맹의 수단으로 삼았던 귀족들로서는 당연히 성씨를 소유하고 있었던 것이다. 명문(銘文)에는 그 기물을 제작한 사람의 처(妻)·딸[女]·모(母)의 성씨도 함께 언급되어 있다. 그렇게 함으로써 기물 제작자는 본국(本國)과 자신 가족의 정치연맹관계를 대외적으로 널리 알리고자 했던 것이다.[71] 여하튼 이들 성씨를 가진 자들은 모두 귀족가문이었다. 서주 중·후기, 일부 청동기 명문에 '백성(百姓)'이라는 표현이 등장하기 시작한다. 예를 들어 『혜갑반(兮甲盤)』 명문에는 '제후백생(諸侯百生)', 『숙녀익궤(叔女弋簋)』에는 '백생붕우(百生朋友)', 『선정(善鼎)』 명문에는 '종인－여백성(宗人－與百姓)'이라는 문구가 있다.[72] 이들 '백성(百姓)'은 아마도 국내(國內) 혹은 여러 제후국의 서로 다른 성씨를 사용한 귀족들에 대

---

70) 劉桓, 「試說 '多生', '百生' 與 '婚媾'」, 『陝西歷史博物館館刊』 第2輯, 1995, 136～138쪽.
71) Ming－ke Wang, "Western Zhou Remembering and Forgetting", *Journal of East Asian Archaeology*(Leiden), Inaugural Issue vol.1, 1－4(1999): pp.231－250.
72) 『兮甲盤』(三代17.20.1), 『叔女弋簋』(三代8.39.2), 『善鼎』(三代4.36.2)

한 범칭이었던 것 같다. 춘추전국시대에 이르러서도 '성씨'는 여전히 분봉을 받은 대소 귀족 및 그 후손 내지는 지서(支庶)의 전유물이었다. 많은 선진(先秦) 시기 문헌에는 '백성'에 관한 언급이 등장하는데, 이들 중 많은 텍스트들에서는 '백성'과 그 통치자 사이의 긴밀한 관계를 보여주기도 한다.73) 심지어 통치자가 안정적으로 보위(寶位)에 있으려면 백성들이 '기꺼이 받들어 모셔'야 했다. 따라서 이 시기의 '백성'은 주나라 성방 시기(城邦時期/연맹국 시기)의 '국인(國人)'으로 지칭된 그룹과도 근접한 범주라 할 수 있는데,74) 혹은 '국인' 집단의 후손 내지는 그 연장으로 볼 수도 있다.75)

한(漢), 위진남북조(魏晉南北朝) 시기를 걸치면서, '황제자손'을 자칭한 집단이 점점 더 많아졌다. 화하(華夏) 영역 내, 여러 왕조의 제왕들과 문벌귀족들, 화하 영역에 새롭게 진입한 비(非)한족계의 여러 군왕들 및 부족장과 귀족가문들 역시 '황제자손'을 칭한 경우가 많았다. 당송(唐宋) 시기에 이르러, 과거제도의 시행으로 인해 사회계층 간 이동이 크게 늘었고, 또한 성씨를 통한 '가문의 자랑스러운 조상 만들기'가 중국사회의 중간계층 사이에서 보편화되어 있었다. 따라서 점점 더 많은 사족(士族) 가문들이 직간접적으로

---

73) 예를 들어 『史記』에서는 "百姓이 쓰임을 즐기고(나라의 일에 기꺼이 참여하고) 諸侯들은 가까이하고 복종한다(百姓樂用, 諸侯親服)."(27/87, 李斯列傳)고 함으로써 善政을 기렸고, 『國語』에서는 "옛날에 말하는 정벌이란 곧 백성을 일으켜 백성으로 만드는 것이다(昔者之伐也, 興百姓以為百姓)."(7, 晉語一)라 했고, 또한 "제후가 義로써 보듬고, 백성이 기꺼이 받들면, 나라가 안정하게 될 것이다(諸侯義而撫之, 百姓欣而奉之, 國可以固)."(8, 晉語二)고 했다. 과거에 많은 학자들은 이러한 문헌을 근거로 先秦 시기의 백성들은 그 이후 왕조 통치하의 백성들에 비해 '民主的'인 정치를 누렸다고 했는데, 이러한 논법은 사실상 선진 시기와 그 이후 시대의 '백성'의 범주, 즉 '백성'에 속한 집단의 차이를 염두에 두지 않는 판단인 것이다.

74) '國人'과 관련해서 杜正勝의 『周代城邦』(台北 : 聯經出版公司, 1979) 참조.

75) 始皇陵秦俑坑考古發掘隊, 「秦始皇陵西側趙背戶村秦刑徒墓」, 『文物』 1982年 3期, 1~11쪽, 張政烺, 「秦漢刑徒的考古資料」, 『北京大學學報』, 1958.

'황제후손'을 칭하게 되었다. 청말·민국 초(清末·民國 初)에 이르러서는 하층민을 포함한 중국사회 전반에 걸쳐 거의 모든 집단 사람들이 '황제후손'을 자처하게 된다. 가족 혹은 종족 족보(族譜)의 중요한 기능 중의 하나가 바로 한 집단에 소속된 사람들의 '기원'을 모범적인 중국역사 발전 그래프선상에 자리매김시켜 준다는 것이다. 또한 그 그래프의 시작점은 항상 황제로 설정된다. 이렇게 되어 한 가문이 직접 혹은 간접적으로 황제와 연관관계를 맺게 되는 것이다. 역사의 흐름과 함께, 득성(得姓)과 관련 계보에 대한 기억을 공유하는 가문이 점점 더 보편화되었으며, 따라서 '황제자손'으로 편입된 집단 또한 점점 늘어나게 되었고, 최종적으로는 사회의 중·하층으로까지 확대되었다.

만약 고대의 화하(華夏)를 하나의 '에스닉 집단(族群)'으로 봤을 때, 오랜 역사 시기를 걸쳐 이 에스닉 집단을 구성할 수 있었던 것은 바로, 개개 가족들에서 '성씨'를 혈연적 기호(symbol)로 하여, 중국의 선(線)적 역사서술 속에 가족의 역사를 엮어 넣음으로써 새로운 집단적 기억을 형성하였기 때문이다.[76) 중국에서는 한(漢) 이래로 '백성'이란 곧 피(被)통치 지위에 있는 민중(民衆), 즉 통치를 받고 있는 성씨로 구분되는 수많은 가족을 의미해 왔다. 여기서 한

---

76) 여기서 본고에서 사용하고 있는 '에스닉 집단(族群)'이라는 용어의 정의에 대해 부연 설명하고 넘어갈 필요가 있다. 현재 중국 역사·인류학계에서는 '族群'에 대해 일반적으로 영어의 'ethnic group'과 같은 의미로 보고 있다. 서구의 사회과학계에서 사용되고 있는 'ethnic group'은 어떤 큰 사회집단에 종속되어 있는 작은 집단이라는 의미를 가지고 있다. 美國의 華僑가 그러한 ethnic group의 좋은 예이다. 그에 반해 漢族 혹은 티베트족은 이 ethnic group의 개념범주에 속하지 않는다. 본고나, 필자의 최근 글에서 사용하고 있는 '族群'이라는 표현은 사회적으로 血緣 혹은 혈연을 빙자한 관계로써 응집된 집단을 일컫는 말이다. 이러한 용법은 家庭, 家族, 宗族, ethnic group 나아가 民族과 같은 인류 집단의 형성 현상과 社會歷史記憶 사이의 관계를 파악하는 데 도움이 될 것이다. 그러므로 본고에서 사용하고 있는 '族群'이라는 표현은 사실상 좁은 의미의 'ethnic group'과는 일치하지 않는다.

가지 주목해야 할 부분은, 그렇다면 어느 시점부터 중국 영역 내의 모든 민중들이 '성씨'를 갖게 되었을까? 혹은 언제부터 사람들이 문자로 기록된 가족 계보의 역사를 갖게 되었던 것일까라는 문제이다. 당(唐)나라 때, 어느 왕후(王后)가 신하들에게 묻기를 현재 많은 사대부들이 가문의 기원에 대해 얘기할 때, 모두들 '염(炎)·황(黃)의 후손'임을 자처하는데, 그렇다면 고대에는 백성이 없었냐는 것이다. 이에 장열(張說)은 다음과 같이 대답했다고 한다.

> "옛날에는 오랑캐(夷狄)들과 마찬가지로 성씨가 없었습니다. 태어난 곳에 따라 염제(炎帝)가 강(姜)씨를, 황제(黃帝)가 희(姬)씨를 칭하면서부터 성씨가 처음 생겨났습니다. 그 후 천자(天子)께서 덕(德) 있는 자를 세우고, 그 출생지에 따라 성씨를 하사했습니다. 황제에게 아들 스물다섯이 있었는데, 성씨를 얻은 자가 열 넷입니다. 덕(德)이 같으면 성씨 또한 같고, 덕이 다르면 성씨 또한 달리했습니다. 그 후부터 혹은 관직에 따라, 혹은 국명(國名)에 따라, 혹은 왕부(王父) 이름에서 따다가 가문의 성씨로 하사했는데, 그것이 오랫동안 이어져 내려오면서 성씨가 된 것입니다. 당(唐), 우(虞)에서 전국(戰國)시대에 이르는 동안, 성씨의 사용이 점차 많아졌습니다. 주(周)나라가 쇠하고, 열국(列國)이 곧 멸하자, 사람들은 옛 나라의 이름을 따서 성씨로 사용해, 양한(兩漢) 무렵에 이르러서는 사람들마다 모두 성씨가 있게 되었습니다."[77]

위의 기록에서는 당대(唐代)의 일개 사대부가 당시의 역사지식을 바탕으로, '성씨'가 위에서 아래로, 적은 데서 많아지는 사회 발전 과정을 통해 형성되었다는 것을 이미 알고 있었음을 잘 보여주고

---

77) 『新唐書』 125/50, 張說, "古未有姓, 若夷狄然. 自炎帝之姜, 黃帝之姬, 始因所生地而為之姓. 其後天子建德, 因生以賜姓. 黃帝二十五子, 而得姓者十四; 德同者姓同, 德異者姓殊. 其後或以官, 或以國, 或以王父之字, 始為賜族, 久乃為姓. 降唐, 虞, 抵戰國, 姓族漸廣. 周衰, 列國既滅, 其民各以舊國為之氏, 下及兩漢, 人皆有姓."

있다. 다만 그는 성씨의 시작과 최종 형성 시기를 황제시대부터 양한 시기로 보았는데, 이는 시기적으로 정확하지 못한 판단이다. 당대에 이르러서도 편벽한 지역 사람들은 아직 성씨를 갖고 있지 않았다. 또한 성씨와 관련된 역사기억 모듈의 상이(相異)함으로 인해, 중국 영역 내의 서로 다른 지역, 다른 계층에 소속된 집단들은 이른바 '성씨'에 대해 서로 다른 인식을 갖고 있었다(자세한 설명은 뒷부분에서 다루도록 하겠다).

위의 기사의 장열의 말에 따르면 당시 '성씨'의 유무가 화하와 오랑캐(夷狄)를 구분하는 기준이라는 인식을 갖고 있었던 것 같다. 송대(宋代)의 정초(鄭樵)가 찬술한 『통지(通志)』에서 이르기를 "삼대(三代) 이전에는 성씨가 두 가지로 구분되었다. 남자는 '씨(氏)'를 칭하고, 여자에게는 '성(姓)'을 붙였다. '씨'는 귀천을 구분하는 기준이기도 한데, 귀한 자는 '씨'를 가지고 있고, 천한 자는 이름만 있을 뿐, '씨'는 없었다. 지금 남방의 여러 오랑캐(蠻)들에게 이러한 법도가 여전히 남아 있다."고 했다.[78] 이로 알 수 있듯이 상고시대 화하(華夏) 내부에서도 상층 귀족들만 성씨를 갖고 있었을 뿐, 일반 평민들은 그렇지 못했던 것이다. 여하튼 당송 시기 중국 사대부들은 당시 모든 '백성'들이 성씨를 갖고 있다고 인식하고 있었다. 물론 그들은 당시 중국의 변경지역이나 하층에 소속된 민중들의 사정을 자세히 이해하고 있었던 것 같지는 않다.

설사 당대(唐代) 혹은 그보다 이른 시기에 민간의 일반인들까지도 모두 성씨를 가지고 있었다 하더라도, 이는 단지 성씨를 소유한데 불과하며, 성씨와 함께 문자로 기록된 족보를 통해 자랑스러운

---

78) 『通志』 25, 氏族略.

조상의 과거로 거슬러 올라가는 것과는 거리가 먼 것이었다. 중국의 편벽한 지역의 지역민들 사이에서 구전(口傳)되어 내려오는 가족사에 관한 기억은 근대 혹은 지금에 이르러서도 '형제고사(兄弟故事)'를 시작으로 하는 역사로 기술되는 경우가 많다.[79] 필자는 전일 사천(四川) 서북부 백초하(白草河) 유역의 촌락민들에 대한 조사를 통해 그들의 가족사와 관련된 구술 자료를 수집·정리한 바 있다. 아래 이 지역 두 노인의 기술에 대해 살펴보도록 하자.

(1) "나의 할아버지의 할아버지로부터 전해져 내려온 얘기인데. 그러니까 그게 '호남(湖南), 광동(廣東) 사람들이 사천(四川)으로 몰려들 때[湖廣塡四川]'[80]였다네……당시 장(張)씨·유(劉)씨·왕(王)씨 성을 가진 세 사람이 여기에 이르렀지. 그들은 3형제였어……그러니 서로 통혼할 수 없지 않았겠나. 그래서 성씨를 유(劉)·왕(王)·용(龍)으로 바꿨다고 하네. (그들은) 이 근처에 있는 세 마을에서 살았지. 한 마을은 삼수림(衫樹林)인데, 유(劉)가네 동네고, 또 하나는 내외구(內外溝)인데, 당시 용(龍)가네가 살았다네. 나머지 한 마을은 이래저래 말이 많은데, 지금으로선 왕(王)가네 마을이라고들 하지. 지금 이 세 마을의 유씨·왕씨·용씨네 집안은 서로 통혼하지 않는다네. 세 형제로부터 갈라져 나왔기 때문이지……"

(2) "우리는 호남과 광동 사람들이 여기로 올 때 함께 왔다고 하네. 처음에 다섯 형제가 함께 이르렀는데, 다섯 모두가 왕(王)씨였지……그들 중 둘은 소패(小壩)에, 하나는 단결(團結)에, 또 한 명은 여기에 마을을 만들었다네."

---

79) 王明珂, 「根基歷史 — 羌族的弟兄故事」, 『時間, 歷史與記憶』, 黃應貴主編, 台北: 中央研究院民族學研究所, 1999, 283~341쪽.

80) 明나라 말기, 淸나라 초기, 연이은 전란으로 인해 四川지역의 인구가 급감하여 황폐화되자, 청 조정에서는 湖南, 廣東 등 타 지역민들을 巴蜀지역으로 이주시키고자 장려책을 펴게 된다. 이를 두고 '湖廣塡四川'라고 한다(역자).

위에서 제시한 두 사례의 서술자들은 모두 '가족의 기원'에 관한 기억 속에서 조상의 형제관계 설정을 통해 현재의 집단 간 관계를 합리화하고자 했다. 여기서 핵심 문제는 그들이 현재 처해 있는 '지역 환경(local context)'이라 할 수 있다. 이는 중국의 문자로 기술된 족보에서 영웅적 조상을 기원으로 하는 선(線)적 가족사를 통해 주류(主流)와 방계(傍系)를 구분하는 서술형식과는 큰 차이가 있다.[81] 전자는 '형제'라는 은유(隱喩)를 통해 일종의 평등·협동과 경쟁 집단 사이의 관계를 강조하고 있다. 후자는 '영웅적 성왕(聖王)'이라는 은유를 통해 귀천(貴賤)·적서(嫡庶)·장유(長幼) 사이의 사회질서를 강조하고 있다. 전자는 일종의 구조적 역사로서, 한 가족의 현지 사회집단 구성 중에서의 실제 혹은 기대하고 있는 지위(地位)를 반영해 주고 있다. 후자는 일종의 선(線)적 역사로, 이는 또한 선적 중국사에 포함되어 있는 작은 갈래이며, 한 가족과 외부 사회와를 연결시켜 주며, 중국사회 전반에 걸쳐 있는 실제 혹은 자칭 우월한 지위를 반영해 주고 있다. 엄밀히 따져 후자의 구조야말로 '염황자손'을 칭하는 중국인 혹은 한족과 연관되며, 전자는 변두리에 위치해 있는 수많은 집단의 역사적 심성(心性)을 보여준다 할 수 있다.

현존하는 일부 청대(淸代) 족보의 서언을 보면, 족보를 갖기란

---

81) 그러므로 필자가 봤을 때, 패트리샤 에브리(Patricia Ebrey)가 '성씨'를 한족과 非한족 에스닉 집단을 구분하는 기준으로 보거나, 혹은 한족 집단은 '성씨'로써 표현된다고 한 점은 상당히 예리한 지적이며, 좀 더 깊게 연구해 볼 필요가 있다고 생각한다. 필자는 '성씨' 자체는 일종의 단순한 심볼(符記)에 불과하지만, 그 바탕에 깔려 있는 '家族史'에 대한 기억은 해당 에스닉 집단 구성원 사이의 동질성에 대한 인정을 은유적으로 표현해 주고 있다고 본다. 그러므로 단지 '兄弟故事'에 대한 口述을 가족의 기원과 관련된 記憶으로 삼고 있는 수많은 鄕村 지역민과 문자로 기록된 族譜記憶을 가지고 있는 집단 사이의 '성씨'를 통한 동질성 인정의 은유적 의미는 큰 차이가 있다는 것이다.

향촌지역의 일반인들에게 있어서 결코 쉬운 일이 아니었음을 짐작할 수 있다. 여러 세대에 걸쳐 덕(德)과 업(業)을 쌓거나, 과거(科擧)에 급제한 자제 여럿을 배출하지 않고서는 족보 갖기란 어려울 수밖에 없다. 그런즉 중국인 모두가 성씨나, 하나의 자랑스러운 조상으로 거슬러 올라가는 가문의 역사를 취득하는 과정은 중국 민간사회에 있어서 사실상 하나의 점진적인 발전과정이었던 것이다. 이러한 점진적인 과정은 중국사회의 '민간화(民間化)' 내지는, 일부 역사기억과 문화풍속, 심볼과 가치가 구술(口述)과 문자를 통해 점차 사회 중·하층으로 보편화되는 과정과 밀접한 연관이 있다. 현재로서는 '성씨' 및 그와 관련된 조상에 대한 기억이 어떻게 문헌이나 구술 및 도상(圖像)을 통해 중국사회 전반에 걸쳐 광범위하게 유포 및 변화되는지에 대해 자세히 밝혀내기는 어렵다. 다만 문헌기억 속에 등장하는 가족 '계보'는 한 가지 중요한 방향을 제시해 주고 있다. 다시 말해 어떤 한 가문의 '조상계보'가 중국문헌 전통 속에 보존되어 전해져 내려왔다는 것은, 곧 그 집단의 '우리의 가족사(家族史)'를 통한 일종의 자아인식(自我認知/self-awareness)과 동질성 인정(認同/identity)이라 할 수 있다는 것이다. 이러한 자아인식과 동질성 인정은 또한 당시 주류사회에 의해 주목(注意) 및 인식되기도 했다.

중국의 선진(先秦) 시기 문헌에 '성씨'에 관한 언급이 여러 군데 등장하고 있는데, 그중 가장 자세한 것은 『국어(國語)』에 수록된 황제후손에 관한 내용 부분이다.

> "동성(同姓)은 곧 형제와도 같다. 황제(黃帝)의 자식 스물다섯 중, 아비와 성씨가 같은 자는 둘뿐인데, 청양(靑陽)과 이고(夷鼓)이다. 청양은 방뢰씨

(方雷氏)의 생질이고, 이고는 동어씨(彤魚氏)의 생질이다. 같은 어미 소생
이면서 성씨를 달리한 아들들과 네 어미가 낳은 자식들의 성씨는 모두 열
둘이다. 무릇 황제의 자식 스물다섯 중, 성씨를 얻은 자가 열넷이요, 열두
성씨가 있어, 희(姬)·유(酉)·기(祁)·기(己)·등(滕)·잠(箴)·임(任)·
순(荀)·희(僖)·길(姞)·현(儇)·의(依)이다. 유독 청양과 창림씨(蒼林氏)
가 황제와 성씨가 같아, 모두 희씨이다. (황제와) 덕(德)을 같이하며, 수난
[難] 또한 마찬가지이다."82)

　　이 기록의 '사실(史實)' 여부를 놓고 학자들 사이에서 많은 논의
가 있어 왔다. 하지만 사회기억이라는 측면에서 바라봤을 때, 중요
한 것은 문헌에 언급되어 있는 수많은 '성씨'가 모두 황제의 후손
으로부터 기원되었다는 점이다. 따라서 후세의 '백성'들이 손쉽게
이를 차용 및 반부(攀附)의 대상으로 삼아 '황제후손'을 칭할 수 있
게 되었던 것이다.83) 앞서 살펴보았던 당대(唐代)의 장열(張說)이
여러 성씨의 기원을 황제의 자식과 연관시켰다는 점이 하나의 좋
은 예이다. 남송(南宋)의 나필(羅泌)이 편찬한 『노사(路史)』에서는
태사공[司馬遷]이 황제를 가장 앞머리에 기술했던 이유는 후세의
모든 성씨가 황제로부터 나왔기 때문이라고 했다.84)
　　문헌상의 가족계보는 곧 '성씨에 관한 기록'을 말하기도 한다.
이에 대해 『수서(隋書)』의 저자는 다음과 같이 해석하고 있다.

---

82) 『國語』 10, 晉語, "同姓爲兄弟. 黃帝子二十五人, 其同姓者二人而已, 唯青陽與夷鼓皆
　　爲己姓. 青陽, 方雷氏之甥也 ; 夷鼓, 彤魚氏之甥也. 其同生而異姓者, 四母之子別爲十
　　二姓. 凡黃帝之子, 二十五宗, 其得姓者十四人, 爲十二姓. 姬, 酉, 祁, 己, 滕, 箴, 任,
　　荀, 僖, 姞, 儇, 依是也. 唯青陽與蒼林氏同于黃帝, 故皆爲姬姓. 同德之難也如是."

83) 이 문헌에 따르면 황제에게는 성씨를 취득하지 못한 자식 또한 많이 있었다고 하는데, 카롤
　　루스(Charles Le Blanc)는 이를 비어 있는 슬롯(slot)에 비유해 설명한 바 있다. 즉 이 '비어
　　있는 슬롯'은 필요에 따라 수시로 다른 가문, 심지어는 非華夏 족속들에 의해 차용되었다는
　　것이다(Charles Le Blanc, "A re-examination of the Myth of Huang-ti", *Journal of
　　Chinese Religions* 13/14(1985-86): p.54).

84) 『路史』.

"성씨에 관한 기록은 오래전부터 있어 왔다……주(周)나라 때, 소사(小史)의 직무는 곧 천자의 계보를 전하는 것인데, 소목(昭穆)을 분별하는 일 또한 사관(史官)의 직책이었다. 진(秦)나라가 천하를 겸하고 나서, 옛것들을 없애 버리니, 공후(公侯)의 자손들이 그 근본(本)과 세계(世系)를 잃게 되었다. 한(漢)나라 초기, 『세본(世本)』을 얻었는데, 거기에 황제(黃帝)부터 이어지는 조상들의 계보가 기술되어 있었다. 전한(前漢) 때에는 『제왕연보(帝王年譜)』가 있었고, 후한(後漢) 때에는 『등씨관보(鄧氏官譜)』가 있다. 진(晉)나라 때에 이르러, 지우(摯虞)가 『족성소목기(族姓昭穆記)』 10권을 찬술했다. 제(齊)와 양(梁)에 이르러 이 같은 부류의 서책이 점점 더 많아졌다. 북위(北魏)가 낙양(洛陽)으로 천도하고 나서, 여덟 씨(氏)와 열 성(姓)이 제실(帝室)에서 생겨났다. 또한 서른여섯 개 족속이 있었는데, 모두 북위를 좇는 여러 나라들이었다. 92 성(姓)은 대를 이어 부족장으로 있었던 자들이었으니, 모두 하남(河南) 낙양(洛陽) 사람이었다. 중원(中原)의 선주민 선비들은 그 문벌의 대소에 따라 전국 범위의 대성(大姓)·군성(郡姓)·주성(州姓)·현성(縣姓) 등으로 구분되었다. 주(周)나라 태조(太祖)가 동관(潼關)에 들어오면서, 여러 성씨의 자손들 중, 공을 세운 자들을 그 가문의 종장(宗長)으로 세우고, 족보(族譜)를 찬술해 후세에 전해지도록 하였다. 또한 관내(關內)의 여러 주(州)를 그들의 본망(本望)으로 삼았다."[85]

사마천(司馬遷)이 『사기(史記)』를 찬술할 때, 『세본(世本)』의 내용을 많이 참조했다고 한다. 반고(班固)의 말을 빌리자면 이 『세본』에는 "황제에서 춘추에 이르기까지의 역대 제왕을 비롯한 공(公)·경(卿)·대부(大夫)의 출자에 대해 소상히 수록"되어 있다고 한다. 그런즉 이는 제왕을 중심으로 한 정치지배자 가문의 계보인 셈이다. 진대(晉代)의 황보밀(皇甫謐)이 편찬한 『제왕세기(帝王世紀)』 역시

---

85) 『隋書』 33/28, 經籍志, "氏姓之書, 其所由來遠矣……周家小史定繫世, 辨昭穆, 則亦史之職也. 秦兼天下, 炎除舊跡, 公侯子孫, 失其本繫. 漢初, 得『世本』, 敍黃帝已來祖世所出. 而漢又有『帝王年譜』, 後漢有『鄧氏官譜』. 晉世, 摯虞作『族姓昭穆記』十卷. 齊, 梁之間, 其書轉廣. 後魏遷洛, 有八氏十姓, 咸出帝族. 又有三十六族, 則諸國之從魏者; 九十二姓, 世為部落大人者, 並為河南洛陽人. 其中國士人, 則第其門閥, 有四海大姓, 郡姓, 州姓, 縣姓. 及周太祖入關, 諸姓子孫有功者, 並令為其宗長, 仍撰譜錄, 紀其所承, 又以關內諸州, 為其本望."

두말할 것 없이 제왕의 계보에 관한 내용이 수록되어 있다. 한진(漢晉) 시기에 찬술된 것으로 알려진 『등씨관보(鄧氏官譜)』와 『족성소목기(族姓昭穆記)』 등 문헌은 비록 유실되었다고는 하나, 서명(書名)으로 미루어 봤을 때, 아마도 한 가문 혹은 문벌귀족 계보에 관한 내용을 수록했을 것 같다. 『수서(隋書)』에 언급되어 있는 성씨에 관한 문헌에는 제왕계보뿐만 아니라, 문벌 귀족의 성씨에 관한 것, 그리고 군성(郡姓)·주성(州姓) 등 여러 성씨에 관한 서책(書冊)이 보인다. 이는 수당(隋唐) 시기에 이르러 '가문'과 관련된 문헌기억이 전국(戰國)에서 한(漢)나라 초기에 이르는 시기에 비해 훨씬 많아졌음을 의미한다. 당대(唐代)에는 족보 만들기가 크게 성행했다. 당시의 족보와 관련된 유명한 서책들로는 『씨족지(氏族志)』, 『성씨록(姓氏錄)』 등이 있는데, 모두 관[官方]에서 편찬한 것들이다. 학계에서는 이를 당시 신흥정치세력과 문벌귀족들이 관방의 지지를 얻어 족보를 새롭게 만듦으로써, 새로운 사회신분질서를 확립하고, 왕실 중심의 상층 성씨(氏族) 집단을 구축하기 위한 일환으로 보고 있다.[86] 당대 관에서 편찬한 『씨족지』에는 293개 성씨와 관련된 1,651개 가문이 수록되어 있다. 이들은 당시 중국 영역 내, 피라미드식 사회계층구조의 상층 집단이었던 것이다.

이들 '가문'의 조상과 관련해 『신당서(新唐書)』에 재상(宰相)을 배출한 몇몇 가문의 조상에 대한 내용이 수록되어 있어, 이를 통해 당시의 대략적인 경향을 파악해 볼 수 있다.[87] 이 문헌기록에 따르면 이들 재상 가문에서는 그 출자가 한족이든 아니면 비한족이든,

---

86) 歐陽宗書, 『中國家譜』, 北京 : 新華出版社, 1992, 74~79쪽.
87) 『新唐書』 75/15, 宰相世系表.

자신들의 조상의 기원을 모두 황제 내지는 염제로 거슬러 올라가 연결시키고 있다. 예를 들어 '장(張)'씨에 대해 "'희(姬)'씨에서 나왔다. 황제의 아들 소호(少昊) 청양씨(靑陽氏)의 아들 휘(揮)를 궁정(弓正)에 임명해, 처음 활과 화살을 만들었으므로, 그 후손에게 '장'씨 성을 하사했다." 했고, '임(任)'씨에 대해서는 "황제의 막내아들 우양(禹陽)이 임(任)에 분봉되었으므로, 그로써 성씨를 삼았다."고 했다. 또한 '설(薛)'씨에 대해서는 "'임(任)'씨에서 나왔다. 황제의 손자 전욱(顓頊)의 막내아들 양(陽)이 임(任)에 봉해졌다. 그 12세손 해중(奚仲)이 하거정(夏車正)이 되어, 우(禹) 임금이 그를 설후(薛侯)에 봉했다."고 했고, '부(傅)'氏에 대해서는 "'희'씨에서 나왔다. 황제의 후손인 대유(大由)가 부읍(傅邑)에 봉해져, 그로써 성씨를 삼았다."고 했다. '주(周)'씨에 대해서는 "'주'씨는 '희'씨에서 나왔는데, 조상은 황제후손인 후직(后稷)이다."라고 하여 주(周)나라의 시조 후직과 연관시켰다. '길(吉)'씨에 대해서는 "'길'씨는 '길(姞)'씨에서 나왔다. 황제의 후손 백숙(伯儵)이 남연(南燕)에 분봉되고 '길'씨 성을 하사받았다."고 했고, '축(祝)'씨와 관련해서는 "'희'씨에서 나왔다. 주(周)나라 무왕(武王)이 상(商)을 깨뜨리고, 황제의 후손을 축(祝)에 봉했다."고 했다. 그 외 '동(董)'씨와 관련해서 "'희'씨에서 나왔다. 황제의 후손인 요(鼺)나라 임금 숙안(叔安)이 동보(董父)를 낳아, 순(舜) 임금이 '동'씨 성을 하사했다."고 전하고 있다. 이들은 모두 당대(唐代)에 재상을 배출한 '황제후손' 가문이었다. 당대 문벌가문 중에는 '염제(炎帝)자손' 역시 적지 않게 있었다. 『신당서』에서는 '봉(封)'씨에 대해 "'강(姜)'씨에 나왔으며, 염제의 후손 거(鉅)가 황제의 군사가 되어 성씨를 새롭게 만들었다.

하후씨(夏后氏)가 다스릴 때, 봉부(封父)가 제후의 반열에 올랐다. 그 땅 변주(汴州) 봉구(封丘)에 봉부정(封父亭)이 있는데, 곧 봉부가 도읍했던 곳이다."고 했고, 또한 '우문(宇文)'씨와 관련해서는 "신농씨(神農氏)가 황제에게 멸망하고 나서, 그 자손들이 북쪽으로 멀리 숨어 버렸다. 선비(鮮卑)의 풍속에 '초(草)'를 '사분(俟汾)'이라고 하는데, 신농씨가 풀을 맛보아 약초를 분별한 공(功)이 있다 하여 스스로 '사분'씨를 칭했다. 그 후대에 이르러, 음(音)이 변화되어 '우문'씨가 되었다."고 했다.

이상에서 살펴본 예는 가문의 기원을 직접적으로 황제 내지 염제와 연결시킨 경우이다. 그 외에 예를 들어 주(周)나라 왕자 혹은 한(漢)나라 '유(劉)'씨 종실과 연관시키는 등 간접적인 방식으로 황제후손을 칭한 경우도 많았다. 이렇듯 당대(唐代)에 이르러 사족(士族)들 사이에서 황제(혹은 염제)와의 반부(攀附) 행위는 상당히 보편화되어 있었다.

많은 족보 관련 연구자들은 송대(宋代)를 중국 계보사(系譜史)상 중요한 전환의 시대로 보고 있다. 당대의 관찬 문벌가문 계보나 관련 문헌들은 대부분 전란으로 유실되었다. 따라서 새롭게 권력을 잡은 신흥 문벌가문들에서 분분히 새로운 족보 만들기에 열을 올리기 시작했고, 이러한 풍조가 민간의 일반 가족에까지 두루 만연하게 되었다. 위진(魏晉)에서 당(唐)에 이르기까지, 가문의 계보와 관련된 문헌 대부분은 관(官)에서 편찬한 것들이다. 비록 민간에서 찬술된 것들도 있다고는 하나, 그 내용을 반드시 관청에 통보해야 했다. 당시 임관(任官)의 가장 기본적인 필수 조건이 바로 출신신분[家世門第]이었기 때문이다. 하지만 송대 이후부터는 관리 등용에 '족보문서[譜狀]'가 더 이상은 필요치 않았으며, 따라서 족보 찬술은 관방과의 연결에서 탈피하게 되었다.[88] 정치권력의 간섭에서 벗어나게 되면서, 명청(明淸) 시기에 이르기까지 사적(私的)인 족보 만들기가 민간에서 크게 성행하였다. 연구자들에 따르면 청말민촌(淸末民初)에 이르러서는 "성씨마다, 집집마다, 가문마다 모두 계보를 갖게 되었다."고 한다.[89] 일부 통계에 따르면 청대(淸代)에서 20세기 중반에 이르기까지, 중국 각지에서 편찬된 족보만 해도 2만여 종(種)에 이른다고 한다.[90] 그런즉 송대 이래로 '족보'를 소유한 '가문'이 지속적으로 증가해 왔으며, 점점 더 빠른 속도로 저변을 포함한 중국사회 전반으로 확대되었다고 할 수 있다.

송대 이후에 만들어진 족보의 구성 중 중요한 부분은 '종족의 원류' 혹은 '성씨의 원류'에 관한 내용이다. 많은 가족들은 이 부분에 관한 기술에서 자신들의 가문을 직간접적으로 '황제후손'과 혈연적으로 연결시켰다. 단 대부분 경우, '황제'에 대한 직접적인 반부(攀附)보다는 유명 역사인물과의 연결고리를 만들고 있다. 사마천은 『사기』에서 하·상·주 3대 종실을 황제후손과 연결시켰고, 동주(東周) 시기, 여러 제후국 왕실 역시 염황(炎黃)의 후손이라 했다. 또한 당대의 『씨족보(氏族譜)』에 따르면, 당나라 문벌귀족들 대부분이 염황의 후손을 자처했다고 한다. 따라서 명청 시기에 이르러, 여러 가문의 '종족 원류'는 황제나 염제와 연결되지 않을 수 없었다. 또한 명청 시기 학자들은 사회의 모든 성씨에 관한 문헌을 모아 '성씨서(姓氏書)'

---

88) 羅香林, 『中國族譜研究』, 香港: 香港中國學社, 1971, 29쪽, 歐陽宗書, 『中國家譜』, 79～81쪽.

89) 歐陽宗書, 『中國家譜』, 84쪽.

90) 羅香林, 『中國族譜研究』, 62쪽.

를 집대성하는 일에 열을 올리기도 했다. 청나라 초기 학자 고염무
(顧炎武)는 자신의 저서 『일지록(日知錄)』에서 성씨와 관련해 다음
과 같이 언급하였다.

> "(성씨와 관련해서) 우선 황제의 자식들 중 성씨를 얻은 열둘에 대해 기술
> 할 것이다. 다음으로 삼대(三代/夏·商·周) 이전에 나라와 성씨를 하사
> 받아, 후손들이 그 성씨를 따른 자들에 대해 살펴볼 것이다. 그 다음으로
> 전국시대 이후, 전기(傳記)에 수록되어, 지금 사람들에게 잘 알려져 있는
> 인물들에 대해 기술하고자 한다. 그 다음은 삼국(三國)·남북조(南北朝)
> 이후, 사서(史書)기록에 등장하는 인물들을, 그 다음으로는, 요(遼)·금(
> 金)·원(元) 시기의 사서에 등장하는 성씨에 대해 살필 것이다. 그 외 고
> 증이 어려운 인물과 성씨에 대해서는 따로 한 질(帙) 정리하고자 한
> 다……(이들 성씨가) 얼기설기 얽혀 있어 혼란스럽다. 망족(望族)들의 주
> 장 또한 분분하니, 어려움이 더해지고 있다. 그러니 이들 성씨와 가문의
> 계보를 하나로 통합 정리하는 일이 어찌 중요치 않다고 하겠는가?"[91]

이렇듯 황제를 시작으로 기술된 '성씨서'에서 당시의 대부분 가
문을 황제가족으로 편입했을 것은 당연지사이다. 사실상 명대(明代)
에 관에서 찬술한 『만성통보(萬姓統譜)』 서문에서는 "무릇 천하는
가문이 모여서 이루어진다. 족보는 여러 가문을 이어 주니, 곧 천
하가 한 가족으로 묶이는 셈이다. 그러므로 천하의 성씨에 대한 족
보를 만들어야 할 것이다."라고 했다.[92] 이는 곧 '천하를 한 가족으
로 묶'으려는 시도라고도 할 수 있다. 또한 그리고 이렇게 함으로
하여, 모든 성씨가 하나, 즉 황제에서 기원하였다는 결론에 이르게
되는 것이다.[93] 명말청초, 만주족(滿洲族)의 침입에 맞서, 왕부지

---

91) 顧炎武, 『日知錄』 24, 姓氏書.
92) 『萬姓統譜』, 自序.

(王夫之)는 『황서(黃書)』를 지어 한족들의 반만(反滿)의지를 고취시키고자 했다. 책 제목에서 알 수 있듯이, 왕부지는 '황제'를 한족만의 동질성 인식의 기호로 삼고자 했다. 책에서는 "옛날에 하늘의 뜻을 받들어 왕이 된 자들은 헌원(軒轅)의 다스림을 모범으로 삼아, '황중(黃中/'황제가 갖추어야 할 덕목')'을 세우고, 간기(間氣)와 다른 족속(殊類)으로부터의 재난을 물리쳐야 한다."고 하여, 황제를 시작으로 하는, 한족 에스닉 집단의 자타(自他) 구분에 대한 상상을 이끌어 내고자 했던 것이다. 그럼에도 책에서는 또 한족들과 풍속을 달리하는 변방지역의 집단에 대해서도, 그 조상들 역시 몇몇 성씨에서 기원했다고 하였다.[94] 명확히 밝히지는 않았지만 '몇몇 성씨'란 곧 '황제후손'을 의미할 것이었다. 이로 미루어 보아 왕부지와 같은 한족중심주의자들 역시 관련 역사기억의 영향으로, '염황자손'에 대한 상상을 화하(華夏) 영역 밖의 '다른 족속[殊俗]' 지역까지 확대해 이해하고 있었던 것 같다.

족보 혹은 가보(家譜)는 일종의 혈연집단의 '역사'이다. 문자로 기록된 '문헌계보'는 한 '에스닉 집단'에서 자신들 집단의 존재성에 대해 부각함과 동시에 중국 전체 사회관계 속에서의 지위 강조라는 의미를 가지고 있다. 그러므로 이러한 문헌의 보존과 유전(流傳)은 주류사회로부터의 공인을 의미하기도 한다. 따라서 역사적으로 '문헌계보'의 소유권은 사회적으로 상층으로부터 하층으로 발전하였으며, 그 수 또한 점점 많아지게 되었다. 다시 말해 '중국'이라는

---

93) 『萬姓統譜』 序 글에서는 "萬幹一本, 萬派一源"이라 하여 "전해져 내려오는 족보들을 살펴보면, 황제후손이 아닌 자가 없다."고 했다.

94) 王夫之, 『黃書』 7, 離合, "그 시작은 모두 몇몇 성씨의 후손에 불과하다(其始皆數姓之胤胄也)."

영역 내에서 혈연적으로 '염황자손'과 연관되어 있음을 주장하고, 또한 사회적으로 공감을 얻어 낼 수 있었던 집단이 전국시대(戰國時代) 이래로 점점 더 많아져 왔고, 사회 계층상, 상층에서 하층으로 확대되는 방향으로 발전했으며, 점점 더 많은 사회하층 집단(가족)이 이를 이용해, 자신의 존재를 알리고, 그 존재성에 대한 주류 사회의 인정을 이끌어 낼 수 있었다는 것이다. 또한 이러한 집단들이 모여 더 큰 집단인 '화하(華夏)' 혹은 '중국인(中國人)'을 이루게 된다. 그러므로 위진(魏晉) 시기의 '백성(百姓)'과 당송(唐宋) 시기의 '백성' 및 20세기 이후에 일컬어지는 '백성'은 사회계층 범주상, 구별되는 개념이라 할 수 있다.

Ⅷ. 반부(攀附)에 대해 논함

앞서 '화하 변경' 집단의 황제와의 반부(攀附)에 대해 살펴본 바 있다. 또한 그러한 반부행위자들의 절박한 심성은 황제전설에서도 여실히 드러나고 있다. 수많은 중국 초기 문헌들에서 그러한 전설 혹은 흔적들을 발견할 수 있다. 예를 들어 『사기(史記)』에는 다음과 같은 황제 전승이 수록되어 있다.

> "황제가 수산(首山)의 동(銅)을 캐서 형산(荊山) 아래서 솥[鼎]을 만들었다. 솥이 다 되었을 때, 용(龍) 한 마리가 긴 수염을 늘어뜨리고 황제를 맞으러 내려왔다. 황제가 올라타고, 군신(群臣)과 후궁(後宮) 등 함께 오른 자가 70여 명이나 되었다. 용은 그대로 위로 솟아올랐고, 나머지 소신(小

臣)들은 (용에) 올라타지 못해, 용의 수염에 억지로 매달렸는데, 용의 수염
이 뽑혔다. (이때) 황제의 활[弓]도 함께 떨어졌었다. 백성들은 황제가 하
늘로 올라가는 것을 쳐다보고는 곧 황제의 활과 용의 수염을 안고 통곡했
다. 그리하여 후세 사람들은 이곳을 '정호(鼎湖)'라고 불렀으며, 그 활을
'오호(烏號)'라고 했다."95)

　　『초사(楚辭)』에 역시 "옛사람 헌원씨(軒轅氏)를 붙잡을 수 없으
니, 내 장차 신선 왕교(王喬/王子喬)를 따라 즐거이 놀아 보련다."
라는 시구가 있다. 지금에 이르러서도 이 에피소드는 '중국민간설
화(中國民間故事)'에 자주 등장하는 소재이다. 그만큼 이 신화전설
이 널리 전승되어 왔음을 알 수 있다. 이 신화이야기가 만들어지고
또한 반복적으로 재연(再演)된 것은, 이 텍스트에 등장하는 일부
인물, 사건, 사물이 중국사회에서 중요한 상징적 의미를 지니고 있
기 때문이다. 이러한 역사와 문화의 상징적 의미 또한 끊임없이 사
람들에 의해 선택적으로 인식되고 재해석되어 왔다. 그중 '황제'와
'솥[鼎]'은 모두 정치권력을 상징한다. 황제가 솥을 만들고 나서 용
을 타고 승천했다고 하는 것은 정치적으로 최고 업적을 이루었음
을 뜻한다. '솥'·'후궁(後宮)'·'소신(小臣)'은 부귀영화를 의미한
다. 솥과 수많은 후궁과 신하들을 거느린 채, 용을 타고 승천했다
는 것은 곧 부귀(富貴)가 극에 달했음을 상징한다. 솥은 또한 일종
의 단약(丹藥)을 제련하는 도구로서, 황제가 솥을 만들고 난 연후
에 승천했다는 것은 도술(道術)과 의약(醫藥)을 통해 생사를 초월

---

95) 『史記』 封禪書, "黃帝採首山銅, 鑄鼎於荊山下. 鼎旣成, 有龍垂胡鬚下迎黃帝. 黃帝上
　　騎, 群臣後宮從上者七十餘人, 龍乃上去. 餘小臣不得上, 乃悉持龍鬚, 龍鬚拔, 墜黃帝之
　　弓. 百姓仰望, 黃帝旣上天, 乃抱其弓與龍鬚號. 故後世因名其處鼎湖, 其弓曰烏號." 그
　　외, 『莊子』, 『三輔黃圖』, 『水經注』, 『雲笈七籤』 등 중국 초기 문헌에도 이 전설에 관한
　　기록이 보인다.

했음을 뜻한다. 후대의 민간전설, 특히나 도교 계통의 전설에서 황제는 곧 수련을 통해 신선으로 화(化)한 상징으로 묘사되곤 한다. 이 부분에서는 일반 평민이라 할지라도 수련과 단약 복용을 통해 우화승선(羽化昇仙)할 수 있다는 것을 간접적으로 내비치고 있는데, 이는 일종의 민간 차원에서의 황제에 대한 반부(攀附) 염원이었던 것이다. 소신(小臣)들마저도 용의 수염을 잡고 황제와 더불어 승천하고자 했다는 부분에서는 하나의 중요한 상징적 주제 – 반부(攀附) 행위에 대해 잘 보여주고 있다. 즉 염원하는 것이 권력이 됐든, 부귀이든, 혹은 건강·영생이 됐든, 황제는 그 염원을 이루기 위한 사람들의 반부의 대상이었던 것이다.

반부(攀附)는 일종의 모방(模倣)욕구나 갈망에서 비롯되는데, 사람들은 이를 통해 어떠한 신분이나 이익과 보장을 이끌어 내고자 한다. 그러므로 사람들의 반부의 대상은 곧 정치, 사회 및 문화적으로 월등한 위치에 있다고 인식되는 상징체로 설정된다. 많은 중국학자들은 '한화(漢化)' 과정과 관련해, 일종의 인종중심주의(ethno–centralism)적인 태도를 취하고 있다. 즉 중국문화의 우월함으로 인해 주변 이민족들이 이를 학습, 모방하게 되는데, 그것이 곧 '한화'라는 것이다. 하지만 이러한 견해는 부분적인 사실만을 설명해 줄 뿐이다. 다른 한 가지 사실은, 문화나 동질성 인정과 관련된 반부(攀附) 욕망은 그 행위를 하는 자와 받는 자의 사회와 문화적 차이로 인해 발생하게 된다는 것이다. 화하(華夏)와 '화하 변경지역' 사이의 사회·문화적 차이가 반드시 객관적 사실인 것만은 아니다. 때로는 정치적으로 '변경'지역을 정복·통치하거나, 혹은 '한인'들이 변경지역의 '토착민'과 '토착문화'에 대해 폄하하고, '변경 집단'

에 대한 '한인'들의 문화우월성을 주장함으로써 비롯된다. 여기서 필자가 말하는 '토착문화'와 '변경 집단'은 '정치·지리적 변경' 혹은 외역(外域)의 '이민족(異族)' 집단을 지칭할 뿐만 아니라, 또한 중국 영역 내의 사회계층 저변에 있는 '향촌(鄕村)'지역의 하층집단을 포함하고 있다.

타자의 문화와 역사에 대한 폄하와 더불어 자신들 문화와 역사의 우월성에 대한 표방은 결국 집단 사이의 '구분'을 가져오게 된다. 이는 피에르 부르디외(Pierre Bourdieu)가 말한 품위의 높낮이 차이에 따른 사회적 구분(distinction)[96] 이론과도 일부 유사하다. 다른 점이라면 그 기준이 '품위'가 아닌 '기원의 역사'라는 것이다. 많은 화하(華夏)에 속해 있는 가문에서는 자신들의 우월한 조상을 내세워, 상대적으로 열등한 타자의 조상에 대해 비하 혹은 상상한다. 또한 이러한 구분을 기준으로, 변경과 주체 혹은 정복자의 후손과 피정복자의 후손이 나누어지기도 한다. 이러한 상황과 심성이 결국에는 변경의 정치 혹은 문화적 약자 집단의 반부(攀附)의 동기로 작용하게 되는 것이다. 이 반부의 동기는 인간의 신앙과 폭력의 근원에 관한 르네 지라르(René Girard)의 연구에서 말하는 모방욕구(mimetic desire)와도 비슷한 것이다.[97] 모방이나 반부를 하는 행위자들은 자랑스러운 조상의 기원을 새롭게 내세워, 원래 속해 있

---

96) Pierre Bourdieu, *Distinction: A Social Critique of the Judgement of Taste*. Trans by Richard Nice(London: Routledge & Kegan Paul, 1979).

97) 르네 지라르(René Girard)가 말하는 '모방욕구'란 가까우면서도 또한 적대적인 인간 혹은 집단 사이에서 서로 우월한 존재(being)임을 표방하기 위해 행해지는 상대방에 대한 모방행위를 말한다(René Girard, *Violence and the Sacred*. Translated by Patrick Gregory (Baltimore: The Johns Hopkins University Press, 1977), pp.143-68)(김진식, 박무호 역, 『폭력과 성스러움』, 민음사, 1993).

었던 집단과의 차별화를 표방하게 된다. 예를 들어 위진남북조나, 요·금(遼·金) 시기, 중원으로 진출한 여러 북방 민족 통치자들은 항상 황제나 염제에 대한 반부 행위를 자행함으로써, 자신들의 신분을 천하의 통치자에 걸맞게 높이고자 했으며, 북방지역 다른 민족과의 차별화를 표방했다. 또 당·송(唐·宋) 이래로, 수많은 중국 영역 내의 신흥 사족(士族)가문들 역시 가문의 역사를 새롭게 구축함으로써 직간접적으로 황제에 반부하여 타 가문들과의 근본적인 차별을 표방했던 것이다.

피에르 부르디외가 주장하는 '품위를 기준으로 한, 사회신분 구분'이나, 르네 지라르가 말하는 '모방욕구'는 모두 사회적으로 서로 친근 혹은 접촉이 빈번한 집단 사이에서 발행한다. 다시 말해 문화와 역사에 대한 폄하, 과시 및 반부 행위는 문화적, 에스닉 집단적, 지리 및 사회적으로 멀리 떨어져 있는 집단(예를 들어 華夏와 非華夏, 士族과 鄕民) 사이에서는 자주 발생하지 않는다. 그에 반해 서로 가까운 집단 사이에서는 일련의 폄하, 과시와 반부 행위가 연쇄적으로 일어나게 된다. 이러한 사회·문화적 행위의 발생과 관련된 현지상황(local context)에 대해서, 제한적인 문헌기록에서는 찾아보기 힘들거나, 혹은 늘 왜곡된 형태로 나타난다. 그런즉 '규범화(範準化)'에 대한 편견으로 인해, 우리는 여러 동질성 인정의 변화나, 사회적 흐름에 대해 항상 '비(非)한족'에서 '한족'으로의 전환, 혹은 '평민'이 모종의 과정을 걸쳐 '사족'으로 변화되었는지에 대해서만 주목하게 된다. 전술했듯이, 사실상 모방과 반부 행위는 항상 문화적, 사회적 경계가 상당히 모호한 가까운 집단 사이의 상호작용으로 나타난다. 모호한 경계로 인해 동질성 인정의 위기를 느낀

집단에서 스스로를 높임으로써 타자와의 차별을 강조하게 된다. 상대방 집단에서는 그러한 폄하에 대한 반발 혹은 전자(前者)의 문화적 우월성 과시의 영향을 받아, 새로운 문화와 역사가치관(어떤 것이 고상한 문화인지, 어떤 것이 고귀한 조상의 기원인지 등)을 수용하게 된다. 따라서 전자 집단의 문화를 동경하게 되고, 그것에 대해 모방, 반부함으로써 양 집단 사이의 경계를 재설정하고자 한다. 선행연구에서 필자는 앞서 예시했던 사천(四川) 서북지역 湔江(전강) 상류 '청편(青片), 백초(白草) 토착 촌락'의 기원에 관한 현지 전승을 통해 이러한 상황에 대해 해석한 바 있다.[98] 중국문헌 기록에서는 이들 청편, 백초지역의 선주민을 '강인(羌人)' 혹은 '강번(羌番)'으로 지칭했다. 이 지역은 명대(明代)에 이르러 중국에 의해 정복된 이후, 한인들이 대거 이주하기 시작했으며, 한족의 문화와 역사기억도 함께 전래되어 현지인들에게 보편적으로 인식되었다. 청말명초(清末民初)에 이르러, 이 지역 주민들 의식 속에는 한족과 비한족 사이의 일종의 모호한 변경이 형성되어 있었다. 즉 그들은 자신들은 한족이며, 인근 마을 주민들은 오랑캐(蠻子)라고 인식하고 있었던 것이다. 자칭 한족마을의 문화적 심볼과 역사기억을 통한 우월성 과시는 다른 인근마을(오랑캐로 지칭) 사람들의 모방과 반부(攀附)를 이끌어 내게 되며, 이러한 과정이 반복적으로 재연되는 동안에 점점 더 많은 마을과 인구가 '한족'으로 둔갑하게 되었다. 그들은 자신들 가문은 '호광전사천(湖廣塡四川)' 시기 이주해 온 확실한 성씨를 가진 한족조상에서 기원했음을 강조하고,

---

98) 王明珂,「徘徊在漢與非漢之間 : 北川羌族的歷史人類學研究」,『國家, 市場與脈絡化的族群』(第三屆國際漢學會議人類學組論文集), 台北 : 中央研究院民族學研究所, 2002.

또한 대우(大禹)에 대한 제사를 통해 한족에게 반부하고자 했다. 하지만 아이러니한 것은, 이들은 한족을 자처하면서 인근 마을 주민들을 '오랑캐'라고 비웃는 사람들에 대해, 전강(湔江) 하류 혹은 조금 더 큰 도회지[城鎮] 사람들은 여전히 '오랑캐'라고 인식하고 있다는 점이다. 그런즉 한족을 자처한 집단 역시 한족에 대한 반부를 통해 '한족'이 되었음을 말해주며, 또한 이 '한족'의 범주는 인근 마을에 대한 폄하와 반부라는 연쇄적인 반응과정을 통해 끊임없이 주변으로 넓혀져 갔던 것이다. 이것이 곧 일종의 '한화(漢化)' 혹은 에스닉 집단 경계의 변천과정인 것이다.

위의 사례는 사실상 한족(혹은 넓은 범위에서의 중국민족) 기원과 형성과정 중의 한 단계를 대변해 주고 있다. 또한 청대(淸代) 중엽 이후, 민강(岷江) 상류지역의 여러 집단들 사이에서 나타나는 여러 사회적 현상들은 한족의 기원과 형성과정 중의 또 다른 한 측면, 즉 발전 초기단계의 모습들을 잘 보여주고 있다.

무현(茂縣)지역의 일반 촌락 사람들은 한족을 자칭하지 않는다. 그들은 스스로를 '이마(爾瑪)'라고 하는데, 오히려 상류 마을의 사람들에게는 '한족'으로 불리며, 곧 '오랑캐'로 여겨진다. 그럼에도 이들 마을의 토사(土司/토착민 출신의 관리)나 두령(頭領) 가문에서는 자신들 조상 기원을 한족 지역과 연관시키고 있다. 예를 들어 도광(道光) 시기에 찬술된 『무주지(茂州志)』에서는 현지 다섯 명의 토백호(土百戶/토착 수령)의 조상은 모두 한인 지역에서 나왔고, 대성(大姓)·소성(小姓)·대성흑수(大姓黑水)·소성흑수(小姓黑水) 이들 네 토착관리의 가문 역시 한족 출신으로 '호광전사천(湖廣塡四川)' 시기에 도래했으며, 송평(松坪) 토착관리의 조상은 섬서(陝

西) 사람이라고 했다.[99] 그 외에도 문천(汶川)의 와사(瓦寺) 토사(土司) '색(索)'씨(혹은 '桑朗'씨) 가문의 조상은 원래 가융(嘉絨)의 두령(혹은 왕)으로, 명대에 중국의 요청을 받아 이 지역의 반란을 평정하러 왔다가 잔류하게 되었는데, 대를 이어 내려온 족보가 이 사실을 입증해 준다고 한다.[100] 그럼에도 1920년대, 중앙연구원 역사언어연구소(中央研究院歷史語言研究所)의 여광명(黎光明) 등의 조사에 따르면, 당시 토사 가문에서는 자신을 한인 이주민의 후손이라고 칭했다고 한다. "하남(河南) 출신의 상국태(桑國泰)라는 사람이 있어, 장헌충(張獻忠)이 사천(四川)에서 일어난 후, 네 아들과 함께 사천으로 이민해 왔지요……넷째 아들 상붕(桑鵬)이 곧 문천(汶川) 이곳에 이르러 토사가문에 들어가 토사직을 이어받았다고 합니다."라는 것이다. 여광명 역시 다른 한 와사(瓦寺) 가문 토관(土官)과의 인터뷰에서 이러한 흥미로운 현상에 주목한 바 있다.

> "그의 말에는 항상 '저들 토착민', '우리 색(索)씨 가문'이라는 표현이 등장한다. 이는 곧 '색'씨 가문은 토착민과 같은 족속이 아니라는 점에 대한 강조인 것이다. 그는 아편(鴉片) 등불을 밝히고 우리에게 '저들 토착민들의 옛 관례'에 대한 이야기를 들려주었다."[101]

이렇듯 이들 토관들은 자신들 조상의 기원을 한족과 연관시켰고, 한족 향신(鄕紳)들의 생활을 방식을 모방했으며, 또한 주변 사람들(마을 내 혹은 上流지역의 다른 촌락 주민들)을 상대로 자신의 높

---

99)『茂州志』.

100) 祝世德,『世代忠貞之瓦寺土司』, 汶川: 四川瓦寺宣慰使司宣慰使署.

101) 黎光明, 王元輝,『猼猓子, 汶川的土民, 汶川的羌民』川康民俗調查報告之三, 台北: 中央研究院歷史語言研究所(비공개 자료).

은 신분을 과시하고자 했던 것이다. 그들은 주변 사람들을 비하, 조소(嘲笑)함과 동시에, 또 한편으로는 가까이에 있는 강 하류지역의 사람들과 외래 한족들에 의해 비웃음당하고 있었다. 마을의 일반인들은 강 하류지역의 '한족'이나 두령가문의 문화풍속(한족식 성씨나 한족 출신의 조상으로 거슬러 올라가는 가족사)을 모방 및 그에 반부함으로써 자신들은 상류지역의 다른 마을 혹은 같은 마을 다른 가족의 '오랑캐'들과는 구분된다고 과시했다.

이상에서 청대 이후, 북천(北川)과 무현(茂縣) 지역의 에스닉 집단과 그와 관련된 집단 현상에 대해 살펴보았다. 사실상 그러한 현상은 곧 수천 년을 경과하면서 발생한 수많은 화하변경 지역 에스닉 집단의 동질성 인정의 변화과정의 축소판이라 할 수 있다. 토착민 두령가문에서는 한족의 문화를 모방 및 그에 반부(攀附)하여 한족과 연관되는 조상의 기원을 만들어 냄으로써, 상대적으로 한족의 문화와 거리가 먼 주변 집단을 향해 자신의 우월성을 과시하고자 한다. 또한 화하의 변경에 위치한 일반인들은 가까운 한족 내지는 현지인 귀족가문의 한족 문화풍속을 모방하고, 한족의 조상을 만들어 갔다. 이러한 인접한 집단들 사이의 상호 과시·폄하·모방·반부라는 일련의 연쇄적 변화 과정을 겪으면서, 화하의 변경은 끊임없이 주변부로 확장되어 갔던 것이다.

마지막으로 주목해야 할 부분은, 반부 행위는 결코 일방적인 방향, 즉 '변경(주변)'에 소속된 이민족 집단의 '핵심부'인 화하집단에 대한 모방행위로만 나타나는 것은 아니라는 점이다. 때로는 화하 혹은 한족 역시 외래 집단의 문화와 역사를 모방 및 그에 반부하기도 한다. 예를 들어 북조(北朝) 시기의 『안씨가훈(顏氏家訓)』에 따르면 북제(北齊)의 사대부 가문에서는 자식들에게 선비어(鮮卑語)와 비파(琵琶) 연주를 가르치는 것을 자랑으로 여겼다고 하는데,[102] 이는 곧 화하 사족들의 외래 통치자 문화에 대한 일종의 반부(攀附) 행위인 것이다. 또 청말·민국 초, 중국 지식인들은 '황제(黃帝)는 서쪽에서 도래한 바빌로니아 추장(酋長)'이라는 '황제 서래설(西來說)'을 주장했는데,[103] 이 역시 서양문명(역사)에 반부한 조상 기원에 대한 역사 서술인 것이다. 앞서 살펴봤던 북천(北川) 지역의 청편(靑片), 백초(白草) 마을의 '한인'들은 20세기 80년대 이후부터, 문화적 심볼과 역사기억 창조를 통해 점점 더 많은 집단에서 강족(羌族)으로 변신하였다. 그들의 이러한 조상 기원에 대한 새로운 관념 구축의 핵심은 염제(炎帝)라고 할 수 있는데, 즉 모든 강족의 조상으로 염제가 새롭게 등장 및 부각되었던 것이다. 그들은 염제와 황제가 형제라는 전승을 부각시킴으로써, 강족 역시 화하의 오랜 역사와 함께 발전해 왔으며, 자신들은 '대우(大禹)'의 후손임을 내세웠던 것이다.[104]

---

102) 『顔氏家訓』 1/2, 敎子.

103) 蔣由智, 『中國人種考』(上海 : 華通書局), 劉師培, 『中國民族志』, 1905(台北 : 中國民族學會, 1962).

104) 王明珂, 「徘徊在漢與非漢之間 : 北川羌族的歷史人類學硏究」, 『國家, 市場與脈絡化的族群』.

IX. 맺음말

본고를 통해 필자는 '황제' 혹은 '염제'를 조상으로 하는 중국의 네이션 구조의 구축은 사실상 고대역사와 역사기억을 계승한 것임을 밝히고자 했다. 다시 말해 근대의 '중국민족'의 구축은 하나의 연속적으로 진행되어 온 역사과정의 가장 최근 단계라는 것이다. 이 역사발전과정 중, '화하(華夏)' 혹은 '중국인'과 같은 '우리 족속'에 대한 동질성 인정의 핵심인 '황제' 관념에는 이미 영역(領域), 정치권력(政治權力)과 혈연(血緣) 등 다양한 은유가 내포되어 있다. 이렇듯 혼돈스럽게 형성되기 시작한 에스닉 집단은 전국시대(戰國時代) 이래로 '황제' 혹은 '염제'와 '염황자손'과의 연줄 만들기, 즉 반부(攀附)행위를 통해, 점차 두 갈래의 '화하변경' – '정치·지리적(政治·地理的) 화하변경'과 '사회적(社會的) 화하변경'으로 확장하였다. 다시 말해 '성씨'와 더불어 그와 관련된 조상에 대한 역사기억을 통해, '황제'(혹은 염제)와 직접 혹은 간접적으로 혈연관계를 맺게 된 집단이 점점 중국의 주변지역으로 확장되었으며, 또한 중국 영역 내의 사회 하층으로 파급되었다는 것이다.

'화하'의 정치·지리적 변경과 관련해서, 지역 토착 사회의 지배층과 지식인들은 황제에 대한 반부행위를 통해 '화하'에 몸담게 되었으며, 동시에 그 지역을 화하 영역 내로 편입시켰다. 그러한 과정은 전국(戰國)에서 한진(漢晉)에 이르는 시기, 오(吳)·월(越)·조(趙)·위(魏)·진(秦)·전(滇) 및 파촉(巴蜀) 등 지역에서 진행되었다. 또한 이 시기에 이르러 화하 '영역'의 대략적인 밑그림이 완성되었으며, 그 이후 시기에는 이를 바탕으로 부분적인 변화만 있었을 뿐이다. 위진남북조(魏晉南北朝) 시기의 '오호(五胡)'는 사실상 원래부터 이 영역에 속해 있었거나, 혹은 외부로부터 이 영역에 진입하여, 황제 혹은 염제의 후손임을 자칭한 집단이었다. 당(唐)·송(宋) 시기, 북방지역의 문벌귀족들 중에는 서역(西域) 혹은 초원지역 출신의 가문이 많이 있었는데, 이들 역시 오랜 기간 동안 중국지역에 거주하면서, 조상의 기원을 염황(炎黃)과 연관시키게 되었다. 주목해야 할 부분은, 중고(中古) 시기의 시작과 함께, 중국으로 진출한 일부 북방민족들 예를 들어 여진(女眞)·몽골(蒙古)이나, 서쪽의 티베트(吐蕃) 등은 자신들의 기원을 염황과 연관시키지 않았다는 점이다. 오늘날에 이르러서도 '황제후손(黃帝之裔)' 혹은 '염황자손(炎黃子孫)'이라는 은유(隱喩)를 바탕으로 구축된 '중화민족(中華民族)' 혹은 '중국민족(中國民族)'이라는 개념범주 속에 한족을 제외한(혹은 전통적 화하 영역 밖의) 여러 북방이나 서쪽지역 '중국경내의 소수민족들'을 포함시키기 어려울 수밖에 없다. 따라서 '염황자손'을 강조하여 구축된 '중국민족' 관념은 만주족·몽골족·티베트족 등 민족들의 보편적인 공감을 이끌어 내지는 못하고 있다. 그에 비해 전통적 화하영역의 남방 혹은 서남부 지역의 사정은 조금 다르다.

본고에서는 화하의 남방이나 서남쪽 변경의 경우에 대해서는 언급하지 않았다. 많은 문헌 기록을 통해 알 수 있듯이, 역사적으로 '득성(得姓)'이라는 방식으로 가족사를 새롭게 창조하고, 또한 염황에 반부해 온 집단이 중국의 남방과 서남쪽 변경 지역의 비(非)한족 집단 사이에서 점점 확대·만연(蔓延)되었던 것 같다. 많은 중·상류층 가문에서는 '성씨'를 갖고 있었으며, 한인(漢人)임을 자처했다. 나머지 일반인들은 한식(漢式) 성씨를 갖고 있지 않거나, 갖고 있다 하더라도, 중국의 주류역사와 연관시킬 만한 가족사의 기억을 갖고 있지 못했다. 본고에서 언급한 두 가지 화하변경, 즉 '정치·지리'와 '사회적' 변경이 이곳에서 교차하여, 일종의 모호한 화하변경을 형성하게 되는 것이다. 당대(唐代)에 편찬된 『통전(通典)』에는 다음과 같은 기록이 있다.

> "송외(松外)의 여러 오랑캐들(蠻)……성씨가 수십 개나 된다. 그중 양(楊)씨·이(李)씨·조(趙)씨·동(董)씨는 명문가문으로, 각자 영역을 갖고 있고, 서로 복속하려 하지 않는다. 스스로 이르기를 조상은 본래 한인(漢人)이었다고 한다."105)

또한 송대(宋代)의 『통지(通志)』에서는 고대에 귀(貴)한 가문에는 성씨가 있고, 천(賤)한 자들은 성씨를 갖고 있지 않았다고 했다.

> "지금 남방의 여러 오랑캐(蠻)들에게는 그러한 법도가 여전히 남아 있다."106)

그만큼 남방의 많은 비한족들 중 상류층들은 한족의 성씨를 가지고 있었던 것이다. 명청(明淸) 시기에 이르러, 서남지역의 강족(羌族)·묘족(苗族)·요족(瑤族)·토가족(土家族)·여족(畬族)·백족(白族)·장족(壯族) 등 민족들 중, 토사(土司)나 상류층들은 자신들의 조상을 한인(漢人)이라고 했다. 청대(淸代) 문헌자료에 따르

---

105) 『通典』 187, 邊防.
106) 『通志』 25, 氏族略.

면, 운남(雲南)·귀주(貴州)지역의 토사들은 대부분 '남경에 적(籍)을' 두고 있고, 사천(四川) 지역의 토사들은 '호남(湖南)과 광동(廣東)에 적을' 두고 있는 것으로 나타난다. 그들은 심지어 '성씨의 원류'에 관한 족보를 통해, 직간접적으로 염제나 황제와 혈연적 연결고리를 만들어 내기도 했다. 예를 들어 하문대학(廈門大學) 인류학 박물관에는 청대에 만들어진 여족(畲族) 가문의 가계도가 있다. 이 가계도 첫 페이지에서 그 가문의 기원을 '황제'와 연관시키는 관련 서술과 그림[圖像]을 확인할 수 있다. 또한 1945년에 써진 호북(湖北) 악서(鄂西)지역의 토가족(土家族) 가문의 『향씨족보(向氏族譜)』에는 "우리 향씨는 탕(湯) 임금에서 기원하였다."는 문구가 등장하는데,107) 이 역시 황제후손임을 자칭한 사례라고 할 수 있다. 같은 지역의 토가족인 전(田)씨 가문에서는 "전씨는 유웅씨(有熊氏)와 황제의 후손"이라고 했다.108) 그 외에도 호남(湖南)·호북(湖北)·사천(四川)·귀주(貴州) 등 지역의 많은 소수민족 가문의 명말(明末)에 만들어진 족보에 보면, 역시 "우리 가문은 우순(虞舜)에서 기원했다."고 하고 있다.109)

'사회적'인 화하의 변경과 관련해서, 조상의 기원을 통한 반부행위는 '화하 영역' 내에서 활발하게 전개되어 내려왔다. 하지만 '역사'는 단지 상층 통치자와 귀족가문의 '기원'에만 주목할 뿐이다. 따라서 사회의 중·하층에 소속된 집단의 '염황자손'에 대한 반부 과정은 항상 소홀히 다루어지곤 했다. 여하튼 족보에 기술된 '성씨

---

107) 孫秋云, 『社區歷史與鄕政村治』, 北京 : 民族出版社, 133쪽.

108) 『田氏新族譜』, 1995(원본은 湖北省來鳳縣民族事務委員會에서 수장).

109) 湘, 鄂, 川, 黔, 桂, 粤, 滇滿姓家史編輯組 編, 『南方滿族嬗衍史』(湖南麻陽縣, 1998), 6~7쪽.

원류' 혹은 '조상에 대한 고증'은 그 집단에서 자처한 조상의 기원이다. 따라서 중국의 가문과 족보 발전의 역사를 다음과 같이 이해할 수 있다. 즉 '족보'라는 기억을 빌려, '황제' 혹은 '염황(炎黃)'과 혈연적으로 연결된 '에스닉 집단' 단위 - '문자로 기록된 족보를 가진 가문'이 점점 더 많아졌으며, 또한 점점 더 보편화되어, 중국사회의 중·하층으로 파급되었다는 것이다. 마지막으로 이러한 역사기억과 역사사실을 기초로, 또한 민족주의가 내포하고 있는 개인주의(individualism) 정신을 바탕으로, 청말·민국 초 중국 지식인들은 황제와 '모든' 중국인의 상상의 혈연관계를 창조해 내게 되었던 것이다.

필자는 1995년부터 사천(四川) 서부에 있는 아패 장족·강족자치주(阿壩 藏族·羌族自治州)에서 현지조사를 진행해 왔다. 그 과정에 이현(理縣) 포계구(蒲溪溝) 마을의 한 강족(羌族) 가문에서 그 가문의 족보를 초록(抄錄)한 바 있다. 이 족보는 청대(淸代) 중엽에 만들어진 것으로, 성씨의 기원에 대해 "우리 왕(王)씨가 처음으로 성씨를 하사받은 것은 주(周)나라 영왕(靈王)의 태자 진(晉)부터이다. 산서(山西) 평양(平陽)에 은둔해 있었는데, 그 후손들이 대를 이어 왕의 가문을 칭했으므로, 그로써 성씨를 삼았다."고 했다. 당대(唐代)에 편찬된 『원화성찬(元和姓纂)』이나, 명대(明代)의 『만성통보(萬姓統譜)』에서 모두 '왕'씨의 기원을 주 영왕의 태자 진과 연관시키고 있다. 그런즉 이 조상의 기원과 관련된 전승은 '성씨서(姓氏書)' 부류의 저술들이 가문의 기원과 관련된 기억을 통합하는 데 큰 역할을 했음을 말해준다. 하지만 구술(口述)방식의 역사기억 속에서 현지의 왕씨는 다섯 지파로 나뉘는데, '호광 전사천(湖廣塡

四川)’ 시기에 이곳에 이른 다섯 형제가 각자 독립하면서 형성된 것이라고 한다. 또 다른 일설에 의하면, 이 지역에서 가장 큰 세 마을의 기원과 상관있다고 한다. 즉 이들 세 마을은 세 형제가 분가하여 이룬 것인데, 그들 셋이 각자 활을 쏘아, 화살이 닿은 곳에 자신들의 마을을 세웠다는 것이다. 이 포계구(蒲溪溝) 마을의 왕씨 가문은 본고에서 말하는 화하의 정치·지리적 변경에 위치할 뿐만 아니라, 화하의 사회적 변경에 위치하여 있다. 한족과 비(非)한족 사이의 경계가 모호할 뿐만 아니라, 변동이 잦았던 탓에, 두 가지 변경 사이의 엄격한 구분이 없어지게 되었던 것이다. 이는 한족 혹은 중국인 집단 형성과정의 축소판이라 할 수 있다. ‘형제고사(兄弟故事)’를 핵심으로 하는 구술 방식의 가족사에서, ‘과거’는 다만 ‘현재’·‘현지’ 집단 사이의 관계를 설명해 주고 있을 뿐이다. ‘성씨’를 바탕으로 한 문자로 기록된 족보기억은 가문의 역사를 중국 역사의 큰 흐름과 연결시켜 준다. 또한 그로 인해 수많은 가문과 중화민족이 얼기설기 엮이게 되는 것이다. 그리하여 민족화(民族化) 혹은 중국민족의 형성 과정에서, 구술로 전승되어 내려온 ‘형제고사’ 형식의 가문의 기원 역사, 예들 들어 고대 화하지역에서 전해져 내려온 ‘염황 형제’ 설화나, 고대 촉(蜀) 지역의 ‘인황(人皇)의 아홉 형제’ 설화, 및 본고에서 예시한 백초하(白草河)와 포계구(蒲溪溝) 마을의 ‘형제고사’는 모두 점차 사회기억 속에서 사라지거나 신화전설로 남게 되었던 것이다.

기나긴 ‘황제에 대한 반부’ 역사 속에서, ‘근대’는 확실히 중요한 변혁의 시대였던 것만은 분명하다. 이 시기 ‘반부’ 행위의 주체가 ‘집단’이 아닌 ‘개인’으로 바뀌었으며, 또한 더 이상은 간접적이 아닌, 직적접인 행위로 변화되었다(이러한 과정을 통해 사람들 모두가 '황제자손'에 편입되었다). 지식인·국가와 매체(媒體)는 새로운 상황 속에서 앞선 시기에는 가져 본 적 없는 막강한 지식 통제권을 소유하게 되었고, 이를 통해 '황제에 대한 반부' 행위를 조장하였다. 그런 의미에서 '민족의 근대 구축설'은 허황된 주장이 아니라 할 수 있다. 그럼에도 불구하고, '황제후손' 혹은 '염황자손'이라는 민족관념으로는 현재 이른바 '중화민족'에 소속되어 있는 만주족(滿洲族)·몽골족(蒙古族)·티베트족[藏族] 및 일부 서남지역의 소수민족을 하나의 혈연으로 연결된 상상의 공동체로 통합하기는 어렵다. 그런즉 어떤 의미에서는 '황제에 대한 반부' 행위는 '화하(華夏)'에서 탈피하여 '중화민족'을 형성한 역사과정의 연속적인 한 단면을 보여준다고 할 수 있다. '근대 중국 네이션 관념의 구축' 과정 중, 중요한 역할을 담당한 '상상력'·'창의성'과 그로 인해 조성된 '근현대(近現代)'와 '과거'의 단절은, 사실상 새로운 언어학(言語學)·체질학(體質學)·민족학(民族學)과 고고학(考古學) 등 학문 분야의 영향이라 할 수 있다. 이들 학문의 발전은 반드시 '민족'의 분류와 기원을 더 정확하게 파악할 수 있는 계기를 마련해 주는 것은 아니다. 단 확실한 것은, 국가 혹은 민족관념의 구축(황제에 대한 반부 행위를 포함)에 더 많은 해석의 도구(가능성)를 제공해 주며, 그로써 중국(혹은 화하) 민족의 '변경'을 변화시킨다는 점이다. 전통적으로 왕의 교화(教化)가 닿지 않은 지역 혹은 한족과 비한족의 구분이 모호했던 변방지역(frontiers)은 국가의 변경 내부의 변두리(邊緣/peripheries)로 변화되었다. 따라서 비록 다수의 만주족·몽골족·티베트족 등 주변 민족들에게 있어서, 황제 혹은 염황자손이

라는 역사기억은 그다지 큰 의미를 갖고 있지 않으나, '몽골인종(蒙
古人種)'·'한-티베트 언어체계(漢藏語系)'와 '앙소문화(仰韶文
化)'·'홍산문화(紅山文化)'·'북방청동기문화(北方靑銅器文化)'
등등 체질학·언어학·고고학 분야의 새로운 접근법·상상과 더불
어, 이들 학문 사이의 다양한 연결을 통해 도출해 낸 새로운 이론
들은 '민족의 변경' 관념을 구축하고, 그 내부의 응집력을 강화하
는 데 널리 이용되고 있다.

우리가 간과할 수 없는 부분은, '황제'를 종족기원으로 하는 논
술 방식이 '근대'뿐만 아니라, 전국시대(戰國時代) 말에서 한(漢)나
라 초기에도 등장했었다는 점이다. 따라서 '중국인'의 형성과 변천
에 대해 살펴볼 때, '전국 말~한 초'와 '근대'라는 중요한 두 핵심
포인트를 놓쳐서는 안 될 것이다. 주목해 볼 필요가 있는 것은, 이
두 중요한 시대는 또한 『사기(史記)』의 출현과 『사기』를 시작으로
하는 '정사(正史)' 기록 전통의 종말(혹은 역사연구와 기술방식상의
근본적인 전환점) 시기와도 일치한다는 점이다. 『사기』에서는 전국
말기에서 한 초기의 황제와 관련된 논술을 총괄하였을 뿐만 아니
라, 하나의 '영웅 조상'을 기본 골자로 하는(영웅전기와 제왕계보)
새로운 '장르(genre)', 이른바 '정사'를 창조하였다. 또한 그와 함께
'역사'를 사마천(司馬遷)의 말을 빌리자면 '그 말이 속된' 신화전설
(神話傳說)과 분리시켰다. 이러한 기전체(紀傳體) 정사 기술 방식
은 청말에 이르러서야 폐기되었으며, 그 이후부터, 새로운 '이성(理
性)'과 새로운 구조의 역사기술 방식이 등장하기 시작했다. 그러므
로 '중국인'의 본질 및 변천에 대해 살펴볼 때, '텍스트'를 통해 관
련 상황을 분석할 수 있을 뿐만 아니라, 여러 '장르'의 문헌들, 예

를 들어, 정사, 지방지(地方誌)·족보(族譜)·여행기(旅行記) 및 근대 '민족사(民族史)'의 출현과 그 형식의 변화 및 '역사'와 '신화전설' 범주의 형성과 양자 사이 경계의 변천 등 단서들도 '중국인'의 형성과 전환과정 중의 일부 본질적인 변화를 암시해 주고 있다. 따라서 이러한 측면에 초점을 맞춰 깊이 있는 연구가 진행되어야 할 것이다.

마지막으로, '황제후손' 혹은 '염황자손'과 관련하여, 기존연구에서는 항상 '민족'의 동질성 인정과 관련된 화이(華夷) 혹은 중국민족과 외부의 족속(外族) 사이의 구분에 역점을 두어 왔다. 따라서 이러한 '혈연에 관한 논술' 뒤에 감춰진 성별(性別)·계급(階級) 간의 핵심부와 주변부(변경)의 구분에 대해서는 소홀히 다루어 왔던 것이 사실이다. '영웅적 조상의 역사' 혹은 '형제고사'를 통한 집단의 혈연적 유대 관계 구축에서는 항상 일부 사람들만의 '기원', 즉 통치자의 혈연 혹은 남성의 혈연이 곧 집단 전체의 '기원'으로 확대 해석되어 왔다. 따라서 사람들은 항상 '영웅적 조상의 역사' 혹은 '형제고사'의 구조(여성과 사회적 약자들 역시 이러한 구조 속에 자주 등장한다)를 통해, 함께 공유할 수 있는 '집단'의 변경을 변화시키곤 한다. 하지만 새로운 동질성 인정 체계 속에서도 여성과 사회적 약자의 '주변부(변경)'라는 지위는 크게 변화되지 않는다. 이 점 역시 깊이 생각해 볼 필요가 있다.

» 참고문헌

1. 문헌

『左傳』, 十三經注疏, 台北: 藝文印書館, 1970.

『國語』, 四部備要, 台北: 中華書局, 1981.

『管子』, 四部叢刊, 上海: 上海書店, 1989.

『商君書』, 台北: 中華書局, 1965.

『周易』, 十三經注疏, 台北: 藝文印書館, 1970.

『莊子集解』, 王先謙集解, 台北: 華正書局, 1975.

『淮南子』, 台北: 中華書局, 1966.

『列子注釋』, 張湛 注, 台北: 華聯出版社, 1969.

『孫子譯注』, 郭化若 譯注, 上海: 上海古籍出版社.

『鶡冠子』, 四部叢刊, 上海: 上海書店, 1989.

『蜀王本紀』, 全上古三代秦漢三國六朝文, 卷53, 北京: 中華書局, 1958.

『世本』, 叢書集成, 北京: 中華書局, 1985.

『山海經』, 畢氏巖靈山館校本, 台北: 啓業書局, 1977.

司馬遷, 『史記』, 正史全文標校讀本, 台北: 鼎文書局, 1979.

陳壽, 『三國志』, 正史全文標校讀本, 台北: 鼎文書局, 1979.

房玄齡 等, 『晉書』, 正史全文標校讀本, 台北: 鼎文書局, 1979.

蕭子顯, 『南齊書』, 正史全文標校讀本, 台北: 鼎文書局, 1979.

沈約, 『宋書』, 正史全文標校讀本, 台北: 鼎文書局, 1979.

歐陽修, 宋祁, 『新唐書』正史全文標校讀本, 台北: 鼎文書局, 1979.

魏收, 『魏書』, 正史全文標校讀本, 台北: 鼎文書局, 1979.

范曄, 『後漢書』, 正史全文標校讀本, 台北: 鼎文書局, 1979.

令狐德棻 等, 『周書』, 正史全文標校讀本, 台北: 鼎文書局, 1979.

脫脫 等, 『遼史』, 正史全文標校讀本, 台北: 鼎文書局, 1979.

脫脫 等, 『金史』, 正史全文標校讀本, 台北: 鼎文書局, 1979.

魏徵等, 『隋書』, 正史全文標校讀本, 台北: 鼎文書局, 1979.

顔之推, 『顔氏家訓』, 四部叢刊, 上海: 上海書店, 1989.

杜佑,『通典』, 台北: 台北商務印書館, 1987.

羅泌,『路史』, 叢書集成, 北京: 中華書局, 1985.

常璩,『華陽國誌』, 台北: 台灣商務印書館, 1979.

林寶,『元和姓纂』, 北京: 中華書局, 1994.

鄭樵,『通志』,台北: 台灣商務印書館, 1987.

顧炎武,『日知錄』, 台北: 台灣商務印書館, 1983.

凌迪之,『萬姓統譜』, 四庫類書叢刊,上海: 上海古籍出版社, 1994.

王夫之,『黃書』, 台北: 世界書局, 1962.

楊迦襗 等,『茂州志』, 1831.

2. 논저

Anderson, Benedict, Imagined Communities. Rev. edition. London: Verso,
    1991.

Le Blanc, Charles, "A re－examination of the Myth of Huang－ti."
    Journal of Chinese Religions 13/14: 1985－86, pp.45－63.

Chatterjee, Partha, The Nation and Its Fragments: Colonial and
    Postcolonial Histories. Princeton: Princeton University Press, 1993.

Diamond, Norma, "Defining the Miao." In Cultural Encounters on
    China's Ethnic Frontiers, edited by Stevan Harrell Seattle:
    University of Washington Press, 1995.

Duara, Prasenjit, "Deconstructing the Chinese Nation." Australian Journal
    of Chinese Affairs 30: 1993, pp.1－28.

Duara, Prasenjit, Rescuing History from the Nation: Questioning
    Narratives of Modern China. Chicago: The University of Chicago
    Press, 1995.

Ebrey, Patricia, "Surnames and Han Chinese Identity." In Negotiating
    Ethnicities in China and Taiwan, edited by Melissa J. Brown.
    Seattle: University of Washington Press, 1996.

Hobsbawm, Eric & Terence Ranger ed., The Invention of Tradition.

Cambridge: Cambridge University Press, 1983.

Litzinger, Ralph A., "Contending Conceptions of the Yao Past." In Cultural Encounters on China's Ethnic Frontiers, edited by Stevan Harrell. Seattle: University of Washington Press, 1995.

Wang, Ming－ke, "Western Zhou Remembering and Forgetting." Journal of East Asian Archaeology(Leiden). Inaugural Issue vol.1, 1－4: 1999, pp.231－250.

Ebrey, Patricia, "Surnames and Han Chinese Identity." In Negotiating Ethnicities in China and Taiwan, edited by Melissa J. Brown. Seattle: University of Washington Press, 1996.

Bourdieu, Pierre, Distinction: A Social Critique of the Judgement of Taste. Trans. by Richard Nice. London: Routledge & Kegan Paul, 1979.

Girard, René, Violence and the Sacred. Trans. by Patrick Gregory. Baltimore: The Johns Hopkins University Press, 1977.

Winichakul, Thongchai, Siam Mapped: A History of the Geo－Body of a Nation. Honolulu: University of Hawai'i Press, 1994.

王明珂, 『華夏邊緣: 歷史記憶與族群認同』, 台北: 允晨文化公司, 1997.

王明珂, 「羌族婦女服飾: 一個'民族化'過程的例子」, 『中央研究院歷史語言研究所集刊』 69.4, 1998, pp.841－885.

王明珂, 「歷史文獻的社會記憶殘餘本質與異例研究: 一個考古學的隱喻」, 『民國以來的史料與史學』, 台北: 國史館, 1998, pp.27－50.

王明珂, 「根基歷史－羌族的弟兄故事」, 『時間, 歷史與記憶』, 黃應貴主編, 台北: 中央研究院民族學研究所, 1999, pp.283－341.

王明珂, 「歷史事實, 歷史記憶與歷史心性」, 『歷史研究』 5, 2001, pp.136－147.

王明珂, 「徘徊在漢與非漢之間: 北川羌族的歷史人類學研究」, 何翠萍, 蔣斌編, 『國家, 市場與脈絡化的族群』, 第三屆國際漢學會議人類學組論文集, 台北: 中央研究院民族學研究所, 2002.

李學勤, 「論包山簡中一楚先祖名」, 『文物』 1988. 8, pp.87－88.

李學勤, 「談祝融八姓」, 『江漢論壇』 1980. 2, pp.74－77.

杜正勝, 『周代城邦』, 台北: 聯經出版公司, 1979.

沈松僑,「我以我血薦軒轅: 黃帝神話與晚清的國族建構」,『台灣社會研究季刊』28, 1997, pp.1－77.

始皇陵秦俑坑考古發掘隊,「秦始皇陵西側趙背戶村秦刑徒墓」『文物』3, 1982, pp.1－11.

孫作雲,「中國古代鳥氏族諸酋長考」,『中國學報』3.3, 1945.

孫秋云,『社區歷史與鄉政村治』,北京: 民族出版社, 2002.

徐旭生,『中國古史的傳說時代』,北京: 科學出版社, 1962(1944).

祝世德,『世代忠貞之瓦寺土司』,汶川: 四川瓦寺宣慰使司宣慰使署, 1943.

馬長壽,『碑銘所見前秦至隋初的關中部族』,北京: 中華書局, 1985.

張政烺,「秦漢刑徒的考古資料」,『北京大學學報』3, 1958, pp.179－184.

郭沫若,『兩周金文辭大系考釋』,上海: 上海書店出版社, 1999.

湘, 鄂, 川, 黔, 桂, 粵, 滇滿姓家史編輯組編,『南方滿族嬗衍史』,湖南麻陽縣, 1998.

黃石林, 石興邦,「龍與中華民族」,『黃帝與中國傳統文化學術討論會文集』,西安: 陝西人民出版社, 2001, pp.94－102.

楊亞長,「炎帝, 黃帝傳說的初步分析與考古學觀察」,『黃帝與中國傳統文化學術討論會文集』,西安: 陝西人民出版社, 2001, pp.85－93.

蒙文通,『古史甄微』,台北: 台灣商務印書館, 1968(1933).

劉師培,『中國民族志』,台北: 中國民族學會, 1962(1905).

劉桓,「試說“多生”, “百生”與“婚媾”」,『陝西歷史博物館館刊』 第2輯, 1995, pp.136－138.

歐陽宗書,『中國家譜』,北京: 新華出版社, 1992.

蔣由智,『中國人種考』,上海: 華通書局, 1929.

黎光明, 王元輝,『猼猍子, 汶川的土民, 汶川的羌民』,川康民俗調查報告之三, 台北: 中央研究院歷史語言研究所, 未刊稿本, 1929.

羅香林,『中國族譜研究』,香港: 香港中國學社, 1971.

羅振玉 編,『三代吉金文存』,北京: 中華書局, 1989.

▌청말(淸末) 민족주의와 황제(黃帝) 숭배의 발명

쑨룽지(孫隆基, Sun Long-ji)

청말(淸末) 민족주의와 황제(黃帝) 숭배의 발명

Late Qing Nationalism and the Invention of the Cult of the Yellow Emperor
(孫隆基, 「淸季民族主義與黃帝崇拜之發明」, 『歷史硏究』 中國社會科學雜誌社, 2000年 第3期)

■ 저자 약력

쑨룽지(孫隆基, Sun Long‒ji)

1945年, 中國 重慶 出生,

1963∼1970: 臺灣大學 사학과에서 碩士학위 취득,

1971∼1977: 미국 미네소타대학(Minnesota UNIV.)에서 러시아사 전공, 博士학위 취득,

1977∼1984: 미국 스탠포드대학(Stanford UNIV.)에서 동아시아사 전공, 博士학위 취득,

현재 臺灣國立中正大學 사학과 교수로 재직.

■ 대표 논저

− "The Other May Fourth: Twilight of the Old Order", in Kai‒Wing Chow, et. al. eds., *Beyond the May Fourth Paradigm: In Search of Chinese Modernity*, New York: Lexington Books, 2008,

− 『歷史學家的經線: 歷史心理文集』, 香港: 花千樹出版社, 2005,

− 「中國人身體化的宗敎觀」, 『國立成功大宗敎與文化學報』 第五期, 2005,

− 「公元1919年 − 有關「五四」的四種不同的故事」, 『二十一世紀』, 香港中文大學中國文化硏究所, 總第96期, 2006,

− *The Chinese National Character: From Nationhood to Individuality*, Armonk,

NY: M.E. Sharpe, 2002,
- Interpretive Essay of the chapter, "The Ming Dynasty Comes to Power, 1368 – 1431", in Frank W. Thackeray and John E. Findling, eds., *Events that Changes the World Through the Sixteenth Century*, Westport, CT: Greenwood Press, 2001,
- "The Politics of Hair and the Issue of the Bob in Modern China", *Fashion Theory Journal*, vol.1, issue 4, 1997,
- "Without Sex and Violence: The 'UnAmerican' Personality", *New Perspectives: A Comparative Literature Yearbook*, vol.2, 1996,
- *Das Ummauerte Ich: Die Tiefenstruktur der chinesischen Mentalität*, a German translation of *TheDeep Structure of Chinese Culture*, Leipzig: Gustav Kiepenheuer, 1994.

청말(淸末) 민족주의와 황제(黃帝) 숭배의 발명

쑨룽지 (孫隆基, Sun Long-ji)

Ⅰ. 머리말

현대국가들은 항상 자국의 오래된 역사적 흔적[史迹]들에 기념비적 의미를 부여하곤 한다. 하지만 그런 것들은 근대 역사 흐름 속에서 생겨난 부산물들에 불과하다. 영국의 사학자 에릭 홉스봄(Eric Hobsbawn)에 의하면, 제1차 세계대전이 발발하기 이전 30~40여 년 사이, 구미(歐美)에서 근대민족국가로의 변화 움직임이 활발하게 전개되었으며, 국민 공동의 참배 대상도 대부분 이 시기에 생겨난 것이라고 한다.

바스티유감옥 습격 사건(1789년) 발발 연도가 결코 자연스레 프랑스 혁명의 원년(元年)으로 지정될 수 있었던 것은 아니었다. 파리 시민들이 바스티유감옥을 공격하면서 혁명의 불길이 지펴졌으므로, 당연히 이날을 국경일로 지정했을 법도 하나, 사실은 1880년 제3공화국 시기에 이르러서야 관방(官方)에서 지정한 공식 국경일, 즉 현재 프랑스의 국경일로 확정지어졌던 것이다. 프랑스 대혁명은 제3공화국 시기에 이르러서야 사회 전반에 걸친 혁명에 대한 긍정적인 평가를 이끌어 내게 되었다는 얘기다. 하지만 대혁명은 줄곧 사회분열의 기억으로 남아 있어, 그중 어느 특정 시기, 또 어떤 특정 인물을 '건국(開國)'과 직접적으로 연관시키기에 적절치 못하였던 만큼, 모종의 기호(Symbol)를 숭배의 대상으로 설정하는 수밖에 없었다. 예를 들어 삼색기(三色旗)나 바스티유 습격일 등……

미국 국기인 성조기(星條旗) 역시, 비록 독립전쟁 시기 창제된 것이라고는 하나, 학교에서 국기에 대해 경례 의식(儀式)을 거행하기 시작한 것은 불과 19세기 80년대 이후의 일이다. 그 목적은 새로 이주해 온 이민(移民)들을 '미국인'[1]으로 만들기 위해서였던 것이다.

그럼에도 이러한 '발명(發明)'의 가장 큰 효과는 고대에서 현재까지 일국의 역사를 일맥상통하게 연결시켜 주는 것 같은 착각을 가져다준다는 것인데, 완벽한 듯 보이는 중국사(中國史) 이야기들 역시 그러한 착각의 단편들로 엮어진 것에 불과하다.

홉스봄이 주장한 이른바 '창조된 전통'이란 결코 아무 근거 없는 허무맹랑한 얘기가 아니다. 즉 어떠한 민족이든, 처해 있던 역사 상황 속에서 스스로의 현실적 요구에 알맞게 과거를 재창조 및 기술한다는 것이다. '민족국가(民族國家)'가 형성되기 이전에는 심지어 공동의 기억마저도 있었을 리가 없다. 오로지 선택과 재창조의 작업을 거쳐 창조된 '공동의 과거'야말로 민족국가 형성의 원자재인 것이다. 이렇게 창조된 축조물은 결코 영원한 존재가 아니다.

<hr>

1) Eric Hobsbawn, "Mass Producing Traditions: Europe, 1870~1914", in Eric Hobsbawn and Terence Ranger, eds., *The Invention of Tradition*(Cambridge: Cambridge University Press, 1983), pp.271-273, p.280.

19세기 후반까지만 해도 서양의 많은 민족국가들은 유대인을 사회 구성원으로 포용하고 있지 않았다. 오히려 유대인을 공동의 과거에 부정적인 역할을 한 주체로 기억하고 있었다. 인구의 반을 차지하고 있는 여성 역시 공동의 기억 속에서 배제되었다. 하지만 그들은 오늘날 자신들의 '국사(國史)' 편찬에서 이러한 부분들을 수정하지 않으면 안 되었다.

여기서 한 가지 더 부연해 설명하자면, 비록 유럽의 많은 나라들에서 자신들의 오랜 '역사'를 자랑하고 있다고는 하나, 그 '건국' 시점은 대부분이 19세기 후반이라는 점에 유념해야 할 것이다. 여기서 '국가(國家)'는 국민이 함께 참여하는 형식의 민족국가를 일컫는 말이지, 결코 왕조(王朝)나 방국(邦國)을 가리키는 것은 아니다. 구미(歐美) 각국들에서는 19세기 70년대부터 남성 국민들에게 선거권을 부여하면서 속속 '현대(現代)'사회로 진입하기 시작했다. 독일과 이탈리아는 국가 통일마저도 1871년에 이르러서야 겨우 완성하게 되었다. 어떤 의미에서 청대(淸代) 중국의 근대화 시도, 즉 19세기 60년대 양무운동(洋務運動)은 결코 늦은 편이 아니라 하겠다. 이는 일본의 메이지유신보다도 여러 해 앞설뿐더러, 당시 러시아 역시 겨우 농노제(農奴制)에서 탈피한 상황이었고, 미국은 흑인 노예제 폐지 및 남북통일 전쟁 수행 중이었다.

일본의 '만세(萬世)를 이어 온' 천황(天皇) 숭배 역시 메이지유신이 만들어 낸 발명품에 불과하다. 막부(幕府)시대까지만 해도, 천황은 결코 봉건국가 권력의 정점이 아니었으며, 일반 백성들은 그의 존재에 대해 잘 알고 있지 못했다. 1868년 막부체제가 붕괴되고 나서 메이지 천황이 처음으로 에도(도쿄)로 순행 나갔을 때, 당시 에

230

도지역의 백성들은 막연히 그를 전설 속의 쇼토쿠태자(聖德太子)인 줄로만 알고 있었다고 한다. 새 정부에서 민간에 파견한 애국 및 천황숭배 선전대(宣傳隊)를 미카와(三河)지역에서는 기독교 선교사인 줄로 오인하여 폭동을 일으키기도 했다. 그럼에도 이러한 선전(宣傳) 자체는 이미 현대적 정권의 국민동원 성격을 띠고 있었던 것만은 분명하다. 메이지 정부에서는 1873년 처음으로 공휴일을 제정하게 되는데, 그중에는 일본을 개국한 진무덴노(神武天皇)의 즉위일과 더불어 메이지 천황의 생일이 들어 있었다.[2] 전자는 사회 전반에 걸쳐 널리 알려진 신화전승이고, 후자는 확인 가능한 확실한 날짜였던 만큼, 양자를 결합시켜 전국 범위의 공휴일로 제정한 것은 실로 놀랄 만한 새로운 발명이 아닐 수 없다.

중화(中華)라는 5천 년의 역사를 자랑하는 문명고국(文名古國) - 중국이 황제(黃帝)를 그 시초로 하고 있으며, 중국 사람은 모두 '황제의 후손'이라는 설법도 알고 보면 20세기의 '작품'에 불과하다. 그럼에도 초등학교·중학교 교과서에서는 여전히 이러한 관념들을 학생들에게 주입하고 있으며, 중년층 이상의 연배를 가진 사람들은 여전히 이를 절대적인 진실로 받아들이고 있다.

시간선상에서 봤을 때, 춘추시대(春秋時代) 이전의 옛 문헌들, 예를 들어 『시경(詩經)』·『서경(書經)』 등에서 전하고 있는 가장 오래된 제왕(帝王)은 우(禹) 임금일 뿐, 황제(黃帝)나, 요(堯)·순(舜)에 대한 언급은 찾아볼 수 없다. 『논어(論語)』·『묵자(墨子)』·

---

2) Takashi Fujitani, "Inventing, Forgetting, Remembering: Toward a Historical Ethnography of the Nation - State", in Harumi Befu, ed., *Cultural Nationalism in East Asia: Representation and Identity*(Institute of East Asian Studies: University of California, Berkeley, 1993), pp.85 - 86, 88, 91.

『맹자(孟子)』 등에는 요·순에 대한 언급은 있으나 황제에 관한 기록은 역시 보이지 않는다. 그러다가 전국시대(戰國時代)에 이르러서야 황제에 관한 전설이 크게 성하게 되는데,[3] 『사기(史記)』에서는 황제본기(黃帝本紀)를 오제본기(五帝本紀)의 첫머리에 수록하였다. 그럼에도 황제는 제왕의 시조로만 인식되고 있었을 뿐, '민족국가'의 창시자 같은 존재는 결코 아니었다.

프랑스 한학자(漢學者) 마르셀 그라네(Marcel Granet)는 황제와 음양오행설(陰陽五行說)을 연관시켜 해석한 바 있다. 즉 한무제(漢武帝)가 B.C. 104년에 정삭(正朔)을 바꾸고, 용포의 색을 황색(黃色)으로 하였으며, 사관(史官)인 사마담(司馬談)·사마천(司馬遷) 부자에게 영을 내려 『사기』에서 황제를 제왕들의 맨 앞에 기술토록 하였는데, '오덕종시론(五德終始論)'의 관점에 따라 역사를 해석해 봤을 때, 한대(漢代)에 이르러서 시대의 발전이 한 바퀴가 끝났다는 것을 의미하는 것이라고 한다.[4]

신앙체계적인 측면에서, 중국은 한무제 이후로는 줄곧 유가사상(儒家思想)만을 숭상해 왔으며, 또 유가에서는 조상의 뿌리를 요·순 두 임금에게 두고 있다. 한(漢)나라 초기, 도가(道家)의 추종자들이 황노(黃老)를 겸하여 주장하게 되면서, 황제(黃帝)는 고작 방술(方術)의 수호신 정도의 신격(神格)에 머물러 있었으니, 세계 최대 인구를 자랑하는 민족의 시조라는 신분과는 거리가 먼 존재였다.

중화문명이 서양 중심의 세계 질서에 편입되기 이전까지만 해도

---

3) 楊寬, 「中國上古史導論」, 『古史辨』 7册 上編, 香港太平書局, 1963, 189∼209쪽.

4) Marcel Granet, trans. by Kathleen E. Innes & Mabel R. Brailsford, *Chinese Civilization* (London: Rout－ledge & Kegan paul Ltd., 1950), p.46.

'민족의 시조' 관념이란 결코 존재하지 않았다. 일부 학자들에 따르면, 전통시대 중국에서는 문명(文明)이 '국가(國家)'의 하위에 굴종해 있다고 한다. 공교문명(孔敎文明) 사회에서 공자(孔子)만이 숭배의 대상으로 될 수 있었을 뿐, 황제(黃帝)가 추앙받았을 도리가 없다. 중화라는 이 '천하(天下)'는 점차 서양식의 '국가'로 전환하게 되는데, 기호학적인 시각에서 바라봤을 때, 이러한 변화의 발단이 바로 19세기 90년대 무술변법(戊戌變法)이었다고 할 수 있다.

Ⅱ. 공교(孔敎)식 천하주의(天下主義)의 종말

1894년, 정관응(鄭觀應)이 「성세위언(盛世危言)」이라는 제목으로 발표한 글에 보면 다음과 같은 내용이 있다. 글의 서두인, '도기(道器)' 부분에서 이르기를 "오늘날 서양인들이 밖에서 중국으로 몰려오니, 이야말로 드넓음에서 다시 간략함으로 돌아가는 것이다. 오방(五方)이 모두 중앙(中央)에 모여, 모두들 궤도와 학문과 논의를 같이하게 된 것이다."고 하였다. 그는 또 광서(光緒)황제의 생신 축사에서 "우리 황제폐하께서 자질이 총명하시어 택(宅)에 거하시면서 바깥 것들을 아우르시니……열방(列邦)을 보듬으시고 정치와 교리의 권력을 총람하실뿐더러, 태서(泰西)의 기예를 널리 취하시고……"라고 찬양했다. 그에 의하면 자강(自强)의 목적은 건국(建國)에 있는 것이 아니라, 천하를 이끄는 데 있다고 한다.

> "강성(强盛)으로부터 패권(覇權)을 꾀하여야 하며, 패권에서 다시 왕(王)을 도모하여야 한다. 사해(四海)가 인(仁)으로 돌아가고, 만물(萬物)이 그 적

절한 위치를 찾아야 할 것이다. 그렇게 되면 수레(車)와 학문(書)의 궤도를 같이하는 대일통(大一統)의 광대한 규범을 실행함이 어렵지 않게 될 것이다(由强企覇, 由覇圖王, 四海歸仁, 萬物得所, 于以拓車書大一統之宏規而無難矣)."5)

이러한 천하주의 관념으로 가득 찬 수식어(修辭)들은 실로 놀랍지 않을 수 없다. 또한 이는 갑오전쟁(甲午戰爭)을 치르고 있던 와중에, 그리고 남경조약(南京條約)을 체결한 지도 52년이나 경과한 시점에서 나온 언사(言辭)라는 점에서 더욱 놀라울 수밖에 없다. 당시 일본에서는 헌법이 반포되고, 국회 개최 및 야당이 생겨나는 등 정치개혁 움직임이 활발하게 전개되고 있었다. 그렇다고 해서 정관응이 보수파[頑固派] 인물이었던 것은 결코 아니다. 그는 상해(上海) 외국기업 매판(買辦) 업무를 담당하고 있었고, 양무운동(洋務運動) 중에는 방직·조선·전보·철강·철도건설 등 사업을 전담하고 있었던 만큼, 중국 제1의 테크노크라트(技術官僚)였다고 할 수 있었다. 물론 그의 천하주의를 표방한 언사들은 기득권 지배계층의 비위를 맞춰 주려는 면이 없지 않았으나, 그럼에도 당시 중국 지식인들의 의식체계의 변화가 얼마나 더디게 진행되고 있었는지를 짐작하게 하는 대목이기도 하다.

1860년 영국·프랑스 연합군과의 교전 직후, 청(淸) 정부는 사실상 '천하만국(天下萬國)'의 공존을 인정하지 않을 수 없었으며, 따라서 총리아문(總理衙門)이라는 반(半)근대식 외교부처를 설립하게 된다. 90년대 무술변법 직전에 이르러서는 외교관리거나, 통상항구의 기자 및 매판업무 담당자들은 세계에 대해 상식수준으로나마

---

5) 鄭觀應, 「盛世危言」(夏東元 編, 『鄭觀應集』 上册, 上海人民出版社, 1982, 243쪽).

어느 정도 인지하고 있었다. 그럼에도 많은 사대부계층은 세계의 흐름에 대해 그리 잘 알고 있지 못했다. 이러한 것들은 유신변법에서 '선봉(先鋒)' 역할을 맡았던 인물들한테서도 여실히 드러나고 있다. 강유위(康有爲) 스스로가 편찬한 연보(年譜)에 의하면, 그는 1874년에 이르러서야 "『영환지략(瀛環志略)』,[6] 세계지도(地球圖)를 처음 보게 되었고, 만국(萬國)의 본래 모습과 지구의 이치를 알게 되었다."고 한다.[7] 양계초(梁啓超)의 경우, 1890년 "상해에 이르러, 책방에서 『영환지략』을 구입해 보고 나서야 5대주(五大洲) 여러 나라들에 대해 처음으로 알게 되었다."고 한다.[8] 우연하게도 당시 두 사람 모두 나이가 17세였고, 모두 『영환지략』을 보고 나서 세계를 깨닫게 되었던 것이다. 당시 중국에는 세계지식에 관한 서책들이 손꼽을 만큼 적었는데, 이는 당시 교육제도의 후진성을 여실히 보여주고 있다. 또한 강유위나 양계초가 얼마나 권력과 세계 정보로부터 변두리에 동떨어져 있었는지를 짐작게 한다.

천조(天朝)의 오만과 자존심은 갑오전쟁의 실패와 함께 완전히 무너져 버리고 말았다. 갑오전쟁 실패에 따른 위기의식의 팽배는 강유위와 그 추종자들로 하여금 현실적으로 존재하는 거대한 세계와 그 속에서 중국의 위치에 대해 다시 생각해 보게 하는 계기를 마련해 주었다. 그럼에도 그들은 여전히 유교적인 천하주의 관점에서 근대 중국의 상황을 판단하고자 하였다. 그들의 최종목표는 '평천하(平天下)'였을 뿐, 결코 국민국가의 건국은 아니었다. 그들은

---

6) 淸代의 徐繼畬가 지은 세계지리 서적. 1848년에 완성하여 1850년에 발행.

7) 梁啓超, 『康南海自訂年譜』, 台北文海出版社, 1975, 7쪽.

8) 「三十自述」, 『飮冰室合集·文集之十一』, 中華書局, 1989, 16쪽.

유교이념을 새롭게 해석함으로써 그 속에 다원주의를 포용하고자 했다. 강유위는 1885년부터 1887년 사이에 이미 공양학설(公羊學說)로부터 단선진화론적(單線進化論的)인 '삼세설(三世說)'을 도출해 낸 바 있다. 그는 스펜서(H. Spencer)의 '진화론(進化論)'을 자신의 도식에 접목시켜, 공양학설과 빅토리아식 사회진화론의 합리적인 조화를 시도했던 것이다.

강유위에 의해 재해석되기 전까지만 해도 공양학설은 단순히 상상적인 '평천하' 의념에 불과하였다. '평천하' 발전단계에는 '거난세(据亂世)'·'승평세(升平世)'·'태평세(太平世)'라는 3단계가 있는데, 그 단계마다 대응되는 통치체제가 있다. 사회가 '태평(太平)' 혹은 '대동(大同)' 단계로 승격될 때, 그 구성요소들이 공간 속에서 동심원을 그리며 파장을 밖으로 확산시키는데, '안과 밖의 구분(內外有別)'이 없어질 때까지 진행된다고 한다. 그 첫 번째 단계는 '안은 나라요, 밖은 제하(內其國而外諸夏)'이고, 두 번째 단계는 '안은 제하요, 밖은 오랑캐(內諸夏而外夷狄)'인 상태이다. 그 최고 단계는 오랑캐(夷狄)마저도 유교적인 세계질서 속에 포용하는 "멀든 가깝든, 크든 작든, 여러 나라들이 하나와 같아, 천하가 공히 한 가족이요, 중국은 곧 하나의 동일체(遠近大小若一, 天下爲一家, 中國爲一人)"[9]인 단계이다.

새로운 공양학 이론에서는 전통시대에는 오랑캐로 분류했던 구미 열강들을 사회진화론적으로 봤을 때, 이미 중국을 앞서고 있음을 인정하고 있다. 미국의 민주주의 제도는 이미 '태평세'에 가까운 상태로 볼 수 있는 데 비해, 군주전제국인 중국은 여전히 '승평

---

9) 孫春在, 『淸末的公羊思想』, 台北商務印書館, 1985, 13쪽, 163쪽.

세’ 초기 단계라는 것이다. 세계적으로 봤을 때, 인류는 여전히 전국(戰國) 상태, 즉 ‘거난세’ 단계에 처해 있다고 한다.[10]

강유위의 문명관(文明觀)은 당시 서양의 단선진화론과 유사했는데, 단지 ‘백인들의 의무’를 공자(孔子)에게로 옮겨 놓은 데 불과하였다. 세계는 여전히 ‘거난세’ 단계에 있으며, 중국의 사명은 곧 여러 나라들을 두루 보듬어, 함께 천하를 태평성대로 이끌어 나가는 것이었다. 또한 중국은 ‘대동(大同)’ 이념의 발생지로서 세계 속에서 그 중심적 지위를 잃어서는 결코 안 된다는 것이다. 1897년 양계초의 수많은 언사들에서 그러한 생각들을 엿볼 수 있다.

> “공자께서 지으신 『춘추(春秋)』는 천하를 다스리는 이치를 담고 있지, 결코 일국(一國)을 통치하는 법이나 전하고 있는 것이 아니다. 이는 만세(萬世)를 다스리는 법이지 결코 일시(一時)적인 것이 아니다. 그러므로 우선하여 삼세(三世)의 의미를 널리 알리고자 한다.”[11]

이러한 천하주의 사상체계의 중심적 인물은 당연히 공자이며, ‘황제(黃帝)’가 그 자리를 차지해야 할 아무런 이유도 없었다. 그런 연유에서 1900년대 이후에는 크게 유행한 ‘황제’이지만, 적어도 무술변법 이전 시기까지만 해도 그에 관한 언급이 별로 보이지 않는다. 그 후 유신변법이 실패로 돌아가고, 양계초가 일본으로 망명함으로써 잔존하던 천하주의의 불씨마저 꺼져 버리게 되었다. 1899년, 양계초는 자신의 글에서 이렇게 한탄하였다.

---

10) 梁啓超, 「論君政民政相嬗之理」, 『飮冰室合集・文集之二』, 中華書局, 1989, 7~11쪽.
11) 梁啓超, 「〈春秋中國夷狄辨〉・序」, 『飮冰室合集・文集之二』, 中華書局, 1989, 48쪽.

"우리 지나인(支那人)들이 결코 애국의 본성(本性)이 없는 것은 아니다. 그럼에도 '애국'을 알지 못하는 것은, 우리 스스로의 나라를 모르기 때문이다. 중국은 예로부터 통일된 존재였으나, 그 주변의 작은 오랑캐 나라들은 문명이나, 정치제도가 없어, 나라를 이루지 못하였으므로, 우리 백성들이 그들을 스스로와 같은, 동등한 존재로 여기지 않았다. 고로 지난 수천 년 동안, 비록 독립적인 지위에 있었다고는 하나, 우리 백성들은 중국[禹域]만 알고, 이를 일컬어 '천하'라고만 했을 뿐, '나라'라고는 부르지 않았다. '나라'가 없는데 어찌 '애국'을 운운할 수 있겠는가?"12)

즉 민족이나 국가에 대한 관념이 전무한 상태에서 민족의 시조란 언급할 여지조차 없었던 것이다.

천하주의에 의한 민족주의의 고통스러운 출산은 유교문명권만의 특유한 경우가 아니었다. 근대 유럽의 민족주의 역시 기독교세계라는 모체 속에서 태동하였던 것이다. 그는 또 계몽운동과 세속화된 보편주의의 이념 속에 기생해 왔다. 후자의 가장 대표적인 주장이 바로 칸트(Immanuel Kant)의 『영구평화론(*Perpetual Peace*)』이다. 만약 강유위의 '태평'이 감성적인 접근으로 실현 가능한 것이었다면, 칸트의 책략은 초월적인 권력과 법률적인 이념에 바탕을 두고 있었다.13) 나폴레옹의 독일 침입에 대해, 독일의 지식인들은 이러한 이성적인 보편주의의 영향으로 인해, 심지어 괴테나 헤겔마저도 나폴레옹을 '태평군주(prince of peace)' 내지는 '새로운 이성(理性)에 바탕을 둔, 서양문명을 새롭게 이끌어 갈 이상적인 통치자'14)로 평가

---

12) 梁啓超,「愛國論」,『飮冰室合集·文集之三』, 中華書局, 1989, 66쪽.

13) Robert Caponigri, Introduction to Immanuel Kant, *Perpetual Peace: A Philosophical Essay*(New York: The Liberal Arts Press, 1948).

14) Hans Kohn, *Prelude to Nation-States: The French and German Ex perience, 1789~1815*(Princeton, N.J.: D. Van Nostrand Company, Inc., 1967), p.149. *The Mind of Germany: The Education of a Nation*(New York: Harper and Row,

하였던 것이다. 칸트의 제자 피히테(Fichte)는 1806년부터 이미 나폴레옹에 반기를 든 상태였으나, 그는 여전히 "조국은 자주가 없는 존재이다. 그것은 세계 이성적(理性的) 관념 실현의 장(場)일 뿐이다."고 주장했다.[15] 이러한 관념은 무술년 공양사상 속의 '중국(中國)'이라는 기호(symbol)가 내포하고 있었던 성격과도 유사한 것이었다.

Ⅲ. 무술연대(戊戌年代)의 종족(種族) 관념

공양학(公羊學)적인 세계관은 강유위·양계초를 중심으로 한 개량파의 이념이었을 뿐, 당시 유신(維新)을 주장한 지식인 모두가 공감하고 있었던 이념은 아니었다. 이들 지식인 모두를 흡수·통합하려면 모두에게 보편적으로 인식 가능한 강령(綱領)을 만들 필요가 있었다. 1898년 4월, 강유위는 북경에서 준(準)정당형태의 정치단체인 보국회(保國會)를 설립하고, '보국(保國)·보종(保種)·보교(保敎)'를 슬로건으로 내세웠다. 보국회 헌장에서는 '보국'을 '국가의 정권과 영토를 보존하는 것', '보종'을 '족속[種類]의 자립을 보존하는 것'[16]이라고 정의하였다. 여기서 '국(國)'과 '민(民)'을 따로 분리해 보고 있는데, 이른바 '국'이란 영어의 'state'나 'country'에 해당하지, 결코 민족국가인 'nation'을 일컫는 말이 아니었다.

'삼보(三保)'라는 슬로건 중에서 유독 '보교'가 가장 많은 논쟁을

Publishers, 1960), p.36, 58, pp.72 - 73.

15) Hans Kohn, 앞의 책, p.233.

16) 『保國會章程』(湯誌鈞 編, 『康有為政論集』 上冊, 中華書局, 1981, 233쪽).

유발시켰는데, 강유위가 공양학설을 설파함으로써 스스로 교주가 되고자 했다는 의심을 받기도 했던 것 같다. 같은 해 6월, 엄복(嚴復)은 다원주의 이론의 '보종'에 대해 강조하면서 '보교'는 하등의 가치가 없는 것이라고 비판했다. 심지어 장지동(張之洞)은 강유위가 요사스러운 언사로 민중을 현혹시키고 있다고 비난하면서 새롭게 권학회(勸學會)를 조직하여 강유위의 주장과 맞서기도 하였다. "보국(保國)이 우선하지 않고서야 어찌 이른바 '보교'나 '보종'을 논할 수 있겠는가?"[17] 하는 것이 그의 주장이었다. 장지동은 항상 '반동적(反動的)'인 인물로 지목되어 왔으나, 사실상 그도 분명히 개혁성향의 인물이었다. 단지 강유위가 구상하고 있었던 개혁과 방향을 달리하고 있었을 뿐이다. 그는 강유위의 '보교'를 반대하면서도 오히려 '중국의 학문을 바탕으로[中學爲體]' 한 보국이념을 제창(提唱)했다. 이는 사실상 강유위나 양계초의 천하주의 사상에는 미치지 못하는 이론이었으며, 중국을 구제하고자 경주(傾注)했던 그들의 열정 같은 것들을 장지동에게서는 단연 찾아볼 수 없다. 그는 단지 '중국의 학문[中學]'을 서양세력에 저항하기 위한 본토의식형태로 이용하고자 했을 뿐이었다. 그에 비해 공양파는 현대 세계질서 속에서, 그 중심 위치라는 패권을 놓고 서양과 치열한 쟁탈전을 벌일 것을 주장했던 것이다.

'삼보' 중, 본고와 연관이 있는 부분은 당시의 '족속[種類]'이라는 관념이라 하겠다. 영국에서 유학을 마치고 귀국한 엄복은 일찍이 1895년에 이미 '망국멸종(亡國滅種)'에 대한 경종(警鐘)을 울린 바 있다.[18] 같은 해, 강유위 역시 위기론을 들고 나섰다. "서양인들

---

17) 『勸學篇』, 台北文海出版社 影印, 일자 미상, 15쪽.

은 가장 난폭한 종족으로, 다른 족속 모두를 적으로 삼는다.”고 하면서 프랑스의 식민지였던 베트남과 영국의 식민지로 있었던 인도를 그 예로 제시했다. 그에 따르면 식민지 원주민들은 식민주의자들의 가혹한 통치하에서 사회 최하층으로 전락했으므로, ‘우리 신성한 족속’은 반드시 일찍 대비하여 베트남이나 인도의 전철을 밟지 않도록 하여야 한다는 것이었다.[19]

종족주의의 탄생은 공격의 화살을 외적(外敵)뿐만 아니라 내부의 적을 향하게 했다. 구조학적인 시각에서 바라봤을 때, 명사(名詞) 자체는 선천적(先天的)인 의미를 갖고 있지 않는다. 그것이 지칭하는 대상이 ‘차별화 시스템(system of difference)’ 속에서 그와 대조될 때만이 의미가 정해지게 되는 것이다. ‘종족(種族)’이라는 어휘가 만약 만주족(滿洲族)과 한족(漢族)을 구분하는 데 사용되면서, 그것은 곧 ‘한족의 광복(光復)’과 관련된 일련의 결론들을 도출해 내게 되었던 것이다.

1897년, 양계초·담사동(譚嗣同)·당재상(唐才常) 등이 호남(湖南)에서 시무학당(時務學堂)을 이끌어 가고 있을 무렵, 그들은 “비밀리에 『명이대방록(明夷待訪錄)』,[20] 『양주십일기(揚州十日記)』[21] 등 서책을 간행하여 유포하였다.”[22] 명나라 말기, 청(清)에 저항한 인

---

18) 「論世變化之亟」, 『嚴復集』 1卷, 中華書局, 1986, 4쪽.

19) 「京師強學會序」(湯誌鈞 編, 『康有爲政論集』 上冊, 中華書局, 1981, 165~166쪽).

20) 明末淸初의 사상가 黃宗羲의 저서로, 1663년에 완성되었다. 君主論·臣下論·法制論·學校論 등 13편을 수록하고 있는데, 군주론에서는 천하를 사유재산처럼 생각하는 전제군주의 폐해를 폭로하여 ‘천하가 주인이고 군주는 손님이다.’라고 주장하였다. 또 학교론에서는 학교에 의회적 기능을 주어 世論을 대변하게 하는 등 국가체제의 전반적 개혁을 구상하였다. 청말 개혁파와 혁명파의 志士들은 그의 民本主義的 주장 때문에 황종희를 중국의 루소로 기리고, 이 책을 발췌하여 선전 팸플릿으로 사용하였다(역자).

21) 淸 順治二年(1645), 淸나라가 明나라의 揚州를 함락시키고 자행한 10일간의 대학살.

물들의 저서에 대한 새로운 시각은 결국 그 이념들을 반만(反滿) 종족혁명사상의 근원으로 삼게 만들었던 것이다.

명말청초(明末淸初), 종족사상의 대표자는 더 말할 나위 없이 왕부지(王夫之)를 손꼽을 수 있다. 그가 1656년에 완성한 저서『황서(黃書)』에서는 '경계[畛]'에 대해 강조하고 있는데, "인간이 스스로 경계를 만들어 자신을 다른 사물과 구분 짓지 않는다면 하늘이 무너질 것이요, 화하(華夏) 스스로가 경계를 만들어 오랑캐와 나눠지지 않는다면 땅이 꺼질 것이니라."고 했다.[23] 왕부지는『사기(史記)』오제본기(五帝本紀)에 등장하는 제왕들의 계보를 근거로 황제 시기를 화하의 경계가 처음으로 확립된 시기로 보았다. "옛날에 헌원(軒轅) 황제께서⋯⋯만국(萬國)을 만드시고, 제후들을 세우셨으며, 또 나라에 군왕을 두고, 그 백성을 주셨다." 그럼에도 또 "그 '통합(合)'을 헤아리고, 그 '분리(離)'를 판단함으로써, 일찍이 그들을 위해 모든 것을 적절히 처리하셨으니, '대동(大同)'에 부끄럽지 않게 되었다."고 하였다. 왕부지가 봤을 때, 황제는 비록 천하가 공히 모시는 조상이라고는 하나, 다른 계통의 족계(族系)에 대해서는 단지 "서로 통혼하고, 연맹을 맺고⋯⋯서로 문상(問喪)이나 오가고, 홍수나 가뭄에 대비하고, 서로 지켜 주는 명목상으로만 하나로 묶여 있을 뿐, 사실상 네 나라가 존립하고 있는 상태"[24]라 하여, 통일의 이치에 대해서는 깊이 인식하고 있지는 않았던 것 같으며, "고로 '통합(合)'은 성인(聖人)의 덕(德)이요, '분리(離)'는 현인(賢人)의 공

---

22) 梁啓超,「淸代學術槪論」,『飮冰室合集·專集之三十四』, 中華書局, 1989, 62쪽.

23)『黃書』(船山全書編輯委員會,『船山全書』12冊, 嶽麓書社, 1992, 501쪽).

24) 위의 책, 534쪽.

(功)이다.”25)라고 하여, 분리에 대해서도 긍정적이었던 것 같다.

사실상 진(秦)·한(漢) 시기부터 이어져 내려온 ‘대일통(大一統)’ 이념은 꼭 긍정적인 의미만은 아니었는데, 그것은 곧 황제 ‘가법의 몰락’을 의미하기도 했다. 이러한 종족과 부류를 구분하지 않은 데 따른 악과(惡果)는 진대(晉代)에 이르러 종말을 고하게 되었는데 “다른 족속들을 따르다 보니 화(禍)를 부르게 되었다.”는 것이다. 결국 송대(宋代)에 이르러서는 중원(中土) 전체가 이민족(異族)의 수중으로 넘어가게 되어, “백성이 생겨난 이래로 있어 본 적이 없는 재난이 닥치니, 그 맥(脈)이 진(秦)이 열어서부터 송(宋)까지 이어져서 끊기고야 말았다.”는 것이다.26)

왕부지가 해석할 수 없었던 부분은 그 자신이 처해 있었던 명청(明淸) 왕조교체기, 즉 그가 말했던 재난의 재연(再演) 상황이었던 것이다. 그는 이러한 재난을 초래하게 된 원인은 중원 사람[中土人士]들의 부덕 내지는 종족의식의 상실에 있다고 지적하였다. 그는 중원사람들을 개미보다도 못하다고 비난하면서, 개미는 적어도 자신들을 공격하는 “침입자들에 대항해 힘을 합쳐 몰아내고, 결국에는 서로 멀리 떨어져 서로 관여됨이 없게 한다.”고 했다.27)

이 “대동(大同)에 부끄럽지 않게 되었다(無誇大同).”거나 “명목상으로만 하나로 묶여 있을 뿐, 사실상 네 나라가 존립하고 있는 상태(名系一統, 實存四國)”의 구상은 공양학에서 주장하는 안과 밖(內外)의 구분 자체를 없애고, “멀든 가깝든, 크든 작든, 여러 나라들이 하

---

25) 위의 책, 536쪽.
26) 위의 책, 504, 505, 507쪽.
27) 위의 책, 504쪽.

나와 같아, 천하가 공히 한 가족이요, 중국은 곧 하나의 동일체(遠近大小若一, 天下爲一家, 中國爲一人)”의 이념과 서로 배치되는 개념이라 할 수 있다. 강유위의 천하사상은 나중에 『대동서(大同書)』에서 기술하고 있는 ‘종족 사이의 경계를 허물고자(去種界)’ 하는 현실적인 구상으로 발전된다. 즉 그에 의하면 황인종은 북방 온대(溫帶)지방의 백인들과 혼연일체가 되어 개량(改良)이 어려운 흑인종을 소멸하여야 한다는 것이었다. 강유위의 이러한 주장을 동시대의 서양의 인종주의자였던 체임벌린(Houston Stewart Chamberlain)의 것과 비교해 볼 필요가 있다. 체임벌린은 북유럽인종이야말로 가장 우수한 인종이라고 역설하였는데, 이 점에서는 강유위 역시 마찬가지였다. 다만 그는 우수한 족속(예를 들어 테우토네스족(Teutones) 등)은 민족을 형성한 이후, 자체 혈통의 순수성을 지켜, 외부의 혼잡한 요소들이 섞여 들어오는 것을 엄격히 차단해야 한다고 주장했는데, 이는 “종족 간의 경계를 없애야 한다.”는 강유위의 주장과 배치되는 부분이다. ‘천하주의’에 대해 체임벌린은 다음과 같이 평하였다.

> “로마제국 말기에는 인종이나 민족의 구분이 없는 혼돈 상태였는데, 이는 아주 위험하고 치명적인 시대였으며, 또한 자연의 이치에 어긋나는 죄악의 시대라 할 수 있다. 그런 와중에 한 줄기 광명이 세계에 드리워졌으니, 그것이 바로 북방으로부터 나온 희망의 빛이었던 것이다.”[28]

이러한 논리는 사실상 왕부지의 주장과도 일맥상통하고 있다.

---

28) Houston Stewart Chamberlain, trans. by John Lees, *The Foundations of the Nineteenth Century*(London & New York: J . Lane Company, 1911), Vol.1, p.320.

『황서(黃書)』의 독특한 점이라면 바로 유교전통으로 전승되어 온 요(堯)·순(舜) 임금이나 성인으로 추앙받아 온 공자(孔子)에 대한 부정이라 할 수 있다. 물론 유교적인 관념에 '중화(華)에 의한 오랑캐 축출' 내용이 없었던 것은 아니나, 그렇다고 해서 결코 황제(黃帝)가 오랑캐들을 물리친 모범적인 인물로 지목되었던 것은 아니었다. 황제와 치우(蚩尤)의 전쟁은 서로 다른 종족 간의 전쟁으로 인식되기보다는 제후(諸侯)의 난(亂)을 평정한 제왕으로서 언급되곤 했다. 만약 문명교화의 역할에 역점을 둔다 할 때, 그 인물은 자연히 공자가 지목되어야 마땅하다. 그럼에도 왕부지의 『황서』에서는 공자나 맹자(孟子) 같은 인물에 대해서는 그다지 중요하게 다루지 않았다. 왕부지가 세우고자 했던 바는 일개 교주(敎主)가 아닌, 한 종족의 시조(始祖)였으며, 그로써 '중국'의 경계로 삼고자 했던 것이다.

호남 시무학당 시절의 유신파(維新派) 지식인들은 아직 '황제'와 '한족'을 연관시키지는 않았다. 그들이 명나라 말기에 간행된 금서(禁書)들을 다시 들춰낸 목적은, 단순히 만한(滿漢) 투쟁이 치열했던 명말청초라는 역사적 시점으로 집단의 기억을 되돌려 놓으려는 의도에서였다. 그럼에도 당시 개량(개혁)을 최대의 과제로 삼고 있었던 유

---

29) 『黃書』, 503쪽, "故聖人先號万姓而示之以獨貴, 保其所貴, 匡其终乱, 施于孙子, 須于後聖, 可禪可繼可革而不可使夷類間之."

신파로서는 종족혁명에 대한 사상이 확고했을 리는 만무하다. 유신파들은 만주귀족(滿洲貴族)들을 도쿠가와 막부(幕府)로, 스스로를 일본 막부말기 근왕(勤王)세력에, 또한 광서황제(光緖皇帝)를 메이지천황에 각각 비견했던 것이다.[30] 1899년, 장태염(章太炎/章炳麟) 역시 이민족(異族)의 황제인 광서황제를 '객제(客帝)'로 남겨둬야 한다는 주장을 하게 됨으로써[31] 후일 스스로를 곤경에 빠뜨리기도 했다.

Ⅳ. 대(大)아시아주의와 '황화론(黃禍論)'

근대 중국의 종족문제에 관한 논의 중에서 만주족에 관한 내용 뿐만 아니라, 서양이나 일본에 대한 시각 또한 한 번 살펴볼 필요가 있다. 다시 말해 '종족'이라는 표현은 만·한(滿·漢)의 대립구도 구축에 유용하였을 뿐만 아니라, 황인종과 백인종의 대결을 부각시키는 데도 좋은 도구로 작용하였던 것이다. 후자의 경우, 비단 만주족(滿洲族)뿐만 아니라, 일본인들도 같은 편으로 설정하게 된다. 19세기 90년대 후반기, 중국 지식계에는 일반적으로 전체 아시아인을 황색인종과 동일시하는 경향이 있었다. 영국에 유학을 다녀온 바 있는 엄복마저도 황색인종은 곧 아시아이고, 백인종은 유럽이라고 단순히 도식화해 이해하고 있었다.[32]

장태염은 "이 세계는 5대주로 나뉘어, 각 지역마다 다른 족속들

---

30) 陳長年, 「庚子勤王運動的幾個問題」, 『近代史硏究』 總82期(1994), 101쪽.

31) 「客帝論」(湯誌鈞 編, 『章太炎政論選集』 上冊, 中華書局, 1977, 84~90쪽).

32) 「保種余義」, 『嚴復集』 1卷, 中華書局, 1986, 86~87쪽.

이 살고 있다. ……요 임금시절부터 우랄산맥을 경계로 아시아와 유럽이 나뉘어 황인종과 백인종의 구분이 되어 왔다.”[33]고 했고, 장지동 역시 1898년 발표한 『권학편』에서 “서양인들은 5대주의 백성을 다섯 종족으로 구분한다.” 아시아인들은 “다 같은 황인종으로, 모두에 삼황오제(三皇五帝)의 가르침이 닿아 있고, 또한 신명(神明)의 후손들이다.”라고 했다.[34] 이들은 지리상의 단위(單位) 구분과 인종학적인 구분을 혼동하고 있었을 뿐만 아니라, 인종과 교화(敎化)마저도 혼동해 이해하고 있었던 것이다. 이는 당시까지만 해도 ‘민족국가’의 관념이 아직 형성되지 않았음을 의미하기도 한다.

1897년 말에 이르러, 아시아로의 진출을 꾀하고 있던 서양열강들의 발걸음이 다그쳐지면서, 아시아 각국들은 그 위협을 훨씬 더 현실적으로 체감하게 되었다. 따라서 일본은 곧바로 중국과의 관계개선에 힘을 기울이게 되는데, 장지동과 같은 관료들을 포섭하는가 하면 호남의 유신인사들의 적극적인 반응도 이끌어 내기에 이른다.[35] 유신파의 경우, 일찍이 황준헌(黃遵憲)이 찬술한 『일본국지(日本國志)』의 영향을 받아, 메이지유신의 근왕파(勤王派)를 벤치마킹 대상으로 삼고 있었다. 광서황제를 옹위하고 있던 제당파(帝黨派)들은 일본과 연합하는 외교정책을 취해, 자희태후(慈禧太后)나 이홍장(李鴻章) 등의 친러시아 정책과 대립각을 세웠다. 1897년 말, 독일이 교주만(膠州灣)을 강점하고, 러시아가 여순(旅順)·대련(大連)을 차지할 무렵, 유신파와 일본은 그 위기를 공감하고 있었다.

---

33) 「論亞洲宜自為唇齒」(湯誌鈞 編, 『章太炎政論選集』 上册, 中華書局, 1977, 5쪽).

34) 『勸學篇』, 台北文海出版社 影印, 일자 미상, 37~38쪽.

35) Douglas R. Reynolds, *China, 1898~1912: The Xinzheng Revolution and Japan* (Cambridge, MA: Harvard East Asian Monographs, 1993), pp.19-20.

이 시기, 유신파가 표방한 이념은 민족주의가 아닌 황색인종 종
족주의였다. 1897년 6월, 양계초는 자신의 글에서 다음과 같이 주
장했다.

> "인도가 번창하지 못하는 것은 인종적 한계성 때문이다. 무릇 흑색(黑
> 色)·적색(紅色)·갈색(棕色) 피부를 가진 인종들은 그 혈액 중의 미생물
> 이나, 대뇌(大腦)의 기울기[角度]가 백인에 비해 큰 차이가 있다. 유독 황
> 색인종의 두뇌만이 백인의 것과 별반 다르지 않다. 그러므로 백인들이 할
> 수 있는 일이라면, 황색인종이 또한 못 할 것이 하나도 없다. 일본의 제도
> 가 서양의 것과 유사한데, 그로 인해 큰 효과를 보고 있다. 일본의 족속은
> 원래 우리나라에서 기원하였다."36)

같은 해 11월, 장태염 역시 비슷한 주장을 하였다.

> "아! 약소하던 일본이 지금의 강성함에 이르기까지 불과 30~40년의 시
> 간밖에 걸리지 않았는데, 지난날 그들 역시 황색인종 스스로는 자립할 수
> 없다 한탄하여, 탄환(彈丸) 같은 작은 땅덩이에 몸을 웅크려 자신들의 족
> 속을 보존코자 하지 않았던가!"37)

무술년(1898), 일본 수상 오쿠마 시게노부(大隈重信)는 '보지론
(保支論)'을 발표하여 일본은 한화(漢化)의 은혜에 보답하기 위해,
중국이 충분한 시간을 가지고 스스로 강성해질 수 있게끔 서양의
외침으로부터 중국을 보호해 주고자 한다고 선언했다.38)
 '백일유신(百日維新)'의 중요한 문헌으로 지목되고 있는 강유위

---

36) 梁啓超, 「論中國之將強」, 『飮冰室合集・文集之二』, 中華書局, 1989, 13쪽.

37) 「讀日本國誌」(湯誌鈞 編, 『章太炎政論選集』 上册, 中華書局, 1977, 49쪽).

38) Marius Jensen, *Japan and China: From War to Peace, 1894－1972*(Chicago:
Rand McNally College Publishing Company, 1970), p.136.

가 광서황제에게 올린 「일본변정고(日本變政考)」에 보면, 그는 광서황제에게 천하에 포고를 내려 정식으로 유신운동의 서막을 열어야 한다고 건의한다. 그 내용 또한 거의 전부가 메이지유신의 강령, 즉 1868년 메이지 천황이 공표한 '5개조 서문(五條誓約)'의 것을 그대로 옮겨 적은 것이었다.[39] 이토 히로부미(伊藤博文)는 유신개혁 말기 북경(北京)에 내방한 적이 있었으며, 일부 사람들은 그를 중국의 수상으로 기용하여야 한다고 주장하기도 했다. 궁정정변 발발 연후, 강유위와 양계초가 일본으로 망명할 수 있었던 것도 일본정부의 협조 덕분이었다.

당시 일본 정계와 사상계에서 역시 대아시아주의가 주류를 이루고 있었다. 양계초 등이 일본으로 망명하기 1년 전, 손중산(孫中山/孫文)은 이미 일본의 대아시아주의자들의 지지를 받고 있었다. 1898년 1월, 당시 일본 귀족원(貴族院/上議院) 의장(議長)이자, 동아시아 동문회(同文會)의 창립자였던 고노에 아쓰마로(近衛篤麿)가 전 세계적 범위의 종족전쟁이 곧 닥치게 될 것이고, 일본은 이를 대비해 같은 종족들과의 연맹에 힘써야 하며, 따라서 이른 시일 내에 중국문제연구에 착수하여, 황-백 인종 사이의 대결을 위해 적극 대비해야 한다고 역설했다.[40] 같은 해, 양계초가 일본에 이르러, 12월에 요코하마(橫濱)에서 『청의보(淸議報)』를 창간하였다. 그 취지는 "동아시아 학술을 발명(發明)하여 아시아적인 우수한 요소들

---

39) 村田雄二郎, 「康有爲的日本硏究及其特點-〈日本變政考〉〈日本書目誌〉管見」, 『近代史硏究』 總73期(1993), 27〜40쪽.

40) Marius Jansen, "Konoe Atsumaro", in Akira Iriye, ed., *The Chinese and the Japanese: Essays in Political and Cultural Interactions*(Princeton, NJ: Princeton University Press, 1980), p.113.

을 보존하는 것"41)이라 하면서, 창간호에 종족전쟁에 관한 글을 게
재하기도 했다.

> "지금부터 이후 100여 년 동안은 실로 황인종과 백인종 사이의 혈전의
> 시기가 아닐 수 없다. 우리의 바람이 어찌 고작 만·한(滿·漢)의 경계를
> 허무는 것뿐이랴. 마땅히 우리 황인종의 경계를 남김없이 허물어 버려야
> 할 것이다……백인종들과 이 구만리(九萬里) 전장(戰場)에서 쫓고 쫓기기
> 를 반복할 터이니, 이는 20세기에 반드시 닥칠 것이리라!"42)

1900년, 자립군사건(自立軍事件)으로 사형당한 당재상(唐才常)
역시 "지금은 유럽 종족과 아시아 종족 사이의 전쟁의 곧 닥칠 시
국(時局)이다."43)라 하여 그 급박함을 호소했다.

강유위·양계초의 대동사상(大同思想)이 점차 수그러들자 강유
위는 자신의 기조를 바꾸기도 하였다. "'중국(中國)' 아니면 나라
이름으로 정할 것이 없으니, 우리 모두가 황제(黃帝)로부터 맥을
이어 온 일족(一族)이다. 그런즉 신명의 후손이라 하면 우리 황인
종 모두가 해당한다 하겠다." 또한 보황회(保皇會)의 설립 취지를
"변법으로 중국을 구원하고, 황인종을 구원하는 것"44)이라고 밝혔
다. 그런즉 당시 강유위는 이미 황제와 황인종을 연관시키고자 했
던 것 같다. 강유위가 숭상의 대상을 공자(孔子)에서 황제(黃帝)로
전환한 이유는 아마 당시 서양학술계에서 중국인의 조상인 황제가

---

41) 梁啓超, 「『淸議報』敍例」, 『飮冰室合集·文集三』, 中華書局, 1989, 31쪽.

42) 梁啓超, 「『變法通義』之「論變法必自平滿漢之界始」一节」, 『飮冰室合集·文集之一』, 中
   華書局, 1989, 83쪽.

43) 「各國種類考自敍」, 『覺顚冥齋內言』, 台北成文出版社, 1968, 468쪽.

44) 「保救大淸皇帝公司序例」(上海市文物保管委員會 編, 『康有爲與保皇會』, 上海人民出
   版社, 1982, 244쪽, 258쪽).

바빌로니아에서 이주한 것이라는 학설이 정설로 받아들여지고 있었기 때문인 것으로 추측된다(자세한 내용은 뒷부분 참조).

중국의 사상계에서 서양에 대해 본격적으로 연구하기 시작한 시점은 19세기 말 20세기 초인데, 물론 지금까지도 진행 중이라 할 수 있다. 당시 서양에서는 다원주의의 종족이론이 크게 유행하였는데, 당재상 역시 황인종과 백인종에 주목하며 "홍인종(紅人種)과 흑인종은 어리석다. 그러므로 황인종과 백인종이 주인으로 되어야 할 것이고, 홍인종과 흑인종은 그 노예로 있어 마땅하다."는 주장을 했고, 또한 진화론적인 입장에서 "천한 족속에서 우수한 족속으로 진화하는 것을 '순천(順天)'이라고 한다. 우둔한 족속이 비종(非種)으로 윤락하고, 또 비종에서 망종(亡種)에 이르는 것을 '역천(逆天)'이라고 한다."[45]고 하여, 종족의 발전에 대해 설명했다. 이어서 그는 황인종과 백인종의 통혼(通婚)을 마땅히 권장하여야 한다는 통종설(通種說)까지 주장하였다.

황인종과 백인종이 통혼하여 흑인종을 도태(淘汰)시키고자 한 이 구상은 나중에 강유위에 의해 『대동서(大同書)』에 수록되었는데, 통종설에서는 두 종족 사이의 동등한 지위를 그 전제조건으로 내세우고 있다. 이는 또한 황·백 두 인종이 세계적인 범위에서 대결할 것이라는 의미도 저변에 깔고 있었던 것이다. 공교(孔敎)식 천하주의(天下主義)는 결국 공양학파의 손을 거치면서 황·백 두 인종이 '공동으로 중심'이 되어 새로운 '천하'를 다스리는 구도로 전환되었던 것이다.

당시 태평양지역에 눈길을 돌리고 있던 서양세력들 역시 황·백

---

45) 『覺顚冥齋內言』, 466~467쪽.

두 인종 사이에서 벌어질 최후의 결전에 대해 예측하고 있었다. 1895년, 독일 황제 빌헬름2세는 유럽으로 상징되는 게르만신화 속의 전쟁의 신(神) 발키리에(Valkyries)가 등에 불상(佛像)을 업은 중국의 용(龍)과 싸워 기독교적인 서양을 수호한다는 내용의 그림을 제작한 바 있다.[46] 1900년에 발발한 의화단(義和團)운동은 서양인들의 '황화론(黃禍論)' 심리를 더욱 자극하는 계기가 되었다. 미국 사회에는 아시아계의 이민을 반대하는 목소리는 항상 있어 왔다. 1904년, 잭 런던(Jack London)은 샌프란시스코 시보(市報)에 글을 발표하여 '일본인의 조직과 통치능력' 및 '거대한 중국인구와 그에 뒤따르는 막대한 노동능력'에 대한 위기감을 나타냈다.[47] 1905년, 일본이 러일전쟁에서 러시아를 크게 전승하자, 빌헬름2세는 또다시 황화론을 들고 나섰다. 1907년, 미국의 루스벨트 대통령은 전부 흰색으로 도색된 '대(大)백색함대(The Great White Fleet)'를 파견해 전 세계를 순방하게 함으로써 미국의 국력을 위시하고자 했다. 또한 특별히 함대 사령관에게 명하여, 원동(遠東)지역에 진입해서부터는 경계태세를 강화할 것을 특별히 주문했다. 같은 해, 영국 작가 웰스(H. G. Wells)의 공상과학소설 『공전(空戰/The War in the Air)』이 발표되었는데, 그 줄거리는 대략 미국과 독일이 전쟁을 치르고 있던 와중에, 중·일 양국으로 구성된 '아시아연맹'이 월등한 항공기술을 바탕으로 습격해 온다는 내용이었다.[48]

---

46) Richard Austin Thompson, *The Yellow Peril, 1890~1924*(New York: Arno Press, 1978), p.1.

47) Richard Hofstadter, *Social Darwinism in American Thought, 1860~1915*(Philadelphia: University of Pennsylvania Press, 1945), p.163.

48) Richard Austin Thompson, 앞의 책, pp.422-426.

근대에 이르러 중국 국력이 형편없이 쇠약해진 상황이었음에도, 백인들의 눈에는 여전히 위협적인 존재로 비치고 있었다니, 당시 중국인으로서는 참으로 뿌듯한 일이었을 것이다. 1899년, 양계초는 당시의 신조어였던 '인종(人種)'적인 관점에서, 중국의 전망에 대해 상당히 낙관적인 예측을 하기도 했다. "20세기에 이르러, 우리 중국인들은 반드시 세계에서 가장 우수한 인종으로 인정받을 것이다." 그는 중국인의 장점을 다음과 같이 나열했다. "첫째, 스스로를 다스릴 줄 아는 능력을 갖추고 있다." "둘째, 모험적이고 독립자주적인 성격을 갖고 있다." "셋째, 학문을 즐겨, 사상 분야의 발전이 쉽다." "넷째, 인민(人民)이 많고, 물산(物産) 또한 풍부하다. 상업 경영에 능하며, 임금 또한 저렴하므로, 세계 공상업(工商業)의 큰 흐름을 주도하게 될 것이다."49)

방대한 인구, 풍부한 자원, 대량의 해외 이주민, 경영 자질, 저렴한 임금 등등…… 이는 곧 당시 서양의 황화론자들이 주장한 중국의 위협적인 요소들이었던 것이다. 양계초의 이러한 새로운 이론은 중국의 사상계가 얼마나 서양사조의 영향을 많이 받고 있었는지를 여실히 보여주고 있다.

---

49) 梁啓超, 「論中國人種之將來」, 『飮冰室合集·文集之三』, 中華書局, 1989, pp.48-54.

Ⅴ. 민족국가관념(民族國家觀念)의 형성

'대아시아주의' 역시 시대적인 산물이었다. 당시, 민족주의를 초월한 동류적(同類的) 사고가 전 세계에 걸쳐 크게 만연해 있었다. 그 예로 '대게르만주의'·'대슬라브주의'·'영미주의(英美主義/Anglo-Americanism)'·'대터키주의(Pan-Turanism) 등을 들 수 있다. 하지만 얼마 안 되어 양계초 등은 초(超)민족주의적인 환상에서 깨어나게 되는데, 일본이 표방한 '대아시아주의'란 결국에는 대륙침탈을 위한 눈가림에 불과하다는 것을 간파하였기 때문이었다. 그는 1902년에 이르러 스스로를 '보국·보종·보교' 삼색기치(三色旗幟)하의 일개 군졸(軍卒)이라고 자처했다. 그럼에도 또 "우리 이 세대가 지금까지 해 온 노력들은 실은 보국(保國)을 위한 것에 불과하다……보종(保種)을 표방하는 자들이 있는데 황인종을 지킬 것인지? 아니면 중국 종족[華種]을 지킬 것인지? 만약에 황인종을 지키고자 한다 할 때, 일본 역시 황인종의 나라인데, 지금은 우리 없이도 충분히 강성하니, 어찌 우리가 그를 지킨다고 할 수 있겠는가!" 하여 보종에 관해서는 회의적인 태도를 보였다. 이 시기, 양계초가 운운한 '나라(國)'의 개념은 이미 보국회(保國會) 시절의 'country'가 아닌, 확실한 'nation', 즉 민족국가로 변화되어 있었다.

양계초가 표방한 민족국가의 이념은 당시 서양에서 유행한 국민심리학(國民心理學)의 영향을 많이 받았던 것 같다. 이 학설에 대해 자세히 다룬 저서가 있으므로[50] 본고에서 부연해 언급하지는

---

50) Lungkee Sun, "Social Psychology in the Late Qing Period", *Modern China*

않겠으나, 단 한 가지 분명히 해 둘 필요가 있는 것은, 국민심리학이 인종설에 비해 민족국가의 특성을 더 잘 설명해 주고 있다는 점이다. 영국과 독일은 모두 테우토네스(Teutones) 족속에 속하며, 영국과 미국은 모두 영어권 국가이다. 또한 중국과 일본은 비록 동일 문화권, 동일 인종이라고는 하나, 각자 서로 다른 나라를 이루고 있다. 그러므로 단순히 인종만으로 민족국가의 경계를 구분할 수는 없다는 것이다. '국민심리학'의 관점에 의하면 민족국가는 반드시 역사배경과 집단적 심리를 공유하고 있어야 하는데, 이는 귀스타브르 봉(Gustav Le Bon)이 주장한 이른바 '공동의 감정'을 가진 '심리적 품종(品種)'이지 결코 생물학적인 요소가 아니라는 것이다.

당시 민족국가에 관한 논의에서는 대부분 '천연민족(天然民族)'과 '역사민족(歷史民族)'이라는 이분법적인 시각을 갖고 있었다. 피어칸트(Alfred Vierkandt)가 1896년에 발표한 『*Naturvolker und Kulturvolker*』은 그러한 시각에 대해 자세히 다루고 있는 중요한 저서 중의 하나이다. 일본의 가토 히로유키(加藤弘)는 1893년에 이미 문자기록이 있는 역사 시기에 이르러 천연민족이 존재할 가능성은 그리 많지 않다고 지적한 바 있다.[51]

1902년 봄, 강유위가 천연민족에 대한 이론을 내세워 만주족과 한족이 사실상은 같은 족속임을 역설하자, 장태염은 곧바로 역사민족의 개념을 빌려 이를 반박했다.

18:3(July 1922), pp.235 - 262.

51) Winston Davis, *The Moral and Political Naturalism of Baron Kato Hiroyuki*(Berkeley: Institute of East Asian Studies, University of California, Berkeley, 1996), p.40.

> "근세에 이르러 종족 구분함에 있어, 역사민족을 그 기준으로 삼을 뿐, 천
> 연민족으로 구분하는 경우는 없다."

만약 순수한 종(種)이란 존재하지 않는다고 가정해 봤을 때, 만주족이 이미 중국에 진입해 있었던 만큼, 중국이라는 역사민족으로 융합되었다고 보아야 마땅하다. 그럼에도 장태염에 의하면 만주족은 한족으로의 동화(同化)를 거부하였을뿐더러, 한족을 홀대하기를 마치 "오스트리아가 헝가리를 억누르듯이, 터키가 동로마를 다스리듯이 했다."고 비난했다.52) 장태염은 당시 세계적으로도 최신의 사회과학 이론을 수용하고 있었던 만큼, 그의 반만(反滿) 주장이 추용(鄒容)의 『혁명군(革命軍)』(1903년)에 비해 설득력이 있었던 것만은 분명하다. 추용은 생리학적인 인종구분을 근거로, 일본인마저도 중국인종으로 분류하였으나, 만주족은 오히려 시베리아인종으로 간주했던 것이다.53) 추용의 입론 전제는 당연히 '자연선택[天演]' 내지는 '황·백 두 인종'의 대항설(對抗說)이었다. 하지만 이러한 주장에서는 일본인은 같은 부류로 구분한 반면, 만주족은 다른 족속이라 하여 배제하고자 했는데, 스스로 논리적 오류에 빠진 셈이었다.

그 후부터, 설득력이 있는 반만 이론에서는 모두 역사민족의 관점에서 논지를 전개하였다. 왕정위(汪精衛)는 1905년 자신의 글에서 다음과 같이 주장했다. "사회학자들이 항상 말하기를, 무릇 한 민족이 다른 족속들과의 경계를 분명히 하여 스스로의 순수성을

---

52) 「駁康有為論革命書」(湯誌鈞 編, 『章太炎政論選集』 上册, 中華書局, 1977, 195쪽, 199쪽).

53) 鄒容, 『革命軍』, 中華書局, 1958, 25~26쪽.

고집한다면, 그 족속은 점점 쇠약해져 결국에는 소멸에 이른다고 한다. 서로 다른 족속들을 다양하게 수용한다면 그 사회는 반드시 강성해질 것이다."[54] 그러므로 이 시기에 이르러서 반만(反滿)은 만주족이 다른 족속이기 때문이 아니라, 그들이 '신명(神明)의 혈통'을 이은 한족으로의 동화를 거부하고, '견양(犬羊)의 천한 족속'임에도 자기들보다 훨씬 우수한 민족을 정복·흡수하려 망상하기 때문이라고 새롭게 규정하기에 이른다.

이러한 새로운 사조에 비해, 강유위는 여전히 생리학적인 의미에서의 종족구분을 고집하여, 마지막까지도 민족국가의 이론으로 과도하지 못하고 만다. 결국에는 그의 건국이념은 민족건국과는 거리가 먼, 황·백인종에 의한 흑인종 소멸론 등 신대동주의(新大同主義)의 공상 속으로 빠져들게 되었던 것이다.

그에 비해 제자였던 양계초는 스승과는 다른 길을 택하였다. 그럼에도 국민심리학설이라는 이 새로운 사조는 여전히 양계초를 곤혹스럽게 했던 것 같다. 앞에서도 언급했듯이, 양계초는 인종론적인 시각에 입각하여, 즉 서양의 황화론자들의 시각에서 중국인종의 장점을 발견할 수 있었고, 또 같은 족속인 일본의 성공사례도 있었으므로, 중국인종에 대해 낙관적인 평가를 해 왔던 터였다. 하지만 바꾸어 국민심리학적인 이론으로 바라봤을 때, 중국인들은 아직 '공동의 감정'을 형성하지 못하고 있었으며, 흩어진 모래알에 불과하다는 결론밖에 얻어 낼 수 없었다.

이러한 혼란스러움 속에서 그는 1902년에 이르러 국민성에 관한 『신민설(新民説)』이라는 장편 저작을 펴내게 된다. 이 비관논조는

---

54) 精衛, 「民族的國民」, 『民報』 1號(1905年 11月), 4쪽.

그의 보수적인 정치성향과도 병행하고 있었다. 다른 한 면으로, 양계초는 대아시아주의를 내세워, 전체 황색인종의 합종(合種) 시대를 구상하고 있었으며, 동시에 반만 문제에 대해서는 원론적으로 부연하는 정도에 그쳤다.

> "황색인종은 그 70~80%가 지나(支那/中國)에 거주하고 있다. 그러므로 합종을 얘기하려면 반드시 지나부터 시작해야 할 것이다."[55]

하지만 현재의 역사민족적인 관점으로 바라봤을 때, 그러한 논리대로라면 결국에는 여지없이 한족부흥의 결론에 이르게 된다. 양계초는 이미 그 정치적 성향이 보수화되어 가고 있었으므로, 이러한 결론 또한 받아들이기 어려운 것이었다.

공양학의 취지는 모든 경계를 없애는 것이었다. 강유위의 초기 사상에는 이미 '합국(合國)·합종(合種)·합교(合敎)·일통지구(一統地球)' 등 통합에 대한 구상들이 들어 있었다.[56] 백일유신 기간 동안, 열강들에 의해 분할될 위기에 직면하여, 유신파 인사들은 민족국가와 정반대되는 합방론(合邦論)을 내세워, '중국·일본·미국 및 영국이 합방'하여야 한다는 터무니없는 대안을 제시하기도 했다.[57]

대아시아주의가 유행하던 시기, 양계초 등은 "우리 황인종 사이의 경계는 반드시 남김없이 허물어 버려야 할 것"이라고 주장했는데, 여전히 공양학에서의 합종·합방 사상의 잔재가 남아 있었다. 물론 그 합방의 범위는 '세계'에서 '황색인종'으로 축소되었으며,

---

55) 「論變法必自平滿漢之界始」, 『民報』 1號(1905年 11月), 83쪽.
56) 『康南海自訂年譜』, 14쪽.
57) 孔祥吉, 『康有爲變法奏議硏究』, 遼寧敎育出版社, 1988, 414~415쪽.

황인종과 백인종의 대결을 위한 준비 작업으로 표방되었다. 그러나 이 시기에 이르러서는 국민심리학적인 이론이 크게 우세함에 따라, 강역(疆域)에 대한 구분이 한층 축소되어 만한모순(滿漢矛盾)으로 나타나게 되었다.

만한모순은 항상 있어 왔던 문제였으나, 그것이 본격적으로 사회 표면에 드러나기 시작한 시점은 백일유신이 실패한 이후부터라 할 수 있다. 사실상 '만주족'이나 '한족'이라는 표현도 지극히 근대적인 것이다. 전통시대에는 이민족(異族)의 중국 침입에 대해, 이는 곧 천하가 멸망하는 것이지 나라가 망하는 것이라고는 하지 않았다. 몽골에 의한 송(宋)의 멸망은 결코 몽골족 대(對) 한족의 대립 구도를 형성하였던 것은 아니었다. 몽골은 중국인을 '북인(北人)'과 '남인(南人)'으로 나누었는데, 전자는 요(遼)·금(金) 등 왕조의 백성을 일컫는 말이었다. 청(淸)이 명(明)을 멸망시킬 무렵, 왕부지는 '종류(種類)'를 중요한 개념범주로 제시하면서, 만주족과 한족을 구분 짓기 시작했던 것이다. 그럼에도 청 왕조에 대해 직접적으로 비난할 수 없었으므로, '오랑캐 족속[夷類]'이나 '다른 족속[非族]'과 같은 은어(隱語)를 사용하였다. 물론 당시에는 '한족'이라는 개념이 없었던 것만은 확실하다. 따라서 왕부지는 나라를 '화하(華夏)'·'중국'·'삼황오제(三皇五帝)·한(漢)·당(唐)의 구우(區宇)' 등으로 표현하였다. 청나라 말기에 이르러, 만주족들은 이미 한족으로 동화되었다 해도 과언이 아니다. 청은 사실상 역대로 유교적인 이념을 가장 많이 표방해 온 왕조이다. 그러므로 청말에 이르러, 만한의 종족모순이 갑작스레 부각되었던 것은 완전히 정치적 목적에 의한 의도적인 조작의 결과였다.

1904년, 한 정치평론가의 주장에 의하면 만한모순은 사실상 광서황제 집정 초기, 조정의 남북 양대 파벌 투쟁의 결과라고 한다.

"남북의 대립이 만한모순으로 변모되었다가, 다시 황제와 태후의 세력다툼으로 나누어지게 되었다. 그 다음으로 친러와 친일의 구분이 있게 되고, 신(新政)·구(舊政)로 나뉘게 되었다."58)

그런즉 호남 시무학당 시절, 유신파 지식인들이 이미 '만한의 구분'을 제기하였다고는 하나, 그것은 사실상 당시 수많은 사회적 모순 중의 하나로 간주되었을 뿐이었다. 1900년대 이후, 보황(保皇)과 혁명의 논쟁이 일게 되면서부터 만한모순이 사회적 핵심 모순으로 승격되었던 것이다. 그런 와중에도 '한족'이라는 개념은 여전히 새로운 발견을 기다리고 있었다. 오늘날 서양에서 보편적으로 인식되고 있는 정치적 정체성(認同政治 혹은 政治認同/political identity)59)과 비교해 봤을 때, 정체성 확립 방식은 모두 인위적인 경계를 구축하여, '자타(自他)'를 구분하고, 타자(他者)에 대해서는 그에 대한 '저항'을 강조하는 것이다. 마찬가지로 '한족'이라는 주체를 창조하기 위해서 역시 중국 역사상 '이민족'에 대한 일련의 저항을 부각시키는 작업이 필수였다.

양계초는 왕조 중심의 역사를 폐기하고, 대신 국민사학을 구축하고자, 1902년 『신사학(新史學)』을 발표하게 된다. 하지만 그가 글에서 표방한 '모범적'인 역사인물들로는 콜럼버스·크롬웰·워싱

---

58) 「論南北之成見所起」, 『時報』, 光緒三十七年七月三十日至八月初六日(『東方雜誌』 10期(1904年 12月 1日), 233~240쪽에서 轉載).

59) 저자가 사용한 '認同政治'라는 표현을 굳이 풀어쓰자면 '정치적인 동질감' 내지 영어로 옮기면 'political identity'라 할 수 있는데, 사회구성원들의 정치적 정체성을 의미한다(역자).

턴·롤랑부인·넬슨·비스마르크·헤수스 및 이탈리아 건국 삼걸(三杰/마치니·가리발디·카부르), 메이지유신 시기의 근왕지사 등 거의 모두가 외국인이었다. 하지만 1904년에 이르러, 양계초는 망설임 끝에 자신의 정치적 입장을 '보황(保皇)'으로 최종 확정을 지으면서, 급기야 「명말, 가장 뛰어난 인물 - 원숭환 전기(明季第一重要人物袁崇煥傳)」를 발표하였고, 1906년에는 『신문총보(新民叢報)』에 장관운(蔣觀雲)의 「중국인의 악비 숭배 심리(中國人崇拜岳飛的心理)」를 게재함으로써 새로운 애국주의의 모델들을 제시하였다.

당시의 국민심리학설에 의하면, 국민 공동의 감정의 형성은 반드시 그 민족에 소속된 걸출한 인물의 행적에 대한 모방 내지는 공감[公認]을 통해서만 가능한 것이었다. 양계초가 표방했던 외국의 모범적 모델들은 그가 초기에 주장한 자유주의 이념의 수립에는 어느 정도 긍정적인 작용을 하였을지는 몰라도, 외적에 대한 저항 내지는 건국에 관해서는 기껏해야 간접적인 작용에 그칠 수밖에 없었다. 또 오스트리아에 저항한 헝가리의 영웅 헤수스를 '황인종의 희망'[60]이라 한 데서 '대아시아주의'적 의식의 잔재를 확인할 수 있다. 당시 중국은 외세의 침략으로 심각한 존망의 위기에 처해 있었으므로, 이민족의 침입에 맞선 애국영웅형상 수립이 시급한 상황이었다. 양계초 역시 이에 대해 인식하지 못하고 있었던 것은 아니다. 그럼에도 그의 정치적 입장에서 볼 때, 명말청초, 청나라에 저항한 역사를 다루기가 불편한 이상, 고대에로 눈길을 돌릴 수밖에 없었으며, 흉노(匈奴)에 대한 저항에서 그 모범을 찾고자 했다. 그는 1902년, 「장건전(張騫傳)」과 「반초전(班超傳)」을 찬술하였으며,

---

60) 梁啓超, 「匈牙利愛國者葛蘇士傳」, 『飮冰室合集·專集之十』, 中華書局, 1989, 1쪽.

또 1903년에는 「황제 이후 가장 뛰어난 위인 - 조무령왕 전기(黃帝以後第一偉人趙武靈王傳)」를 발표하기도 했다. 후기에 이르러 양계초 역시 근세(近世)의 인물을 다룰 수밖에 없었는데, 이는 혁명진영의 날선 공세에 맞서기 위한 부득이한 선택이었다.

Ⅵ. 민족 시조(始祖)의 발명: 황제(黃帝)

양계초는 스스로를 신국민사학(新國民史學)의 기틀을 마련한 사람이라고 자처하지만, 지나치게 외국의 사례에만 편중하다 보니, 점차 그 추종자들이 이탈하게 되었다. 또 호남 시무학당시절의 양계초는 명말청초, 청나라에 저항한 역사를 다룬 바가 있어, 새로운 사조의 선구자라 할 수 있다. 물론 이러한 사조는 나중에 혁명진영에서 수용하여 크게 발전시켰던 것이 사실이다. 또 양계초의 그러한 생각들은 스승이었던 강유위로부터 많은 제한을 받아 왔으나, 항상 저변에 잠재해 있었다. 하지만 혁명과 개혁이 지나치게 양극으로 치닫고 있던 상황에서 양계초의 『신민총보』에서 역시 악비(岳飛)나 원숭환(袁崇煥) 같은 인물에 대해 찬양할 수밖에 없었으며, 이는 오히려 혁명의 기염을 조장시키는 결과를 가져왔다.

1902년, 장태염은 일본의 요코하마(橫濱)에서 '지나 망국 242년 기념회(支那亡國二百四十二年紀念會)'를 개최하여, 반청(反淸) 이념을 공공연히 드러냈다. 장태염은 '공동의 추억'이라는 방식을 빌려, 한족단체에 대한 새로운 '집단적 상상'을 유도하고자 했던 것이다. 즉 명-청의 왕조교체를 '망국(亡國)'이라 표현했으며, 일본의 중국 지칭법인 '지나(支那)'를 본래 국명(國名)이었던 것처럼 사용했는데, 이른바 '민족국가'의 외래적인 속성을 확인할 수 있는 부분이기도 하다. 회의에서 장태염은 명나라 말기, 청나라에 저항한 남방(南方) 출신의 인물들을 높이 찬양하면서 절강성(浙江省)·강소성(江蘇省) 지역 출신의 인사들에게 그들처럼 청나라에 맞서 투쟁해 줄 것을 호소했다.[61] 이 '망국 기념회' 이후, 일본에 유학 중이던 유학생들은 각자 출신지로 명명한 『강소(江蘇)』·『절강조(浙江潮)』·『호북학생계(湖北學生界)』와 같은 반청(反淸) 성격의 간행물을 대량 창간하게 되었다.

1903년 초, 일본에 유학 중이던 절강성 출신의 노신(魯迅)은 만주족의 상징이었던 변발(辮髮)을 자르고 단발사진(斷髮照)을 찍어 같은 고향의 친구인 허수상(許壽裳)에게 부쳐 보내면서, 그 뒷면에 「나의 피 헌원께 바치리라(我以我血薦軒轅)」라는 시구(詩句)를 남긴 바 있다.[62] 당시 이미 수많은 한족 출신의 민족주의자들이 황제를 '공동의 조상'으로 부각시키고자 활발히 활동을 전개하고 있었다. 혁명당의 기관지인 『민보(民報)』 창간호 첫머리에 "세계 제1의 민족주의 대위인-황제(世界第一之民族主義大偉人黃帝)"라는 설명문구와 함께 황제초상화를 게재하기도 했다.

민족국가의 기원을 한족의 왕조인 명대(明代)보다 이른 시기로 끌어올리기 위해, 그보다 훨씬 더 오래된 5천여 년 전의 황제시대까

---

61) 「中夏亡國二百四十年紀念會書」, 『章太炎全集』 4冊, 上海人民出版社, 1985, 189쪽. 나중에 문장을 새롭게 편집할 때, 장태염은 원래의 '支那'라는 표현을 '中夏'로 바꾸게 되는데, 이로부터 '지나'라는 어휘가 얼마나 적절치 못한 표현이었는지를 짐작할 수 있다.

62) 鮑昌, 邱文治, 『魯迅年譜, 1881~1936』 上卷, 天津人民出版社, 1979, 37쪽.

지 거슬러 올라갔던 것이다. 이어서 혁명파 민족주의자들은 황제기 년으로 청나라 연호나 예수기원을 대체하고자 했으나, 그들 스스로 도 연도계산 방법을 서로 달리했다. 1904년 출간된『황제혼(黃帝魂)』 에서는 그해를 황제기년 4614년으로 명시하였으나,『국민보회편(國 民報匯編)』에서는 같은 해를 4395년으로 추산(推算)했으며,『20세 기 지나(二十世紀之支那)』·『민보(民報)』·『동정파(洞庭波)』·『한 치(漢幟)』등에서는 같은 계산법을 사용하여, 각자의 창간 연도인 1905, 1906, 1907년을 황제기원 4603, 4604, 4605년이라 하였다. 기호학적인 의미에서 260여 년의 청나라의 통치는 '이민족의 지배 시기'라 하여 5천 년의 '황통(黃統)'에서 배제되었던 것이다.

아이러니하게도 당시 민족주의자들은 '이민족' 외적의 침입에 저 항하여, 한족의 민족정신을 드높인 영웅들을 만신전(萬神殿)에 모 셔 놓음과 동시에, 또한 한족의 시조라고 지목하고 있는 황제에 대 해서는 오히려 외래 정복자임을 자랑스레 표방하고 있었다. 한 미 국 학자에 의하면, 당시의 '황제에 대한 열렬한 추종[黃帝熱]' 현상 은 너무나도 갑작스럽게 생겨났는데, 불과 그 몇 년 전까지만 해도 황제라는 인물에 대한 얘기가 별로 없었던 점으로 미루어 보아, 이 는 아마도 테리앙 드 라쿠페리(Terrien de Lacouperie) 학설이 전해 진 결과였을 것으로 추측된다고 한다.[63]

라쿠페리는 '범 바빌로니아론(泛巴比侖說)'의 창시자로, 그에 의 하면 황제는 양강유역(兩江流域)의 군주였던 'Nakhunte'라는 인물 인데, 그가 자신의 'Bak'라는 종족을 이끌고 동쪽으로 이동하여, 곧

---

63) Martin Bernal, "Liu Shih2ppei and National Essence", in Charlotte Furth, ed., *The Limits of Change: Essays on Conservative Alternatives in Republican China* (Cambridge, MA: Harvard University Press, 1976), pp.96 – 97.

룬산맥(崑崙山脈)을 넘어 중원(中原) 지역에 이르러 정착했다고 한다. 'Bak'인, 즉 중국어의 '백성(百姓)'이고, 이들이 한민족(漢民族)의 조상이라는 것이다. 이 학설은 장태염·황절(黃節)·장관운·송교인(宋敎仁) 등에 의해 널리 수용·전파되었고, 나아가 양계초나 유사배(劉師培) 등은 이 학설을 근거로 황제와 중국민족이 곤륜산에서 기원되었다고 확신하게 되었던 것 같다. 이러한 맥락의 연장으로, 1915년, 원세개(袁世凱) 정부 시절의 국가(國歌)에는 '중화의 혈통이 곤륜에서 시작……'이라는 가사(歌詞)가 들어가기도 했다.[64]

황제가 곧 중국 문명의 창시자라는 라쿠페리의 학설은 사실상은 『사기(史記)』 오제본기(五帝本紀)에 근거를 두고 있으므로 왕부지(王夫之)의 논리와 별반 다를 바가 없었다. 황제가 처음으로 중국과 다른 이민족의 경계를 만들었다는 왕부지의 주장은 청말에 이르러 한족 민족주의자들 사이에서 공인되고 있었다. 혁명파였던 황절은 "형양왕씨(衡陽王氏/왕부지)가 우리 족속의 아픔을 보듬고자 분발하여 책을 펴냈으니, 헌원씨(軒轅氏)가 기년(紀年)을 만들고, 우리 족속으로써 우리나라를 통합한 역사사실에 대한 진실한 기록이다."[65]고 평가하였고, 개량파였던 양계초 역시 헌원씨를 민족의 시조로 간주했다.

> "황제 이후로, 우리 민족은 점차 번창하여 중원 곳곳으로 널리 퍼져 나갔다. 하지만 그 기세가 서로 통합되지는 못하다가……진(秦)나라 때에 이르러 중국이 처음으로 통일되었다."[66]

---

64) 唐文權, 羅福惠, 『章太炎思想研究』, 華中師範大學出版社, 1986, 55~56쪽.

65) 「黃史」, 『國粹學報』(1905年 2月), 9쪽.

66) 梁啓超, 「黃帝以後第一偉人趙武靈王傳」, 『飮冰室合集·專集之六』, 中華書局, 1989, 1쪽.

하지만 왕부지 시대에는 황·백·흑 등 인종 관념이 존재하지
않았다. 그러므로 그는 단순히 "옛날에 하늘의 뜻을 받들어 왕이
된 자들은 헌원의 다스림을 모범으로 삼아, '황중(黃中)'을 세우
고……다스림의 이치는 바로 이런 것을 말한다."고만 했다.[67] 여기
서 '황중'이란 일종의 추상적인 표현으로 '황제가 갖추어야 할 덕
목'을 가리키는 말이다. 응소(應劭)가 찬술한 『풍속통의(風俗通義)』
권1, 오제(五帝)조에서는 '황(黃)'에 대해 해석하기를 "'황'이라 함
은 빛나고, 두터우며, 중화(中和)한 색이다. 그 덕(德)이 사계절에
베풀어지고, 그 공(功)이 땅과 같다."고 했다.[68] 청말, 한족 민족주
의자들은 이미 서양의 종족주의 관념을 수용하고 있었으므로, 이
'황'을 인종과 연관시켜 해석하지 않을 이유가 없었다. 장관운은
"우리 족속이 중국으로 이주하고 나서, 스스로 새로운 인종을 형성
하였으니, 큰 틀에서 얘기하자면 동양의 황인종이 바로 그것이다."
라고 했다.[69] 이러한 주장에는 '대아시아주의'적인 의미가 내포되
어 있으면서도, 중국이라는 역사민족의 경계를 확실히 하여, 아시
아의 다른 나라들과 구별하고자 하는 의도도 담겨져 있다 하겠다.

당시 중국 사상계는 거대한 서양의 이념체계를 접하게 되면서
다소 자괴감에 빠져 있었던 것이 사실이다. '중국민족 서래설(中國
民族西來說)'은 이러한 부족한 자신감에 용기를 북돋아 주는 역할
을 하게 되었으며, 황·백 두 인종이 공동으로 세계를 지배해야 한
다는 구상을 가능케 했던 것이다. 당시 크게 유행한 다윈의 '적자

---

67) 『黃書』, 538쪽.

68) 『傳世藏書』 1冊, 海南國際新聞出版中心, 1995, 3쪽에서 轉載.

69) 「中國人種考」, 『新民叢報』 55號(1904年 10月 23日), 49쪽.

생존(優勝劣敗)' 이론의 틀에 끼워 맞추기 위해서는 중국민족은 반
드시 외래정복자여야만 했으며, 결코 피정복자 원주민으로 설정될
수 없었던 것이다. 인도에 침입한 아리안인, 잉글랜드를 정복한 게
르만인, 미국을 건국한 영국이민 및 동북아시아에서 기원한 야마토
민족(大和民族) 등이 좋은 예로 제시되었다. 강유위의 언사에서 이
러한 관념들을 많이 발견할 수 있다. "우리 남방의 여러 성(省)들은
옛날에는 모두 묘(猫)·요(猺)·동(狪)·동(獞) 등 야만족속의 땅이
었다. 하지만 지금에 이르러 그들은 우리 황제자손에게 쫓겨 거의
씨가 마르다시피 되었다." 그러므로 '지금 백인종들이 전 세계를
압박하고 있는' 시국에서 저들과 같은 운명에 처하지 않기 위해서
중국인들은 생존을 위해 반드시 혼신의 힘을 다해야 한다는 것이
었다.[70]

중화제국(中華帝國)은 역대로 다민족적인 세계제국(世界帝國)이
었으나, 청말에 이르러 강제로 '민족국가'라는 외투를 걸치게 되었
다. 당시 만-한 모순이 일촉즉발로 치닫고 있던 시대상황 속에서
한족중심의 이념은 불가피한 시대적 흐름이었다. 이 편파적인 실수
를 되돌리기 위해, 중화민국(中華民國) 건립 이후에는, '오족공화
(五族共和)'라는 새로운 민족이념을 제창하였던 것이다. 그럼에도
황제숭배가 오늘날까지 이어지고 있는데, "중화민족(中華民族) 모
두가 황제자손이다."는 주장과 "한족은 황제자손이다."는 이 두 가
지 설법(說法)을 같은 의미로 해석할 수 있을지, 필자로서는 아직
도 혼란스럽기만 하다.

---

70) 「保救大淸皇帝公司序例」, 『康有爲與保皇會』, 251쪽.

Ⅶ. 맺음말

   '민족국가(民族國家)' 관념은 일종의 '박래품(舶來品)'에 불과하다. 따라서 천조(天朝) 중심의 천하주의(天下主義) 전통이념이 현대의 민족주의로 대체되면서, 기호학적인 의미에서, 중국은 사실상 이미 중심부에서 축출되고 말았던 것이다(非中心化). 근대 세계적인 흐름에 부응하기 위해 급조해 낸 중국사의 서술에서 그 시원(始源/archia)과 목적(目的/telos), 즉 머리와 꼬리 부분이 모두 외래의 것으로 변모되었던 것이다. 헌원황제는 바빌로니아에서 온 'Nakhunte'였고, 현대국가 칭호로서의 '지나(支那)'는 일본식 표현에 불과하였다. 중국은 원래 하나의 '천하'였으므로, 왕조의 칭호만 있었을 뿐, 국호는 가져 본 적이 없었다. 청말에 이르러, 첫 세대 민족주의자들은 청 왕조 전복에만 급급하다 보니, 무의식중, 일본인이 중국을 지칭했던 '지나'라는 표현을 그대로 수용하여 사용했다. 일본은 메이지 유신 이전까지만 해도, 전통적으로 '중국'이라는 표현을 사용해 왔고, 2차 세계대전 전패 후, 역시 다시 '중국'으로 호칭하였다. '지나'라는 표현은 중일갑오전쟁(中日甲午戰爭)이 발발하고 나서야, 중국을 폄하하고자 하는 의도에서 사용되기 시작했다. 즉 '지나'라는 표현은 "중국은 지나치게 보수적이어서 스스로 헤어 나올 수 없는 혼란스러운 구역으로, 아시아의 근대국가로서의 일본 형상과 선명한 대조를 이룬다."는 의미가 내포되어 있다고 한다.[71]

---

71) Stephan Tanaka, *Japan's Orient: Rendering Pasts into History*(Berkeley: University of California Press, 1993), pp.3 - 4.

1930년대에 이르러 '지나'라는 표현의 중국 비하 의미가 확연해졌으며, 급기야 남경(南京)의 국민정부에서는 일본에 항의서신을 보내 표기법을 바꿀 것을 요구하였으나, 그럼에도 불구하고 일본 국민들은 여전히 그대로 사용하였다.72)

본고의 작성 목적은 단지 새로운 방법론으로 바라봤을 때, 역사란 하나의 공동의 기억이고, 그 구성 속에서 계보학적인 단서들을 발견할 수 있으며, 또한 그 계보는 일련의 역사서술로서, 이러한 역사서술은 항상 혼합어(混合語/hybrid)적임을 지적해 보고자 한 데 있다.

황제 숭배에 관한 서술 역시 고대적·현대적·토착적·외래적인 요소들로 복합적으로 구성되어 있으며, 또 이러한 요소들은 모두 기술 당시의 사회상황에 의해 결정되었던 만큼, 그들의 위치는 동등하다고 보아야 할 것이다. 사실상 서한(西漢) 시기에 찬술된 『사기』이든, 명나라 말기의 『황서』이든, 일단은 청말 민족주의 기술에 편입되는 동시에 서로 시간을 공유하는 요소로 변형된다. 다시 말해서 이들 모두가 20세기 초의 역사로 변화한다는 것이다. 같은 사회적 배경을 전제로 할 때, 프랑스학자의 학설일지라도 실질적으로는 중국적인 요소로 변화하기도 한다. 예를 들어 중국혁명사 서술에서 프랑스대혁명과 러시아 10월혁명의 영향을 부각시키면서, 이 두 차례 혁명의 영향을 받아 중국혁명이 발발하였음을 설명하고자 하는 방식이 있는데, 이러한 도식은 지나치게 진부하고 또 기계적이다. 새로운 연구방법론적인 시각으로 봤을 때, 프랑스와 러시아 혁명이 이미 중국혁명서술의 일부분으로 되었다는 것이다.

---

72) 實藤惠秀(譚汝謙, 林啟彦 譯), 『中國人留學日本史』, 三聯書店, 1983, 190~191쪽.

그러한 의미에서 어떠한 역사의 흔적(史迹)에 대한 새로운 서술
은 항상 새로운 '발명'이기도 하다. 이러한 '발명'은 원래 사실(史
實)에 대한 왜곡을 의미하는 것이 아니라, 그것의 생명력이 아직
소멸되지 않았음을 뜻하며, 아직 미완성 상태인, 새로운 인식의 대
상일 뿐임을 말해준다. 우리가 시기적으로 뒤늦게 기술된 서술이라
하여 원사실의 '복제품'이라고만 취급해 버릴 수 없다. 한 사건이
발생할 그 당시에는 아직 그것을 '역사'라 할 수 없으며, 그것이
'역사'로 변화하였을 때에는 이미 일종의 기호 매개체를 통한 상상
의 과정을 거쳤기 때문이다. 다시 말해서 최초의 서술 역시도 이미
'복제품'이라는 것이다.

» 참고문헌

Eric Hobsbawn, "Mass Producing Traditions: Europe, 1870~1914", in
    Eric Hobsbawn and Terence Ranger, eds., *The Invention of Tradition*,
    Cambridge: Cambridge University Press, 1983.

Takashi Fujitani, "Inventing, Forgetting, Remembering: Toward a Historical
    Ethnography of the Nation－State", in Harumi Befu, ed., *Cultural
    Nationalism in East Asia: Representation and Identity*, Institute of
    East Asian Studies: University of California, Berkeley, 1993.

Marcel Granet, trans. by Kathleen E. Innes & Mabel R. Brailsford,
    Chinese Civilization, London: Rout－ledge & Kegan paul Ltd., 1950.

Robert Caponigri, Introduction to Immanuel Kant, *Perpetual Peace: A
    Philosophical Essay*, New York: The Liberal Arts Press, 1948.

Hans Kohn, *Prelude to Nation－States: The French and German Ex perience,
    1789~1815*, Princeton, N. J.: D. Van Nostrand Company, Inc.,

1967, *The Mind of Germany: The Education of a Nation*, New York: Harper and Row, Publishers, 1960.

Houston Stewart Chamberlain, trans. by John Lees, *The Foundations of the Nineteenth Century*, London & New York: J . Lane Company, 1911.

Douglas R. Reynolds, *China, 1898～1912: The Xinzheng Revolution and Japan*, Cambridge, MA: Harvard East Asian Monographs, 1993.

Marius Jensen, *Japan and China: From War to Peace, 1894－1972*, Chicago: Rand McNally College Publishing Company, 1970.

Marius Jansen, "Konoe Atsumaro", in Akira Iriye, ed., *The Chinese and the Japanese: Essays in Political and Cultural Interactions*, Princeton, NJ: Princeton University Press, 1980.

Richard Austin Thompson, *The Yellow Peril, 1890～1924*, New York: Arno Press, 1978.

Richard Hofstadter, *Social Darwinism in American Thought, 1860～1915*, Philadelphia: University of Pennsylvania Press, 1945.

Lungkee Sun, "Social Psychology in the Late Qing Period", *Modern China* 18:3(July 1922).

Winston Davis, *The Moral and Political Naturalism of Baron Kato Hiroyuki*, Berkeley: Institute of East Asian Studies, University of California, Berkeley, 1996.

Martin Bernal, "Liu Shih2ppei and National Essence", in Charlotte Furth, ed., *The Limits of Change: Essays on Conservative Alternatives in Republican China*, Cambridge, MA: Harvard University Press, 1976.

Stephan Tanaka, *Japan's Orient: Rendering Pasts into History*, Berkeley: University of California Press, 1993.

楊寬, 「中國上古史導論」, 『古史辨』 7冊 上編, 香港太平書局, 1963.
鄭觀應, 「盛世危言」(夏東元 編, 『鄭觀應集』上冊, 上海人民出版社, 1982).
梁啓超, 『康南海自訂年譜』, 台北文海出版社, 1975.
梁啓超, 「三十自述」, 『飮冰室合集・文集之十一』, 中華書局, 1989.
梁啓超, 「論君政民政相嬗之理」, 『飮冰室合集・文集之二』, 中華書局, 1989.

梁啓超, 「＜春秋中國夷狄辨＞・序」, 『飮冰室合集・文集之二』, 中華書局, 1989.

梁啓超, 「愛國論」, 『飮冰室合集・文集之三』, 中華書局, 1989.

梁啓超, 「淸代學術槪論」, 『飮冰室合集・專集之三十四』, 中華書局, 1989.

梁啓超, 「論中國之將强」, 『飮冰室合集・文集之二』, 中華書局, 1989.

梁啓超, 「『淸議報』敍例」, 『飮冰室合集・文集三』, 中華書局, 1989.

梁啓超, 「「變法通義」之「論變法必自平滿漢之界始」一節」, 『飮冰室合集・文集之一』, 中華書局, 1989.

梁啓超, 「論中國人種之將來」, 『飮冰室合集・文集之三』, 中華書局, 1989.

梁啓超, 「匈牙利愛國者葛蘇士傳」, 『飮冰室合集・專集之十』, 中華書局, 1989.

梁啓超, 「黃帝以後第一偉人趙武靈王傳」, 『飮冰室合集・專集之六』, 中華書局, 1989.

孫春在, 『淸末的公羊思想』, 台北商務印書館, 1985.

『保國會章程』(湯誌鈞 編, 『康有爲政論集』 上冊, 中華書局, 1981).

『勸學篇』, 台北文海出版社 影印.

嚴復, 「論世變化之亟」, 『嚴復集』 1卷, 中華書局, 1986.

嚴復, 「保種余義」, 『嚴復集』 1卷, 中華書局, 1986.

「京師强學會序」(湯誌鈞 編, 『康有爲政論集』 上冊, 中華書局, 1981).

『黃書』(船山全書編輯委員會, 『船山全書』 12冊, 嶽麓書社, 1992).

陳長年, 「庚子勤王運動的幾個問題」, 『近代史研究』 總82期, 1994.

章太炎, 「客帝論」(湯誌鈞 編, 『章太炎政論選集』 上冊, 中華書局, 1977).

章太炎, 「論亞洲宜自爲脣齒」(湯誌鈞 編, 『章太炎政論選集』 上冊, 中華書局, 1977).

章太炎, 「讀日本國誌」(湯誌鈞 編, 『章太炎政論選集』 上冊, 中華書局, 1977).

章太炎, 「駁康有爲論革命書」(湯誌鈞 編, 『章太炎政論選集』 上冊, 中華書局, 1977).

村田雄二郎, 「康有爲的日本研究及其特點－＜日本變政考＞＜日本書目誌＞管見」, 『近代史研究』 總73期(1993).

「各國種類考自敍」, 『覺顚冥齋內言』, 台北成文出版社, 1968.
「保救大淸皇帝公司序例」(上海市文物保管委員會 編, 『康有爲與保皇會』, 上海人民出版社, 1982.
『覺顚冥齋內言』
鄒容, 『革命軍』, 中華書局, 1958.
精衛, 「民族的國民」, 『民報』 1號(1905年 11月).
「論變法必自平滿漢之界始」, 『民報』 1號(1905年 11月).
『康南海自訂年譜』
孔祥吉, 『康有爲變法奏議硏究』, 遼寧敎育出版社, 1988.
「論南北之成見所起」, 『時報』, 光緒三十七年七月三十日至八月初六日(『東方雜誌』 10期(1904年 12月 1日).
鮑昌, 邱文治, 『魯迅年譜, 1881~1936』 上卷, 天津人民出版社, 1979.
唐文權, 羅福惠, 『章太炎思想硏究』, 華中師範大學出版社, 1986.
「黃史」, 『國粹學報』(1905年 2月).
『傳世藏書』 1冊, 海南國際新聞出版中心, 1995.
「中國人種考」, 『新民叢報』 55號(1904年 10月 23日).
「保救大淸皇帝公司序例」, 『康有爲與保皇會』.
實藤惠秀(譚汝謙, 林啓彦 譯), 『中國人留學日本史』, 三聯書店, 1983.

▌청말(淸末) '존황(尊黃)' 사조와 민족주의

― 『황제혼(黃帝魂)』을 중심으로

량징허 (梁景和, Liang Jing－he)

-『황제혼(黃帝魂)』을 중심으로

The Mainstream Thought of Post－Huang Emperor and Nationalism by Late Qing－A Case Study of the Soul of Emperor Huang

(梁景和, 「淸末'尊黃'思潮與民族主義－以『黃帝魂』爲中心」, 『河北師範大學學報(哲學社會科學版)』, 2007年 第30卷 第1期, 『中國近代史上的民族主義』, 中國社會科學院, 2007, 재수록)

■ 저자 약력

량징허(梁景和, Liang Jing－he)
1956年, 中國 出生,
1984~1987: 北京師範大學 歷史學 碩士 학위 취득,
1991~1994: 湖南師範大學 歷史學 博士 학위 취득,
현재 中國 首都師範大學歷史系 敎授로 재직.

■ 대표 논저

－『近代中國陋俗文化嬗變硏究』, 首都師範大學出版社, 1998,
－『淸末國民意識與參政意識硏究』, 湖南敎育出版社, 1999,
－『中國近代史基本線索的論辯』, 百花洲文藝出版社, 2004,
－「梁啓超的近代國民思想」, 『首都師範大學學報』, 2004.

청말(淸末) '존황(尊黃)' 사조와 민족주의

－『황제혼(黃帝魂)』을 중심으로

량징허 (梁景和, Liang Jing－he)

20세기 초반, 청(淸) 왕조의 몰락과 함께, 한족(漢族)이 직면하게 된 생존 위기의식과 만주족(滿洲族)에 대한 적대감정이 고조되면서 혁명풍조가 서서히 형성되기 시작했다. 또한 거기에 근대 서양의 민족주의 사상이 가세하면서 국내 사상계에는 거센 '존황(尊黃/黃帝) 존숭을' 사조가 형성되기 시작했다. "멸망의 위기에서 벗어나기 위해서는 반드시 '존황'을 급선무로 해야 할 것이다."라는 목소리가 점점 더 높아져만 갔다.[1] 이러한 '존황' 사조는 민족의식의 고취와 함께 혁명운동의 정신적 원동력으로 작용했으며, 동시에 또한 점차 대한족주의적인 경향을 띠어 갔다.

一.

이른바 '존황' 사조란 청말(淸末) 혁명파 지식인들이 한족(漢族)

---

[1] 無畏(劉師培),「黃帝紀年論」,『辛亥革命前十年間時論選集』第1卷 下册, 三聯書店, 1960, 722쪽.

의 민족적 존엄성과 자주의식을 고취하기 위해 내세웠던 민족의 시조(始祖) - 황제(黃帝)에 대한 숭배 관념이었다. 다시 말해 황제를 조국의 아름다운 강산과 찬란한 문화의 창조자로 부각시켜, 한족인 민들의 조상에 대한 존숭(尊崇)의식과 자아각성을 이끌어 냄으로써, 이민족(異民族)의 통치를 전복시키고자 했던 일종의 사상적 흐름이 었던 것이다. 황제가 곧 한족의 조상임을 대중들에게 널리 알리기 위해 혁명파 지식인들은 적극 대중 선동[宣傳]에 뛰어들었는데, 이 러한 움직임은 당시 여론들에 잘 반영되어 나타나고 있다. 혁명파 지식인들이 창간한 일부 간행물들에서는 맨 첫 페이지에 '중화민족 의 시조 황제의 초상화(中華民族始祖黃帝之像)'를 게재하기도 했 다.2) 또한 일부 간행물들에서는 황제기년법(黃帝紀元)을 사용하여 발행연도를 표기하기도 했다. 유사배(劉師培)는 1903년 '무위(無畏)' 라는 필명으로 『국민일보회편(國民日報匯編)』 제1집에 「황제기년 론(黃帝紀年論)」을 발표하여 황제기년법의 중요성을 역설하였다.

"4백조(百兆) 우리 한족의 시조가 과연 누구란 말인가? 오직 황제 헌원씨
(軒轅氏)일 뿐이니, 황제께서 우리 문명을 창조하셨고, 4천 년의 역사를
여셨다. 고로 황제의 위업을 이으려면 마땅히 황제의 탄신연도를 기원(紀
元)으로 사용하여야 할 것이다."
"황제는 한족의 황제이니, 그 탄신연도를 기원으로 사용한다면 한족의 민
족적 감성을 자극할 수 있을 것이다. 위대하구나, 황제의 공적(功績)이여!
아름답구나, 한족 인민이여!"

이러한 기년법 변경 주장의 일환으로 일부 사람들은 황제기년을

---

2) 『民報』, 『江蘇』, 『國粹學報』, 『二十世紀之支那』, 『秦隴報』 등 많은 간행물들에서 黃帝
　초상을 게재했다.

근거로 「황제강생후대사약표(黃帝降生後大事略表)」를 만들기도 했고, 일부 잡지들에서는 「알황제묘(謁黃帝墓)」, 「황제전(黃帝傳)」과 같은 문학작품을 발표하기도 했다.3)

1903년, 상해(上海)에서 『황제혼(黃帝魂)』이 출간되었는데, 당시 신문·잡지에 발표된 반만(反滿) 혁명을 역설한 논저 29편을 집대성하여 수록하였다가, 1911년 재판(再版)에서는 44편으로 늘렸다. 이 책에는 「황제기년론(黃帝紀年論)」, 「망국 240년 기념회 서편(亡國二百四十年紀念會叙)」, 「변발의 기원에 관한 논의(論髮辮原由)」, 「만주족을 향한 복수에 대한 논의(正仇滿論)」, 「만주족 증오에 대한 해석(釋仇滿)」, 「한족에 대해 논함(說漢種)」, 「한간 분별론(漢奸辨)」, 「중국멸망론(中國滅亡論)」, 「만주족 학생과 한족 학생(滿學生與漢學生)」, 「혁명하려면 만주족에 대한 철저한 해부가 필수임을 논함(革命必剖淸人種)」, 「복수주의에 대한 논의(論復仇主義)」, 「구만생 전기(記仇滿生)」 등 문장이 수록되어 있는데, 제목에서도 알 수 있듯이, 『황제혼』에 수록된 대부분 글에서는 '존황'과 '반만혁명' 사상을 설파하고 있다.

황제의 공덕과 위업에 대한 사상계의 대대적인 칭송은 당시 '존황' 사조의 거센 흐름을 잘 보여주고 있다. 『황제혼』 찬(贊)에서는 황제를 기려 이르기를 "황제는 소전(少典)의 아들로 성은 공손씨(公孫氏)요, 이름은 헌원(軒轅)이다. 태어나서부터 신령스러움이 있었고, 어려서 능히 말을 잘했고 또한 민첩했다. 조금 더 자라자 돈후(敦厚)하고 부지런했으며, 어른이 되어서는 총명했다. 헌원 때에 이르러 신농씨(神農氏)의 기운이 쇠하여 여러 제후(諸侯)들이 서로

----

3) 『漢幟』 第2期, 『中國白話報』 第1期.

싸우고 백성을 괴롭혔으나, 신농씨는 그들을 능히 제어하지 못했다. 이에 헌원이 쉬지 않고 정벌하여 치우(蚩尤)를 탁록(涿鹿)의 들에서 물리치니, 여러 제후들이 신농씨를 대신해 헌원을 천자(天子)로 받들어 모셨다. 황제께서 여러 관리를 만들고 좌우 태감(太監)을 두어 만국(萬國)을 감독하게 했고, 만국이 평화로워지자 귀신(鬼神)과 산천(山川)에 제사를 지내는 봉선(封禪)의 일이 많아졌다……토덕(土德)의 상서로움이 있어 황제라 칭하게 되었다."고 했다.

『국수학보(國粹學報)』에 게재된 「황제찬(黃帝贊)」이나 「종족서 제1·입국 제3(種族書第一·立國第三)」 등 문장에서는 훨씬 더 거창한 언사(言辭)를 사용해 황제의 덕을 칭송했다.

"빛나라~ 우리 조상님께서 팔환(八寰/천하)을 어우르시니, 서쪽으로 곤륜(崑崙)을, 북쪽으로 부산(釜山)을 다스리니, 묘민(苗民)이 주멸(誅滅)을 당할까 두려움에 떨고, 위세가 백만(百蠻)에 떨치니, 험윤(獫狁)이 숨어 버렸다." "황제께서 도의(道義)로써 다스리고자 천지(天地)를 나누고, 인륜(人倫)을 만드셨으며, 만물의 질서를 세우셨고, 또한 신의(信義)와 인자함으로 천하에 모범을 보이셨다. 그 연후에 동해(東海)를 건너고, 강내(江內)에 들어 녹도(綠圖)를 취하였으며, 적석(積石)과 유사(流沙)를 건너 곤륜에 오르고 난 연후에 다시 중국으로 되돌아와 천하를 평정하셨다."

이상의 언사들에서 당시 많은 혁명파 지식인들이 황제를 자신들의 조상으로 우러렀을 뿐만 아니라, 또한 '우상'으로 받들어 모셨음을 어렵지 않게 짐작할 수 있다. 황제는 항상 군주(君主)로, 성현(聖賢)으로, 상제(上帝)로, 신명(神明)으로, 나아가 세계 만물을 주재하는 통령(通靈)으로 묘사되곤 했는데, 사실상 이러한 관념은 오래된 사회적·역사적 전통과 배경을 가지고 있다.

二.

　청말 '존황' 사조의 범람은 다양한 사회적·역사적 요소들이 복합적으로 작용한 결과이다. 날로 고조되어 가고 있던 민족 존망에 대한 위기감과 함께 여러 가지 새로운 사상들이 구제책으로 속속 등장하게 되었으며, 거기에 근대 서양의 민족주의 사상이 수입·가세되면서 '존황' 사조의 큰 흐름을 형성하였다.

　청나라 말기에 이르러, 민족존망에 대한 위기감이 점점 더 깊어만 갔고, 열강들에 의한 국토 분할 또한 날로 심각한 상황으로 치닫고 있었다. 갑오중일전쟁(甲午中日戰爭)에서의 패전은 중국의 민족자존심에 큰 상처를 입혔으며, 청 정부의 무능과 부패를 여실히 드러내 주는 계기가 되었다. "갑오년의 패전으로 인해, 국토를 할양해 주고 화해를 구걸하게 되었으니, 이제는 머리를 숙이고 땅에 엎드려 남이 원하는 대로 따르는 수밖에 없게 되었다."[4]는 말에서 당시 지식인들이 느꼈던 자괴감을 충분히 엿볼 수 있다. 열강들의 중국 분할 움직임은 점점 더 가속화되고 있었으며, 신축년(辛丑年)[5] 이후, 중국의 지식인들은 "2천만 리 조국 강산이 백인들의 식민지로 전락하였으니, 우리 4억 황인종은 백인들의 명부(名簿)에 이름이 올려져, 노비(奴婢) 신세가 되었도다."는 한탄과 함께 망국멸종(亡國滅種)의 위기가 코앞까지 닥쳤음을 실감하게 되었다.

　"백성들의 어리석고 무지함은 여전히 예전과 같아, 술에 취한 듯

---

4) 「義和團與中國之關係」, 『黃帝魂』.

5) 辛丑條約이 체결된 1901년(역자).

이 살아가고, 잠이 든 것처럼 죽어 가고"6) 있었다. 그럼에도 청 정부는 이미 '서양인의 조정'이 되어, 그들과 결탁하여 민중의 저항을 진압하기에만 급급하니, "백성의 기운이 다하고, 민심 또한 등을 돌리게"7) 되었다. 당시 혁명파 지식인들은 나라가 이 지경에 이른 근본적인 원인을 사실상 "민중의 결속을 확고히 할 수 있는 단체(團體)의 부재"8)로 보고 있었다. 민중의 기운을 하나로 모아, 꺼져 가는 민족의 불씨를 되살리는 것이 당시 지식인들이 직면한 가장 큰 과제였으며, 서양민족주의 사상의 도입과 전파가 구국의 대안으로 급부상하게 되었다. "스스로 민족주의를 제창(提唱)하여, 공리(公理)를 따지고, 망국을 부끄러워하며, 독립을 찾아야 한다."9)는 목소리가 커져 갔는데, 지식인들은 '민족주의'라는 거대한 이념적 호소력을 통해 전체 국민들에게 민족의식을 불어넣고자 했던 것이다. "민족주의란 곧 같은 민족과 이민족 간의 전쟁이기도 하다. 그리스의 독립이나, 이탈리아의 건국이 바로 속박에서 벗어나 독립시대를 연 좋은 예이다."10)는 주장과 함께, 청말 지식인들은 민족주의 고취를 통해 외세의 침략과 청 정부의 압박에 저항함으로써 민족의 자주독립을 쟁취하고자 했던 것이다. 또한 서양 민족주의 사상 중 '일국일족(一族一國)'의 영향을 받아, 혁명파 지식인들은 우선 종족관념의 정립에 착수하게 되는데, 이는 곧 조상의 근원에 대한 추적과 한족의 조상인 황제에 대한 숭상으로 나타났다.

---

6) 「中國滅亡論」, 『黃帝魂』.

7) 「義和團與中國之關係」, 『黃帝魂』.

8) 「俄據滿洲後之漢人」, 『黃帝魂』.

9) 「蘇報案」, 『黃帝魂』.

10) 「揚子江」, 『黃帝魂』.

> "오늘날 민족주의는 나날이 발전돼 가고 있다. 우리 민족은 황제의 후손이
> 므로 우리의 역사는 멀리 황제시대까지 거슬러 올라간다."[11]
> "역사적으로 우리 족속이 크게 번창할 수 있었던 이유는 헌원에서 시작된
> 우리의 (민족)계통과 연관 있다."[12]

이렇듯 청말 혁명파 지식인들은 '동종동종(同宗同種)'의 전통 관념을 취해, 황제를 민족 공동의 시조로 추앙하였으며, 그렇게 함으로써 민족의 우수한 문화와 전통을 널리 알리고자 했다. 또한 그로 인한 민족자부심의 고취와 함께 민족에 대한 대중들의 광범위한 공감[公認]을 이끌어 내고자 했던 것이다. 결국 '황제'는 민중을 결속해 주는 일종의 연결 장치였으며, '존황' 사조를 통한 중국 근대 민족주의 의식의 각성과 함께, 지식인들은 이 사상적 도구를 이용하여 민족구제의 새로운 장을 열게 되었다.

이른바 '만주족에 대한 적대의식[仇滿意識]'이란 말 그대로 만주족에 대한 한족 중심의 강렬하고도 충동적인 적대적 정서(情緒)를 말한다. 이러한 구만의식은 청말에 이르러 사회 전반에 만연해 있었는데, 이는 다음과 같은 몇 가지 측면에서 구체적으로 드러나고 있다. 첫째는 만주족을 미천한 야만인(野蠻人)이라 하여, 그들을 진정한 중국인으로 인정하지 않고 단지 오랑캐로 취급하였다는 점이다. 그러므로 이런 야만스런 오랑캐가 통치자를 자처하여 한족을 노역하는 현실은 뒤엎어야 할 상황일 뿐이라는 것이다. 『민보(民報)』 제14호에 발표된 「만주인은 결코 중국의 신민이 아님을 논함(辨滿人非中國之臣民)」이라는 글에서는 만주족은 결코 중국인이

---

11) 「客帝」, 「編者識」, 『黃帝魂』.

12) 「叙」, 『黃帝魂』.

아니며, 국적도 없고, 제도적으로나 풍속으로나 오랑캐의 버릇을 바꾸지 않았으므로 '중국인'으로 불릴 수 없음을 역설했다. 손중산 (孫中山/孫文) 역시 1903년에 발표한 「고향사람들에게 정중히 고하노라(敬告同鄕書)」에서 만주족을 '동북지역의 유목민(遊牧民) 번속(藩屬)이요, 천한 족속'으로 비하한 바 있으며, 한족들이 봤을 때, 이런 이민족이 중화(中華)를 어지럽히는 행위는 결단코 용서할 수 없는 '첫째가는 통탄할 일'이었던 것이다.13)

둘째는 만주족이 자행한 한족 살육에 대한 증오심이다. 만주족은 입관(入關)하면서부터 "여러 성(城)을 도륙하였으며, 변발령(辮髮令)을 어긴 자들에 대한 도살을 서슴지 않았다. 세성령(洗城令/屠城令)이 떨어지면 10여 일 동안 대학살을 자행하였으며, 그 연후 살아남은 자들을 변발하게 하여 자신들의 백성으로 만들었다. 지금의 우리 동포들은 그 잔혹한 살육에서 살아남은 사람들의 후손이다."14) 사람들은 '양주에서의 10일(揚州十日)'15)이나 '가정연간의 3차례 도살(嘉定三屠)'16) 같은 참극을 떠올리면서 만주족의 만행에 치를 떨었다. 노신(魯迅) 선생은 당시 일본에서의 유학생활을 이렇게 회억하였다.

"(일본 유학 중인) 일부 중국학생들은 명(明)나라 말기 유민(遺民)들이 남긴 저서들 중, 만주족의 만행에 대한 기술을 발췌·인쇄하여 비밀리 중국으로 가져가, 오래전에 이미 망각된 원한(怨恨)의 기억들을 되살리고자 했다."17)

---

13) 章太炎, 「演說錄」, 『辛亥革命前十年間時論選集』 第2卷 上册, 三聯書店, 1963, 446쪽.

14) 「論髮辮原由」, 『黃帝魂』.

15) 淸 順治二年(1645), 淸이 明의 揚州를 함락시키고 자행한 10일 동안의 대학살(역자).

16) 淸 順治二年(1645), 嘉定의 백성들이 淸의 辮髮令을 따르지 않아 2만여 명이 학살당한 사건(역자).

추용(鄒容)은 자신의 저서 『혁명군(革命軍)』에서 만주족에 대한 복수를 강조했다. 그는 "불공대천의 원수임은 삼척동자(三尺童子)도 알고 있다." 하여 "아홉 세대 해묵은 원수를 갚을 때가 왔으니, 10년 혈전을 준비해야 할 것이다."는 등 과격한 표현을 서슴지 않았다. 이는 일종의 강렬한 민족복수주의 정서의 반영이라 할 수 있다.

셋째로는 부패·무능한 청 정부에 대한 증오심을 들 수 있다. 청말, 조정의 부패·무능은 극으로 치닫고 있었으며, 게다가 이미 '서양인의 조정'으로 불릴 만큼 외세에 굴종하는 비굴한 모습을 보였다. 조정에서는 정부로서 마땅히 이행해야 할 가장 기본적인 역할도 제대로 수행하지 못했으며, 외세의 침략에 맞설 아무런 능력도, 의지도 갖고 있지 않았다. 결국에는 "외환(外患)은 깊어지고, 해군(海軍)은 침몰이요, 요해(要害)는 (남에게) 잡혀 있다. (위정자들은) 방구석[堂奧]에 처박혀 있을 뿐이고, 서로 이권(利權)을 빼앗기에 급급할 뿐이니, 재원(財源) 또한 바닥이 났다. (국토) 분할(分割) 조짐이 보이고, 백성이 쓰러져 가니, 나라와 가르침과 종족 모두가 곧 망하고야 말 것이다."[18]는 위기감이 전 사회적으로 팽배해 있었다. 청 조정의 전제통치에 대해 "군신(君臣)이 한 무리가 되어 어두운 밀실에서 담합하고, 인간의 이치에는 따르지 않더니, 지금에 이르러서 그 횡포가 점점 더 극심해지고 있다."[19] "중국의 정치체제는 전제통치(專制統治)의 극(極)으로 치닫고 있다."[20]는 등 체제(體制)에 대한 비판의 목소리가 높아졌다.

---

17) 「雜憶」, 『魯迅全集』 第1卷, 人民文學出版社, 1981, 221쪽.
18) 『譚嗣同全集』 下冊, 中華書局, 1981, 343쪽.
19) 『譚嗣同全集』 下冊, 中華書局, 1981, 337쪽.
20) 無畏, 「黃帝紀年論」, 『辛亥革命前十年間時論選集』 第1卷 下冊, 三聯書店, 1960, 722쪽.

넷째로는 滿－漢 두 민족의 적대적인 관계에 대한 부각이다. 예를 들어 "한인(漢人)이 강성해지면 만인(滿人)은 멸망하게 될 것이다." 혹은 "한인이 여위면, 만인이 살찐다."[21] "두 족속이 함께 발전을 도모할 수는 없다." 등 언사가 난무하였다. 만－한 사이의 적대감은 상대방 집단 전체를 대상으로 하였을뿐더러, 세대를 이어 계승되어야 한다고 인식하고 있었다. 만주족 축출[驅逐]은 한족 전원의 민족적 의무요 책임으로 부각되었다. 손중산은 「군정부선언(軍政府宣言)」에서 주장하기를 "우리 중국은 나라를 열어서부터 줄곧 중국인 스스로가 다스려 왔다. 간혹 이민족(異族)의 침범도 있었으나, 우리 위대한 조상들은 항상 그들을 몰아내고 광복(光復)된 땅을 후손들에게 물려주었다. 오늘 한인들이 의로운 군사를 일으켜 오랑캐의 무리를 내쫓으려 하니, 이는 선인(先人)의 유지(遺志)요, 대의(大義)가 있는 거사이다. 그러므로 무릇 우리 한인이라면 반기지 않을 이가 없다."고 했다. 또 『황제혼』에 수록된 「구만생 전기(記仇滿生)」에서는 "구만생(仇滿生)은 복건성(福建省) 사람인데, 민족주의 대의를 앞세워 평생 만주족 정부 타도에 힘썼다. 그리하여 자신의 이름을 '구만생'이라 고쳐 불렀다."고 했다.[22] 장태염 역시 「축만가(逐滿歌)」를 지어 만주족 축출을 선동한 바 있다.

"나는 태어나서부터 한인종(漢人種)이라네, 원수를 베지 않고서야 어찌 영웅 칭하리. 강(康有爲)·양(梁啓超)의 허튼 소리 듣지 말게나, 원수의 우두머리 눈앞에 있으니, 그가 바로 광서황제(光緖皇帝)요, 이름은 재첨(載湉)이라네!"

21) 「說漢種」,『黃帝魂』.
22) 「記仇滿生」,『黃帝魂』.

이는 당시 민족 복수주의와 만주족통치 전복에 대한 사상적 경향을 잘 드러내 주고 있다. 이른바 '한족의 자아각성 의식'이란 한족 스스로가 현실적으로 눈앞에 닥친 위기감을 인지하고, 자신들의 전통 속에서 우수한 요소들을 찾아내 부각시킴으로써 생성된 일종의 한족으로서의 자존(自尊)·자강(自强)의 사상적 정서를 말한다. 이러한 한족 자아각성 의식은 주로 민족 위기의 심각성에 대한 인식에서 잘 드러나고 있다. 청말, 많은 사람들은 만주족이 중국을 통치하게 되면서부터 "오랑캐의 기운이 만연하여, 중원(中原)이 침체되었다."[23]고 인식하고 있었으며, "우리 황제자손들이 뜨거운 태양 아래 뼈를 드러내고, 칼날 아래서 죽음을 기다는 꼴이 되어"[24] 노예의 울타리에 갇히게 되었다고 생각하고 있었다. 또한 만주족이 중원을 차지한 후, 유독 한족들에 대해서만 차별 통치방식을 취했다고 하는데, 즉 "한인 우롱(愚弄)을 치세(治世)의 우선 과제로 꼽았으며, 한인의 고혈(膏血)을 짜내고, 한인의 손과 발을 묶었다."[25]고 비난했던 것이다. 청 조정의 '문자옥(文字獄)'에 연루되어 살해된 문인(文人) 역시 대다수가 한족이었다. 청 조정의 '폐관쇄국(閉關鎖國)' 정책 역시 한인과 서양인들이 밀모하여 자신들을 해치지나 않을까 하는 두려움 때문이라는 주장도 심심치 않게 제기되었다. 또한 외세에 의해 국가가 심각한 위기에 봉착했음에도, 일부 사람들은 여전히 각성하지 못한 채, 자신들의 민족적 치욕을 잊고 청 조정에 아부하며, 만주족의 노예가 되는 것을 달가워한다는 비

---

23) 「叙」, 『黃帝魂』.

24) 『黃帝魂』 例言.

25) 「孫逸仙與白浪庵滔天之革命談」, 『辛亥革命前十年間時論選集』 第1卷 下冊, 三聯書店, 1960, 749쪽.

판의 목소리가 높아졌다. "원수를 부모로 잘못 알고 따른 지 오래되었으니, 하는 일마다 근본을 잃게 되었다. 또한 만주족 조정의 폭정과 모진 억압이 이어져, 민간(民間/사회)에 일말의 반동력(反動力)도 남아 있지 않아, 지금과 같은 쇠퇴함에 이르렀다."[26)는 것이다. 또한 이런 상황이 오랫동안 지속되다 보면, 나라가 나라답지 않게 되었고, "만인을 한인으로 개량하기는커녕, 오히려 우리 한인이 만인으로 전락하게 되었다."[27]는 것이다. 멸종(滅種)의 위기가 눈앞에 닥쳤다는 인식과 함께, 많은 한족 지식인들은 비분에 차, 사람들에게 민족의 치욕을 명기할 것을 호소했다. "우리 민족은 원한을 삼키고, 피눈물을 흘리며 수백 년을 하루와 같이 원수를 잊은 적이 없다."[28] 또한 눈앞에 닥친 위기 극복의 일환으로 민족의 근원과 조상을 부각시켜, 황제의 후손임을 내세웠다. "하늘은 곧 인간의 시작이요, 부모는 곧 인간의 근본이다. 인간이 궁핍해지면 근본에 반하게 되고, 고로 노고(勞苦)가 쌓이면 하늘을 향해 부르짖는 것이다. 또한 질병에 시달리게 되면 어찌 부모를 찾지 않겠는가."[29] 이렇듯 조상과 황제에 대한 존숭은 청말이라는 사회적으로 극도로 불안했던 역사 시기 사람들에게 심리적인 안식처가 되기도 했다.

한족의 자아각성 의식은 또한 스스로의 우월성에 대한 자부심으로 나타났다. 일부 지식인들은 한족이야말로 드넓은 중국 대륙의

---

26) 『黃帝魂』 例言.

27) 「孫逸仙與白浪庵滔天之革命談」, 『辛亥革命前十年間時論選集』 第1卷 下册, 三聯書店, 1960, 753쪽.

28) 寄生, 「復仇論」, 『民報』 第10號.

29) 「叙」, 『黃帝魂』.

진정한 주인이며, '춘추대의(春秋大義)'와 '이하지방(夷夏之防)' 내
지는 '내제하, 외이적(內諸夏, 外夷狄)'이라는 전통적 자타(自他)
구분 관념을 내세워, 한족을 세계에서 가장 우수한 종족이라 주장
하기도 했다. 그러므로 현실 세계는 비록 백인에 의해 좌우되나,
한족으로서 결코 물러설 수 없으며, 그들과 싸워 이겨야 한다는 것
이다. "능히 백인과 견줄 자는 우리 황인종뿐이니, 황인종 중에서
도 우리 민족 말고는 어느 누가 감당하리요."30) 이러한 관념 속에
는 자기 민족에 대한 무한한 자존·자강의 사상적 감정이 담겨져
있으며, 이야말로 청말 '존황' 사조의 긍정적인 사회적 역할의 한
단면이라 할 수 있다.

三.

　　청말의 '존황' 사조는 점차 거대한 파도처럼 중국사회 전체를 휩
쓸었다. 이는 20세기 초반, 중국의 반전제정(專制政), 민주·자유에
대한 갈구와 민족독립이라는 시대적 흐름과 맞물리면서 새로운 시
대적 분위기를 발산하게 된다. 청말, 전제통치의 부패로 인해 국민
들의 삶에 심각한 위기가 닥치게 되었으며, 이는 곧 전제주의에 대
한 깊은 혐오감으로 표출되었다. 서양의 민주주의 사상 또한 이미
중국으로 전래되어 사회 전체에 넓은 공감대를 형성하고 있었다.
청말 '존황' 사조는 이러한 시대적 흐름과 합류하여 민주와 반군주

------

30) 「中國民族之過去及未來」, 『江蘇』 第4期.

제적(反君主制的)인 경향을 띠게 되는데, '민본군말(民本君末)'이라
는 전통사상과 결합되면서 군주전제통치 전복에 대한 사상적 이론
을 형성하였다.

> "백성이 생겨난 최초에는 원래 군신(君臣)의 구분이 없이 모두 백성에 불
> 과하였다. 백성들이 서로 다스리지 못할뿐더러, 또한 다스릴 여유도 없었
> 으므로, 함께 한 사람을 추대해 임금(君)으로 두었다. 그런즉 임금이 백성
> 을 택한 것이 아니라, 백성이 임금을 택한 것이다……백성들이 함께 추대
> 한 것이므로, 또한 함께 폐(廢)할 수도 있다. 임금이란 백성을 위해 일하
> 는 자요, 신하 역시 임금을 보필하여 백성의 일을 도맡아 하는 자들이다."
> "임금 역시 일개 백성에 불과하며, 일반 백성 중에서도 가장 말단(末端)에
> 있는 자이다."31)

이렇듯 전통적 '민본(民本)' 사상이 반군주제를 정당화하는 수단
으로 이용되어, 곧 청 왕조 전제통치의 부당성에 대한 비판으로 이
어졌다. 지식인들은 청 정부를 "일개 가문, 일개 민족의 사사로운
정부에 불과하다."고 직설적으로 비난하기도 했다.32) 나아가 황제
의 후손인 한족들은 "진한(秦漢) 시기 이래로 전제통치에 손발이
묶여, 백성들의 지혜가 날로 고갈되었고, 기운 또한 날로 쇠해졌
다."는 것이다. 청 왕조가 건국되어서부터 중국의 군주전제통치는
정점에 이르렀다 할 수 있는데, "오늘날에 이르러 만주족 5백만이
4억 명이 더 되는 한족 백성들 위에 임하여 통치하고 있으니, 홀로
부패하여 법을 우롱할뿐더러 귀까지 틀어막고 있다." "한인들에게
는 백성으로서의 권리가 없으나, 만주족들은 민권은 물론이거니와

---

31) 「君禍」, 『黃帝魂』.
32) 「亡國篇」, 『黃帝魂』.

귀족으로서의 권리마저 누리고 있다.”[33)]는 등 만주족의 전제통치에 대해 불만의 목소리가 높아져 갔다. 그런즉 청 정부의 전제통치는 곧 한족에 대한 만주족의 전제통치이며, “세습적인 군주지위는 물론이거니와, 소수의 사람들이 행정관료(行政官僚)의 절반 이상을 독점”하고, “실업(實業)에 종사하지 않고, 다수 백성들의 생산물을 좌식(坐食)”하는 등 전제적 특권을 누리고 있다는 것이다.

청 정부의 부패한 전제통치에 대한 저항 속에 역시 민족관념이 개입하게 되는데, 혁명파 지식인들은 “중국 역사상 가장 바르지 못하고, 입 밖에 꺼내기도 꺼려지는 일은 늑대와 같은 검은 속셈을 가진 비천한 유목족속인 만주족을 임금으로 모셔, 땅속의 시조 황제를 욕보였다는 사실이다.”[34)]고 통탄함으로써 민중들의 반전제 의식을 고취시키고자 했다. 그들은 청정부의 전제통치 자체가 곧 한족의 시조인 황제와 그 후손들에 대한 모독이며, 황제를 다시 드높이려면 반드시 청 정부의 전제통치에 맞서 싸워야 한다고 역설했다. 또 청정부가 “(한족을 자신들과) 다른 민족이라 하여 한없는 전제통치를 강요하고 있는데”[35)] 이런 전제제도는 현대적인 민주제도에 반하는 것으로, 현대국가를 지향하는 중국으로서는 결코 용납할 수 없다는 것이다. “국민에게 있어서 전제체제는 온역(瘟疫)과도 같은 것이다. 고로 유럽에는 소멸되지 않은 전제제도가 없으니, 국민에게 끼친 해악이 너무나도 크기 때문이다.” 그렇기 때문에 또한 모든 국민들이 힘을 모아 투쟁해야 하며, 희생도 마다하지 말 것을

---

33) 「正仇滿論」, 『黃帝魂』.

34) 「革命之原因」, 『黃帝魂』.

35) 「新湖南」, 『黃帝魂』.

호소하기도 했다. 즉 "전제정치를 일소해 버리고, 하늘이 부여한 권리를 되찾아야 한다."는 것이었다.[36] '존황' 관념을 이용한 민족의 자존·자애 의식 환기와 국민들로 하여금 전제군주통치 전복투쟁에 투신하도록 독려하였다는 점에서 '존황' 사조는 이 시기 시대적 흐름과도 방향을 같이했다고 할 수 있다.

20세기 초반, 국가적 위기 타개를 위한 여러 문제를 놓고 보황파(保皇派)와 혁명파의 논쟁이 일게 되는데, 혁명파 지식인들은 '존황' 사상을 앞세워 민족주의 관점에서 보황파의 입헌군주제(立憲君主制) 주장을 비판하였다. 즉 만-한 두 민족 사이의 적대적인 관계를 놓고 봤을 때, 중국에서 입헌제를 시행하는 것은 불가능한 일이며, 반드시 자산계급혁명을 통해서만이 중국의 민주·자유와 독립을 이루어 낼 수 있다는 것이다. 강유위와 양계초를 대표로 하는 입헌군주제를 주장한 보황파 지식인들은 종족·역사·문화 등 측면에서 만주족과 한족은 사실상 '같은 민족'임을 논증하고자 안간힘을 다했다. 그들에 의하면 "사실상, 춘추(春秋) 시기의 이른바 오랑캐(夷) 역시 황제의 후손들이다." "오늘날 4억 인구 중, 다양한 족속들이 혼재해 있고, 성씨(姓氏)마저 같으니, 이들 중 진짜로 황제의 적통(嫡統)을 이은 자와 그렇지 않은 자를 그 누가 구분해 낼 수 있다는 말인가?!"[37] 그러므로 "만-한을 구분한다는 자체가 비현실적일뿐더러, 바람직하지도 않으며, 사실상 양자를 동일시하지 않을 이유가 없다."고 주장했다. 따라서 반만혁명(反滿革命)은 필요치 않으며, 오로지 사회적 개혁을 통한 입헌군주체제의 도입이야말

---

36) 「蘇報案」, 『黃帝魂』.
37) 「辯革命書」, 『辛亥革命前十年間時論選集』 第1卷 下册, 三聯書店, 1960, 212～213쪽.

로 진정한 구국의 길임을 역설했던 것이다.

이러한 보황파의 주장에 대해 혁명파 지식인들은 일일이 반박하고 나섰는데, 우선 종족적인 관점과 고대 '화이지변(華夷之辨)' 사상을 연관시켜 봤을 때, 만-한 두 족속은 확연히 구분된다는 것이다.

"황제의 자손이요, 신명(神明)의 후예는 오로지 우리 한민족 동포를 일컫는 미칭(美稱)이다. '중국화하', '이만융적(夷蠻戎狄)'이란 우리 한민족이 인종을 구분하기 위해 사용한 표현이기도 하다. 다행히 만주인들은 우리 한족과 통혼(通婚)하지 않았으므로, 우리는 이론(異論)의 여지가 없는 명백한 황제의 후손들이다."38)

또한 청 정부의 부패와 전제통치에 대한 민중들의 불만과 저항을 만-한 두 민족의 모순으로 부각시키기도 했다.

"오늘날에 이르러서 저 만주족들이 과연 한인으로 순화되었다는 말인가? 한인의 능제(陵制)를 따른다는 말인가?"39)
"저 만주족 정부는 온갖 수단을 다 동원하여 우리 한인들을 핍박하고, 우리 국토를 (외세에) 팔아넘기고 있다. 홍콩(香港)·마카오(澳門)·대만(臺灣)·교주(膠州)·광주만(廣州灣)·구룡(九龍)·여순(旅順)·대련(大連) 등 우리 살과도 같은 국토를 한 치씩 저며 남에게 바치고도 모자라, 아직도 그 더러운 손을 멈추지 않고 있다."40)

혁명파에게 있어서 입헌정치는 '오로지 한 사람만을 떠받들고, 나머지 온 천하의 국민은 야만인이요 오랑캐'41)로 취급하는 데 불

---

38) 「革命必剖淸人種」, 『黃帝魂』.
39) 「駁康有爲書」, 『黃帝魂』.
40) 「書周永祥事」, 『黃帝魂』.
41) 「駁康有爲書」, 『黃帝魂』.

과하였다. 따라서 "신명의 후예인 우리 4억 동포들로 하여금 일개
오랑캐 자식의 비위에나 맞추라고 하는 꼴이니, 유신(維新)을 주장
하는 자들 스스로도 과연 자랑스러운 일일까?"[42]라고 보황파를 조
소하기도 했다. 그런즉 만 – 한 두 민족은 서로 다른 족속이며, 진
정한 의미에서의 입헌제란 있을 수 없다는 것이다.

"20세기에 이르러 민족주의가 크게 흥기하니, 우리 같은 족속이 아니고는
변법(變法)이란 있을 수 없는 일이다."[43]

이렇듯 혁명파 지식인들은 종족관념과 만 – 한에 대한 구분을 전
제로 하여, 만 – 한 두 민족 사이의 모순을 강조함과 동시에 한족들
의 민족감성을 자극하고, 민족주의 의식과 애국사상을 고취시키고
자 했다. 또한 만 – 한 양 민족에 대한 차별화는 보황파의 입헌제
주장에 대한 유력한 반격의 무기였으며, 혁명의 정당성에 이론적
근거를 제공하기도 했다.

물론 혁명파 지식인들의 '반만' 혁명의 주장은 일정한 정치적 책
략(策略)을 동반하고 있다는 점에도 주목할 필요가 있다. 즉 혁명
파 지식인들이 황제나 조상 숭상에 바탕을 둔 '민족' 의식형태관
(意識形態觀)을 취했던 것은, 그러한 접근이야말로 광범위한 국민
들의 공감을 얻어, 만주족 통치자들에 대한 더 많은 민중의 저항을
이끌어 낼 수 있는 효과적인 방법이었기 때문이었다. 따라서 혁명
파들은 혁명실천적(革命實踐的) 접근에 입각하여 '존황'사상 선양

---

42) 「革命必剖淸人種」, 『黃帝魂』.
43) 「獄中答新聞報」, 『黃帝魂』.

이라는 일종의 정치적 책략을 취했던 것이다. 채원배(蔡元培)가 「만주족 증오에 대한 해석(釋仇滿)」에서 주장했듯이 "오늘날 만주족에 대한 적대 여론이 고조된 것은 사실상 정략적인 다툼이지, 결코 단순히 종족적인 문제 때문만은 아니"었던 것이다.[44]

四.

　　청말의 '존황' 사조는 민족주의 각성뿐만 아니라, 사회적 변혁의 실천에서 지도적 작용을 하게 되는데, 다음과 같은 두 가지 측면으로 나타났다.
　　우선 사람들로 하여금 만청(滿清)의 봉건통치를 전복하기 위한 혁명운동에 뛰어들도록 독려하였다는 점을 들 수 있다. 청나라 말기에 이르러, 많은 사람들은 혁명이야말로 유일한 구국(救國)의 길임을 확신하고 있었다. "중국의 4억 창생(蒼生)을 구원하기 위해, 동아시아 황인종의 굴욕을 일소하기 위해, 만천하의 인도주의(人道主義)를 되찾기 위해서는 오로지 우리나라 혁명만이 해결책이다. 중국혁명이 승리하고 나면 나머지 문제들은 쉽게 해결될 수 있다." "중국의 창생을 위해, 아시아 황인종을 위해, 세계의 인도주의를 위해 혁명군을 일으키니, 하늘도 반드시 도울 것이다."[45]는 등 언사에서 당시의 혁명에 대한 열망을 엿볼 수 있다.

---

44) 「釋仇滿」, 『辛亥革命前十年間時論選集』 第1卷 下册, 三聯書店, 1960, 678쪽.
45) 「孫逸仙與白浪庵滔天之革命談」, 『辛亥革命前十年間時論選集』 第1卷 下册, 三聯書店, 1960, 751쪽.

청말, 민중들 사이에서 '혁명'에 대한 공감대가 광범위하게 형성될 수 있었던 것은 사실상 '존황' 사조의 영향이라 해도 과언이 아니다. '존황' 사조는 당시 청 정부에 대한 민중들의 불만 심리에 영합하여, 전제주의 통치에 대한 그들의 분노를 유도해 내는 결정적인 작용을 하였다. '존황' 사조의 영향을 받아, 사람들은 청이 자행한 '가정연간의 3차례 도살(嘉定三屠)'이나 '양주에서의 10일(揚州十日)', '변발 강요(留頭不留髮)', '문자옥' 같은 고통스러웠던 역사와 서양인들과 결탁하여 국민들을 핍박하는 현실을 연결시킴으로써 나라 전체가 혁명 열의로 넘쳐나게 되었던 것이다. 이러한 혁명에 대한 민중들의 열정은 결국 그들을 하나로 단합시켜 거대한 혁명역량을 형성하였으며, 이는 청 왕조를 민중들로부터 분리시킴으로써 신해혁명(辛亥革命) 승리를 위한 사회적 기반을 마련해 주었다. 신해혁명이 발발하고 나서, 불과 한 달 만에 10여 개 성(省)에서 호응하여 독립을 선언하고 나섰는데, 이는 혁명과 '존황' 사조의 연관성을 잘 보여주고 있다.

다음으로 '존황' 사조는 만주족 통치자들에 의해 강요돼 왔던 민중들의 생활관습을 바꾸는 계기로 작용했는데, 그중 주목되는 한 가지가 바로 변발(辮髮) 거부운동이다. 만주족은 중원 진출과 함께 한족들의 전통적인 관습을 크게 바꿔 놓음으로써 한족의 민족의식 내지는 청에 대한 저항운동을 말살하고자 했다. 그 일환으로 만주족의 두발(頭髮)양식인 변발을 피정복자인 한인들에게 강요했는데, 그에 따른 반발 또한 거셌다.

"큰 성(城)을 점령하고 나서는 반드시 변발령(辮髮令)을 반포하여, 따르지 않는 자들은 잡아 죽였다. 당시 세성령(洗城令/屠城令)이 떨어지면, 길게

는 10여 일, 짧게는 며칠 동안, 성안의 백성들을 도륙했고, 살아남은 사람
들은 강제로 머리를 밀어 자신들의 백성으로 만들었다……이렇듯 우리
한인들은 사상 유례 없는 가혹한 유린과 치욕을 당했음에도, 이를 역사에
기록하지도, 서로 전하지도 못하게 막았다. 또한 어리석은 자들을 꾀어, 마
치 변발이 중국 고유의 풍속인 양, 감히 버리지도 못하게 했다. 아! 우리
조상들이 변발 때문에 죽임을 당했다니, 참으로 비통한 일이 아닐 수 없
다! ……지금에 이르러서도 노비의 신분에서 벗어나지 못한 채, 우마(牛
馬)와 같이 부림을 당하고 있으니, 조상들의 한을 풀어 드리지 못하는 것
이 안타까워 통곡하노라!"46)

두발 양식은 일종의 민족적 상징으로, 그 집단에 소속된 사람들의
정신과 전통적 관념을 반영해 주고 있다. 청말 지식인들에게 있어서
변발은 곧 한족이 만주족에게 무릎 꿇고 굴종한 상징이었다. 또한
외국인들은 중국인의 변발을 '돼지 꼬리'라고 조롱했으므로, 당시
많은 사람들은 변발을 반식민지(半植民地) 국민의 치욕적인 상징으
로 간주하고 있었다. 그러므로 당시 지식인들은 변발을 잘라 버림으
로써 만주족 풍속의 속박(束縛)에서 벗어나, 한족의 전통을 되찾고,
한인들의 자아의식을 환기시킬 수 있을 것이라고 생각하고 있었다.
　변발 제거는 청 왕조의 봉건통치에 대한 일종의 부정(否定)이었
으며, 따라서 청말에 이르러 "혁명, 혁명, 변발을 잘라 버리고 조정
을 뒤엎자!"47)는 목소리가 날로 높아갔다. 청말에서 중화민국(中華
民國) 초기에 이르는 동안, 수많은 사람들이 과감히 변발을 잘라
버렸다. 당시 "한인들은 축제에 참가하듯이, 기쁜 마음으로 노예의
상징인 변발을 잘랐다. 미신을 믿는 사람들은 길일(吉日)을 택해,

---

46) 「論髮辮原由」, 『辛亥革命前十年間時論選集』 第1卷 下冊, 三聯書店, 1960, 747쪽.
47) 程英 編, 『中國近代反帝反封建歷史歌謠選』, 中華書局, 1962, 547쪽.

조상에게 제사 지내고 숙연한 분위기 속에서 변발을 자르기도 했다. 하지만 대부분 많은 사람들이 모여 함께 변발을 잘랐으며, 폭죽을 터뜨리고 잔치를 열어 축하했다."고 한다.[48] 변발은 당시 사람들의 정치성향을 가늠하는 일종의 판단기준이기도 했다. "변발을 자르지 않는다면 '혁명적'이라 할 수 없었을뿐더러, 유행에서도 뒤처진 꼴이었다. 또한 관아(官衙)에 출입할 수 없었으며, 학당(學堂)에 가서 공부할 수조차 없었다."[49] 그런즉 변발 제거는 당시 반청(反淸)·애국(愛國)의 중요한 징표로 되었던 것이다.

五.

청말의 '존황' 사조는 한족 민중의 민족의식 환기와 함께 혁명의 이념적 원동력으로 작용했다. 그럼에도 우리는 이러한 '존황' 사조의 부정적인 영향과 역사적 한계라는 측면에 대해서도 함께 유념해 볼 필요가 있다.

'존황' 사조의 부정적인 영향을 꼽자면, 우선 그것이 편협한 대한족주의(大漢族主義) 경향을 띠고 있었다는 점을 들 수 있다. 청말, '존황' 사조의 격류 속에서 만주족에 대한 증오가 극으로 치달으면서 대한족주의 정서가 사회 전반에 만연해 있었다. 대다수 한족들은 한족이야말로 중국의 정통성을 부여받은 민족이며, 만주족

---

48) 許金城, 『民國野史』, 雲南人民出版社, 2003, 16쪽.
49) 忍虛, 「辛亥革命在貴陽」, 『越風』 第1卷 第21期.

을 포함한 나머지 소수민족은 한족보다 열등한 존재로 인식하고 있었다. 따라서 정통성이 결여된 소수민족은 결코 한족을 지배할 수 없으며, 그들은 오로지 무조건적으로 한족에 동화되어, 한족으로 '순화(醇化)'되는 길밖에 없다는 것이었다. 이로부터 알 수 있듯이, 편협한 대한족주의는 여전히 '한족중심적'이고 '이하대방(夷夏大防)'적인 울타리에서 벗어나지 못하고 있었으며, 이는 일종의 무지몽매한 감성적인 이념에 불과했다.

또한 그러한 이념이 가져온 종족 대립의 정서는 비단 일반 민중들 사이에 만연해 있었을 뿐만 아니라, 지식인들 사이에서도 크게 유행했다. 추용·진천화(陳天華)·추근(秋瑾) 등 유명한 혁명파 지식인조차도 혁명선동에서 자주 '만주족을 중국에서 쫓아내자' 혹은 '죽여 복수하자'는 등 과격한 언사를 스스럼없이 사용했다. 추용은 자신의 저서 『혁명군』에서 "해외(海外)에 제패하려면 마땅히 내환(內患)을 우선 제거해야 할 것이다……만주인은 우리 동포 모두의 적이요, 원수"라고 하면서, 그러므로 반드시 만주족을 배격하여야 한다고 주장했다. 장태염 역시 반만 선동의 '기수(旗手)'로 활약했다. 그는 "만주족 전부를 원수로 간주해야 한다."는 과격한 주장을 서슴지 않았다. 그가 『民報』에 발표한 글을 보면, 거의 모든 문장에서 "(저들은) 우리 족속이 아니므로 반드시 딴 마음을 품을 것"이라는 점을 입론의 전제로 삼고 있는데, 만주족에 대한 그의 강렬한 복수주의 정서를 엿볼 수 있는 부분이기도 하다. 그러한 사회적 분위기 속에서 일부 지역에서는 무고한 만주족을 살해하거나, 기타 소수민족들을 멸시하는 사건들이 자주 발생하게 되었다. 이러한 복수주의 정서는 여러 민족 사이의 단결과 공동 발전에 큰 장애로 작용했으며, 반제반봉건이라는 시대적 과제와도 어긋난 것이었다.

'존황' 사조는 봉건잔재 청산이라는 측면에 있어서도 그 한계가 드러난다. 신해혁명의 주된 목적은 바로 민주공화제도의 수립이라 할 수 있다. 그럼에도 '존황'과 '구만(仇滿)'에만 지나치게 편중되다 보니, 공화제 수립이라는 혁명의 진정한 목적은 오히려 흐려지게 되었고, 또한 봉건주의에 대한 이성적인 비판을 저해하였다. 다시 말해 봉건주의에 대해 이론적·체계적인 비판이 결여된 채, 단순히 직설적인, 감성적인 비판에만 치중되어 있었다는 것이다. 또한 이러한 감성적인 비판은 결코 봉건주의에 대한 철저한 타파로 이어질 수 없었다. '존황'이나 '구만'에 대한 강조와 함께 혁명파는 만주족과 한족의 차별화 내지는 양자 모순의 부각에만 주력하였다. 따라서 통치계급과 피억압 대중 사이의 모순과 대립은 크게 언급되지 않은 채, 단순히 만주족과 한족 사이의 모순과 대립 구도로 변형되었다. 이러한 인식으로 인해, 많은 혁명 지지자들은 만주족 통치의 전복은 곧 반봉건 혁명과제의 완성이라고 굳게 믿고 있었다.

또한 '존황' 사조로 인해 봉건적 잔재마저도 한족의 자랑스러운 역사와 찬란한 문화를 간직한 '국수(國粹)'라 하여 선양(宣揚)하기도 했다. 이는 혁명의 반봉건주의 취지에 어긋났을뿐더러, 민권(民權)과 법제도의 확립이라는 자산계급 민주주의 정립에도 걸림돌로 작용했다. 이러한 반봉건 측면에서의 제약성으로 인해 무창(武昌) 봉기 이후, 청 조정의 많은 관리들이 하룻밤 사이에 민국정부의 관료로 탈바꿈하여 혁명정권을 장악하는 결과로 이어지게 되었다.

혁명투쟁의 발전과 함께 '존황'·'구만' 사조의 부정적인 영향이 날로 심각해져 갔고, 결국에는 이에 대한 새로운 해석을 시도하지 않을 수 없었다. 사람들은 점차 민족단결의 중요성에 눈길을 돌리게 되었던 것이다. 특별히 손중산을 대표로 하는 혁명파 인물들은 점차 '한족중심'과 '반만'을 핵심으로 한 '존황' 의식에서 탈피하여, '중화민족(中華民族)'이라는 새로운 민족정체성의 확립과 봉건전제 통치 전복 사이의 깊은 연관성에 주목하게 되었다. 동맹회(同盟會)를 창건하기 이전, 조직 명칭을 정하는 논의 과정에서 '대만동맹회(對滿同盟會)'로 칭하자는 제의가 나오자 손중산은 "혁명의 목표는 반만에 있는 것이 아니다. 그 최종 목적은 전제통치 철폐와 공화제의 도입이다."라고 하여 반대의 뜻을 분명히 하였다. 또 『민보(民報)』 창간기념대회에서 "민족주의란 결코 다른 민족에 대한 무조건적인 배척을 의미하지는 않는다." "민족혁명의 과제를 만주족 소멸이라고 알고 있는 경우가 있는데, 이는 크게 잘못된 생각이다." "만주족들이 처음 중원에 들어왔을 때, 무자비하게 한족을 학살하고서야 칼을 거두었는데, 이는 도저히 인간의 소행으로 볼 수 없다. 그런즉 우리는 결코 그들과 같은 만행을 저질러서는 아니 될 것이다."50)고 하여 극단적으로 흐르고 있던 반만 정서에 제동을 걸고 나섰다.

손중산은 중화민국(中華民國)을 건국하고 나서 곧바로 '오족공화(五族共和)'라는 새로운 민족정책을 표방하고 나섰다. 1912년 정월, 손중산은 임시대총통(臨時大總統)의 신분으로 『취직선언(就職宣言)』을 발표하여 민족에 관한 국민정부의 취지를 밝혔다.

> "나라의 근본은 인민에게 있다. 한(漢)·만(滿)·몽(蒙)·회(回)·장(藏) 등 민족의 땅을 하나로 묶어 나라를 이루었으므로, 한·만·몽·회·장

---

50) 「在東京『民報』創刊周年慶祝大會的演說」, 『孫中山選集』, 人民出版社, 1981, 80～81쪽.

등 여러 민족은 곧 하나이며, 이것이 바로 민족통일이다."[51]
"함께 떨쳐 일어나 전제통치를 철폐한 것은 결코 만주족을 증오해서가 아니다. 이는 전국인민의 공동의 염원이었으니, 한·만·몽·회·장 등 민족 할 것 없이, 인간 보편적인 행복을 함께 누리기 위해서이다."[52]
"공화민국(共和民國)은 한·만·몽·회·장 5대 민족이 하나로 합심하여, 함께 행복을 도모하고자 건국되었는데, 어찌 스스로 남북으로 분열될 수 있단 말인가?!"[53]

1919년에 이르러서는 한발 더 나아가, 한족은 반드시 "참된 마음으로 만·몽·회·장 인민들과 화합하여, 공히 하나의 민족-중화민족이라는 새로운 주의(主義)를 이루어야 할 것이다."고 역설하였다.[54]

'오족공화'·'만한일가(滿漢一家)'라는 새로운 이념은 중국 여러 민족들의 공동의 이익과 염원의 반영이며, 또한 중국의 전통적 민족주의가 근대적 민족주의로 전환되는 과정에서 나타난 관념상의 일대 변혁이기도 하다. 이러한 사상의식의 전환은 애국지사들이 불타는 애국심을 품고 구국혁명의 실천에 투신하면서, 그 과정에서 점진적으로 이루어 낸 긍정적인 변화였다. 이는 그들이 점차 이성적으로 '존황'과 '반만' 사상 중 합리성과 비합리성 및 적극적인 역사의의와 역사적 제한성에 대해 이해하기 시작했음을 의미한다. 또한 이로써 한층 더 합리적인 민족주의를 고안해 내고, 확고한 발걸음으로 민주공화제를 향해 나아갈 수 있게 되었던 것이다. 이는 국민적 정치수준 향상의 반영이며, 사람들로 하여금 넓은 흉금으로 다가오는 새 시대를 맞이할 수 있게 하였다.

---

51) 『南京臨時政府公報』第1號.
52) 『南京臨時政府公報』第3號.
53) 『南京臨時政府公報』第9號.
54) 「三民主義」, 『孫中山全集』第5卷, 中華書局, 1985, 187쪽.

» 참고문헌

「義和團與中國之關係」,『黃帝魂』.
「中國滅亡論」,『黃帝魂』.
「俄據滿洲後之漢人」,『黃帝魂』.
「蘇報案」,『黃帝魂』.
「揚子江」,『黃帝魂』.
「客帝」,『黃帝魂』.
「叙」,『黃帝魂』.
「論髮辮原由」,『黃帝魂』.
「說漢種」,『黃帝魂』.
「記仇滿生」,『黃帝魂』.
「君禍」,『黃帝魂』.
「亡國篇」,『黃帝魂』.
「正仇滿論」,『黃帝魂』.
「革命之原因」,『黃帝魂』.
「新湖南」,『黃帝魂』.
「革命必剖淸人種」,『黃帝魂』.
「駁康有爲書」,『黃帝魂』.
「書周永祥事」,『黃帝魂』.
「獄中答新聞報」,『黃帝魂』.
『漢幟』 第2期,『中國白話報』 第1期.
寄生,「復仇論」,『民報』 第10號.
「中國民族之過去及未來」,『江蘇』 第4期.
忍虛,「辛亥革命在貴陽」,『越風』 第1卷 第21期.
『南京臨時政府公報』 第1號.
『南京臨時政府公報』 第3號.
『南京臨時政府公報』 第9號.
劉師培,「黃帝紀年論」,『辛亥革命前十年間時論選集』 第1卷 下冊, 三
　　　　聯書店, 1960.
「孫逸仙與白浪庵滔天之革命談」,『辛亥革命前十年間時論選集』 第1

卷 下冊, 三聯書店, 1960.

「辯革命書」, 『辛亥革命前十年間時論選集』 第1卷 下冊, 三聯書店, 1960.

「釋仇滿」, 『辛亥革命前十年間時論選集』 第1卷 下冊, 三聯書店, 1960.

「論髮辮原由」, 『辛亥革命前十年間時論選集』 第1卷 下冊, 三聯書店, 1960.

程英 編, 『中國近代反帝反封建歷史歌謠選』, 中華書局, 1962.

章太炎, 「演說錄」, 『辛亥革命前十年間時論選集』 第2卷 上冊, 三聯書店, 1963.

「雜憶」, 『魯迅全集』 第1卷, 人民文學出版社, 1981.

『譚嗣同全集』 下冊, 中華書局, 1981.

「在東京『民報』創刊周年慶祝大會的演說」, 『孫中山選集』, 人民出版社, 1981.

「三民主義」, 『孫中山全集』 第5卷, 中華書局, 1985.

許金城, 『民國野史』, 雲南人民出版社, 2003.

염황문화(炎黃文化) 연구 백년사 회고(回顧) 및 새로운 방향의 모색

까오챵 (高强, Gao Qiang)

Retrospect of Studies on Culture of Yellow/Yan(炎黃) Emperors over the Last Hundred Years
(高强, 「近百年炎黃文化研究的回顧與思考」, 『炎黃文化研究』 第5輯, 中華炎黃文化研究會, 大象出版社, 2007)

■ 저자 약력

까오챵(高强, Gao Qiang)
1965年 中國 蘭州 出生,
1981~1985: 中國 西北大學 사학과 學士 학위 취득,
1991~1992: 中國 復旦大學,
陝西省歷史學會理事, 中國漢民族學會理事, 寶雞炎帝研究會, 周秦文化研究會副秘書長 역임.
현재 中國 寶鷄文理學院 歷史系 敎授 재임.

■ 대표 논저

- 「"重黃輕炎"現象及其文化透視」, 『寶雞文理學院學報』, 1999年 第1期,
- 「淸末革命派尊黃現象述論」, 『安徽史學』, 2001年 第4期,
- 「革命派與改良派關於"黃帝子孫"稱謂的歧爭」, 『煙臺大學學報』, 2002年 第3期,
- 「尊崇黃帝現象論綱」, 『華夏文化』 2004年 第4期,
- 『炎黃子孫稱謂的源流與意蘊』, 三秦出版社, 2006,
- 「人格的黃帝與神格的黃帝」, 『寶雞文理學院學報』, 2007年 第6期,
- 「炎黃子孫稱謂的來龍去脈」, 『光明日報』, 2008年 2月 4日 國學版,
- 「黃帝與中華民族」, 『紀念人文初祖黃帝建設民族精神家園學術研討會論文選集』, 陝西人民出版社, 2008,
- 「炎帝祭祀述略」, 『文博』, 2008年 第2期.

염황문화(炎黃文化) 연구 백년사 회고(回顧) 및 새로운 방향의 모색

까오챵 (高强, Gao Qiang)

Ⅰ. 머리말

염제(炎帝)와 황제(黃帝)는 중국은 물론이고, 전 세계 중국인들 모두가 존숭(尊崇)하는 인문(人文) 시조이며, 이 두 제왕(帝王)으로 상징되는 염황문화(炎黃文化)는 중국 전통문화의 원천이자 주체이기도 하다. 5천 년의 역사를 간직하고 있는 염황문화에 대한 연구가 지니는 중요성은 두말할 나위도 없다. 따라서 지난 백 년 동안 진행되어 온 염황문화 연구에 대한 회고와 총괄 작업 역시 필요하다고 생각된다. 현재, 염황문화 연구 진행상황에 대해 종합적으로 살펴본 연구는 고작 노순(魯諄)의 「세기 교체기의 염황연구와 중화문화(世紀之交的炎黃研究與中華文化)」 한 편뿐이다.[1] 따라서 이

---

1) 이 연구에서는 청말에서 현대에 이르는 기간 '황제열(황제 존숭 풍조)'에 대해 회고하면서 염황의 진실성, 염황시대의 공적들, 염황의 활동영역, 염황의 역사적 지위, '염황자손'의 의미 및 '염황문화'에 대한 이해 등 문제에 초점을 맞춰 관련 연구 성과들을 정리했다. 또한 염황연구

연구에서는 이 선행연구를 바탕으로, 지난 백여 년 동안의 염황문화와 관련된 연구 성과들에 대해 분류·정리하고자 하며, 나아가 연구 중에 나타나는 여러 문제점들에 대해 살펴보고, 앞으로 나아가야 할 새로운 방향을 모색해 보고자 한다.

이 연구에서는 좁은 의미의 염황문화 연구를 중심으로 할 것이나, 넓은 의미의 염황문화, 즉 중화전통문화에 대해서도 함께 다루고자 한다. 대륙(중국) 학자들의 연구 성과를 중심으로, 홍콩과 대만 및 해외 학자들의 연구 성과들도 곁들여 살펴볼 것이다. 또한 현대의 연구 성과에 초점을 맞출 것이나, 이전 시기의 연구 성과도 함께 살피고자 한다.

다만 필자의 능력과 보유하고 있는 자료의 한계로 말미암아, 불가피하게 빠뜨린 부분도 꽤 있을 것으로 생각되는데, 많은 지적과 보충을 바라는 바이다.

Ⅱ. 염황문화(炎黃文化) 연구 회고

염황문화는 지금으로부터 약 5천 년 전의 염황시대(炎黃時代)부터 시작된다. 염황문화에 대한 최초의 연구는 전국시대에 시작된다고 할 수 있으나, 진정한 의미의 연구는 사실상 20세기 초이며, 중국의 개혁·개방과 함께 전성기를 맞게 된다. 염황문화 연구사는

___

와 관련된 문헌사료 정리, 고고학 자료와 문헌자료의 적절한 결합 및 황제문화와 관련된 지식의 대중화 등 문제에 대해서 희망적인 전망을 밝혔다(魯諄, 「世紀之交的炎黃研究與中華文化」, 『炎黃文化研究』 제6기, 1999, 91~98쪽).

대략 다음과 같은 세 시기로 구분해 볼 수 있다.

1. 선진(先秦) 시기에서 청말 이전 단계는 본격적인 염황문화 연구를 위한 준비기 내지는 기초를 마련한 시기라 할 수 있다. 이 시기에 찬술된 염황문화 관련 문헌이나 학술 논저들은 이후의 연구를 위한 기초가 되었다.

서주(西周) 말기에서 춘추시대 초기에 이르러, 염제·황제에 대한 기술이 등장하기 시작하는데, 예를 들어 『상서(尙書서)』여형(呂刑), 『일주서(逸周書)』 상맥(嘗麥) 등에 관련 내용이 보인다. 전국시대, 제자백가들은 염황을 이용하여 자신들의 주장을 펴 나가고자 했는데 『좌전(左傳)』, 『국어(國語)』, 『세본(世本)』, 『죽서기년(竹書紀年)』, 『장자(莊子)』, 『맹자(孟子)』, 『관자(管子)』, 『한비자(韓非子)』, 『상군서(商君書)』, 『여씨춘추(呂氏春秋)』 등 문헌에는 모두 염황과 관련된 기술이 등장한다. 전국시대에 이르러 염황에 대한 존숭이 보편화되기 시작했는데, 특히나 황제(黃帝)는 그 당시 이미 여러 족속들 공동의 조상으로 추앙되기도 했다. 『사기』 봉선서(封禪書)에서 "진령공(秦靈公)이 오양(吳陽)에 상치(上畤)를 지어 황제(黃帝)에게 제사 지내고, 하치(下畤)를 만들어 염제(炎帝)에 제사 드렸다."고 했고, 제위왕(齊威王)은 『진후인자궤 명문(陳侯因資簋 銘文)』에 '고조황제(高祖黃帝)'라는 표현을 새겨 넣기도 했다. 『국어』 주어(周語)에서는 "무릇 잊힌 것이라 하여 어찌 은혜가 없었다고 할 수 있겠는가? 모두 황염(黃炎)의 후손이다."라고 했고, 『장자』 도척(盜跖)에서는 "세상 만물 중, 황제(黃帝)보다 높은 것이 없다."고 했다.

서한(西漢) 초기에 이르러, 도가 사상을 바탕으로 여타 백가 사상을 겸한 '황노술(黃老術)'이 크게 유행하여, 사람들의 인식 속에서 황제의 지위가 한층 높아졌으며, 제자백가 모두가 황제에 대해 언급하기에 이르렀다. 사마천(司馬遷)은 대일통(大一統)적인 입장에서 '육경(六經) 외에 전해지는 것을 보충하고, 백가와 잡어(雜語)를 정리'하여 화하(華夏)의 정통을 세우고자, 염황문화를 하나로 통합하는 작업에 착수했다. 즉『사기』의 첫머리에 황제본기를 기술하여, 황제를 여러 족속들의 공동의 조상으로 추앙하였던 것이다. 이는 후세의 황제 인식에 커다란 영향을 미쳤으며, 또한 염황문화의 형성을 위한 기초적인 작용을 하게 되었다.

위진남북조(魏晉南北朝) 시기부터 청말에 이르기까지, 염황문화는 지속적으로 보완 및 전파되었다. 염황문화는 농경문화, 도교문화와 밀접한 관계를 형성해 왔다. 역대 학자들 사이에서 황제에 대한 논쟁과 설전 또한 끊이지 않았다. 예를 들어 구양수(歐陽脩)·유서(劉恕)·최술(崔述) 등은 '삼황오제(三皇五帝)'의 존재 여부에 대해 의심을 제기했는데, 이는 곧 의고사조(疑古思潮)의 시초이기도 하다.

2. 20세기 초에서 20세기 70년대 말에 이르기까지는 염황문화 연구가 형성 및 발전하기 시작한 시기이다. 이 시기, 염황문화 연구는 다양하게 전개되었는데, 그중 청말 혁명파(革命派)와 20~30년대의 의고학파(疑古學派) 연구가 대표적이다.

청말 자산계급 혁명파 지식인들은 반만(反滿)혁명을 위해, 또 서구화에 대한 반발로, 중국 전통적 이하(夷夏) 관념과 서양의 민족주의를 결합시켜, 황제를 한족의 시조로 추앙하거나 중국의 국혼(國魂)으로 모셔 존숭하기 시작했다. 이러한 경향의 대표 주장들로는 유사배(劉師培)의 「황제기년론(黃帝紀年論)」, 「양서(攘書)」, 황절(黃節)의 「황사(黃史)」, 도성장(陶成章)의 「중국민족권력소장사(中國民族權力消長史)」, 하증우(夏曾佑)의 「최신중학중국역사교과서(最新中學中國歷史教科書)」 등이 있다.2) 이 시기 염황문화 연구에 대한 근대적인 방법론이 등장하기 시작했으며, 따라서 염황문화에 대한 연구가 다양하게 전개되었다. 시대적인 영향으로 말미암아 당시 염황문화에 대한 연구는 정치적 색깔을 짙게 띠고 있었으며, 공리(功利)적인 성격이 강했다. 또한 대한족주의(大漢族主義)적인 성향과 더불어 '황제서래설(黃帝西來說)' 등 잘못된 논조가 대두되기도 했다.

중화민국의 건국과 함께 황제문화에 대한 연구 또한 활발하게 전개되었다. 의고 사조와 중일전쟁의 영향을 받아, 고힐강(顧頡剛)·여사면(呂思勉)·나근택(羅根澤) 등이 집필한 『고사변(古史辨)』, 우우임(于右任)이 편찬한 『황제공덕기(黃帝功德紀)』, 전목(錢穆)의 『황제(黃帝)』, 몽문통(蒙文通)의 『고사견미(古史甄微)』, 서욱생(徐旭生)의 『중국고사적전통시대(中國古史的傳說時代)』 등 논저들이 쏟아져 나왔다. 비록 민족적 위기라는 시대상황에 처해 있었으나, 이 시기 연구는 학술적인 성격을 짙게 띠고 있다. 이 시기 연구의 특징은 염황과 염황시대에 대한 의고학파의 고증이라 할 수 있는데, 비록 이러한 연구를 통해 염황에 대한 신비주의적인 요소들이 많이 제거되었다고는 하나, 또한 이러한 과거에 대한 지나친 부정은

---

2) 梁景和, 「論淸末尊黃思潮」, 『炎黃文化研究』, 1999, 제6기, 高强, 「淸末革命派尊黃現象述論」, 『安徽史學』 2001년 제4기.

결국에는 염황문화의 가치를 떨어뜨리는 결과를 가져오기도 했다.

3. 중화인민공화국의 건국 이후, 염황문화에 대한 연구는 한동안은 급냉되었다가 다시 뜨겁게 달아오르는 등 심한 격변을 겪었다.

1949년에서 1965년 사이, 염황문화 관련 연구 성과는 비록 민국(民國) 시기에 비해서는 적은 양에 지나지 않았으나, 끊임없이 지속되었다. 1960년 서욱생(徐旭生)의 저서『중국고대적전설시대(中國古代的傳說時代)』가 재판(再版)되었는데, 이는 염황문화 연구의 지속성을 잘 보여주고 있다. 이 시기 연구자들은 보편적으로 유물주의 사관과 사회형태학설을 기본으로 한 접근법을 취하고 있었다.

1966년부터 1970년대 말에 이르기까지, 대륙(중국)의 염황문화 연구는 다른 학술연구들과 마찬가지로 '문화대혁명'의 충격으로 제자리걸음 상태에 머물러 있었다. 이에 비해 대만 학계에서는 이종동(李宗侗), 왕회(王恢), 이제(李濟), 장광원(張光遠), 양희매(楊希枚), 황중부(王仲孚) 등이 활발한 연구활동을 전개했다.[3]

1980년대 초에서 지금에 이르기까지 염황문화 연구는 다시 활기를 띠기 시작했으며, 학술단체가 설립되고, 학술회의 개최 및 기념활동이 빈번히 전개되었으며, 또한 많은 연구 성과들이 쏟아져 나왔다. 염황문화 연구를 취지로 하는 학술단체는 중국 전역에 걸쳐

---

3) 李宗侗,「炎帝與黃帝的新解釋」,『中央研究院歷史語言研究所集刊』1969년 제39본, 상책, 王恢,「黃帝故邑考」,『文藝復興』1970년 제5기, 李濟,「中國上古史待定稿·史前文化的鳥瞰」,『中央研究院歷史語言研究所集刊』1972년, 張光遠,「從考古發掘與經籍古史的印證論有熊氏黃帝」,『故宮季刊』1975년 제10권, 楊希枚,「『國語』黃帝二十五子得姓傳說的分析(上)」,『中央研究院歷史語言研究所集刊』1963년 제34본, 楊希枚,「『國語』黃帝二十五子得姓傳說的分析(下)」,『淸華學報紀念李濟先生七十誕辰論文集』1976년, 王仲孚,「黃帝制器傳說試釋」,『臺灣師大歷史學報』1976년 제4기, 王仲孚,「神農氏傳說試釋」, 臺北文海出版社, 1978년.

분포하는데, 예를 들어 '중화염황문화연구회'(中華炎黃文化研究會), '하남염황문화연구회'(河南炎黃文化研究會), '섬서헌원황제연구회'(陝西軒轅黃帝研究會), '호남염황문화연구회'(湖南炎黃文化研究會), '호북염황문화연구회'(湖北炎黃文化研究會), '상해염황문화연구회'(上海炎黃文化研究會), '복건염황문화연구회'(福建炎黃文化研究會), '광동염황문화연구회'(廣東炎黃文化研究會) 등이 대표적이다. 각 지역 시(市)·현(縣) 단위의 소규모 연구단체들도 적지 않게 생겨났는데, 예를 들어 섬서(陝西) 보계염황문화연구회(寶鷄炎黃研究會), 보계(寶鷄) 봉섬염화문화연구회(鳳翔炎黃文化研究會), 봉상(鳳翔) 괴원여등(槐原女登: 전설 속 황제의 모친)연구회 등이 있다. 이러한 학술단체의 성립은 염황문화에 관심을 가지고 있는 수많은 전문가와 학자들에게 좋은 학술연구의 장을 마련해 주는 계기가 되었다.[4]

각 지역 염황문화 연구단체의 활발한 활동 전개와 함께 관련 연구학술발표회가 자주 개최되었다. 필자의 통계에 따르면, 10여 년 동안 전국 단위의 학술회의가 20여 차례 열렸고, 20여 종의 관련 논문집이 발간되기도 했다. 염황에 대한 제례(祭禮) 활동도 끊임없이 전개되었는데 섬서황제릉(陝西黃帝陵), 호남염제릉(湖南炎帝陵), 섬서보계염제(陝西寶鷄炎帝) 고향, 호북수주신농(湖北隨州神農) 고향, 산서고평염제고적(山西高平炎帝古迹), 하남신정황제(河南新鄭黃帝) 고향, 절강진운황제고적(浙江縉雲黃帝古迹) 등 지역에서 최근 들어 해마다 기념활동을 개최하고 있다.

현대 황제문화 연구와 관련된 수많은 학술단체 중에서도 '중화염화

---

4) 염황문화 연구는 대부분 민간학술단체의 주도 아래 진행되어 왔고, 전문성을 가진 연구기관은 단지 湖南省社會科學院에 설치된 炎黃文化研究所뿐이었다. 또한 관련 연구자들이 여러 지역에 분산되어 있고, 복수 전공자들이 많았다.

문화연구회'의 성과가 가장 주목된다. 1991년 5월에 성립된 '중화염황문화연구회'는 주곡성(周谷城), 소극(蕭克), 비효통(費孝通) 등이 역대 회장을 거치면서 자체 학술지인『염황문화연구(炎黃文化研究)』를 총 14권 발행했다.5) 또한 이를 전후하여 여러 지역의 관련 단체들과 함께 "염황문화여민족정신"(炎黃文化與民族精神), "염항문화여현대문명"(炎黃文化與現代文明), "염황문화여중화민족"(炎黃文化與中華民族), "염화문화여민대문화"(炎黃文化與閩臺文化), "염화문화여하락문명"(炎黃文化與河洛文明), "염(제), 황(제), 치(우) 삼조문화(三祖文化)", "염화문화여21세기중국사회발전"(炎黃文化與21世紀中國社會發展) 등 주제로 학술회의를 개최했으며, 염황문화 연구 발전을 크게 추진하는 데 일조했다. 특별히 주목할 만한 성과는 중화염황문화연구회가 주체가 되어 수십 명의 전문연구인력을 동원해 8년이라는 시간을 들여 완성한 전 8권의『염황회전(炎黃匯典)』(吉林文史出版社, 2002)의 출간이라 할 수 있다.『염황회전』에는 염황과 관련된 400만 자 분량의 방대한 문헌자료와 더불어 사진자료 500여 장도 함께 수록되어 있다.『염황회전』은 사적권(史籍卷), 방지권(方誌卷), 제사권(祭祀卷), 문론권(文論卷), 고고권(考古卷), 시가권(詩歌卷), 민간전설권(民間傳說卷), 도상권(圖像卷) 등으로 구성되어 있으며, 현재로서는 염황 관련 자료를 가장 완벽하게 수록한 대형 서적이다. 이 책의 발간은 염황문화 연구의 발전을 위한 자료적 토대를 마련했다고 할 수 있다.

최근의 염황문화 연구의 비약적인 발전은 다음과 같은 네 가지

---

5)『炎黃文化研究』는 1994년에 창간되었으며, 앞 10기는 중화염황문화연구회의 학술지인『炎黃春秋』를 보완해 발간되었으나, 2004년부터 大象出版社를 통해 발간되기 시작했으며, 이미 4기가 발행되었다.

경향에 힘입어서이다. 첫째, 국가 차원에서 중요시한다는 점. 개
혁·개방과 세계화의 흐름과 함께 나타나는 여러 폐단들에 대한
대응책으로, 염황문화라는 이 전통자원을 충분히 활용하여 국민들
의 애국주의 사상과 민족정신을 고취시키고자 하는 것이다. 둘째,
지역사회의 관심. 염황문화를 이용한 지역문화 홍보와 더불어 경제
와의 연관성이 강조되고 있다. 셋째, 국민들의 관심. 중국인들은 자
고로 '옛것을 따르거나', '조상을 공경'하는 전통이 있어 왔으며,
염황에 대한 제사 열기는 국내외 중국인들의 '문화적 뿌리 찾기'
염원 내지는 '문화적 자각'의 수요에 따른 것이며, 어떤 의미에서
이 또한 일종의 민간신앙이라 할 수 있다. 넷째, 학자들의 관심. 수
많은 전문 학자들이 염황문화 연구에 주목할 수밖에 없는 것은 염
황문화가 중화문화와 중화민족의 형성, 발전 및 부흥 등 문제와 직
접적으로 연관되어 있기 때문이다. 위에 든 네 가지 사회적 경향이
복합적으로 작용하여 염황문화 연구가 점점 더 활기를 띠어 가고
있으며, 대량의 연구 성과를 내기에 이르렀다.

Ⅲ. 염황문화(炎黃文化) 연구 성과

1. 염제와 황제는 인간인가, 신인가?

고대 중국의 많은 학자들은 염제와 황제를 인문시조 내지는 원
고(遠古) 시대의 제왕으로 간주했으며, 염황에 관한 전설 또한 의

심 없이 수용했던 것 같다. 물론 그 진실성에 대해 의문을 제기한 경우도 있었다. 『대대예기(大戴禮記)』에 재아(宰我)가 공자에게 물었다는 "전에 영이(榮伊)의 말을 듣기로는, 황제(黃帝)가 3백 년을 다스렸다고 하는데, 그렇다면 황제는 과연 인간입니까? 아니면 인간이 아닌 것입니까? 어찌 3백 년을 살 수 있다는 말입니까?"라는 내용이 수록되어 있는데, 바로 그러한 의문의 표출이라 할 수 있다. 또한 『시자(尸子)』에서 공자의 제자 자공이 스승에게 묻기를 "옛날에 황제가 얼굴이 넷이라고 하였는데, 과연 믿을 수 있습니까?"라고 했다고 전하고 있다. 북송(北宋)의 학자 유서(劉恕)는 『자치통견외기(資治通鑒外紀)』에서 육경(六經)에 "모두 삼황·오제·삼왕에 대한 언급이 없다."고 의문을 제기했다. 1923년 고힐강은 전현동(錢玄同)에게 보낸 서신에서 '여러 겹 층층이 쌓여 만들어진 중국고대사'[6]에 대해 언급했다. '이는 중국고대사 전체를 무너뜨리는 핵폭탄과도 같아' 사회 전반에 걸쳐 의고 사조를 형성했다. 고힐강 등 학자들은 동주(東周) 이전의 중국고대사를 날조된 위사로 간주해, '신농, 황제는 단지 상상 속 인물'에 지나지 않는다고 단정 지었다.[7] 따라서 그들은 염황전설의 진실성 자체를 철저히 부정했다. 심지어 일부 학자들은 "오늘날 조금이라도 역사상식을 갖춘 사람이라면, 진어(晋語), 제계(帝系), 오제본기(五帝本紀) 및 삼황본기(三皇本紀) 등 고대 문헌에 기술된 중국고대사는 믿을 바가 못 되

---

6) 이 학설을 '누적설[層累說]'이라고도 하는데, 顧頡剛의 저서 『古史辨』에서 처음으로 제기되었다. 이는 당시 의고학파의 핵심 이론이었으며, 일종의 새로운 역사관이었다고도 할 수 있다. 이 이론의 요지는 현재 전해져 내려오는 중국고대사 계통은 사실상 고대로부터 존재해 온 것이 아니라, 오랜 시간과 다양한 시대를 걸치면서 "층층이 쌓여 현재의 '중국고대사'가 형성되었다(层累式地造成)."는 것이다(역자).

7) 顧頡剛 編著, 『古史辨』 제1책, 上海古籍出版社, 1982, 17~58쪽.

며, 황제에서 대우(大禹)에 이르는 제왕들의 계보 역시 위사(僞史)
에 지나지 않는다는 것을 어렵지 않게 알 수 있다."고 했다. 또한
"만약 우리가 황제를 은(殷)나라 이전에 실존한 역사 인물 또는 부
족장 심지어는 화하족의 조상으로 간주한다면, 이는 동주 시대 사
람들의 속임수에 넘어가는 꼴이다."라고 비판하기도 했다.[8]

20세기 80년대에 들어서, 고고학 분야의 새로운 발견과 사람들
의 지적 수준의 향상과 함께, 점점 더 많은 학자들이 의고 사조의
긍정적인 측면을 인정하면서, 황제와 상고시대 역사에 대한 철저한
부정은 결코 바람직하지 않음을 제기하기 시작했다.[9] 현재 많은 학
자들은 상고사의 진실성에 대해 어느 정도 신뢰를 보내고 있다. 즉
"비록 상고시대 전설이라 할지라도, 그것이 지니는 역사적인 요소
와 측면이 있는 만큼, 완전히 무시할 수만은 없으며, 전설의 핵심
내용은 결코 골방에서 날조해 낸 것이 아니"라는 것이다.[10] 또한
이학근(李學勤)은 "염제와 황제에 관한 다양한 전승은 결코 날조해
낸 헛된 것이 아니다."[11]라고 주장하면서 '의고 시대론에서 탈피'
해야 함을 역설했다. 장대년(張岱年)은 "1920~1930년대 의고 사
조의 영향으로 상고시대 전승 자체를 부정하여, 요(堯)·순(舜)·우
(禹)와 관련된 역사의 진실성조차도 인정하지 않았던 마당에, 염제
와 황제와 관련된 내용은 더 말할 나위 없었다. 현재 1990년대에
이르러 학계에서는 염황의 업적에 대해 크게 부각시켜 왔는데, 이

---

8) 張光直, 『中國靑銅時代』, 三聯書店, 1983, 251~254쪽.

9) 일찍이 의고 사조가 성행하던 시기에도 王國維, 錢穆, 柳詒徵, 劉掞藜, 胡堇人, 李濟, 張蔭
麟 등 학자들은 의고적인 관점을 비판한 바 있다.

10) 徐旭生, 『中國古史的傳說時代』(增訂本), 文物出版社, 1985, 20쪽.

11) 李學勤, 「古史, 考古學與炎黃二帝」, 『當代學者自選文庫·李學勤卷』, 安徽敎育出版社,
1999, 50쪽.

는 1920~1930년대의 의고 사조로 상고사가 너무 쉽게 부정되어
왔던 경향을 바로잡는 작업이기도 하다.”라고 말했다.[12]

　의고 사조와 서양 신화학의 영향을 받아, 모순(茅盾)은 1928년에
은(殷)·주(周) 이전에 대규모의 ‘신화의 역사화’ 과정이 있었을 것
이라는 가설을 제기했다.[13] 이 가설은 학계에 커다란 파장을 일으
켰는데, 지금에 이르러서도 많은 학자들은 이 학설을 신봉하고 있
다. 이 ‘신화의 역사화’ 가설의 핵심은 염제·황제·요·순 등은
모두 신적 존재였는데, 후대에 이르러 역사화되어 인간으로 변모하
였다는 것이다. 그 이전 시기 학자들은 대부분 염황 전승의 허구성
에 대해 ‘누적설[層累說]’, 즉 오랜 세대를 거치면서 수많은 요소들
이 더해지면서 형성되었다는 주장을 취하고 있었으며, ‘신화의 역
사화’라는 측면에는 주목하지 못했다. 일찍이 20세기 40년대, 전목
(錢穆)은 “신화는 전설에서 기원한다.”고 하면서,[14] ‘인간의 신격화
와 신의 인격화’ 두 가지 현상은 함께 병존함을 주장했다.[15] 장대
년은 “최근 중국 고대신화 연구자들은 요·순 등을 신화 속 인물
로 보아, 후세에 이르러 역사 인물로 둔갑한 것, 즉 신이 인격화된
것이라고 주장하고 있다. 하지만 선진(先秦) 시기 제자백가의 문헌
에 등장하는 요·순·우 등은 원래부터 역사 인물이었으나, 그 후

---

12) 張岱年, 「炎帝黃帝是中國古代文明的象徵」, 『炎黃文化硏究』, 1994, 제1기.

13) 茅盾, 『神話硏究』, 百花文藝出版社, 1981, 130쪽.

14) 錢穆, 『國史大綱』 상책, 商務印書館, 1940, 55쪽. 원문에서는 “신화는 전설에서 기원한
　다. 그러므로 신화의 허구성 때문에 전설마저 말살해 버릴 수는 없다(神話有起於傳說之後
　者, 不能因神話而抹殺傳說).”고 했는데, 전목의 개념 정의에 따르면 ‘전설’은 史實을 바탕
　에 둔 일종의 전승을 말하고, ‘신화’는 그러한 전승들이 신비화(신격화)된 것을 일컫는다. 예
　를 들어 ‘關雲長’이라는 실존 인물에 대한 전설이 먼저 있었고, 그것이 후대에 이르러 신화
　화되어 武神 또는 財神으로 모셔지게 된다는 것이다(역자).

15) 錢穆, 姚漢源, 『黃帝』, 三聯書店, 2004, 22쪽.

318

대에 이르러 『산해경(山海經)』 등에서 이들을 신격화시켰으므로, 오히려 인간의 신격화라 해야 마땅하다."고 반박했다.[16] 비록 장대년은 요·순에 대해서만 언급했으나, 필자가 봤을 때 이러한 논리는 염제나 황제 문제에도 적용 가능한 것이다. 전목·장대년은 이전의 주장을 논박하는 새로운 견해를 밝히기는 하였으나, 그에 대한 자세한 논증을 전개하지 못했다. 그리하여 이들을 이어 상금창(常金倉), 강림창(江林昌) 두 학자가 보완작업에 착수하게 된다. 우선 상금창은 이론적인 부분에 역점을 두고, '신화의 역사화' 가설을 분석하여 "'신화의 역사화'는 진화론적인 이론의 틀에서 봤을 때, 문화의 다양성을 간과하는 오류를 범하고 있다."고 비판하면서, 중국 역사에는 "소위 말하는 '신화의 역사화'가 결코 나타나지 않으며, 오히려 '역사가 신화화'되었다."고 역설했다.[17] 강림창은 문헌에 초점을 맞춰 고증을 시도했다. "춘추전국 시대의 『국어』, 『좌전』 및 청동기 명문(銘文)에 등장하는 '황제(黃帝)'는 확실한 역사적 존재이다. 그런즉 황제는 화하 여러 민족 공동의 조상이며, 실존했던 역사 거인이었다고 할 수 있다.……전국시대 말기부터 일련의 문헌들을 통해 황제가 신격화되기 시작했다. 이는 곧 황제가 신화로서 등장하기 시작한 시점이기도 하다."[18] 이들 두 학자의 주장은 '신화의 역사화'라는 종전의 가설을 완전히 부정하는 것이었으며, 이로써 염제·황제 시대의 진실성이 드러나게 되었다. 이는

---

16) 張岱年, 「中國傳統文化的形成演變及基發展規律」, 『當代學者自選文庫·張岱年卷』, 安徽教育出版社, 1998, 414~415쪽.

17) 常金倉, 「中國神話學的基本問題: 神話的歷史化還是歷史的神話化?」, 『陝西師範大學學報』 2000년 제3기.

18) 江林昌, 「中國首届黃帝文化學術研討會綜述」, 『學術月刊』 2001년 제4기.

곧 "지난 수천 년 동안, 중국 사람들의 관념 속에서 중요한 자리를 차지해 온 황제는 사실상 역사적으로 실존한 인물이며, 신화로 전승되어 온 '황제'와 동일체임을 밝히는 계기가 되었다."19)

2. '염제', '황제'의 의미

우선 '제(帝)'에 대한 해석을 살펴보도록 하자. 호적(胡適)은 '제'는 곧 '하늘[天]'이라고 해석했다.20) 장순휘(張舜徽)는 '제'란 곧 눈부신 햇살이 사방을 비추는 것을 뜻한다고 말한다.21) 오대징(吳大澂)이 처음으로 '화체설(花蒂說)'을 제기한 뒤, 왕국유(王國維)·광말약(郭沫若) 등의 학자들이 이를 계승하여 '제'는 곧 '화체(花蒂, 꽃받침)'의 형상이며, "생식숭배(生殖崇拜)와 연관되어 있다."고 해석했다.22) 허신(許愼)이 찬술한 『설문해자(說文解字)』에서 이르기를 "'제(帝)'는 곧 '체(禘)'이다." "'체(禘)'는 곧 제사를 말한다."고 했으므로, '제'는 제사와도 연관된 것 같다. 엽옥침(葉玉琛)은 '제'를 일종의 요시제천[燎柴祭天(火祭)] 행사로 보았다.23) 주방포(朱芳圃)에 의하면 "'제(帝)'는 곧 땔감을 모아 상제(上帝)에 제사 지내는 모양"이라고 한다.24) 윤여운(尹黎雲)은 "'제(帝)'란 일종의 제

---

19) 張豈之, 「論陝北黃土高原是中華民族的發祥地」, 『黃帝與中華文化』, 陝西旅遊出版社, 1999, 134.

20) 胡適, 「論帝天及九鼎書」, 『古史辨』 제2책, 199쪽.

21) 張舜徽, 『中國史論文集·釋帝』, 湖北人民出版社, 1956.

22) 郭沫若, 「胛骨文字研究·釋祖妣」, 『郭沫若全集』 考古編 제1권, 科學出版社, 1982, 53~54쪽.

23) 葉玉琛, 「殷契鉤沈」, 『學衡』 1923년 제24기.

24) 朱芳圃, 『殷周文字釋叢』, 中華書局, 1962, 38쪽.

사 행위를 말하며, 그 제사의 대상 또한 '제(帝)'로 불렸다."고 했다.[25] 노강(魯剛)에 따르면 '제'는 제천행사를 위한 땔감을 말하며, 이는 곧 제사를 의미하기도 하므로, '제'는 '체(禘, 제사)'의 원형이라고 한다.[26]

다음으로 '염(炎)' 및 '염제(炎帝)'의 의미에 대해 살펴보도록 하자. 고유(高誘)는 『여씨춘추』 「맹하기(孟夏紀)」 주석에서 "화덕(火德)으로 천하의 임금이 되었으므로, 염제(炎帝)라 했다."고 했으며, 『회남자(淮南子)』 천문훈(天文訓)에서는 "남쪽은 '화(火)'에 속한다. 그러므로 그 임금은 염제이다."라고 했다. 『백호통(白虎通)』 오행(五行)에서는 "그 임금 염제는 곧 태양을 의미한다."고 했고, 『제왕세기(帝王世紀)』에서는 "'화(火)'로써 '목(木)'을 이기니, 방위는 남쪽이다. 여름을 주관하므로 염제라고 부른다."고 했다. 『설문해자(說文解字)』에서는 "'炎'이란 불길이 치솟는 모양으로, '火'가 겹쳐져 있다."고 했다. 이를 근거로 일부 학자들은 염제를 곧 '화신(火神)'이요,[27] '태양신'[28]이라고 주장한다. 곽언유(霍彦儒), 곽천상(郭天祥)은 '염제'라는 칭호는 염제가 불 사용에 능했다는 점과 더불어, 제사(祭祀) 행위에서 기원한 것이라고 했다.[29] 이러한 논법은 사실상 '炎'과 '帝' 두 글자의 의미를 결합시킨 해석이기도 하다. 그 밖의 일부 학자들은 '炎' 자의 부수는 '魚'이며, 염제 부족이 물고기를 토템으로 삼은 데서 비롯되었다고 주장하기도 했다.[30]

---

25) 尹黎雲, 『漢字字源系統硏究』, 中國人民出版社, 1998, 327쪽.

26) 魯剛, 「'帝'字解」, 『遼寧師範大學學報』 2003년 제5기.

27) 葉林生, 「炎帝考」, 『河北學刊』 1995년 제1기.

28) 林河, 「神農炎帝形象小考」, 『尋根』 1997년 제1기.

29) 霍彦儒·郭天祥, 『炎帝傳』, 陝西旅遊出版社, 1995, 37쪽.

마지막으로 ‘황제’의 의미에 대해 살펴보도록 하겠다. 『사기』「오제본기」에서 이르기를 “토덕(土德)의 상서로움이 있어, 칭호를 ‘황제’라고 했다.”고 했고, 『백호통(白虎通)』에서는 “‘황(黃)’이란 중화(中和)의 색이요, 그 자연 속성은 만세(萬世)가 지나도 변함이 없다. 황제께서 처음으로 제도를 만들었고, 그 중화를 얻어 만세에 길이 전해지고 있으므로, 황제라 칭한다.”고 했다. 양관(楊寬), 곽말약 등 학자들에 따르면 ‘황(黃)’과 ‘황(皇)’은 의미가 호환되므로 “‘황제(黃帝)’는 곧 ‘황천상제(皇天上帝)’를 일컫는다.”고 한다.31) 하신(何新), 엽서헌(葉舒憲)에 의하면 ‘황제’는 곧 ‘광제(光帝)’와도 같다고 한다.32) 소병(蕭兵)은 ‘황제’를 ‘황옥(璜玉)의 신’으로 보았고33) 당청범(黨晴梵)은 황제를 후토(后土)와 같다고 했다.34) 공유영(龔維英)은 ‘황제’가 ‘여음(女陰)’을 의미한다고 했다.35) 당선순(唐善純)은 갑골문에서 ‘황제’는 ‘짐승 가죽을 펴 놓은 모양’으로 나타난다고 했다.36) 방박(龐朴)은 ‘황제’는 곧 혼돈을 의미하며, 가죽 주머니[革囊]와도 같은 것이라고 했다.37) 염임생(葉林生)은 ‘황제’를 회임한

30) 葛文華, 「再論炎帝稱號的原始含義」, 『姜炎文化論』, 三秦出版社, 2001, 79~83쪽, 蔣五寶, 「‘炎’字的原義初探」, 『姜炎文化論』, 三秦出版社, 2001, 84~88쪽.

31) 楊寬, 「中國上古史導論」, 『古史辨』 제7책 상편, 197쪽, 郭沫若, 『中國古代社會研究』, 科學出版社, 1964, 276쪽.

32) 何新, 『諸神的起源』, 三聯書店, 1986, 8쪽, 葉舒憲, 『中國神話哲學』, 陝西人民出版社, 2005.

33) 蕭兵, 『楚辭與神話』, 江蘇古籍出版社, 1987, 418쪽.

34) 黨晴梵, 『先秦思想史論略』, 陝西人民出版社, 1959, 294쪽.

35) 龔維英, 「由女陰崇拜探溯黃帝原型」, 『漢江論壇』 1988년 제12기.

36) 唐善純, 『中國的神秘文化』, 河海大學出版社, 1992, 13쪽.

37) 龐朴, 「黃帝考源」, 『傳統文化與現代化』 1993년 제2기. 龐朴의 ‘혼돈설’에 대해 많은 반론이 제기되었는데, 예를 들어 劉金在는 방박의 논리는 단순히 말해, ‘갑이 을과 같고, 을이 병과 같고, 병은 정과 같다면, 갑은 곧 정과 같다.’는 것인데, 이는 논리적 오류라고 비판한 바 있다(「‘黃帝就是混沌說’質疑」, 『新華文摘』 1992년 제6기). 그 외 劉起釪 또한 「炎黃

부녀의 형상으로 보아, 원시시대의 생식과 연관된 신으로 보았다.[38]
오광평(吳廣平)은 헌원황제(軒轅黃帝)의 원형은 원숭이[猿猴]라고
주장했다.[39] 곡진(曲辰)은 '黃' 자를 정면으로 서 있는 사람 모양에
밭 '田' 자가 결합된 모양으로 보아, 사람과 땅의 관계를 의미한다
고 해석했다.[40] 증영성(曾永成)은 '황제'의 원뜻을 '수레[車]'라 하
여, 수레와 배[舟]를 만든 인물이라는 의미로 해석했다.[41]

이상에서 살펴보았듯이, 문헌자료가 절대적으로 부족한 원고시대
사 연구에서 하나의 공감대를 형성하기란 얼마나 어려운지 알 수
있다. 이들 해석 가운데 일부는 '신화의 역사화' 가설에서 파생된
주장으로, 후대에 새롭게 덧붙여진 것이라 할 수 있다. 필자의 사
견으로는 '황제'를 '황토(黃土)', '황색(黃色)'과 연관시킨 해석은
비록 음양오행 학설과 관련되어 있지만, '황제'의 원뜻에 가장 근
접한 설명인 것 같다. 우리 조상들은 자신들의 생존과 가장 밀접한
관계를 가지고 있었던 '불[火]'과 '땅[黃土]'을 이용해 부족 명칭을
짓고, 염제와 황제를 조상으로 모셔 제사 지냈으며, 그 전통을 대
대손손 이어 내려왔던 것이다. 이는 아주 논리 정연한 해석이라고
생각한다.

<hr>

二帝時代地點考」(『炎黃文化研究』 제1기)에서 방박의 이론에 대해 단순한 연결식 추론으
로 얻어 낸 결론에 지나지 않는다고 비판하였다.

38) 葉林生, 「黃帝考」, 『江海學刊』 1994년 제2기.

39) 吳廣平, 「軒轅黃帝的原型破譯」, 『靑海師範大學學報』 1995년 제1기.

40) 曲辰, 『軒轅黃帝史迹之謎』, 中國社會科學出版社, 1992, 6쪽.

41) 曾永成, 「'黃'字構形與黃帝, 軒轅」, 『中華文化論壇』 1999년 제2기.

3. 염제와 황제의 발상지 및 능침(陵寢)의 위치[42]

염제의 발상지에 대해 섬서(陝西), 호북(湖北), 호남(湖南), 산서(山西), 감숙(甘肅), 산동(山東), 하남(河南), 서천(四川), 하북(河北) 지역으로 추정하는 다양한 설법이 있다. 이들 중, 섬서설과 호북설 및 호남설이 비교적 많은 신뢰를 받고 있다.

섬서 보계(寶鷄) 지역으로 추정하는 가장 중요한 논거로는『국어』진어에서 "염제는 강수(姜水)에서 일어섰다."고 했다는 점이다.『수경주(水經注)』위수(渭水)에서 "기수(岐水)가 또한 동쪽으로 강씨(姜氏)의 성 남쪽을 경과하여 강수(姜水)가 된다."고 전하고 있다. 또한 보계 지역에서 대량의 앙소문화(仰韶文化) 유적이 발견되었으며, 민간에서 전승되어 내려오는 염제 관련 설화 또한 적지 않다. 서욱생(徐旭生), 곽말약, 전백찬(翦伯贊), 백수이(白壽彝), 장개지(張豈之), 추형(鄒衡), 왕옥철(王玉哲), 하광악(何光岳) 등 학자가 이 주장의 대표자라 할 수 있다.[43]

호북 수주(隨州) 지역으로 추정하는 주요 근거는『예기』의 "여산씨(厲山氏)는 곧 염제(炎帝)이니, 여산(厲山)에서 일어났다. 또는 열산씨(烈山氏)라고도 한다."라는 기록이다. 또한『제왕세기』에서 이르기를

---

42) 王妍의 연구에서는 염제와 황제의 발상지에 대해 동서남북 사방설을 제기했다(「炎黃二帝發祥地之紛說」,『華夏文化』2003년 제1기). 하지만 이러한 '사방설'에서는 오히려 하남지역을 중심으로 한 중원지역을 빠뜨리고 있다.

43) 徐旭生,『中國古代的傳說時代』, 42쪽. 郭沫若,『中國史稿』제1책, 人民出版社, 1976, 108쪽. 翦伯贊,『中國史綱要』(上), 人民出版社, 1987, 10쪽. 白壽彝,『中國通史綱要』, 上海人民出版社, 1980, 17쪽. 張豈之, 「從炎黃時代到周秦文明」,『炎黃論』, 陝西人民出版社, 1996, 3쪽. 鄒衡, 「炎帝的原生地究竟在哪里?」,『炎帝與漢民族論集』, 三秦出版社, 2003, 1~2쪽. 王玉哲,『中華遠古史』, 上海人民出版社, 2000, 129쪽. 何光岳, 「炎帝八世考」,『尋根』1997년 제1기.

"신농(神農)……원래 열산(烈山)에서 일어났다."고 했고, 현지에도 신 농씨와 관련된 유적과 전설이 남아 있다. 오량개(吳量愷), 유옥당(劉玉 堂), 류례당(劉禮堂) 등 학자들이 이 주장의 대표자이다.[44]

호남 구억산(九嶷山) 지역으로 추정하는 근거로는 굴원(屈原)의 「원유(遠遊)」에서 "염제궁(炎帝宮)을 가리켜 바로 달려, 남쪽으로 구억산을 찾아가련다(指炎神而直馳兮, 吾將往乎南疑)."라고 했다 는 점이다. 또한 장수절(張守節)의 『사기정의(史記正義)』에서 "신 농씨……또한 연산씨(連山氏)라고도 한다."고 했는데, 호남과 광동 (廣東)이 접경해 있는 구억 산 지역은 고대에 연산현(連山縣), 연산 군(連山郡)이 있었던 곳이다. 1995년 구억 산 인근의 도현(道縣) 옥섬암(玉蟾巖)에서 만 년 전의 벼 껍질이 발견된 바 있다. 여하튼 이 주장의 대표 학자들로는 임하(林河), 양소휘(梁紹輝), 임준화(任 俊華), 진선추(陳先樞) 등이 있다.[45]

몽문통(蒙文通), 이학근(李學勤), 유빈휘(劉彬徽) 등은 큰 범주에 서 '남염북황(南炎北黃: 남방의 염제, 북방의 황제)'을 주장하고 있 다. 몽문통은 염제를 강한(江漢)민족으로 구분 지었다.[46] 이학근에 따르면 "황제와 염제는 각자 서로 다른 지역을 대표하는 상징으로, 황제는 중원지역의 전통을, 염제는 남방지역의 전통을 기반으로 삼 고 있다."고 한다.[47] 유빈휘는 "중화문화의 본질은 바로 남방의 염

---

44) 吳量愷, 「神農氏的興起與炎帝文化的效應」, 『炎帝與炎帝文化』, 湖北人民出版社, 1991, 劉玉堂, 「炎帝神農氏生地考」, 『炎黃文化研究』 제4기, 劉禮堂, 「炎帝神農與中華文明」, 『炎黃文化研究』 제6기.

45) 林河, 「炎帝出生地的文化考析」, 『民族藝術』 1997년 제2기, 梁紹輝・任俊華, 「連山氏 與炎帝考」, 『炎帝文化與21世紀中國社會發展』, 岳麓書社, 2002, 陳先樞, 「'炎'的意義 與湖南的炎帝傳說」, 『炎帝與漢民族論集』, 三秦出版社, 2003.

46) 蒙文通, 「古史甄微」(李學勤, 張豈之, 鄭傑祥 主編, 『炎黃匯典』 文論卷, 吉林文史出版 社, 2002, 17, 재인용).

제와 북방의 황제라는 이원적 요소가 결합되어 구성되었음"을 주
장하고 있다.[48]

그 밖에 염제의 피장지와 관련해서 호남 염릉(炎陵), 섬서 보계, 산서
고평(高平) 등 여러 설이 있는데, 본고에서는 자세히 다루지는 않겠다.

이와 같이 염제의 활동지역에 대해 다양한 설이 생겨나게 된 원
인은 첫째로, 관련 문헌이 적다는 점뿐만 아니라, 전승 과정에서
추가된 요소들이 많이 있기 때문이다. 둘째로, 염제와 신농씨의 일
체화가 두 전승 사이의 혼잡과 모순을 초래했기 때문이다. 셋째로,
음양오행설의 영향을 받아, 염제를 화덕(火德)을 갖춘 제왕, 즉 염
제가 남방을 장관하였다는 인식이 생겨나, 염제전설이 점차 남방으
로 전파되었으며, 호남 지역에 염제릉(炎帝陵)이 생기나기도 했던
것 같다.[49] 청대(淸代) 학자 원매(袁枚)의 「반고총(盤古塚)」에서 "이
름도 성씨도 없으니, 그 누가 의관을 묻어 주었더냐?……저 많은
경전 또한 조상 이름을 전하지 않았으니, 오직 무덤만 덩그러니 후
세에 전해지는구나."[50]라고 했듯이, 원고(遠古)시대 매장풍속에서는
'봉분을 만들거나, 나무를 심지 않았'[51]으므로 현재 남아 있는 고
대 제왕의 능묘는 사실상 훨씬 후대에 조성된 것이라는 점만은 분
명하다.

역사학적인 시각으로 봤을 때, 어떤 지역의 '염제릉'도 확실히

---

47) 李學勤,「古史, 考古學與炎黃二帝」,『當代學者自選文庫·李學勤卷』, 48쪽.

48) 劉彬徽,「炎黃文化的考古學思考」,『炎黃與中華文化』, 人民出版社, 1994, 57쪽.

49) 趙世超,「炎帝與炎帝傳說的南遷」,『炎帝·姜炎文化』, 三秦出版社, 1992, 205쪽, 葉
林生,「炎帝考」,『河北學刊』1995년 제1기, 劉復生,「'長沙炎陵'說的起源」,『社會
科學研究』2003년 제4기.

50) 袁枚,『小倉山房詩文集』, 上海古籍出版社, 1988, 177쪽.

51)『周易』繫辭傳 下,"古之葬者, 衣之以薪, 葬之中野, 不封不樹"(역자).

염제가 묻힌 무덤이라 할 수 없다. 하지만 민속학적인 입장에서, 이러한 염제릉의 존재는 나름대로의 가치와 의미를 지니고 있는데, 이는 화하족 조상의 한 갈래인 염제족의 활동영역을 나타내 주며 중화민족의 삶의 터전이었음을 암시해 주고 있기 때문이다.[52] 현재 중국 전역에 걸쳐 복희(伏羲), 여왜(女媧), 황제, 염제, 치우, 태호(太昊), 소호(少昊) 등 원고시대 인물의 능묘와 사당에서 활발한 기념활동이 전개되고 있는데, 우리는 이를 민속학적인 논리로 바라봐야 할 것이다.

황제의 활동영역에 대해서도 다양한 주장이 존재하는데, 대개는 하남·섬서·하북·감숙·산동·요녕·내몽고·호남·광서 등 지역으로 추정하고 있다. 이들 중 하남 신정(新鄭), 섬서 북부, 하북 탁록(涿鹿), 산동 수구(壽丘) 및 감숙 천수(天水) 지역으로 비정하는 설법이 보편적인 공감을 얻고 있다. 하남 신정설의 주요한 문헌적 근거로는 다음과 같은 것들이 있다. 『사기』「오제본기」에 "황제께서 헌원(軒轅)의 언덕에 거했다."는 기록이 등장한다. 또한 『대대례기(大戴禮記)』에서 황제에 대해 "성스로운 덕이 있어, 유웅씨로부터 나라를 물려받았다."고 했고, 『제왕세기』에서 "신정(新鄭)은 옛날의 유웅국(有熊國)이다. 황제가 도읍을 삼았으며, 유웅씨로부터 나라를 이어받아, 헌원의 언덕에 거했다."고 했다. 『대명일통지(大明一統志)』에서는 "'헌원의 언덕'이 신정현(新鄭縣) 경내에 있는데, 옛날 유웅씨의 나라로 헌원황제가 여기서 태어났으므로 붙여진 이름이다."라고 했다. 이학근의 주장에 따르면 "황제가 헌원의 언덕에서 태어났고, 신정에서 살았다는 설은 확실한 문헌적 근거가 뒷

---

52) 高景明, 『神農氏·炎帝』, 西北大學出版社, 1993, 150쪽.

받침되고 있다.”고 한다.53) 그 외 전목(錢穆), 몽문통(蒙文通), 대일(戴逸), 정걸상(鄭傑祥) 등의 학자들이 이 설을 지지하고 있다.54)

섬서 지역으로 추정하고 있는 주요 논거들은 다음과 같은 것들이 있다. 『국어』 진어에서 “황제는 희수(姬水)에서 일어났고, 염제는 강수(姜水)에서 일어났다.”고 했는데, 여기서 ‘희수’를 ‘기수(岐水)’ 또는 ‘위수(渭水)’일 것으로 추정하는데, 이 두 강 모두가 섬서 지역을 흘러 지나고 있다. ‘황제릉’이 섬서 중부지역에 위치해 있는데, 황제족의 후손인 주(周)나라의 발상지가 바로 섬서 서부지역이기도 하다. 서욱생의 주장에 의하면 “고대 ‘희(姬)’씨 성씨와 관련된 전승이 많이 남아 있다는 점으로, 황제씨족의 발원지는 곧 지금의 섬서 북부지역임을 추론해 낼 수 있다.”고 한다.55) 또한 장개지(張豈之)는 “황제는 섬서 북부의 황토고원(黃土高原) 지역에서 기원했다.”고 확단하고 있다.56) 그 외에도 임상경(林祥庚), 백명(柏明), 이영과(李穎科), 하병무(何炳武) 등의 학자들이 섬서 북부설을 취하고 있다.57)

하북 탁록지역으로 비정하는 주요한 근거는 황제가 수행했다고 전해지는 유명한 ‘탁록에서의 전쟁’ 및 ‘판천(阪泉)에서의 전쟁’ 지역이 곧 하북 탁록이기 때문이다.

---

53) 李學勤, 「新鄭黃帝故里故都史料拾零」, 『光明日報』 2005년 4월 19일자 제10판.

54) 錢穆, 『黃帝』, 9쪽, 蒙文通, 「古史甄微」, 21쪽, 鄭傑祥, 「黃帝與華族的起源」, 『炎黃匯典』 文論卷, 384쪽.

55) 徐旭生, 『中國古史的傳說時代』(增訂本), 42쪽.

56) 張豈之, 「黃帝與陝北黃土高原」, 『炎黃匯典』 文論卷, 479쪽.

57) 林祥庚, 「中華民族的象徵－黃帝及其傳說之試釋」, 『福建師範大學學報』 1983년 제4기, 柏明・李穎科, 『黃帝與黃帝陵』, 西北大學出版社, 1995, 15쪽, 何炳武, 『黃帝與中華文化』, 陝西旅遊出版社, 1999, 9쪽.

감숙 천수지역으로 비정하는 주요 근거는『수경주』위수(渭水)에서 "황제는 천수(天水)에서 났으며, 상규성(上邽城)에서 동쪽 70리 떨어진 곳에 헌원 골짜기가 있다."고 했다는 점이다.

산동 수구라고 주장하는 근거는『제왕세기』에서 "황제는 수구(壽丘)에서 나서, 희수(姬水)에서 자랐으므로, 그로써 성씨를 삼았다."고 했기 때문이다. 수구는 지금의 산동 곡부(曲阜)이다.

그 외에 황제의 피장지에 대해 섬서 황릉설(黃陵說)이 가장 유력하며 감숙 정령(正寧), 하북 탁록, 하남 허창(許昌), 산동 곡부 등 여러 설들이 있다.[58]

『회남자(淮南子)』주술훈(主術訓)에서 "옛날에 신농씨가 천하를 다스렸다.……그 땅이 남쪽으로 교지(交阯)에, 북쪽으로 유도(幽都)에, 동쪽으로 양곡(暘谷)에, 서쪽으로 삼위(三危)에 이르렀으니, 감히 따르고 좇지 않는 자가 없었다."고 했다. 또『사기』「오제본기」에서 황제가 "동쪽으로 바다에 이르러, 환산(丸山)에 올랐으며, 또한 대종(岱宗)에 미쳤다. 서쪽으로 공동(空桐)에 이르러, 계두(鷄頭)에 올랐다. 남쪽으로 강(양자강)에 이르러, 웅상(熊湘)에 올랐다. 북쪽으로 훈죽[葷(獯)鬻]을 좇고, 부산(釜山)을 차지했으며, 탁록에 도읍했다."고 전하고 있다. 이러한 기술에는 과장된 부분이 없지 않은데, 사실상 염제나 황제가 이 정도의 광대한 지역을 아울렀던 것 같지는 않다. 다만 후대에 이르러, 이들 후손이 이러한 지역으로 이주하였을 가능성은 배제할 수 없다. 적어도 우리는 염황문화가 중국 전역에 걸쳐 광범위하게 전파되어 있었던 연고에서, 염제나 황제의 활동 및 피장지역을 다양하게 비정했다고 판단해 볼 수 있

---

58) 柏明, 李穎科,『黃帝與黃帝陵』, 西北大學出版社, 1995, 76~83쪽 참조.

다. 그러므로 염황문화에 대한 거시적인 시각으로 이들 고대 제왕의 활동 및 피장지역에 관한 논쟁을 바라봐야 할 것이며, 그렇게 해야만 의미 있는 결과를 이끌어 낼 수 있다. 그런즉 어느 한 구체적인 지역에만 얽매여 있는 것은 그리 바람직하지 않다.

4. 염황의 활동연대

학계에서는 염황 두 제왕의 활동연대에 대해 사회형태적인 분류법에 따라 모계씨족사회, 부계씨족사회 및 모계에서 부계로 과도하는 시기일 것으로 보는 시각이 있다. 정혜생(鄭慧生)·공유영(龔維英)·조국화(趙國華) 등의 학자들은 염황시대를 모계씨족사회로 보아, 염황을 포함한 씨족 두령 모두를 여성으로 보았다.[59] 이는 염황의 성별과 관련된 논쟁을 야기하기도 했다.[60] 왕녕생(汪寧生)은 비록 직접 황제의 구체적인 성별에 대해서 직접적으로 언급하지는 않았으나, 인류사회 발전에 있어서, 반드시 모계씨족사회를 거쳐야 하는 것은 아니며, 모계씨족사회에서도 이른바 '모권제(母權制)'라는 것이 존재하지 않았음을 주장했다.[61] 이는 곧 염황을 여성이라고 한 주장에 대한 이론적 반론이었던 것이다. 이형미(李衡眉) 또한 "비록 모권이 강한 씨족사회였을지라도, 씨족 두령의 자리는 남성의 차지였으며 여성은 배제되었다."고 하면서, '염황 여성설'에

---

59) 鄭慧生, 「我國母系氏族社會與傳說時代 －黃帝等人爲女人辨」, 『河南大學學報』 1986년 제4기, 龔維英, 『原始崇拜綱要』, 中國民間藝術出版社, 1989, 趙國華, 『生殖崇拜文化』, 中國社會科學出版社, 1990.

60) 趙强, 「近十年來關於黃帝等人性別研討綜述」, 『煙臺大學學報』 1995년 제1기.

61) 汪寧生, 「易洛魁人的今昔 －謙談母系社會的若干問題」, 『社會科學戰線』 1994년 제1기.

330

부정적인 입장을 취하였다.[62]

　곽말약은 염황의 활동연대를 "4천 년 전, 대략 부계씨족사회 또는 그보다 조금 이른 시기"로 보았다.[63] 이보재(李寶才)는 "염황시대의 시간적 범위는 지금으로부터 6천에서 4천 년 전일 것으로 추정되는데, 사회발전단계를 놓고 보면, 대개 부계씨족사회 단계에 처해 있었다."고 주장했다.[64] 임상경(林祥庚)은 "황제 전설에 반영된 사회발전단계를 마땅히 모계씨족사회에서 부계씨족사회로 전환되던 과도기적 단계로 보아야 한다."는 주장이다.[65]

　염황의 활동연대에 대한 고고학적 구분법에 따르면 앙소문화시기설, 용산(龍山)문화시기설 및 신석기시대설 등 주장이 있다. 소병기(蘇秉琦)는 "고고학 기법의 비약적인 발전으로, 원고시대의 역사를 더욱 진실에 가깝게 복원해 낼 수 있게 된 만큼, 전설 등 문헌사료는 오히려 부가적인 참고사항이 되고 있다."고 주장한다.[66] 그는 오제(五帝) 시대의 상한을 앙소 시기 후기로, 하한을 용산문화시기로 보았다. 엄문명(嚴文明) 역시 염황시대를 앙소문화 시기에 비정하고 있다.[67] 이학근은 염제와 황제 및 그 후손들에 대한 전설의 시대는 용산문화와 연관되어 있다고 보았다.[68] 장개지(張豈之)는 염황시대를 지금으로부터 약 5천 년 전으로 추정했다.[69] 오여조

---

62) 李衡眉, 「古史傳說中帝王的性別問題」, 『歷史硏究』 1994년 제4기.

63) 郭沫若, 『中國史稿』 제1책, 人民出版社, 1976, 108쪽.

64) 李寶才, 「論炎黃時代」, 『先秦文化散論』, 陝西人民出版社, 2001, 17쪽.

65) 林祥庚, 「中華民族象征－黃帝及其傳說之試釋」, 『福建師範大學學報』 1983년 제4기.

66) 蘇秉琦, 「重建中國古史的遠古時代」, 『史學史硏究』 1991년 제3기.

67) 嚴文明, 「炎黃傳說與炎黃文化」, 『炎黃匯典』 文論卷, 427쪽.

68) 李學勤, 「古史, 考古學與炎黃二帝」, 『當代學者自選文庫·李學勤卷』, 51쪽.

69) 張豈之, 「我看炎黃時代」, 『春鳥集』, 中國社會科學出版社, 1997, 58쪽.

(吳汝祚)는 "염황시대는 지금으로부터 7천~8천 년 전에서 5천 년 전까지, 약 3천여 년 동안 지속되었다."고 보았다.[70] 나곤(羅琨)은 "'황제'라는 표현은 씨족제도의 번영과 해체 시기와 더불어 신석기 시대 전반에 걸쳐 6천 년이라는 시간 동안 지속적으로 사용되었다."고 주장한다.[71]

5. 염제와 신농씨의 관계

선진(先秦) 시기 전적(典籍)들에서는 『국어』, 『좌전』과 같이 단지 '염제(炎帝)'에 대해서만 언급하거나 『맹자』, 『장자』, 『상군서』에서처럼 '신농씨'만을 언급하고 있다. '염제(또는 赤帝)'와 '신농씨'가 함께 등장하는 고대 문헌들로는 『일주서』, 『관자』, 『여씨춘추』 등이 있는데, 이들 기록에서 염제와 신농씨는 각자 다른 두 인물로 등장한다. 사마천의 『사기』 봉선서(封禪書)에서 역시 "신농씨가 태산(泰山)에서 봉선(封禪)하고 제사를 올렸다. 염제가 태산에서 봉선하고 제사 드렸다(神農封泰山, 禪云云. 炎帝封泰山, 禪云云)."라고 하여 따로 기술했다. 처음으로 신농씨와 염제를 동일시하여 기술한 문헌은 『세본』이다. 하지만 학자들은 "만약 『세본』이라는 문헌이 확실히 존재했었다면, 춘추시대에서 한대(漢代)에 이르는 동안, 이를 인용한 학자가 없을 리가 없다.……그런즉 이 자료는 서한(西漢) 이후에야 만들어진 것이 틀림없다."고 하여 사료의 신

---

70) 吳汝祚 主編, 『炎黃匯典』 考古卷, 3쪽.
71) 羅琨, 「'炎黃', '黃炎'與黃帝陵」, 『炎黃文化研究』 제1기, 1994.

빙성에 문제를 제기해 왔다.[72] 현재 전해지고 있는 『세본』은 모두 후세에 새롭게 모은 것이다. 따라서 원본 문헌에서도 염제와 신농씨를 동일시하여 기술했는지 여부에 대해서는 쉽게 판단할 수 없다. 반고(班固)는 『한서(漢書)』 고금인표(古今人表)에서 '염제 신농씨'라고 표현을 사용했고, 왕부(王符)의 『잠부론(潛夫論)』에서 역시 이 표현을 따랐다. 황보밀(皇甫謐)의 『제왕세기』에 이르러서는 '염제 신농씨'라는 표현이 고착화되었으며, 신농씨뿐만 아니라, 열산씨·연산씨(連山氏) 등도 추가되었다. 그 후 "천여 년 동안 '염제 신농씨'는 하나의 일반명사로 확정되었으며, 모든 사서(史書)에서 자연스레 그렇게 사용하게 되었다."[73]

사실 오래전부터 이러한 용법의 타당성에 대해 의문이 제기되어 왔다. 삼국시대(三國時代)의 초주(譙周)는 『고사고(古史考)』에서 왕부의 호칭법에 대해 비판한 바 있으며, 청대 학자 최술(崔述)은 『보상고고신록(補上古考信錄)』에서 "황제에 앞서 신농씨가 있었으니, 염제와는 아무 상관없다."고 했다. 서욱생 역시 "염제는 결코 신농씨가 아니다."라고 단정 지었다.[74] 공유영(龔維英)은 '염제 신농씨'의 형성과정에 대해, 이 표현은 "전국시대 말기, '대일통(大一統)' 적인 역사 흐름에 부응하기 위해, 고대사를 계통적으로 재정리하는 과정에서 유가학파에 의해 새롭게 만들어진 것"이라고 주장하고 있다.[75] 고경명(高景明)에 따르면 이 표현은 서부학자들이 스스로의 지역적 우월성을 널리 알리기 위해 날조해 낸 것이라고 한다.[76]

---

72) 高景明, 『神農氏·炎帝』, 西北大學出版社, 1993, 68쪽.
73) 顧頡剛, 『古史辨』 제5책, 563쪽.
74) 徐旭生, 『中國古史的傳說時代』(增訂本), 124쪽.
75) 龔維英, 「'炎帝神農氏'形成過程探索」, 『華南師範大學學報』 1984년 제2기.

하지만 염제와 신농씨를 동일시하는 견해 또한 많이 있다. 그 주요 논리는 '신농씨'는 시대를 일컫는 표현이고, 염제는 신농씨 시대의 가장 뛰어난 대표적인 제왕이므로, '신농'과 '염제'를 연결시켜 표현했다는 것이다. 장서민(張序民)은 "'염(제)'과 '신(농)'이 결합된 데는 그럴 만한 이유가 있었을 것이다. 현재로서는 이를 억지로 나누어 볼 필요는 없다고 생각한다."고 주장한다.77) 이는 대다수 학자들의 경향일뿐더러, 염제와 신농씨의 관계 문제에 대한 현실적인 접근이기도 하다.

6. 염제와 황제의 관계

염제와 황제는 모두 중화의 인문시조이며, 그 명예를 공유하고 있다. 양자의 관계에 대해 크게는 동족설(同族說)과 이족설(異族說)로 나누어 볼 수 있다. 동족설은 다시 동포형제설과 쌍둥이씨족설[雙胞氏族說]로 나뉜다. 『국어』 진어에서 "옛날에 소전(少典)이 유교씨(有蟜氏)를 아내로 취해 황제와 염제를 낳았다."고 했다. 후세 사람들은 이를 근거로 황제와 염제를 형제로 보았다. 가의(賈誼)의 『신서』 제부정(制不定)에서도 "염제는 황제의 동부동모(同父同母) 동생이다."라고 했고, 그 이후로 이러한 형제 설정이 끊이지 않고 등장했다. 진대(晉代) 학자 곽박(郭璞)은 『산해경』 대황동경(大荒東經)의 주석에서 다음과 같이 설명했다. "무릇 '낳았다[生]'는 표현

---

76) 高景明, 『神農氏·炎帝』, 72쪽.
77) 張序民, 「炎帝·神農氏·烈山氏」, 『炎帝論』, 陝西人民出版社, 1996, 89쪽.

은 그 후손임을 뜻한다. 그러므로 '낳았다'고 해서 반드시 직접 낳았다는 것은 아니다." 서구생(徐旭生)은 곽박의 이러한 해석에 공감하면서 "소전이 황제·염제를 낳았다는 것은 사실상 황제·염제 두 씨족이 소전씨족으로부터 갈라져 나왔음을 뜻하지, 결코 문구 그대로 소전의 두 아들이라는 얘기는 아니다."라고 했다.[78] 그 밖에 염제족과 황제족은 "쌍둥이 씨족을 형성하였다."는 하광악(何光岳)의 설도 있다.[79]

이족설에서는 황제족을 '화하(華夏)'로, 염제족을 '만이(蠻夷)'로 보고 있다. 몽문통(蒙文通)은 황제를 하락민족(河洛民族)으로, 염제족을 강한민족(江漢民族)으로 구분했다. 왕헌당(王獻唐)은 황제와 염제 사이에는 혈연이나 동족적 관계가 존재하지 않는다고 하면서 "당시 이른바 동이, 서융, 남만, 북적 및 강(羌), 저(氐) 등 여러 족속들의 태반이 염제의 후손"이라고 주장하고 있다.[80] 비록 이족설에서는 황제와 염제 사이의 혈연적이거나 동족적 관계에 대해서 부정하고 있으나, 두 씨족 사이의 통혼에 대해서는 인정한다. 다른 점이라면 동족설에서는 황제와 염제 두 족속이 세대를 이어 통혼해 왔었다고 주장하는 반면에, 이족설에서는 두 족속이 '판천(阪泉)에서의 전쟁'이 있은 후부터 서로 통혼하기 시작했다고 한다.

---

78) 徐旭生, 『中國古史的傳說時代』(增訂本), 40쪽.
79) 何光岳, 『炎黃源流史』前言, 江西敎育出版社, 1992, 3쪽.
80) 王獻唐, 「炎黃氏族文化考」(『炎黃匯典』文化卷, 363쪽 재인용).

7. 염황 두 제왕의 발명과 창조물

문헌기록에서는 염제 신농씨가 조(粟)를 재배하고, 쟁기[耒耜]를 만들었으며, 경작법과 도기 제작 기술, 약을 발명했고, 한낮에 저자[市]를 만들었으며(日中爲市), 처음으로 현금(玄琴)을 만들었다고 전하고 있다. 황제의 발명은 의, 식, 주, 행(行) 분야뿐만 아니라 사회제도의 창설 등 다양하게 전해지고 있다. 따라서 염황 두 제왕은 대발명가처럼 비치기도 한다. 제사화(齊思和)는 이에 대해 "무릇 기물[器]들 중에, 그것이 언제부터 사용되었는지 알 수 없으면, 모두 황제가 만든 것이라고 가져다 붙이는 식이다."라고 비판한 바 있다.[81] 양계초(梁啓超)는 염황의 발명품들에 대해 "고대 고적(典籍)들에서 전하는 물품의 발명들 가운데, 열에 일고여덟은 황제가 만든 것이라고 한다. 비록 대부분은 단지 가져다 붙인 데 지나지 않으나, 아무런 근거도 없는 것은 아니다."라고 평가했다.[82] 전목(錢穆)의 해석에 따르면 "고대의 발명자들은 대부분 성왕(聖王)이 아니면 현신(賢臣)이다. 하지만 발명은 그들만의 전유물은 아니다. 단지 그들만이 사람들에게 기억되어 후세에 전해지고 있기 때문에, 여러 발명품들 또한 그들의 이름에 전가하게 되었던 것에 불과하다."고 한다.[83] 필자 또한 그 수많은 발명품들이 모두 염황 두 제왕에 의해 완성된 것이라고는 보지 않는다. 그런즉 고대의 발명품들은 수많은 일반인들이 오랜 시간과 반복적인 실천을 걸쳐 완성

---

81) 齊思和, 「黃帝之制器故事」, 『炎黃匯典』 文論卷, 93쪽.
82) 梁啓超, 「太古及三代載記」, 『飮氷室合集』 專集43, 中華書局, 1989.
83) 錢穆·姚漢源, 『黃帝』, 23~24쪽.

해 냈다고 보는 것이 타당하다. 그 가운데 일부 발명들, 예를 들어 원시 농경기술과 불을 이용한 음식 조리법 등은 황제시대 훨씬 이전부터 존재해 왔으며, 문자·오행사상 등은 황제시대보다 훨씬 후대에야 등장하게 된다. 또한 농경과 의복제작 기술은 황제가 발명한 것이라고 하면서도 염제가 발명했다 하기도 한다.

그런즉 이러한 염황의 발명과 창조에 관한 전승은 원고시대에 대한 우리의 '집단적 기억'이며, 염황 시대를 대표하는 일종의 상징이기도 하다.

8. '염황문화'의 개념 범주

염황문화에 대한 연구는 백여 년의 역사를 가지고 있으나, '염황문화'라는 개념은 비교적 늦은 시기에 이르러서야 공식적으로 형성되었다. '염황문화'라는 표현이 언제부터 사용되었는지는 딱히 알 수 없으나, 보편적으로 사용되기 시작한 시점은 20세기 90년대 초부터이다.

'염황문화'의 개념 범주를 명확히 하는 작업은 염황문화연구 분야의 전제가 되는 중요한 필수 과제이기도 하다. 서민(徐敏)은 좁은 의미의 염황문화는 곧 원시사회 말기, 황하(黃河) 중하류 지역 부족의 문화를 말하고, 넓은 의미의 염황문화에는 요·순 시기는 물론 중국의 봉건사회 전반이 포함된다고 주장하고 있다.[84] 유강기(劉綱紀)에 따르면, 염황문화는 "염제와 황제시대의 중국문화"이자

---

84) 華上民, 「"炎黃文化與中華民族"學術討論會述略」, 『中國史研究動態』 1992년 제8기.

"넓은 의미에서 염황문화는 중화문화의 발원점이며 기초이다. 그러
므로 '염황문화'라는 표현은 곧 중화문화와 같은 의미이다."라고
말한다.85) 응영심(應永深)·호진우(胡振宇) 역시 비슷한 논조를 취
하고 있는데, "좁은 의미에서의 '염황문화'는 염제와 황제 시대의
문화를 의미하고, 넓은 의미에서는 염황시대에서 지금에 이르기까
지 끊임없이 이어져 온 중국 전통문화를 일컫는다."고 했다.86)

현재 대다수 학자들이 주장하는 '염황문화'의 범주는 넓은 의미
에서의 염황문화이다. 대일(戴逸)이 지적한 바와 같이 "우리가 말
하는 '염황문화'는 일반적으로 중국 여러 민족 선조들이 공동으로
창조해 낸 역사와 문화를 총칭한다."87) 필자는 좁은 의미의 염황문
화는 넓은 의미에서 본 염황문화의 기초이며, 후자는 또한 전자의
확대와 발전이므로 양자 모두가 중요하며, 어떤 것도 소홀히 다루
어져서는 안 될 것이라고 생각한다. 또한 넓은 의미와 좁은 의미 사
이에서 일종의 '중간적' 의미의 염황문화를 나누어 볼 수 있다고 본
다. 다시 말해서 이는 염황시대 및 그 후세에 염황으로 말미암아 파
생된 다양한 문화, 예를 들어 황로학(黃老學), 염황의 이름을 차용
한 전적(典籍)들, 중의학(中醫學)에 등장하는 황제와 신농, 도교 속
염제와 황제, 민간전설에 등장하는 염제와 황제신화, 역대 염황에
대한 제사, 역대 염황과 관련된 연구사 등을 가리킨다. 이러한 '중간
적' 의미의 염황문화 범주 설정은 좁은 의미의 시간적 제한을 극복
할 수 있을뿐더러, 넓은 의미의 지나친 모호성도 피할 수 있게 한다.

---

85) 劉綱紀, 「略論炎黃文化與現代文明」, 『炎黃文化與現代文明』, 武漢出版社, 1993, 35~
　　36쪽.

86) 應永深·胡振宇, 「炎黃二帝與炎黃文化」, 『炎黃文化研究』 제3기.

87) 戴逸, 「研究炎黃文化 建設現代文明」, 『炎黃文化與現代文明』, 武漢出版社, 1993, 21쪽.

9. 염황문화의 역사적 및 현실적 의의

비효통(費孝通)은 염황문화의 의의에 대해 "중화문화가 끊임없이 풍부해지고, 새로워질 수 있었던 것은 염·황 두 제왕으로 대표되는 원고 문화를 바탕으로 두고 있기 때문이다. 중화문화 속 수많은 정수들은 모두 염황시대부터 그 맥을 이어 왔다." "지난 수천 년 이래, 염·황 두 제왕은 중화민족이 처음으로 흥기한 상징으로 자리매김되었으며, 국내외 중화민족 구성원들을 하나로 응집시켜, 그 힘을 이끌어 내는 데 거대한 원동력으로 작용했다."고 평가하였다.[88] 구임동(瞿林東)은 염황문화에 대해, 중화민족의 고대문화에서 가장 대표적이고도 가장 선진적인 문화로, 중국 역사의 대일통적인 흐름과 끈질긴 생명력을 잘 보여주고 있다는 데 의미가 있다고 평가했다.[89] 이소련(李紹連)은 "염황문화는 중화문화의 근원이자, 또한 중화민족문화의 상징"이라고 했다.[90] 필자는 황제에 대한 존숭의 역사는 곧 중화민족과 중화문화의 형성, 발전의 역사이며, 황제에 대한 존숭은 중화민족이라는 확고한 공동체를 형성할 수 있었던 원동력이며, 또한 중화문화의 형성과 발전을 촉진시켰다고 평가한 바 있다.[91] 등락군(鄧樂群)은 "민족대융합의 시대, 염황문화는 여러 민족들을 화합하고, 사방의 인근 국가들과 우호적인 협력관계를 형성할 수 있게 하였으며, 외적의 침입에 맞서 여러 민족들과

---

88) 費孝通, 「弘揚炎黃文化 振興民族精神」, 『光明日報』 2002년 4월 9일자 제4판.

89) 華上民, 「"炎黃文化與中華民族"學術討論會述略」, 『中國史硏究動態』 1992년 제8기.

90) 李紹連, 「炎黃文化與炎黃子孫」, 『中州學刊』 1992년 제5기.

91) 高强, 「尊崇黃帝現象論綱」, 『華夏文化』 2004년 제4기.

여러 정치세력들을 응집할 수 있는 원동력이 되었다." "염황문화는 중화민족 구성원들에게 정신적 유대를 제공하고 있으므로, 염황문화 연구에 대한 강조는 중화민족의 응집이라는 시대적 요구에도 부합되는 것이다."라고 했다.92) 노순(魯諄)은 염황문화 연구에 대해, 중국 신석기시대 문화 연구, 중국문명의 기원 탐구, 중화문화의 기본특성에 관한 연구, 중화민족 문제에 관한 연구, 중화민족 구성원들 사이의 화합에 대한 강조, 중화민족정신 고취 등 다양한 측면에서 중요한 의미를 지닌다고 평가했다.93) 이는 염황문화 연구가 지니고 있는 가치와 의미에 대한 총체적인 평가이자 정확한 개관이라 할 수 있다.

10. '염화자손(炎黃子孫)'이라는 표현과 관련된 논쟁

신해혁명 시기 추용(鄒容), 유사배(劉師培), 장태염(章太炎) 등 혁명파 지식인들은 "'염황자손'이란 오로지 한족만 가리킨다."고 하여94) 개량파[立憲派] 지식인들과 치열한 논쟁을 벌였다.95) 1989년 갈검웅(葛劍雄)은 『광명일보(光明日報)』에 「'염황자손'은 '중화민족'이나 '중국인'의 동의어가 아니다('炎黃子孫'不是中華民族, 中國人民的同義詞)」라는 글을 발표하여 '염황자손'이라는 표현은 화

---

92) 鄧樂群, 「當代炎黃文化熱的興起及其時代意義」, 『當代思潮』 1994년 제6기.

93) 魯諄, 「世紀之交的炎黃研究與中華文化」, 『炎黃文化研究』 제6기, 91~98쪽.

94) 劉師培, 「攘書」, 『劉師培辛亥前文選』, 三聯書店, 1998, 15. 이와 비슷한 논조는 당시 혁명파 지식인들이 창간한 여러 신문, 잡지에 게재된 글에서 어렵지 않게 발견할 수 있다.

95) 高强, 「革命派與改良派關於'黃帝子孫'稱謂的歧爭」, 『煙臺大學學報』 2002년 제3기.

하(한)족의 형성과 발전의 역사를 정확히 드러내 주지 못할뿐더러, 오늘날 중화민족의 현실에도 적절하지 못하다. 또한 통일 대업과 국제우호관계에도 도움이 되지 않는다고 비판했다.[96] 1997년, 문회사(文懷沙)는 자신의 저서 『중화근여본(中華根與本)』에서 "'염황자손은 곧 중화민족이다.'라는 표현은 넓게 봐서 정확하다 할 수 있다. 하지만 '중화민족은 곧 염황자손이다.'라고 하는 것은 잘못된 표현임이 확실하다."고 했다.[97] 그 뒤를 이어, '염황자손'이라는 표현 사용에 조심해야 할 것이라는 주장이 다양하게 제기되었다.[98] 2000년 미국의 화교 학자 손융기(孫隆基)는 "중국인 모두를 '황제의 후손'으로 보기 시작한 것은 20세기 이후이다."라고 주장했다.[99] 두영곤(杜榮坤)과 백취금(白翠琴)은 민족학・고고학・역사학적인 측면에서 '염황자손'이라는 표현은 한족만을 지칭하는 말이지, 결코 여타 소수민족 모두를 가리키는 것은 아니며, '중화민족', '중화문화'야말로 현재 중국의 '통일적 다민족국가'라는 역사발전 단계와 현실상황에 적절한 표현이라고 역설했다.[100]

　이와 상반되는 견해도 적지 않다. 1899년 강유위(康有爲)는 캐나다 화교들을 대상으로 한 강연에서 "우리나라 사람들 모두 황제의

---

96) 葛劍雄, 「'炎黃子孫'不是中華民族, 中國人民的同義詞」, 『光明日報』 1989년 7월 5일자 제3판. 그 외에서 葛劍雄의 『普天之下 - 統一分裂與中國政治』(吉林敎育出版社, 1989), 『統一與分裂 - 中國歷史的啓示』(三聯書店, 1994), 『往事和近事』(三聯書店, 1996) 등 다수 저서들에서 이 같은 논지를 강조하고 있다.

97) 文懷沙, 邵盈午, 『中華根與本』, 中國文聯出版公司, 1997.

98) 劉竹孫, 「請愼用 '炎黃子孫' 詞語」, 『傳媒觀察』 1997년 제9기, 宋友權, 「新聞傳媒應愼用'炎黃子孫'的提法」, 『中國廣播學刊』 1998년 제2기.

99) 孫隆基, 「淸季民族主義與黃帝崇拜之發明」, 『歷史研究』 2000년 제3기.

100) 杜榮坤・白翠琴, 「對'炎黃子孫'提法之我見」, 『炎帝與漢民族論集』, 三秦出版社, 2003, 427～432쪽.

자손입니다. 각 지역 사람들은 사실상 모두 같은 동포요, 한 가족과 마찬가지입니다."라고 하여 '황제자손'설을 주장했다.[101] 1938년 진자이(陳子怡)는 「'중화민족'과 '황제자손'은 같은 말인가? 아닌가?(中華民族, 黃帝子孫, 一耶? 二耶?)」라는 글을 발표하여 '중화민족은 곧 황제자손'임을 역설했다.[102] 1944년 전목(錢穆)은 자신의 저서 『황제』에서 "우리는 스스로를 '염황자손'이라고 칭하는데, 이는 상당히 그럴듯한 표현이다."라고 평가했다.[103] 고힐강은 중국인 모두를 황제자손이라고 한 것은 당연히 의도적으로 만들어 낸 설법임이 분명하나, 이러한 논리는 "여러 서로 다른 민족들을 응집하여 하나의 거대한 민족을 형성하는 데 현실적인 작용을 하였다."고 평가했다.[104] 대만 학자 장기윤(張其昀)은 자신의 저서 『중화오천년사(中華五千年史)』에서 "무릇 중화의 아들딸이면, 황제자손이 아닌 이가 없다."고 역설했다.[105] 또 다른 대만 학자 진지평(陳致平)은 『중국통사(中國通史)』에서 "문화적인 측면에서 봤을 때, 우리는 확실히 황제자손이라 할 수 있다."고 했다.[106] 대만의 인류학자 이역원(李亦園)은 자신의 글 「황제자손적형상(黃帝子孫的形象)」에서 주장하기를 "중국 사람들은 스스로를 황제자손이라고들 하고, 황제를 중화민족 모두의 조상으로 존숭한다.……황제의 구체적인 외모 특징이 어떠했는가 하는 문제는 그다지 중요하지 않다. 중요한 것

---

101) 于右任, 『黃帝功德紀』序, 陝西人民出版社, 1987.

102) 陳子怡, 「中華民族, 黃帝子孫, 一耶? 二耶?」, 『西北史地』 1938년 제1기.

103) 錢穆·姚漢源, 『黃帝』, 7쪽.

104) 顧洪 編, 『顧頡剛學術文化隨筆』, 中國靑年出版社, 1998, 3쪽.

105) 張其昀, 『中華五千年史』 제1책(『中文大辭典』 제38책, 臺灣: 中國文化硏究所, 1968, 443쪽 재인용).

106) 陳致平, 『中華通史』 제1책, 臺北: 黎明文化事業公司, 1974, 142쪽.

은 황제가 사람들의 의식 속에 확고히 자리매김되어 있고, 중화민족을 응집하는 거대한 원동력으로 작용한다는 점이다."라고 했다.[107] 1989년에 발표된 갈검웅(葛劍雄)의 글은 '염황자손'이라는 표현에 대한 새로운 논쟁을 가져왔다. 원력(員力)·이소련(李紹連) 등이 잇달아 『광명일보』에 글을 게재하여, 갈검웅의 주장을 비판하고 나섰다.[108] 그 뒤를 이어 등락군·이간(李侃)·곡포(谷苞)·이학근·저영군(邸永君) 등 학자들도 분분히 글을 발표해 '염황자손' 호칭법 논쟁에 뛰어들었다. 이학근은 "고대 중국의 여러 민족들은 단순히 혈연적 계보만을 따져 보면, 염황과 연결되어 있지는 않으나, 문화적인 시각으로 판단했을 때, 염황으로 대표되는 거대문화권 안에 편입되어 있었으며, 또한 그 속에서 큰 기여를 해 왔다.……그러므로 오늘날, 세계 각지의 화교들이 스스로를 '염황자손'이라고 자칭하는 데에는 그럴 만한 이유가 있는 것이다."라고 했다.[109] 등락군은 '염황자손'은 "홍콩, 마카오, 대만 동포들을 포함한 해외 각지의 화교들이 자신의 정체성에 대한 표현이며", 또한 "중화의 아들딸들이 민족적 자존을 과시하는 일반적인 표현"이라고 말한다.[110] 곡포(谷苞)가 도출해 낸 결론은 "우리가 늘 사용하고 있는 '황제자손'이라는 표현은 물론 혈연적 유대라는 취지도 포함하고 있지만, 더욱 중요한 것은 문화전통상의 계승관계를 나타내 주고 있다는 점"이다.[111] 이간은 "중국인 모두가 자신이 '염황자손'이라고 인식하고

---

107) 李亦園, 『人類的視野』, 上海文藝出版社, 1998, 51쪽.

108) 員力, 「也談'炎黃子孫'」, 『光明日報』 1989년 9월 6일자 제3판, 李紹連, 「炎黃二帝與中華民族文化」, 『光明日報』 1989년 10월 25일자 제3판.

109) 李學勤, 「炎黃文化與中華民族」, 『炎黃文化與中華民族』, 中國人民出版社, 1996, 3쪽.

110) 鄧樂群, 「'炎黃子孫'稱謂的文化意蘊」, 『湖南師範大學社會科學學報』, 1991년 제5기.

있는데, 이러한 광범위한 정체성 인정 자체가 중요하다. 그런즉 혈연적인 조상보다 문화적인 뿌리에 대한 동질성 인식이 중요하다는 것이다.”라고 주장한다.[112] 저영군에 따르면 ‘황제자손’에서 ‘자손’은 결코 혈연적인 의미에서의 ‘후손’을 뜻하는 것이 아니라 문화적인 범주에서의 ‘계승자’를 의미하며, “전 세계 중국인 모두가 보편적으로 공감할 수 있는 문화적 의미에서 정체성에 대한 이 같은 표현은 필요한 것이며, 그런 취지에서 ‘염황자손’은 이에 꼭 들어맞는 표현”이라고 한다.[113]

필자는 ‘염황자손’이라는 표현은 염제와 황제라는 고대의 두 제왕을 시조로 인정하는 집단의 자아 호칭에 지나지 않으며, ‘족칭(族稱)’으로서 가지는 타자에 대한 상대성과 규범성을 가지고 있지 않다고 판단한다. ‘염황자손’이라는 표현이 사용되기 시작한 시점은 선진(先秦) 시기이며, 진한(秦漢) 시대에 이르러 본격적으로 보편화되어, 위진남북조를 거쳐, 청말까지 이어져 오다가, 신해혁명 시기에 새롭게 부각되었으며, 중화인민공화국 시기를 거쳐 새롭게 구성되었고, 개혁·개방 이후 크게 부흥하게 되었다. 이 호칭법은 고대에는 자발적인 형태였으나, 근대 이후에는 자각적인 형태로 변화되었다. 이는 중화민족이 지닌 다양성의 산물일 뿐만 아니라, 거꾸로 중화민족의 단일화를 촉진시키기도 했다. 그 범람기는 또한 중화민족이 처음으로 형성되던 시기[先秦, 秦漢]였고, 발흥(勃興)과 재구

---

111) 谷苞, 「關於如何正確理解炎黃子孫的探索」, 『西北民族研究』 1995년 제2기.

112) 李侃, 「炎黃文化與現代文明的初步思考」, 『炎黃文化與現代文明』, 武漢出版社, 1993, 29쪽.

113) 邸永君, 「關於‘炎黃子孫’內涵的闡釋」, 『炎帝與漢民族論集』, 三秦出版社, 2003, 433~434쪽.

성 시기는 바로 중화민족이 위기에 처해 있었던 시기(청말과 중화민국)였으며, 부흥기는 바로 중화민족의 그 부흥기(개혁·개방 시기)와 맞물려 있다. '염황자손'이라는 호칭법은 일종의 혈연적 심볼(부호, symbol)일 뿐만 아니라, 또한 문화적 심볼로서, 그 지칭 대상은 염황부족→화하족→한족→중화민족으로 변화를 거쳐 왔다. 우리는 이 표현이 가지는 혈연적인 색채를 점차 희석시켜 나가야 하며, 문화적 동질성의 의미를 강조해야 할 것이다. 그렇게 함으로써 '염황'을 중국 사람들을 응집하여, 민족정신을 널리 선양하고, 중화민족 부흥을 위한 소중한 자원으로 활용해야 할 것이다.

염황문화와 관련된 연구에는 앞서 기술한 여러 성과들 외에, '염황족의 토템[圖騰]', '헌원(軒轅)의 의미', '"희(姫)', '강(姜)' 두 성씨의 유래', '역대 염황 제사', '판천과 탁록의 위치 비정문제', '염황과 치우의 관계', '황로학(黃老學)', '염황 정신', '염황문화와 유·도·법·음양 사상과의 관계', '염황문화와 주진문화(周秦文化)', '하락문화(河洛文化)', '제로문화(齊魯文化)', '파촉문화(巴蜀文化)', '오월문화(吳越文化)', '초문화(楚文化)' 등 지역문화의 관계에 대한 연구 등이 있다. 다만 이 연구에서는 편폭의 제한으로 자세히 다루지는 않겠다.

Ⅳ. 맺음말 – 염황문화(炎黃文化) 연구 방향 모색

지난 백 년 동안 염황문화 연구는 매우 빠른 발전을 이루어 왔다. 이론 구성이나, 자료정리는 물론이고, 구체적 연구와 현실에 대한 이념적인 지도 역할에서 또한 괄목할 만한 성과를 거뒀다. 그럼에도 지금까지의 연구 성과들에 대해 냉정하고도 객관적으로 재평가해 보면, 일부 넘어서야 할 몇몇 문제점들이 눈에 띈다.

1. 염황문화와 관련된 연구논문은 적지 않은 데 반해, 학술 대작은 그리 많지 않다. 특히나 전면적이고도 체계적인 전문 연구는 아직 이루어지지 않고 있다. 염황문화의 원류에 대해 체계적으로 정리하고, 염황문화가 내포하고 있는 의미에 대해 정확히 인식하고 염황문화의 실체를 파악하는 작업이야말로 진정 중요하며, 앞으로 연구를 통해 보완해야 할 부분이기도 하다.

2. 의고(疑古)적인 학문 경향으로 말미암아, 고대 전적(典籍)들에 수록된 내용을 지나치게 불신하여, 심지어 염황의 존재 자체를 부정하는 경우가 있어 왔다. 하지만 최근에는 다른 극단으로 치닫고 있는데, 즉 의고적인 학풍에서 벗어나 염황에 대해 자세한 고증을 무시한 채 전승 자체를 완전히 신뢰하고자 하는 경향이 있다는 것이다. 예를 들어 일부 연구에서는 염황 두 제왕의 탄생일에서 졸년 및 재위 시간 등을 자세히 서술하고 있는데, 언뜻 보기에는 그럴듯해 보이나, 사실상 확실한 근거를 갖고 있지는 않다. 필자는 염황 연구에서 거시적인 접근이 필요하며, 자세한 부분보다는 큰 그림을 그려 내는 작업 및 문제제기와 자세한 고증이 중요하다고 생각한다. 그렇게 해야만 연구가 정확한 방향을 따라 지속적으로 발전해 나갈 수 있다.

3. 염황문화에 대한 기존 연구에서는 염제문화와 황제문화의 동질성에 대해서는 많이 언급하고 있으나, 양자의 차이점에 대해서는 별다른 언급이 없다. 대만 학자 이자익(李子弋)에 따르면, 기존연구에서 황제문화는 '중심'적 위치에 있었으며, 정치성·안정성·제도성 및 대륙성 등의 특징이 부여되어 왔고, 염제문화는 '주변'적 성격을 띠고 있어, 경제성·유동성·독창성 및 해양성 등의 성격이 부여되어 왔다고 한다.[114] 이러한 주장은 새로운 접근이기는 하나, 아쉽게도 구체적인 논증과 전개가 부족하다. 1990년, 호북(湖北) 수주(隨州)에서 개최된 "염제신농씨문화기염제신농고리"(炎帝神農氏文化暨炎帝神農故里) 학술회의에서는 일부 학자들은 기존의 황제를 중요시하고 염제를 소홀히 다뤘던 경향을 바로잡을 것을 요청하기도 했다.[115] 하지만 아쉽게도 그러한 논리에 대해 자세히 논술한 글은 찾아볼 수 없었다. 필자는 전연봉(田延峰) 선생과 함께 공동으로 진행한 「'중화경염'현상급기문화투시('重黃經炎'現像及其文化透視)」에서는 이 문제에 대해 표현·원인·영향 등의 측면으로 나누어 개략적으로 살펴본 바 있다.[116]

4. 최근 염황문화 연구에서 두드러지는 경향은 지역문화와의 연관성 부각이라 할 수 있다. 지방정부의 전폭적인 지원과, 각 지역 학자들의 적극적인 동참으로, 염황문화 연구는 경제적인 기반과 발전 동력을 갖게 되었다. 각 지역들마다 경쟁적으로 학술회의 개최

---

114) 李子弋, 「談炎帝與姜炎文化」, 『炎帝論』, 陝西人民出版社, 1996, 16쪽.

115) 劉永國, 「首次"炎帝神農氏文化暨炎帝神農故里"研討會述略」, 『中國史研究動態』 1991년 제2기.

116) 高强·田延峰, 「'重黃經炎'現像及其文化透視」, 『寶鷄文理學院學報』 1999년 제1기.

와 염황 제사 등 다양하게 활동을 전개하고 있는데, 이는 '개혁·
개방과 경제발전에 따른 새로운 형태의 적극적인 문화현상'[117]이기
도 하다. 물론 두말할 것 없이, 그에 따르는 부정적인 영향 또한
지나칠 수 없다. 이러한 부정적인 영향은 염황의 피장지 문제에 관
한 연구 가운데 공리성, 실용성 강조에서 잘 드러나고 있다. 일부
학자들은 이를 '제후경제(諸侯經濟)' 영향 아래의 '제후문화'라고
꼬집기도 한다.[118] 또한 일부 학자들은 억지로 고고학의 새 발견
내지는 유적지를 염황과 연관 지으려 하고 있다. 이에 대해 이학근
은 "고고학 문화유적지를 고대 전설 속 인물과 단순히 연관 짓는
것은 그리 바람직하지 않다. 그렇게 되면 고고학에서 새로운 발견
이 있을 때마다, 다양한 오해와 혼란을 가져올 수 있다."고 비판한
바 있다.[119] 필자 또한 이에 충분히 공감하는 바이다.

5. 염황문화를 중국 전통문화와 연관시킨 거시적인 접근은 많으
나, 세부적으로 염황문화와 유(儒), 법[佛], 음양 등 사상의 상관관
계를 자세히 다룬 연구는 찾아보기 어렵다.

6. 염황문화와 중화민족의 다원적 동질성 문제는 학계의 주목을
받아 왔으나, 여전히 깊이 있는 연구가 이어져야 할 것이다. 전효
수(田曉岫)는 민족학적인 시각으로 염황문화를 바라볼 것을 호소한
바 있다.[120] 그럼에도 아직 민족학, 인류학, 민속학적인 접근이 그

---

117) 彭曦, 「對炎帝文化硏究的几點思考」, 『炎帝與漢民族論集』, 三秦出版社, 2003, 435쪽.
118) 趙世超, 「炎帝與炎帝傳說的南遷」, 『炎帝·姜炎文化』, 三秦出版社, 1992, 205쪽.
119) 李學勤, 「古史, 考古學與炎黃二帝」, 『當代學者自選文庫·李學勤卷』, 安徽敎育出版
    社, 1999, 45쪽.

리 많지 않은 것이 사실이다.

7. 염황문화와 해외 화교 관계 연구에 박차를 가해야 할 것이다. 해외에 거주하고 있는 화교는 인구수가 방대할 뿐만 아니라, 세계 각지에 널리 분포되어 있는데, 지역마다 자신들만의 고유한 그룹을 형성하고 있다. 이렇듯 해외로 이주한 화교들이 자신들만의 확고한 에스닉 집단[族群]을 형성할 수 있었던 배경이 바로 염황문화이다. 즉 염황문화를 매개로 해외의 화교들이 하나로 응집할 수 있었던 것이다. "화교들 사이에서 전승되어 내려온 중화문화 가운데 일부는 이미 변화되었으나, 또 다른 일부는 여전히 변함없다. 이러한 불변의 요소가 곧 중화문화의 바탕이라 할 수 있다. 해외 화교에 대한 연구를 통해 이러한 중화문화의 바탕과 특성, 나아가 그것이 내포하고 있는 의미에 대해서 이해해 볼 수 있다."[121] 염황문화와 해외 화교의 상관관계 연구는 해외 중국인들이 이역만리에서 생존해 남을 수 있었던 근본적인 원인과, 염황문화 내지는 중화문화의 '유전'과 '변이'를 밝혀내는 데 도움이 될 것이다.

8. 염황문화 가운데 일부 부정적인 요소와 영향에 대해 주목 및 연구해 볼 필요가 있다. 풍정(馮征)·유지금(劉志琴)의 연구에서는 그러한 약점 및 후진적인 요소들에 대해 비판하고, 과감히 폐기해야 할 것을 주장한 바 있다.[122] 필자 또한 존황(尊黃) 현상과 관련

---

120) 田曉岫, 「炎黃文化的民族學思考」, 『炎黃文化與中華民族』, 中國人民大學出版社, 1996.
121) 曾少聰, 「民族學視野中的海外華人 − 兩岸三地民族學的海外華人研究述評」, 『民族研究』 2003년 제5기.
122) 華上民, 「"炎黃文化與中華民族"學術討論會述略」, 『中國史研究動態』 1992년 제8기.

해서, 이는 중화민족과 중화문화의 형성과 발전에 긍정적으로 작용
하였으나, 또한 군주전제사상과 봉건미신사상 및 협소한 민족주의
관념을 부추기는 등 부정적인 역할도 있었음을 지적한 바 있다.[123]
염황문화 속의 부정적인 요소는 일부에 지나지 않는다고는 하나,
반드시 자세한 연구를 통해 걸러져야만 염황문화의 우수한 측면을
널리 전파하는 데 도움이 될 것이다.

　이상에서 염황문화 연구에 존재하는 여러 문제점들을 짚어 보고,
앞으로 나아가야 할 방향에 대해 제시해 보았다. 꾸준한 연구를 통
해 이상의 문제를 극복하고, 염황문화에 대한 연구를 지속적으로
진행해 나가, 국내외 염황자손들의 '문화적 뿌리 찾기'와 '문화적
자각'을 이끌어 냄으로써, 중화민족의 위대한 부흥이라는 역사적
과제 완성에 기여해야 할 것이다.

» 참고문헌

1. 단행본

錢穆, 『國史大綱』 상책, 商務印書館, 1940.
錢穆, 姚漢源, 『黃帝』, 三聯書店, 2004.
郭沫若, 『中國古代社會硏究』, 科學出版社, 1964.
郭沫若, 『中國史稿』, 人民出版社, 1976.

---

123) 高强, 「尊崇黃帝現象論綱」, 『華夏文化』 2004년 제4기.

郭沫若, 『郭沫若全集』, 科學出版社, 1982.

張舜徽, 『中國史論文集・釋帝』, 湖北人民出版社, 1956.

黨晴梵, 『先秦思想史論略』, 陝西人民出版社, 1959.

朱芳圃, 『殷周文字釋叢』, 中華書局, 1962.

陳致平, 『中華通史』, 臺北: 黎明文化事業公司, 1974.

王仲孚, 『神農氏傳說試釋』, 臺北文海出版社, 1978.

白壽彝, 『中國通史綱要』, 上海人民出版社, 1980.

茅盾, 『神話研究』, 百花文藝出版社, 1981.

顧頡剛 編著, 『古史辨』 제1책, 上海古籍出版社, 1982.

張光直, 『中國靑銅時代』, 三聯書店, 1983.

徐旭生, 『中國古史的傳說時代』(增訂本), 文物出版社, 1985

何新, 『諸神的起源』, 三聯書店, 1986.

翦伯贊, 『中國史綱要』, 人民出版社, 1987.

蕭兵, 『楚辭與神話』, 江蘇古籍出版社, 1987.

于右任, 『黃帝功德紀』, 陝西人民出版社, 1987.

袁枚, 『小倉山房詩文集』, 上海古籍出版社, 1988.

梁啓超, 『飮氷室合集』, 中華書局, 1989.

龔維英, 『原始崇拜綱要』, 中國民間藝術出版社, 1989.

葛劍雄, 『普天之下 – 統一分裂與中國政治』, 吉林教育出版社, 1989.

葛劍雄, 『統一與分裂 – 中國歷史的啓示』, 三聯書店, 1994.

葛劍雄, 『往事和近事』, 三聯書店, 1996.

趙國華, 『生殖崇拜文化』, 中國社會科學出版社, 1990.

唐善純, 『中國的神秘文化』, 河海大學出版社, 1992.

曲辰, 『軒轅黃帝史迹之謎』, 中國社會科學出版社, 1992.

何光岳, 『炎黃源流史』, 江西敎育出版社, 1992.

高景明, 『神農氏・炎帝』, 西北大學出版社, 1993.

霍彦儒・郭天祥, 『炎帝傳』, 陝西旅遊出版社, 1995.

柏明・李穎科, 『黃帝與黃帝陵』, 西北大學出版社, 1995.

李學勤, 『炎黃文化與中華民族』, 中國人民出版社, 1996.

李學勤・張豈之, 鄭傑祥 主編, 『炎黃匯典』 文論卷, 吉林文史出版社,
    2002.

文懷沙・邵盈午, 『中華根與本』, 中國文聯出版公司, 1997.

劉師培, 『劉師培辛亥前文選』, 三聯書店, 1998.
顧洪 編, 『顧頡剛學術文化隨筆』, 中國靑年出版社, 1998.
尹黎雲, 『漢字字源系統硏究』, 中國人民出版社, 1998.
李亦園, 『人類的視野』, 上海文藝出版社, 1998.
王玉哲, 『中華遠古史』, 上海人民出版社, 2000.
葉舒憲, 『中國神話哲學』, 陝西人民出版社, 2005.
何炳武, 『黃帝與中華文化』, 陝西旅遊出版社, 1999.
張其昀, 『中華五千年史』(『中文大辭典』 제38책, 臺灣: 中國文化硏究
　　　所, 1968, 재수록.)

2. 논문

魯諄, 「世紀之交的炎黃硏究與中華文化」, 『炎黃文化硏究』 제6기, 1999.
梁景和, 「論淸末尊黃思潮」, 『炎黃文化硏究』 제6기, 1999.
高强, 「淸末革命派尊黃現象述論」, 『安徽史學』 2001년 제4기.
高强, 「尊崇黃帝現象論綱」, 『華夏文化』 2004년 제4기.
高强, 「革命派與改良派關於‘黃帝子孫’稱謂的歧爭」, 『煙臺大學學報』
　　　2002년 제3기.
高强, 田延峰, 「‘重黃經炎’現像及其文化透視」, 『寶鷄文理學院學報』
　　　1999년 제1기.
高强, 「尊崇黃帝現象論綱」, 『華夏文化』 2004년 제4기.
李宗侗, 「炎帝與黃帝的新解釋」, 『中央硏究院歷史語言硏究所集刊』
　　　1969년 제39본, 상책.
王恢, 「黃帝故邑考」, 『文藝復興』 1970년 제5기.
李濟, 「中國上古史待定稿·史前文化的鳥瞰」, 『中央硏究院歷史語言硏
　　　究所集刊』 1972.
張光遠, 「從考古發掘與經籍古史的印證論有熊氏黃帝」, 『故宮季刊』 1975
　　　년 제10권.
楊希枚, 「『國語』黃帝二十五子得姓傳說的分析(上)」, 『中央硏究院歷史
　　　語言硏究所集刊』 1963년 제34본.

楊希枚, 「『國語』黃帝二十五子得姓傳說的分析(下)」, 『清華學報紀念李
　　　濟先生七十誕辰論文集』 1976.
王仲孚, 「黃帝制器傳說試釋」, 『臺灣師大歷史學報』 1976년 제4기.
李學勤, 「古史, 考古學與炎黃二帝」, 『當代學者自選文庫·李學勤卷』,
　　　安徽敎育出版社, 1999.
李學勤, 「新鄭黃帝故里故都史料拾零」, 『光明日報』 2005년 4월 19일
　　　제10판.
張岱年, 「炎帝黃帝是中國古代文明的象征」, 『炎黃文化研究』 제1기, 1994.
張岱年, 「中國傳統文化的形成演變及基發展規律」, 『當代學者自選文
　　　庫·張岱年卷』, 安徽敎育出版社, 1998.
常金倉, 「中國神話學的基本問題: 神話的歷史化還是歷史的神話化?」,
　　　『陝西師範大學學報』 2000년 제3기.
江林昌, 「中國首屆黃帝文化學術研討會綜述」, 『學術月刊』 2001년 제4기.
張豈之, 「論陝北黃土高原是中華民族的發祥地」, 『黃帝與中華文化』,
　　　陝西旅遊出版社, 1999.
胡適, 「論帝天及九鼎書」, 『古史辨』 제2책.
郭沫若, 「胛骨文字研究·釋祖妣」, 『郭沫若全集』 考古編 第1卷, 科學
　　　出版社, 1982.
葉玉琛, 「殷契鉤沈」, 『學衡』 1923년 제24기.
魯剛, 「'帝'字解」, 『遼寧師範大學學報』 2003년 제5기.
葉林生, 「黃帝考」, 『江海學刊』 1994년 제2기.
葉林生, 「炎帝考」, 『河北學刊』 1995년 제1기.
林河, 「神農炎帝形象小考」, 『尋根』 1997년 제1기.
林河, 「炎帝出生地的文化考析」, 『民族藝術』 1997년 제2기.
葛文華, 「再論炎帝稱號的原始含義」, 『姜炎文化論』, 三秦出版社, 2001.
蔣五寶, 「'炎'字的原義初探」, 『姜炎文化論』, 三秦出版社, 2001.
楊寬, 「中國上古史導論」, 『古史辨』 제7책 상편.
龔維英, 「'炎帝神農氏'形成過程探索」, 『華南師範大學學報』 1984년 제2기.
龔維英, 「由女陰崇拜探溯黃帝原型」, 『漢江論壇』 1988년 제12기.
龐朴, 「黃帝考源」, 『傳統文化與現代化』 1993년 제2기.
劉起釪, 「炎黃二帝時代地點考」, 『炎黃文化研究』 제1기.
吳廣平, 「軒轅黃帝的原型破譯」, 『靑海師範大學學報』 1995년 제1기.

曾永成,「'黃'字構形與黃帝, 軒轅」,『中華文化論壇』 1999년 제2기.

王妍,「炎黃二帝發祥地之紛說」,『華夏文化』 2003년 제1기.

張豈之,「從炎黃時代到周秦文明」,『炎黃論』, 陝西人民出版社, 1996.

張豈之,「我看炎黃時代」,『春鳥集』, 中國社會科學出版社, 1997.

張豈之,「黃帝與陝北黃土高原」,『炎黃匯典』 文論卷.

鄒衡,「炎帝的原生地究竟在哪里?」,『炎帝與漢民族論集』, 三秦出版社,
　　2003.

何光岳,「炎帝八世考」,『尋根』 1997년 제1기.

吳量愷,「神農氏的興起與炎帝文化的效應」,『炎帝與炎帝文化』, 湖北
　　人民出版社, 1991.

劉玉堂,「炎帝神農氏生地考」,『炎黃文化研究』 제4기.

劉禮堂,「炎帝神農與中華文明」,『炎黃文化研究』 제6기.

梁紹輝, 任俊華, 「連山氏與炎帝考」,『炎帝文化與21世紀中國社會發
　　展』, 岳麓書社, 2002.

陳先樞,「'炎'的意義與湖南的炎帝傳說」,『炎帝與漢民族論集』, 三秦
　　出版社, 2003.

蒙文通,「古史甄微」,『炎黃匯典』 文論卷, 吉林文史出版社, 2002.

劉彬徽,「炎黃文化的考古學思考」,『炎黃與中華文化』, 人民出版社, 1994.

趙世超,「炎帝與炎帝傳說的南遷」,『炎帝·姜炎文化』, 三秦出版社, 1992.

劉復生,「'長沙炎陵'說的起源」,『社會科學研究』 2003년 제4기.

鄭傑祥,「黃帝與華族的起源」,『炎黃匯典』 文論卷.

林祥庚,「中華民族的象征－黃帝及其傳說之試釋」,『福建師範大學學
　　報』 1983년 제4기.

鄭慧生,「我國母系氏族社會與傳說時代－黃帝等人爲女人辨」,『河南
　　大學學報』 1986년 제4기.

趙强,「近十年來關於黃帝等人性別研討綜述」,『煙臺大學學報』 1995
　　년 제1기.

汪寧生,「易洛魁人的今昔－謙談母系社會的若干問題」,『社會科學戰
　　線』 1994년 제1기.

李衡眉,「古史傳說中帝王的性別問題」,『歷史研究』 1994년 제4기.

李寶才,「論炎黃時代」,『先秦文化散論』, 陝西人民出版社, 2001.

蘇秉琦,「重建中國古史的遠古時代」,『史學史研究』 1991년 제3기.

嚴文明, 「炎黃傳說與炎黃文化」, 『炎黃匯典』 文論卷, 吉林文史出版
　　　社, 2002.
羅琨, 「'炎黃', '黃炎'與黃帝陵」, 『炎黃文化研究』 제1기, 1994.
張序民, 「炎帝·神農氏·烈山氏」, 『炎帝論』, 陝西人民出版社, 1996.
王獻唐, 「炎黃氏族文化考」, 『炎黃匯典』 文化卷, 吉林文史出版社, 2002.
齊思和, 「黃帝之制器故事」, 『炎黃匯典』 文論卷, 吉林文史出版社, 2002.
梁啓超, 「太古及三代載記」, 『飮氷室合集』 專集 43, 中華書局, 1989.
華上民, 「"炎黃文化與中華民族"學術討論會述略」, 『中國史研究動態』
　　　1992년 제8기.
劉綱紀, 「略論炎黃文化與現代文明」, 『炎黃文化與現代文明』, 武漢出
　　　版社, 1993.
應永深, 胡振宇, 「炎黃二帝與炎黃文化」, 『炎黃文化研究』 제3기.
戴逸, 「研究炎黃文化　建設現代文明」, 『炎黃文化與現代文明』 武漢出
　　　版社, 1993.
費孝通, 「弘揚炎黃文化　振興民族精神」, 『光明日報』 2002년 4월 9일
　　　자　제4판.
李紹連, 「炎黃二帝與中華民族文化」, 『光明日報』 1989년 10월 25일
　　　자　제3판.
李紹連, 「炎黃文化與炎黃子孫」, 『中州學刊』 1992년 제5기.
鄧樂群, 「'炎黃子孫'稱謂的文化意蘊」, 『湖南師範大學社會科學學報』,
　　　1991년 제5기.
鄧樂群, 「當代炎黃文化熱的興起及其時代意義」, 『當代思潮』 1994년 제6기.
劉師培, 「攘書」, 『劉師培辛亥前文選』, 三聯書店, 1998.
葛劍雄, 「'炎黃子孫'不是中華民族, 中國人民的同義詞」, 『光明日報』
　　　1989년 7월 5일자　제3판.
劉竹孫, 「請愼用'炎黃子孫'詞語」, 『傳媒觀察』 1997년 제9기.
宋友權, 「新聞傳媒應愼用'炎黃子孫'的提法」, 『中國廣播學刊』 1998년
　　　제2기.
孫隆基, 「淸季民族主義與黃帝崇拜之發明」, 『歷史研究』 2000년 제3기.
杜榮坤, 白翠琴, 「對'炎黃子孫'提法之我見」, 『炎帝與漢民族論集』 三
　　　秦出版社, 2003.
陳子怡, 「中華民族, 黃帝子孫, 一耶? 二耶?」, 『西北史地』 1938년 제1기.

員力, 「也談‘炎黃子孫’」, 『光明日報』1989년 9월 6일자 제3판.

谷苞, 「關於如何正確理解炎黃子孫的探索」, 『西北民族研究』1995년 제2기.

李侃, 「炎黃文化與現代文明的初步思考」, 『炎黃文化與現代文明』武漢出版社, 1993.

邸永君, 「關於‘炎黃子孫’內涵的闡釋」, 『炎帝與漢民族論集』三秦出版社, 2003.

李子弋, 「談炎帝與姜炎文化」, 『炎帝論』, 陝西人民出版社, 1996.

劉永國, 「首次“炎帝神農氏文化暨炎帝神農故里”研討會述略」, 『中國史研究動態』1991년 제2기.

彭曦, 「對炎帝文化研究的几點思考」, 『炎帝與漢民族論集』 三秦出版社, 2003.

田曉岫, 「炎黃文化的民族學思考」, 『炎黃文化與中華民族』, 中國人民大學出版社, 1996.

曾少聰, 「民族學視野中的海外華人 – 兩岸三地民族學的海外華人研究述評」, 『民族研究』2003년 제5기.

조우연 ────────────────────────────────────

▌약 력

  1976年 生,
  2002~2005年, 인하대학교 사학과 석사,
  2005~현재, 인하대학교 사학과 박사과정 수료.

▌주요 논문

  「5세기 초, 高句麗 古墳壁畵에 反映된 死後觀」, 인하대 석사학위 논문, 2005,
  「고구려의 靈星과 社稷」, 『고구려연구』 23, 2006,
  「4~5세기 고구려 정치체제-고구려의 '南進'과 관련하여」, 『고구려연구』 28, 2007,
  「"나의 피 軒轅께 바치리라"-黃帝神話와 淸末 '네이션(민족)' 구조의 확립」, 『역사민속
    학』 27, 2008,
  「4~5세기 중엽, 평양지역 소재 고구려 벽화고분의 墓向에 관한 試論」, 『한국학연구』
    19, 2008,
  「炎黃文化 연구 백년사 回顧와 새로운 방향 모색」, 『고조선연구』 1, 2009.

黃帝,
그리고
중국의 민족주의

초판인쇄 | 2009년 9월 10일
초판발행 | 2009년 9월 10일

지은이 | 沈松僑, 王明珂, 孫隆基, 梁景和, 高强
옮긴이 | 조우연
펴낸이 | 채종준
펴낸곳 | 한국학술정보㈜
주 소 | 경기도 파주시 교하읍 문발리 파주출판문화정보산업단지 513-5
전 화 | 031) 908-3181(대표)
팩 스 | 031) 908-3189
홈페이지 | http://www.kstudy.com
E-mail | 출판사업부 publish@kstudy.com

등 록 | 제일산-115호(2000. 6. 19)
가 격 33,000원

ISBN 978-89-268-0325-7 93910 (Paper Book)
      978-89-268-0326-4 98910 (e-Book)

내일을여는지식 은 시대와 시대의 지식을 이어 갑니다.